ULRICH WICKERT

Neugier und Übermut

GOLDMANN
Lesen erleben

# Ulrich Wickert

# Neugier und Übermut

Geschichten vom Leben mit Agenten,
Attentätern, Bombenbastlern,
Cowboys, Dichtern, Kabarettisten,
Kaisern, Kanzlern, Käsehändlern,
Mördern, Philosophen, Präsidenten,
Psychiatern und Revolutionären.
Kurz: von Menschen, die ich traf

**GOLDMANN**

Verlagsgruppe Random House FSC® N001967
Das FSC®-zertifizierte Papier *München Super* für dieses Buch
liefert Arctic Paper Mochenwangen GmbH.


1. Auflage März 2014
Wilhelm Goldmann Verlag, München,
in der Verlagsgruppe Random House GmbH
Copyright © 2012 der Originalausgabe
by Hoffmann und Campe Verlag, Hamburg
Umschlaggestaltung: UNO Werbeagentur, München
Umschlagfoto: dpa
KF · Herstellung: Str.
Druck und Einband: GGP Media GmbH, Pößneck
Printed in Germany
ISBN: 978-3-442-15775-4
www.goldmann-verlag.de

Besuchen Sie den Goldmann Verlag im Netz

*Für Julia, Adrienne, Ellie und John*

# Inhalt

## Generation ohne Angst

## Absurditäten

## Der Kaiser und der Revolutionär

# Neugier wird belohnt

# Politiker und Dichter

# Generation ohne Angst

# Der Widerständler, der Tulpen aß

Jemand musste Hans Fritzsche verleumdet haben, denn ohne dass er etwas Böses getan hätte, wurde eine geheime Akte über ihn angelegt. Allerdings wurde kein Verfahren gegen ihn eingeleitet, und er sollte von diesem Vorgang eigentlich auch nichts erfahren.

Es wird der fünfzigste Geburtstag meines Vaters gewesen sein, im Januar 1965, als ich Hans Fritzsche kennenlernte. Er war mir bisher nie besonders aufgefallen. In der Presse war sein Name nur einmal genannt worden, als er, ein schlanker Mann, bei einem Abendessen in Schloss Ernich, der Residenz des französischen Botschafters François Seydoux de Clausonne, mit einem alten Biedermeiersessel zusammenbrach und zu Boden ging. Aber von diesem Abend an faszinierte er mich: In seinem Verhalten widersprach er so unerwartet der langweiligen Bürgerlichkeit.

Meine Eltern luden zu jeder Gelegenheit zu uns nach Hause ein. Feiern, bei denen jung und alt sich mischten und manch ein Alter, länger, als es sich ziemte, an manch einer Jungen hängenblieb, waren im Fasching oder zu runden Geburtstagen bei uns zu Hause üblich. Damals lebte ich schon längst in einer Studentenbude in Bonn, meine Eltern in einem engen Reihenhaus in Plittersdorf, einem Stadtteil von Bad Godesberg. Meist wurde bis morgens früh getrunken und gelacht, geredet und im Keller getanzt.

»Tulpen kann man essen«, sagte Hans Fritzsche zu den letzten Gästen, die dem Morgen entgegensumpften, und deutete auf einen Blumenstrauß auf dem Tisch vor dem Sofa. Er fügte hinzu: »Wetten?«

»Wetten!«, hielt jemand dagegen.

Fritzsche bat meine Mutter, eine bei allen beliebte fröhliche Rheinländerin, um Essig und Öl, um Salz und Pfeffer, einen Teller und Besteck. Blumen zu verzehren, das würde heute niemanden mehr erstaunen, legen doch Köche, die meinen, etwas Besonderes zu »kreieren«, irgendwelche exotischen Blüten »an das Gericht« und fügen hinzu, man könne sie auch verspeisen. Obwohl sie meist nach nichts schmecken. Aber 1965 aßen wir sonntags noch Braten mit Soße und Blumenkohl, wonach dann die ganze Wohnung roch.

Natürlich gewann Fritzsche die Wette.

Wahrscheinlich habe ich deshalb spontan zugesagt, als er mich kurz darauf zu einem kleinen formellen Abendessen zu sich nach Hause einlud. Freitagabend acht Uhr mit Krawatte im Anzug. Wir aßen keine Tulpen. Aber ich ging, anders als die übrigen Gäste, erst zwei Tage später, am Sonntag irgendwann ganz früh. Hans Fritzsche konnte spannend aus seinem Leben erzählen, und das nicht nur vom Widerstand gegen Hitler, an dem er aktiv teilgenommen hatte. Zeit meines Lebens würden mich Personen interessieren, die etwas erlebt hatten und von denen ich lernen konnte. Und sei es nebenbei über guten deutschen Weißwein, den Fritzsche ausschenkte.

Nur von der geheimen Akte wusste er nichts. Noch nichts.

Hans Fritzsche kümmerte sich in den sechziger Jahren als hoher Ministerialbeamter im Bundesfamilienministerium um den deutsch-französischen Jugendaustausch.

Im Krieg eroberte er mit seiner Kompanie als Erster die Innenstadt von Verdun, wurde verwundet und erhielt das EK I. Sein Quartier lag inmitten eines malerischen Dorfes in der Landschaft der Maas. Und, so erzählt er, eine schwere deutsche Granate hatte das Dach des Häuschens seiner alten französischen Quartierwirtin durchschlagen. Sie lag als Blindgänger mitten unter ihren Ziegen und Hühnern, die auf dem Dachboden hausten.

»Ich trug den Blindgänger vorsichtig die Hühnerleiter hinunter«, so Fritzsche, »ging damit sanft und langsam die kopfsteingepflasterte Straße hinab und legte das dicke Ding sorgfältig auf eine Wiese, wo es später vom Waffenmeister entschärft wurde. Das sprach sich unter den französischen Bauern im Dorfe schnell herum.«

Alle Bauern kamen dann auch, als Fritzsche zur Verkündung des Waffenstillstands seine Kompanie auf dem Dorfplatz antreten ließ und rief: »Vive le couple Franco-Allemand!« Fritzsche strahlte jetzt noch in Erinnerung daran: »Aus der Versammlung der bäuerlichen Familien lief eine Dorfschöne heraus, fiel mir um den Hals und küsste mich.«

Bald erzählte ich ihm von meinen ersten deutsch-französischen Erlebnissen. Wir waren im Frühjahr 1956 nach Paris gezogen. Mein Vater, Erwin Wickert, war politischer Referent an der deutschen NATO-Vertretung geworden. Und das, obwohl er 1939 zum ersten Rundfunkattaché des Auswärtigen Amtes in Shanghai ernannt worden war, wo er ein deutsches Rundfunkprogramm aufbaute. Weil er aber, so erzählte er uns, mit dem Landesgruppenleiter der NSDAP in Shanghai Krach bekommen hatte, sollte er nach Berlin zurückberufen werden. Nur dank der Intervention von Erich Kordt, Gesandter an der Botschaft in Tokio und insgeheim Gegner des Regimes, konnte er in gleicher Funktion 1941 nach Tokio wechseln, wo ich 1942 geboren wurde. 1947 wurden wir »repatriiert« und lebten in Heidelberg, wo mein Vater bald als Autor von Büchern und Hörspielen sowie als Träger des ersten Hörspielpreises der Kriegsblinden bekannt wurde. Aber er wollte wieder in die Dienste des Auswärtigen Amtes zurückkehren, weil er – wie er in seiner Biographie schrieb – Angst hatte, als Autor nicht erfolgreich genug zu sein. Seine alten Freunde verhalfen ihm dann zu dem Posten in Paris. Da hatte er Glück, denn es wurden keineswegs alle ehemaligen Diplomaten wieder in den »Dienst« aufgenommen. Auch jener »Onkel Erich« – wie Erich Kordt bei uns Kindern hieß – nicht. Bundeskanzler Konrad Adenauer lehnte ihn mit der Begründung ab: »Der hat schon einmal seinen Chef ›betrogen‹.« Erich Kordt, zeitweise Büroleiter von Außenminister Ribbentrop, war zwar Mitglied der NSDAP gewesen und sogar Obersturmbannführer der SS, aber er und sein Bruder Theo gehörten schon vor dem Krieg zum Widerstand und hatten sogar geplant, einen Anschlag auf Hitler auszuführen.

Der Lateinlehrer in der französischen Schule sagte mir, der ich kaum ein Wort Französisch verstand, ich könnte meine Klassenarbeit auch auf Deutsch schreiben, er verstehe es, weil er in deutscher Kriegsgefangenschaft gewesen sei. Aber bitte nicht in Sütterlinschrift, die könne er nicht lesen, aber ich, dreizehn Jahre alt, hätte sie in dieser »deutschen« Schrift auch nicht schreiben können.

Als wir dann im Sommer 1956 in dem kleinen normannischen Küstenort Franceville Urlaub machten, malte nachts irgendjemand Hakenkreuze an das Gartentor. Die Menschen in der Normandie waren von der Landung der Alliierten und der deutschen Verteidigung besonders hart getroffen worden. Wir Kinder verstanden die Zeichen nicht. Unsere Eltern, danach befragt, gaben ausweichende Antworten. Mein Vater hat später erzählt, dass er in der Reichsschrifttumskammer Mitglied werden musste, weil er schon als Student in den dreißiger Jahren

Bücher geschrieben hatte. Dass er auch PG, also Parteimitglied, gewesen war, erfuhr ich erst aus dem DDR-Braunbuch über Kriegs- und Naziverbrecher 1965. Und deshalb lehnte es später auch die Regierung in Prag ab, ihn als Deutschen Botschafter zu akzeptieren.

In Franceville kam eines Tages eine alte Französin und brachte uns Erkennungsmarken von gefallenen deutschen Soldaten, die auf dem kleinen Friedhof vor der Kirche beerdigt waren. Von unserem Vater angeregt, kauften mein älterer Bruder und ich schwarze Farbe und strichen die verwitterten Holzkreuze. Erst sehr viel später sah ich, dass auf Soldatenfriedhöfen die Kreuze meist weiß sind.

1984 fand in der Normandie ein großes Gedenken an die alliierte Landung im Juni 1944 statt, die von den Deutschen auch vierzig Jahre später immer noch als »Invasion« bezeichnet wurde, so als drängten damals fremde Truppen auf deutsches Gebiet, dabei befreiten die Alliierten das von den Nazis besetzte Frankreich.

Der französische Staatspräsident François Mitterrand plante eine große Feier, zu der die Staatsoberhäupter all der Länder eingeladen werden sollten, die an der Landung teilgenommen hatten. Aus den USA hatte sich Präsident Ronald Reagan angesagt. Inzwischen war ich Korrespondent der ARD in Paris und würde die Zeremonie in der ARD während der Direktübertragung kommentieren müssen. Deshalb reiste ich einige Wochen vorher mit einem Freund in die Normandie, um die wichtigsten Orte in Augenschein zu nehmen: den »Omaha-Beach«, die Küste, wo unzählige alliierte Soldaten getötet wurden, und die Soldatenfriedhöfe der verschiedenen Nationen, wo auf Tausenden von weiß gestrichenen Kreuzen die Jahreszahlen bezeugten, dass hier eigentlich Kinder gestorben waren, wenn auch viele schon 18 oder 19 Jahre alt waren. Und, ist man da nicht noch Kind, wenn man erschossen wird?

In französischer Erde hätte auch mein Großvater liegen können. Er kam uns in Paris besuchen und ließ sich von seinem widerstrebenden Sohn an die Marne fahren, wo er 1914 an vorderster Front gekämpft hatte. Jetzt, vierzig Jahre später, war er immer noch der Überzeugung, die Schlacht hätte von den Deutschen gewonnen werden können. Die ersten Reihen, zu denen er als Infanterist zählte, wären dann wahrscheinlich gefallen. Aber er wäre zu diesem Opfer bereit gewesen. Nicht nur wir Kinder, auch mein Vater verdrehten immer die Augen, wenn Großvater erzählte. Für uns gehörte er ins allerletzte Jahrhundert. Zu Weihnachten schenkte er uns Fotos, auf denen er in Pickelhaube zu sehen war. Erinnerung an stolze deutsche Vergangenheit schrieb er auf die Rückseite.

Ich hatte nicht damit gerechnet, als ich im Frühjahr 1984 an die französische Kanalküste fuhr, dass zu dieser Zeit alle Hotels ausgebucht sein würden. Aber es waren aus den USA, aus Kanada, aus Großbritannien viele ehemalige Soldaten mit ihren Familien angereist. Mit Mühe bekamen wir noch in einer kleinen Pension unter dem Dach ein Zimmer unter der Bedingung, dass wir in dem dazugehörigen Bistro zu Abend essen würden.

Neben der Theke, an der einige Arbeiter im Blaumann standen, war nur noch wenig Platz für einige Tische, an denen sich zwei Menschen gegenübersitzen konnten. Das Essen, immerhin gab es als Vorspeise Austern, war nicht schlecht. Der Tafelwein auch nicht. Mein Freund und ich unterhielten uns auf Deutsch. Nicht laut, aber angeregt.

Da drehte sich ein Arbeiter um, dreißig wird er vielleicht gewesen sein, und sagte in normaler Tonlage, überhaupt nicht aggressiv: »J'aime pas les Allemands – ich mag die Deutschen nicht.«

»Et pourquoi pas? – Und warum nicht?«, fragte ich genauso beiläufig.

Er überlegte einen Augenblick und antwortete dann: »J'sais pas. – Weiß ich nicht«, und wendete sich wieder seinem Weinglas zu.

Ein paar Jahre später fuhr Michael Gramberg, mein Kollege im ARD-Studio in Paris, mit dem Kamerateam in die Normandie. Als er einen Laden betrat und nach dem Weg fragte, wurde er sofort zur Tür hinausgewiesen. Hier bediene man keine Deutschen. Aber die Zeiten ändern sich. Die jungen Menschen heute haben Freunde überall auf der Welt.

Bevor Fritzsche ins Ministerium wechselte, hatte er jahrelang Bundestagspräsident Eugen Gerstenmaier als persönlicher Referent gedient. Die beiden kannten sich. Am 20. Juli 1944 waren sie als Mitglieder des militärischen Widerstands gegen Hitler gemeinsam im Bendlerblock, Sitz des Oberkommandos des Heeres, gewesen, später gemeinsam im Gestapo-Gefängnis, wo Gerstenmaier im Vorbeigehen Fritzsche zuflüsterte: »Wir kennen uns nicht.« Beide hatten überlebt.

Fritzsche wurde 1914 als Sohn eines Werkmeisters geboren. Sein Vater schippte in der Seeschlacht am Skagerrak Kohlen in den Kessel eines Kriegsschiffes, bei der letzten großen Flottenschlacht des 1. Weltkriegs, bei der 115 000 britische und 61 000 reichsdeutsche Schiffstonnen versenkt worden waren.

1933 machte Fritzsche Abitur als einer der Besten im Land Baden und fuhr mit Koffer und Geigenkasten nach Heidelberg zum Studium. Dort setzte er sich persönlich für Professor Arnold Bergsträsser ein, der von den Nazis von der Universität verjagt wird – und Fritzsche bekam Schwierigkeiten.

Später, als ich mit einem Tonband bei ihm erschien, sagte er: »Es gab zunächst persönliche Spannungen mit diesem oder jenem, wegen meines persönlichen Eintretens vor dem Reichsstudentenführer für den Professor Arnold Bergsträsser, der als angeblicher Jude von der Universität weggeschickt werden sollte. Das empfand ich erst einmal nur als Meinungsunterschied, aber nicht als einen Akt des Widerstandes gegen den Nationalsozialismus.«

1936 promovierte Fritzsche über einen mittelalterlichen Fall von Revolte. Der Landvogt Peter von Hagenbach, der wie ein Tyrann geherrscht hatte, wurde vor Gericht gestellt und zum Tode verurteilt. Anhand dieses Vorfalls reflektierte Fritzsche über Tyrannenmord und natürliches Widerstandsrecht. Allerdings – rein theoretisch. Der Prozess gegen Peter von Hagenbach wurde nach dem Zweiten Weltkrieg in der völkerrechtlichen Literatur als Vorläufer der Nürnberger Prozesse diskutiert.

Weil er wegen seines Einsatzes für Bergsträsser nicht an der Universität bleiben konnte, wurde Fritzsche Berufsoffizier. Zu seinem Glück wollte es der Zufall, dass er gleich nach seinem Rigorosum beim Infanterieregiment 9 in Potsdam antreten konnte. Dieses Regiment galt in der Wehrmacht als die vornehmste Adresse und wurde »Graf Neun« genannt, da viele Adlige in ihm dienten. Richard von Weizsäcker, sein ältester Bruder Heinrich, der am zweiten Tag des Polenfeldzuges fiel, Philipp von Bismarck, Wolf Graf Baudissin, später Vater der Inneren Führung in der Bundeswehr, gehörten zum IR 9, ebenso wie fast zwei Dutzend der Mitglieder des militärischen Widerstands um Claus Graf Stauffenberg.

Dann kam der Krieg.

Fritzsche war in Frankreich, in Warschau, in Russland, der Ukraine und Rumänien. Er wurde hochdekoriert, mit dem EK I, dem Deutschen Kreuz in Gold, dem Infantrie-Sturmabzeichen, dem silbernen Verwundetenabzeichen. Und Rumäniens König Michael ernannte ihn wegen Tapferkeit zum Ritter.

»Als ich nach dem Frankreichfeldzug 1940 nach Warschau

zum Oberkommando des Heeres kommandiert wurde«, erzählte er mir, »habe ich bestimmte Wahrnehmungen gemacht, die mich zutiefst verstörten ... Ich begegnete in einem Warschauer Café, wo die Musiker und hervorragenden Solisten der Warschauer Oper, die zerbombt war, nachmittags durch Konzerte ihr Brot verdienten, einem früheren Studienkameraden aus Heidelberg in Zivil. Logges Müller.«

Er hieß Logges wegen seiner blonden Locken.

»Wir aßen da unser Sahnebaiser und tranken eine Tasse Kaffee dazu. Und dann lud er mich in eine Villa am Rande der Stadt Warschau ein. Auf meine Frage, was er hier überhaupt zu tun habe, sagte er in seinem Mannheimer Dialekt: ›Isch bin von der Geeeschtapo.‹

Meine Frage, was er denn überhaupt zu tun hatte, beantwortete er mit einem Beispiel: In dem Warschauer Vorort Praga war in der Nacht ein SS-Posten erschossen worden. Daraufhin ordnete der zuständige SS-Führer von Warschau an, dass in dem ganzen Gebiet jeder zehnte Mann zur Vergeltung zu erschießen sei. Logges Müller hatte offenbar die Aufsicht bei der Exekution. Was ihn besonders bedrückt hatte, war Folgendes: In diesem Geviert war ein Vorortbahnhof, und als da gerade ein Zug einfuhr, mit den ganzen Bauern und Bäuerinnen, die in Warschau ihre Eier und Hühner und ihr Gemüse loswerden wollten, mussten auch diese Leute auf dem Bahnhof antreten, und jeder zehnte Mann wurde erschossen.«

Die Begegnung hat Fritzsche damals so erregt, dass er einen Soldaten seiner Kompanie bestrafte, weil der einen Juden, der vor ihm nicht den Bürgersteig verließ, geohrfeigt hatte. Und spontan ließ er Mengen nicht verzehrten Kommissbrotes im Ghetto auf die Straße legen.

16 Jahre später begleitet Fritzsche als persönlicher Referent den Bundestagspräsidenten Eugen Gerstenmaier in dessen Wahlkreis. In der ersten Reihe bei einer Pressekonferenz in

Schwäbisch Hall sitzt Logges Müller, inzwischen Lokalredakteur vom *Haller Tageblatt*.

Fritzsche und Logges Müller machen die Nacht durch und erzählen sich von ihren Erlebnissen; der eine vom Widerstand, der andere von der SS.

Zwei Jahre später vergiftet sich Logges Müller in der Haft. Es hatte sich herausgestellt, dass er für die Ermordung von Juden in Polen verantwortlich war. Und er besaß wohl immer noch die Zyankali-Kapsel, die alle SS-Führer von Himmler abwärts bekommen hatten.

Zu der Zeit hatten Leute mit ähnlicher Vergangenheit wie Logges Müller schon längst die geheime Akte über Hans Fritzsche angelegt.

Aber Fritzsche ahnte es nicht. Obwohl es früh schon Zeichen gegeben hatte, die ihn hätten wachsam werden lassen müssen.

Aber er lebte doch in einem Rechtsstaat, überall herrschte Friede. Seit 1957 war er Mitglied der CDU. 1947 aus russischer Gefangenschaft zurückgekehrt, hatte er sein Staatsexamen an der Universität Freiburg gemacht und am Internat Birklehof bei Georg Picht gelehrt, bevor er in Bonn Referent des Bundestagspräsidenten Gerstenmaier wurde.

Aber Fritzsche hätte etwas ahnen können, denn als er nach dem Krieg 1948 noch einmal studierte, um das Staatsexamen für den Lehrerberuf zu machen, wurde er plötzlich in das Zimmer des Rektors der Freiburger Universität, Professor Constantin von Dietze, den er aus Zeiten des Widerstands kannte, gebeten. Von Dietze bedauerte, dass er Fritzsche hatte rufen müssen, aber zwei französische Offiziere in voller Uniform der *Sureté* hatten darum gebeten. Sie nahmen Fritzsche in ihre Mitte, führten ihn durch die staunende Studentenschaft hindurch ab und setzten ihn in einem Büro der *Sureté* fest.

Glücklicherweise erfuhr davon sein Freund Carl-Christoph Schweitzer, der während des Dritten Reichs emigriert war, in

Oxford studiert hatte und deshalb noch einen englischen Pass besaß (später wird Schweitzer SPD-Bundestagsabgeordneter und Professor in Bonn). Schweitzer drohte den Franzosen, wenn sie »den Fritzsche nicht sofort freilassen, dann veranstalte ich eine ganz große Sache und einen Protest«.

»Warum sind Sie festgesetzt worden?«, fragte ich ihn.

»Ja, ich hab mich dann mit den Franzosen, die übrigens in der Zwischenzeit bei mir eine Haussuchung in meiner Studentenbude gemacht hatten, sehr nett unterhalten. Und sie haben mir gesagt, ich sei denunziert worden. Ja, sage ich, von wem denn? Das sei *organisation spéciale*, sagten sie. Und als ich weiterbohrte, bekam ich nur noch heraus, es seien ehemalige SS-Männer in ihrem Dienste. Das war ein sehr interessantes Erlebnis.«

Nicht nur die Franzosen, auch die Amerikaner, die Sowjets und andere Staaten haben Nazi-«Fachleute« nicht nur in ihre Geheimdienste integriert. Selbst Verbrecher wie Josef Mengele, der berüchtigte KZ-Arzt, genannt »Todesengel von Auschwitz«, wurde einige Zeit lang von den US-Behörden geschützt.

Es hat noch lange gedauert, bis die deutschen Dienste sich dazu bekannt haben, auch Verbrecher aus der Nazi-Zeit angestellt zu haben. Der BND beschäftigte sogar den früheren SS-Mann Walter Rauff, den Erfinder der »Gaswagen« zur systematischen Ermordung von Menschen. Und von 1954 bis 1972 wurde der Verfassungsschutz von Hubert Schrübbers geleitet, einem Mann, der im Dritten Reich als schrecklicher Staatsanwalt die Ermordung von Juden in Kauf genommen hat.

Später, als Hans Fritzsche von der geheimen Akte erfahren hatte, fragte ich ihn, was ihn wohl in den Augen der Dienste verdächtig gemacht habe. Schließlich sei er doch seit 1957 sogar Mitglied der CDU.

Fritzsche überlegte einen Moment, dann holte er weit aus: »In der Gefangenschaft in Russland bin ich immer mehr zu der

Überzeugung gekommen, dass Deutschland in Zukunft eine Politik zu treiben habe, die nicht nur gegenüber den Westmächten friedlich sein müsse, sondern wir müssten auch – davon bin ich heute noch überzeugt (1974) – zu einem vernünftigen Verhältnis gegenüber der Sowjetunion kommen, die ja im übrigen angegriffen wurde und – wie man sagt – ungefähr zwanzig Millionen Tote zu beklagen hatte und eine zerstörte Landschaft von Leningrad im Norden bis nach Rostow im Süden, und schließlich sind drei Millionen russische Kriegsgefangene in Deutschland umgekommen. All diese Tatsachen brachten mich zu der Überzeugung, dass wir politisch neutral bleiben müssten. Und damit befand ich mich ja in guter Gesellschaft. Damit meine ich nicht nur den bisherigen Bundespräsidenten Heinemann. Ich habe diese Auffassung schon damals vertreten und glaubte auch als Überlebender des 20. Juli meine Meinung dazu sagen zu dürfen. Aber das ging beinah bös aus für mich. Das Recht der freien Meinungsäußerung war zwar in der Verfassung garantiert. Das hieß aber noch lange nicht, dass man seine Meinung auch ohne Risiko frei äußern konnte.«

Für die Nazis war ein Mann des Widerstands mit politischem Verstand vergleichbar mit einem Nationalbolschewisten.

Und nicht nur ehemalige Nazis dachten so. Selbst das DDR-Braunbuch wurde von der gesamten regierenden Klasse in Bonn als »kommunistisches Propagandawerk« diffamiert, eine Neuauflage sogar auf der Frankfurter Buchmesse 1967 beschlagnahmt. Die Bundesregierung behauptete einfach, die Vorwürfe träfen nicht zu. Im Klima des Kalten Krieges war es schlimmer, ein Kommunist zu sein als ein ehemaliger Nazi.

Von wegen Kalter Krieg: Die letzten deutschen Gefangenen waren erst 1955 aus Sibirien zurückgekehrt. Der Aufstand in Ungarn, 1956, war blutig niedergeschlagen worden, und als im August 1961 die Mauer gebaut wurde, fürchtete selbst mein

Vater, zu der Zeit Ostreferent im Auswärtigen Amt in Bonn, es könne zum Krieg kommen. Aus Angst vor solchen Unwägbarkeiten hatte er sich, sobald er es sich leisten konnte, einige Goldmünzen zugelegt, mit denen er hoffte, auf der Flucht die erste Notzeit überbrücken zu können.

Meinem Bruder und mir, die wir im Sommer 1961 auf einer Trampreise durch Griechenland das Abenteuer suchten, schrieb er postlagernd nach Athen, im Falle eines Krieges würden wir uns in Basel bei Bekannten wiedertreffen. Er teilte uns die Adresse in der Schweiz mit und bat uns, erst dann aus Griechenland zurückzukommen, wenn er uns Entwarnung geben würde. Die kam dann allerdings schon Anfang September – und vorher wollten wir ohnehin nicht zurückreisen.


Bei einer Einladung ist es ja manchmal so: Die meisten Gäste sind schon vor Mitternacht gegangen. Es ist Freitagabend, die Woche war lang, fast alle sind müde. Doch der Hausherr zog den Korken aus einer weiteren Flasche und meinte, ich solle ruhig noch bleiben, jetzt werde es gemütlich.

Und dann haben wir geredet.

Irgendwann erhob sich die Hausherrin und ging zu Bett. Irgendwann schlief ich auf einem Sofa ein. Als ich wieder aufwachte, hörte ich ein Klappern aus der Küche, und es roch nach köstlicher Hühnersuppe. Am Samstag kam neuer Besuch. Aber es war immer noch genügend Wein im Eisschrank. Wir tranken in Maßen, denn wir hatten ja gerade erst angefangen zu reden. Wann hatte ich schon solch einen Zeitzeugen getroffen, dazu einen hochgebildeten und lustigen, der sich mit mir, einem unbedarften Studenten, unterhielt.

Ich wollte wissen, wie er zum Widerstand gestoßen war.

Den Zugang zum Kreis um Claus Schenk Graf von Stauffenberg erhielt Fritzsche über Fritz Graf von der Schulenburg, ehemals stellvertretender Polizeichef von Berlin, später – obwohl zwölf Jahre älter – nur Oberleutnant in Fritzsches Bataillon in Potsdam.

Am 20. Juli 1944 steht Hauptmann Dr. Hans Fritzsche um sechs in seiner Wohnung unter dem Offizierskasino in Potsdam auf. Wegen einer Kriegsverletzung kann er den linken Arm kaum bewegen, deshalb ist er nicht an der Front.

Wie jeden Morgen macht sich Hauptmann Fritzsche zurecht, zieht die Uniform an und begibt sich zum Dienst. Am Vormittag klingelt das Telefon im Geschäftszimmer des Bataillons. Kommandeur Major Meyer, im Zivilberuf Geschäftsführer des Deutschen Städtetages, nimmt ab. Am anderen Ende meldet sich Hauptmann Klausing. Er sagt: »Die Zigarrenspitze wird abgeschnitten!«

Major Meyer meldet den mysteriösen Anruf den Zigarrenrauchern Hauptmann Fritzsche, den Oberleutnants von Kleist, von Hammerstein und Oppen. Für sie ist dieses Stichwort die Vorwarnung.

Es ist Mittag.

Hauptmann Fritzsche und die drei Oberleutnants fahren mit der S-Bahn zum Hotel Esplanade in der Nähe des Berliner Tiergartens.

Sie nehmen eine Kleinigkeit zu sich und harren eines zweiten Anrufs. Besitzer des Hotels ist Regimentskamerad Major von Frankenberg, eingestuft als »zuverlässig«. Sie sind aufgeregt. Als ein kugelrunder General durch das Hotelfoyer walzt, sagt Kleist im Übermut: »Sollen wir dem nicht durch den Bauch schießen?«

Gelänge der Anschlag auf Hitler, sollte Hauptmann Fritzsche – diesen Auftrag hatte er persönlich von Stauffenberg erhalten – an der Spitze von Truppen aus der Umgebung Berlins das Regierungsviertel besetzen. Dass die Truppen seinem Befehl folgen würden, dafür gibt es keine Garantie, doch Stauffenberg zweifelt nicht am Gehorsam der Soldaten.

»Er lebte genau wie wir alle damals in dem Bewusstsein, dass Befehle auszuführen sind«, sagte mir Fritzsche. »Und er erhoffte sich, dass seine Befehle, solange er in der Lage wäre, welche zu erteilen, auch ausgeführt werden, ohne dass darüber diskutiert würde. Er setzte damit auf den allgemein gültigen Begriff Gehorsam und hoffte, so seine Aktionen durchzusetzen.«

Am selben Tag erzählte ich Fritzsche, dass ich eine Seminararbeit bei den Soziologen zum Thema »Staatsstreich« geschrieben hätte. Das war Mitte der sechziger Jahre. Ganz naiv und ohne Emotionen hatte ich nach den abstrakten Thesen, die ich in einem Lehrbuch über das Gelingen eines Staatsstreichs gelesen hatte, das Vorgehen der Attentäter am 20. Juli 1944 beurteilt. Einige Fehler lagen auf der Hand: Wer einen Staatsstreich plant, muss als Erstes über die Kommunikationsmittel verfügen, also die Radiosender besetzen. Das hatten die Widerständler in Berlin nicht geplant. Und tatsächlich war ja spätestens mit der abendlichen Radioansprache von Hitler der Versuch des Umsturzes auch gescheitert.

Ich fand mich damals sehr mutig.

Aber dann kam Professor Gottfried Eisermann, der auf den ersten Lehrstuhl für Soziologie in Bonn berufen worden war, in den Hörsaal. Er trat ans Pult und sagte: »Heute haben wir einen Klassenkämpfer unter uns. Deshalb wird in dieser Stunde keine Arbeit vorgetragen.« Als ich Professor Eisermann nach dem Seminar ansprach, wollte er mit mir nicht diskutieren. Er sagte nur, während er seine Aktentasche einräumte, die Arbeit würde benotet. Ich erhielt ein »ausreichend« und damit den Seminarschein. Mir reichte das.

Jetzt wollte ich von Hans Fritzsche wissen, weshalb die Rundfunkzentrale am 20. Juli nicht besetzt worden war.

»Ich glaube, die Sache mit der Vernachlässigung des Rundfunks war eine reine Panne«, sagte Fritzsche. »Ich bin überzeugt, dass der Befehl von uns an irgendeine Kompanie, die Rundfunkstation in der Masurenallee in Berlin zu besetzen und dort einen Sprecher von uns ans Mikrophon zu bringen, ausgeführt worden wäre. Diese Sache wäre geglückt. Das ist offensichtlich in der Aufregung der Ereignisse versäumt worden.«

Um 15 Uhr 35 kommt der ersehnte Anruf.

Fritzsche und seine drei Kameraden machen sich zu Fuß auf den Weg zur Bendlerstraße. Als sie beim Oberkommando des Ersatzheeres eintreffen, warten dort in einem kleinen Dienstraum der Bruder von Oberst Stauffenberg, Eugen Gerstenmaier und auch Fritzsches Regimentskamerad Fritz Graf von der Schulenburg, genannt Fritzi.

Um 15 Uhr 50 löst General Olbricht den Plan »Walküre« mit dem Stichwort »Deutschland« aus. Mit diesem Befehl soll der Staatsstreich eingeleitet werden. Olbricht meldet dem Oberbefehlshaber des Ersatzheeres, Generaloberst Fromm, der Führer sei tot. Fromm fragt bei General Keitel im Führerhauptquartier zurück und erfährt von dem Attentat. Der Führer sei aber nur leicht verletzt.

16 Uhr 20. Fromm befiehlt, den Walküre-Befehl nicht auszulösen. Stauffenberg trifft ein. Olbricht berichtet, er habe Walküre schon ausgelöst. Fromm weigert sich, die Putschisten zu unterstützen. Hauptmann Fritzsche wirkt an der Verhaftung Fromms mit. Generaloberst Beck fordert die Mitverschworenen auf zu handeln, als ob Hitler tot wäre. Um 17 Uhr 30 werden die außerhalb von Berlin liegenden Truppen alarmiert. Auch in Wien und Paris läuft die Aktion an.

Um 17 Uhr 42 sendet der Rundfunk zum ersten Mal die Meldung: Hitler lebt.

Um 19 Uhr telefoniert Generaloberst Beck mit Generalfeldmarschall von Kluge in Paris. »Ich konnte mit einem besonderen Kopfhörer das Gespräch mithören«, erzählte mir Fritzsche. »Beck sprach Kluge an als seinen Kriegskameraden vom 1. Weltkrieg. Aus diesem Kameradschaftsgefühl heraus appellierte er an ihn, führte ihm in wenigen, knappen Sätzen den bevorstehenden Untergang Deutschlands vor Augen und wies auf den Verbrecher an der Spitze hin. Kluge sagte: ›Hitler lebt. Ich habe meine eigenen Nachrichten. Ich kann nicht mitmachen.‹ Beck legte verzweifelt den Hörer auf.«

Bewaffnete Offiziere, die in den Putsch nicht eingeweiht waren, verhaften die Mitglieder des Widerstands. Aber sie wissen nicht, wer alles dazugehört.

Fritzsche, so schildert er es, hatte unsägliches Glück.

»In diesem Moment tritt ein bejahrter weißhaariger Oberst auf mich zu und fragt in österreichischem Dialekt, was hier los sei. Er sei von der Dienststelle der Wehrmachtspropaganda hierhergerufen worden. Ich sage zu ihm: ›Ich weiß auch nicht, Herr Oberst. Ich empfehle Herrn Oberst sofort zur Dienststelle zurückzugehen. Ich werde Herrn Oberst begleiten.‹ Er stimmte erleichtert zu, ich begleitete ihn die Treppe hinunter bis zur Wache, dort stand schon bewaffnete Verstärkung, auch an SS-Männer erinnere ich mich dunkel; den Oberst ließ man passieren, weil man ihn ja schon eben beim Hineingehen gesehen hatte. Mich fuhr man an: ›Und wer sind Sie?‹ Ich antwortete schnell: ›Ich bin der Adjutant von Herrn Oberst‹, folgte ihm und draußen war ich.«

Von weitem hört Hauptmann Fritzsche die Schüsse, Stauffenberg und andere Widerständler werden hingerichtet.

Mit der letzten S-Bahn erreicht er Potsdam. Kurz nach ein Uhr betritt er das Offizierskasino. Oppen wartet auf ihn. Er ist auch entkommen. Stille. Das Radio läuft. Der Führer spricht.

Fritzsche wird ein paar Tage später von der Gestapo verhaftet. Einige Monate sitzt er in verschiedenen Gefängnissen. Doch wieder hat er Glück. Sein Chef beim IR 9, Major Meyer, entsendet einen Infanteriefeldwebel, der das Band des Blutordens trägt. Er hatte am Hitlerputsch 1923 teilgenommen und deshalb das Recht zum Immediatvortrag bei Hitler und Himmler. Er bürgt für Fritzsche, der wird freigelassen und an die Front geschickt. Er gerät in russische Gefangenschaft. Dort wird er von den Offizieren der Wehrmacht als Verräter bedroht. 1947 wird er schließlich entlassen.

Von unseren Gesprächen Ende der sechziger, Anfang der siebziger Jahre ist es noch lange hin bis zu der Rede des Bundespräsidenten Richard von Weizsäcker am 8. Mai 1985. Er hält zum vierzigsten Jahrestag des Kriegsendes eine bis heute nicht vergessene Rede, sagt den inzwischen oft zitierten Satz: »Der 8. Mai war ein Tag der Befreiung. Er hat uns alle befreit von dem menschenverachtenden System der nationalsozialistischen Gewaltherrschaft.«

»War es wirklich ein Tag der Befreiung?«, habe ich Richard von Weizsäcker bei einem unserer zahlreichen Treffen gefragt und hinzugefügt, dass die Mehrzahl der Deutschen sich als Besiegte empfunden haben, nicht als Befreite.

Dafür mag das Schicksal von Hans Fritzsche zeugen. Denn er hatte mir gesagt: »Viele Leute traf ich, sei es im privaten oder auch im dienstlichen Bereich, für die war der 20. Juli eben immer noch der unberechtigte Aufstand gegen den Obersten Kriegsherren mitten im Krieg; die Dolchstoßlegende wurde aufgewärmt, im Grunde sei es eben doch Hoch- und Landesverrat gewesen und deshalb nicht zu rechtfertigen. Nun, ich glaube aber, das ist eine Generationenfrage.«

Ein wenig unwirsch antwortete mir Richard von Weizsäcker, natürlich sei es eine Befreiung gewesen. Zum Beispiel für ihn. Man durfte endlich wieder sagen, was man wollte, und kam dafür nicht mehr in Gestapo-Haft, etc.

Ja, das Kriegsende ist objektiv eine Befreiung gewesen.

Und dies in seiner Rede vom 8. Mai 1985 für das Geschichtsverständnis der kommenden Generationen festlegt zu haben, ist das große Verdienst von Richard von Weizsäcker.

Doch subjektiv haben diejenigen, die ihr Leben im Widerstand gegen das Nazi-Regime riskiert haben, nicht empfunden, dass sich das deutsche Volk befreit fühlte und denjenigen dankte, die für die Befreiung von den Nazis gekämpft hatten.

Im Frühjahr 2007 moderierte ich in Berlin eine Veranstaltung zum hundertsten Geburtstag von Helmuth James Graf von Moltke, der ein »Motor« des politischen Widerstands, genannt »Kreisauer Kreis«, gewesen war, mit Eugen Gerstenmaier gemeinsam von dem Präsidenten des Volksgerichtshofes Roland Freisler vor dem Volksgerichtshof angeklagt und im Januar 1945 hingerichtet worden war. Mit auf dem Podium saß Richard von Weizsäcker, in der ersten Reihe des Publikums hatte Moltkes inzwischen 96 Jahre alte Witwe Freya Platz genommen.

Als ich wieder hartnäckig das Thema »befreit oder besiegt?« aufbrachte und Freya von Moltke fragte, wie sich das deutsche Volk zu Kriegsende ihr gegenüber verhalten habe, da stand sie auf und rief zornig mit kräftiger Stimme: »Verräter! Verräter wurden wir beschimpft!« Deshalb war sie 1947 nach Südafrika in die Heimat ihrer verstorbenen Schwiegermutter gezogen, später dann in die USA, wo sie 2010 gestorben ist.

Zurück zur geheimen Akte über Hans Fritzsche.

Der Hauptmann des IR 9, der am 20. Juli im Zentrum des Staatsstreiches gestanden hatte, war nach dem Krieg geradezu beseelt von dem Gedanken, alles tun zu müssen, um zu verhindern, dass sich eine solche Zeit wiederhole.

»Wäre es da nicht sinnvoll gewesen, zur Bundeswehr zu gehen, als die aufgebaut wurde?«, fragte ich ihn. »Hätte ein

Widerständler unter den Offizieren der Bundeswehr nicht gut angestanden?«

»Ja, eigentlich hatte ich einen Wiedergutmachungsanspruch auf Wiedereinstellung in die Bundeswehr. Man hat mir das auch schriftlich mitgeteilt. Aber als ich dann die ersten Fühler ausstreckte, merkte ich deutlich eine Aversion gegen die Überlebenden vom 20. Juli. Einige aus der Spitze haben sich aus politischen Gründen dazu bekannt; denn etwas gegen den 20. Juli zu sagen, war einfach in den Nachkriegsjahren nicht opportun.

Aber die Äußerung des Sicherheitsbeauftragen, des Vorgängers des Verteidigungsministers, Theo Blank, als der sagte, wir hätten schon zu viele vom 20. Juli in der Bundeswehr, sprach doch Bände.«

Zu viele: Da war kein Einziger!

»Wie wurde in der Bundeswehr das Phänomen des 20. Juli behandelt?«

»Offiziell wurde die Formel gefunden, die dann General Heusinger vortrug, dass die Männer des 20. Juli in einer einmaligen, nie wiederkehrenden Situation gehandelt hätten, und dass man ihre Motive zu würdigen hätte, dass aber die Motive derer, die bis zum Schluss mitgemacht hätten, auch zu würdigen seien.«

General Heusinger befand sich im Führerhauptquartier, als die Bombe explodierte. Später erhielt er das goldene Verwundetenabzeichen eigenhändig von Hitler für beim Attentat erlittene Verletzungen.

Selbst 2012 weiß die Bundeswehr noch nicht, wie sie Stauffenberg ehren soll. Auf Beschluss von Verteidigungsminister Thomas de Maizière soll die einzige deutsche Kaserne geschlossen werden, die den Namen Stauffenbergs trägt. Die Familie des Widerständlers hat es aus der Zeitung erfahren. Der ehemalige Generalinspekteur der Bundeswehr Wolfgang Schneiderhan, jetzt ehrenamtlicher Vorsitzender der Stauffenberg-Gesellschaft Baden-Württemberg, forderte immerhin eine überzeugende

Alternative: »Sie muss deutlich machen, dass der Widerstand gegen die Nazi-Diktatur eine bedeutende Traditionslinie der Bundeswehr ist.«

Schließlich hat Hans Fritzsche von der geheimen Akte erfahren. Er war völlig außer sich, als ich wieder einmal abends zu ihm kam. Einige Tage zuvor hatte sein Vorgesetzter an der Tür seines Dienstzimmers im Bundesfamilienministerium geklopft. Mit ernster Mine übergab der Ministerialdirigent ihm dann einen Leitzordner mit Dokumenten des Verfassungsschutzes und forderte Fritzsche auf, sich nach dem Studium der Akten dazu zu äußern.

Da stand nun, Fritzsche habe nie etwas mit dem 20. Juli zu tun gehabt, sei auch nie »Kommandeur« gewesen, sondern in Wirklichkeit als kommunistischer Agent anzusehen. Aus den Akten ging hervor, dass irgendjemand ehemalige Mitgefangene im russischen Lager gebeten hatte, Fritzsche zu beurteilen. Und die sagten, was sie Fritzsche schon in der Gefangenschaft vorgeworfen hatten: Er sei ein Sowjet-Bolschewik.

Fritzsche empört sich gegenüber seinem Chef, doch der Ministerialdirigent hat noch nie ein Buch über den 20. Juli gelesen, was er freimütig zugab, obwohl er eine Zeit lang Referent für politische Bildung in einem Ministerium gewesen war.

Inzwischen hatte ich mein juristisches Staatsexamen abgelegt und meine ersten Gehversuche als Hörfunkjournalist unternommen. Aus unseren Gesprächen, die ich mit dem Tonband aufzeichnete, ist dann 1974 ein am 30. Jahrestag des 20. Juli gesendetes Hörfunkfeature entstanden.

Aus der geheimen Akte erfährt Hans Fritzsche nicht nur die Namen der Denunzianten, sondern auch, was der Verfassungsschutz alles gegen ihn unternommen hatte.

»Ich wurde observiert, und mein Telefon wurde abgehört«,

erzählte er mir. »Als ich dann Persönlicher Referent des Bundestagspräsidenten geworden war, da war das nicht mehr aufzuhalten. Ich wurde von Bekannten gewarnt, die gehört hatten, in Köln seien Leute, von denen einer gesagt habe, er würde sich nicht scheuen, mich über den Haufen zu schießen. Das alles waren Gegner der Aufständischen vom 20. Juli. Sie glaubten, hier einen Überlebenden schlicht fertigmachen zu können.«

Fritzsche, inzwischen vom Bundespräsidenten mit einem hohen Orden ausgezeichnet, wurde mit allen Mitteln durchleuchtet. Man setzte, wie er sagte, sogar »Weiber« auf ihn an, die sich in seiner Wohnung umsehen sollten, um zu erfahren, welche Bücher er, der promovierte Historiker, lese.

»Um mal diese Methoden, die hier angewendet worden sind, zu charakterisieren: Ich habe herausbekommen, dass sogar eine Rolle spielte, was in meiner Bibliothek stand. Ich empfand es sogar als Pflicht eines historisch gebildeten Menschen, selbstverständlich auch die marxistische Literatur zu studieren. Ich wollte wissen, was Trotzki und Stalin eigentlich wollten und wie die Geschichte Russlands sich abgespielt hatte vor und nach der Oktoberrevolution. Selbstverständlich stehen die Bücher in meinem Schrank neben Ranke und Treitschke und neben den großen Historikern des 19. Jahrhunderts.

Das Bezeichnende ist, dass man von den Büchern, die in einem Regal stehen, Rückschlüsse zieht auf die politische Gesinnung eines Menschen. Im Dritten Reich hat man ja bekanntlich diese Bücher beschlagnahmt. Kein Richter, kein höherer Beamter, kein Parlamentarier würde zugeben, dass Gesinnung verfolgt wird. Dass man aber vielfach Leuten mit einer bestimmten Gesinnung, die man nicht mag, unmerklich die Möglichkeit nimmt, ihre Meinung frei zu äußern, darüber besteht kein Zweifel für mich.«

Es war 1974, und wir sprachen darüber, dass nun, zum dreißigjährigen Gedenken, von prominenten und angesehenen

Leuten feierliche Reden gehalten würden. Fritzsche zeigte sich nachdenklich. Da würden sich die Witwen versammeln, einige wenige Überlebende: »Das ist ja alles schön und gut, aber ich stelle doch die Frage, ob es dem Sinne der Opfer nicht nur des 20. Juli, sondern des gesamten Widerstands gegen Hitler entspricht, wenn so ein Mann wie Lischka, dieser Judenreferent aus Paris, aus der Besatzungszeit, wenn der hier friedlich frei herumläuft. Man kann natürlich sagen, von juristischem Standpunkt geht das alles in Ordnung, aber dann muss man an den Gesetzen eben etwas ändern. Denn dass die Verbrecher, die immerhin den Ruf des deutschen Volkes beschmutzt haben, dass diese Verbrecher zur Rechenschaft gezogen werden müssen, das war einhellige Meinung aller Beteiligten des 20. Juli.«

Kurt Lischka, den Fritzsche meinte, war ehemals Gestapo-Chef von Paris und maßgeblich beteiligt an der Deportation von mindestens 73 000 Juden und der Erschießung von Tausenden von Geiseln in Frankreich. Dort wurde er in Abwesenheit zu lebenslanger Zwangsarbeit verurteilt. Nach dem Krieg arbeitete Lischka in Köln, wo ihn 1971 Beate Klarsfeld aufspürte. Gemeinsam mit ihrem Mann plante sie Lischkas Entführung nach Frankreich. Die Entführung misslang, und das Ehepaar Klarsfeld wurde in Paris zu zwei Monaten Haft verurteilt.

Doch in der Bundesrepublik lief Lischka frei herum, weil ein – dem ehemaligen Gestapo-Chef gleichgesinnter – Bundestagsabgeordneter der FDP, Ernst Achenbach, jahrelang eine Gesetzesnovellierung verhinderte, wonach Lischka auch in Deutschland hätte zur Verantwortung gezogen werden können. Sittlich war das nicht zu rechtfertigen. Erst 1975 hat der Bundestag schließlich die Gesetzesänderung vorgenommen. Lischka wurde 1979 in Köln vor Gericht gestellt und zu zehn Jahren Gefängnis verurteilt. Zwei Drittel der Strafe musste er absitzen.

Mich hat es damals nicht gewundert, dass in den Diensten, auch in der Polizei, die Gedanken des Dritten Reichs von so manchem noch lebendig gehalten wurden. Als Mitarbeiter der Fernsehsendung Monitor verfolgte ich seit 1969 die Entwicklung des Rechtsradikalismus in Deutschland und erfuhr bei meinen Recherchen, dass die neonazistische Wiking-Jugend (die erst 1994 verboten wurde) zwischen Weihnachten und Neujahr regelmäßig militärische Trainingslager in der Röhn abhielt. Ich fuhr Weihnachten 1971 mit einem Kamerateam dorthin, und wir konnten die Truppe drehen, als sie aus dem Wald herausmarschierte. Aber dann wurden wir von ihnen überfallen, sie gingen mit großen Fahrtenmessern auf uns zu, entrissen dem alten Kameramann die Kamera, brachen sie mit Gewalt auf, rissen den Film heraus und zerstörten sie. Wir flohen mit dem Kamerawagen, meldeten das Ereignis der Kriminalpolizei in Fulda. Dort aber sagte uns der diensthabende Kriminalbeamte nur: »Die Jungs kommen seit Jahren hierher. Alles verläuft immer friedlich. Aber jetzt kommen Sie, schon gibt's Ärger.« Als wir anboten, die Täter zu identifizieren, wurden wir mit den Worten abgewiesen: »Das erledigen wir schon allein.« – Die Sache war auch bald erledigt und die Strafverfolgung vom Staatsanwalt eingestellt.

Erst im Jahr 2011 hat der Verfassungsschutz beschlossen, die Nazi-Vergangenheit seiner einstigen Mitarbeiter aufzuarbeiten.

Eines gab mir aber 2011 noch zu denken: Von den drei Mitgliedern der Terrorzelle der Neonazis in Zwickau, die mindestens zehn Menschen ermordet haben, wusste der Verfassungsschutz nichts. Aber er überwacht zwei Dutzend Bundestagsabgeordnete der Linken, so als wollten sie die Verfassung aus den Angeln heben.

Hans Fritzsche hat sich nie in seinem Leben arrangiert. Sein Leben war nicht von der Sucht nach Erfolg oder Karriere bestimmt, sondern von Werten. Zum vierzigsten Gedenktag des 20. Juli zeichnete er seine Erinnerungen auf unter dem Titel

»Ein Leben im Schatten des Verrats«, darin schreibt er, dass ein »Wort« ihn »Zeit meines Lebens bewegt« hat:

»J. G. Fichte hat den kategorischen Imperativ Kants auf die Liebe zum Vaterland umgedeutet:

›Und handeln sollst du so, als hinge

von dir und deinem Tun allein

das Schicksal ab der deutschen Dinge,

und die Verantwortung sei dein!‹«

## Freyheit. Das Lebensmotto
## des Kabarettisten im KZ

»Es gibt also Leute, die behaupten, ich sei gegen die Nazis gewesen«, sagte Werner Finck, »das sind Verleumdungen. Was
ich natürlich zugeben muss, ist etwas anderes: Die Nazis waren
gegen mich.«

Sie steckten ihn schon 1935 ins Konzentrationslager – wegen
seiner Witze über sie.

Er beherrschte die Kunst, das Wort als Waffe zu nutzen, wie
kaum ein anderer. So begann er häufig einen Satz, stockte und
drehte ihn im zweiten Halbsatz um seine Achse. Das möge man
ihm nachsehen, den Grund dafür erklärte Finck einmal scherzhaft so: »Das habe ich mir damals angewöhnt in der schrecklichen Zeit des Dritten Reichs. Wenn ein Gauleiter mit mir
sprach, dann sagte ich erst mal einen halben Satz und wartete,
wie das bei ihm wirkt. Dann konnte ich das Ende immer noch
reparieren. Auf diese Weise ist mir manches erhalten geblieben«, und dann zeigte er auf seinen Hals, »was ich heute noch
gut gebrauchen kann.« Und gern fügte er dann hinzu, dass er
Politiker beneide, die flüssig sprächen, »meistens sogar über-
flüssig. Ich muss so oft über das nachdenken, was ich sage. Das
hält natürlich kolossal auf.«

Schon während des Dritten Reichs war er ein äußerst popu-
lärer Mann, obwohl er immer wieder eingesperrt wurde. Seiner

Beliebtheit tat das keinen Abbruch, sodass er selbst im Gefängnis von den Wärtern mit Respekt behandelt wurde. Nach dem Attentat vom 20. Juli stellte die Gestapo fest, dass viele Offiziere, die zum Kreis der Attentäter gezählt wurden, auf vertrautem Fuße mit Finck gestanden hatten. Also wollte ihn die Gestapo verhaften. Doch Finck hatte Unterschlupf bei der Wehrmacht gesucht, und als SS-Mann Reinhard Heydrich, Chef des Reichssicherheitshauptamtes, auf Bitten von Goebbels dem Chef des Oberkommandos der Wehrmacht, Generalfeldmarschall Wilhelm Keitel, einen hohen SS-Rang anbot und ihn gleichzeitig ersuchte, Finck aus der Wehrmacht zu entlassen, zeigte der ausnahmsweise Rückgrat, lehnte den SS-Rang mit Empörung ab und weigerte sich gleichzeitig, Finck der Gestapo auszuliefern. So kam Finck nur in ein Wehrmachtsgefängnis und wurde tagsüber der Gestapo zum Verhör überlassen.

Im Wehrmachtsgefängnis stand seine Zellentür stets offen, immer wieder kamen gelangweilte Schließer zu ihm, lehnten am Türrahmen, um sich bei dem prominenten Gast die Zeit zu vertreiben, weil er so freundlich und geistreich zu jedermann war. Aber mit der Zeit wurde Finck diese Beanspruchung doch etwas lästig. Er hatte von draußen Bücher über Pascal und Kierkegaard erhalten, sammelte Material für eine Geschichte des Komischen, schrieb Gedichte und Geschichten. Eines Abends wollte ihm der Gefängnisschreiber neue Bücher bringen, doch er fand die Zellentür von innen verschlossen. Er klopfte, hörte ein dumpfes »Augenblick, bitte«, einen Schemel rücken, Schritte, dann öffnete der Zelleninsasse und bot den Gast freundlich hinein, und Finck verschloss die schwere Tür hinter ihm wieder sorgfältig mit Hilfe von zwei Nägeln und einem Bindfaden.

Als ich erfuhr, dass Werner Finck im Herbst 1967 als Ehrengast auf dem Bundespresseball in Bonn sein würde, beschloss ich sofort, ihn anzusprechen. Ich war damals zwar noch Student, aber es gehörte in unserer Clique zu den Mutproben, sich auch ohne Einlasskarte beim Bundespresseball in der Beethovenhalle einzuschleichen. Voraussetzung war der Besitz eines Smokings. Den hatte mir ein Nennonkel geschenkt, als ich zum Studium in die USA aufbrach, denn »dort brauchst du das«, hatte er – gegen den Protest meines Vaters – gesagt.

In den frühen sechziger Jahren gab es noch wenig Sicherheitskontrollen, an Terroristen, an Gewalttäter dachte niemand, nicht einmal im Traum.

So hatten wir schnell herausgefunden, dass es eine ganz einfache Möglichkeit gab, gegen zehn oder halb elf in die Beethovenhalle zu gelangen. Denn um diese Zeit gingen manche männlichen Gäste mit den Ballgeschenken zum Auto, um sie dort abzulegen, und so musste man sie nur imitieren. Schnellen Schritts rauschte man an den Kartenkontrolleuren am Eingang vorbei, vielleicht mit dem Satz: »Ich habe eben nur die Ballgeschenke ins Auto gebracht!«

Das hatte im Jahr zuvor noch gut geklappt.

Da war Hildegard Knef Ehrengast beim Presseball gewesen. Anders als heute, wo Unternehmen ihre wichtigsten Anzeigenkunden zum Presseball nach Berlin einladen und – außer dem Bundespräsidenten und seiner Frau – kaum noch ein Politiker dort auftritt, mischten sich damals die wichtigsten Journalisten aus der ganzen Republik mit der gesamten politischen Klasse. Kanzler, Minister, Bundespräsident, alle folgten der Einladung.

Ich wurde Justizminister Richard Jaeger vorgestellt und fragte ihn: »Darf ich den Kopf aufbehalten?« – Kopf-ab-Jaeger war der Spitzname des Ministers, weil er für die Todesstrafe eintrat.

Hildegard Knef saß neben Bundestagspräsident Eugen Gerstenmaier, und ich sagte einem Freund: »Dem spanne ich jetzt die Knef aus!«, was ich auch tat.

Klar, Mutprobe!

Ich trat an den Ehrentisch, unterbrach den Bundestagspräsidenten, der mich kannte, und sagte über seinen Kopf hinweg zur Knef, die vorher gesungen hatte: »Gnädige Frau, sie waren prima.« Gerstenmaier fuhr mich gleich an, ob ich denn über keinen größeren Wortschatz verfüge als »prima«! Ich setzte mich mit an den Tisch, was Gerstenmaier gar nicht gefiel, deshalb forderte er sie zum Tanzen auf.

Er sagte: »Ich glaube, wir sollten uns dem Publikum zeigen.«

Daraufhin die Knef: »Wie, wollen Sie jetzt singen?«

Franz-Josef Strauß kam vorbei und sprach sie auf Englisch an. Daraufhin antwortete die Knef: »Sie haben einen entsetzlichen Akzent. Reden Sie lieber Deutsch«, und wechselte an den Tisch von FDP-Chef Erich Mende, der zum Frack um den Hals schon einmal das Ritterkreuz trug, das Adolf Hitler 1939 nach dem Angriff auf Polen gestiftet hatte. Es war der populärste Orden der Nazis gewesen und Ritterkreuzträger hochgeachtete Personen. Das kam bei den liberalen Wählern in den sechziger Jahren nicht schlecht an. Denn viele Männer konnten sich mit Mendes Biographie identifizieren: Schule, Wehrmacht, Front, Verwundung, Gefangenschaft, Heimkehr, Wiederaufbau, Karriere.

Ich zog eine Runde durch die Säle, und als ich eine halbe Stunde später wieder vorbeikam, umarmte mich die Knef, als wäre ich ein alter Freund. Sie wollte aber nur aus den Fängen der Politiker entfliehen. Wir tanzten, dann sagte sie: »Kommen Sie mit, wir fahren ins Maternus.«

Im Restaurant Maternus in Bad Godesberg herrschte die berühmte Wirtin Ria. Ich quetschte mich in den Wagen mit Hildegard Knef und ihrem Mann David Cameron, mit Max, ihrem Maskenbildner, und noch einem Ehepaar. Ria ließ auffahren: Wein, Kaviar auf Tartarbrötchen.

»Igitt, Fischeier«, sagte die Knef mit Ekel in der Stimme und kratzte den Kaviar vom Brot. Dagegen sei sie allergisch.

Ich bestellte eine Zwiebelsuppe in der Gewissheit, dass ich die Rechnung nicht bezahlen würde.

Rudolf Augstein gesellte sich hinzu und das Ehepaar Friedmann. Er der damalige Herausgeber der *Münchener Abendzeitung*, sie nicht nur die legendäre Kolumnistin »Sibylle« vom *Stern*, sondern auch eine Schönheit. Ich fühlte mich wie im siebten Himmel. Um halb sechs trennte ich mich von Hildegard Knef und ihrem Mann am Eingang des Hotels Königshof, und sie sagte mir: »Der Gerstenmaier hat mir über Sie gesagt, er weisch net, ob er schtudiere oder Kinschtler werde soll.«

Jetzt, ein Jahr später, 1967, waren die Studenten schon unruhiger und die Kontrollen zum Eingang beim Bundespresseball verstärkt worden. Das hatte ich eine Woche zuvor erfahren, weil es die Friseuse meiner Mutter erzählt hatte. Glücklicherweise kannte ich auch die Nebeneingänge der Beethovenhalle, sodass ich meinem Freund Karl, der mit mir versuchen wollte, auf den Ball zu gelangen, vorschlug: »Wir tarnen uns als Musiker.« Die bekamen zwar auch gesonderte Ausweise, aber wir hatten uns eine Taktik überlegt. Karl trug seine Klarinette in einem Köfferchen mit sich, ich eine Trompete, die ich als Fuß einer Lampe in meiner Studentenbude nutzte. Wir warteten, bis einige Musiker gegen 19 Uhr den Nebeneingang ansteuerten und eilten kurz vor ihnen durch die Tür, grüßten den Hausmeister jovial und verschwanden in der Garderobe der Musiker. Der Hausmeister rief hinter uns her: »Haben Sie die rote Karte?«, aber wir achteten nicht auf ihn, der abgelenkt wurde durch die Musiker, die nach uns kamen. Wir packten unsere Instrumente aus, der Hausmeister warf einen Blick herein, sah, dass wir wirklich Musiker zu sein schienen und ließ uns in Ruhe. Dann legten wir die Instrumente wieder in die Köfferchen, hängten unsere Mäntel darüber und verschwanden in den Ballsälen.

Endlich saß ich dann mit Werner Finck, er war damals 65 Jahre alt, an einem Tisch im großen Ballsaal, wir tranken genüsslich Wein, denn alle Getränke und Speisen sind beim Presseball kostenlos. Zustände wie im Schlaraffenland für einen Studenten. Und wir unterhielten uns ernsthaft über das Thema, das Finck sein Leben lang beschäftigt hat: Freiheit.

»Ich schreibe das Wort ganz altmodisch«, erklärte er mir: »mit Ypsilon: Freyheit.«

Als ich ihm erzählte, ich sei Student, sogar Mitglied im Studentenparlament, schlug er mir vor, wir könnten doch gemeinsam eine Veranstaltung zum Thema »Freyheit« an der Universität organisieren. Ich war sofort begeistert. Wann gelingt es einem Studenten schon, solch eine prominente Person mir-nichts-dirnichts zu einer Diskussion in einen Hörsaal einzuladen. Bald aber kam Rudolf Augstein vorbei, im Schlepptau Berthold Beitz. Rainer Barzel, damals Vorsitzender der CDU-Bundestagsfraktion, stritt mit mir, wer lauter durch die Finger pfeifen konnte, und um fünf Uhr früh saßen der SPD-Politiker und spätere Wirtschafts- und Finanzminister von Willy Brandt, Karl Schiller, der WDR-Journalist Peter Coulmas und der herrlich baltisch sprechende ZDF-Kommentator Bernd Nielsen-Stokkeby in der Bar der Beethovenhalle und ich wieder mittendrin. Noch ein Bier, noch einen Whisky, kost' ja nix.

Werner Finck war irgendwann gegangen. Und ich war zu dumm gewesen, mir seine Adresse geben zu lassen. Jetzt würde nichts aus der Diskussion über »Freyheit« an der Universität. Um neun Uhr früh fiel ich in meiner Studentenbude ins Bett. Damals befand ich mitten im Examen. Das war am 28. November 1967.

In der ersten Januarwoche hatte ich am Oberlandesgericht in Köln die Klausuren für das Erste juristische Staatsexamen geschrieben und bereitete mich auf das mündliche Examen vor. Die schönste Stelle zum Lernen war für mich ein Schreibtisch am großen Fenster der Bonner Universitätsbibliothek mit Sicht auf den Rhein. Ich kannte die Namen fast aller Frachtkähne auswendig, da ich meinen Blick häufig von den Gesetzeskommentaren hob und von der Fahrt den Fluss herunter nach Rotterdam und von dort in die weite Welt hinaus zu träumen begann.

Es war Montag, der 8. Januar 1968, als ich Werner Finck in die Uni-Bibliothek hereinschlendern sah. Ich glaubte an eine Fata Morgana. Er war sichtlich ein Fremdkörper, aber niemand schien ihn wahrzunehmen. Er griff sich ein Buch und setzte sich an einen freien Platz. Es muss früh am Nachmittag gewesen sein. Ich stellte mich Werner Finck vor als den Studenten, der ihn auf dem Presseball angesprochen und über eine mögliche Diskussion über »Freyheit« mit ihm an der Universität phantasiert hatte.

»Gehen wir ein wenig peripetieren«, sagte er fröhlich und stellte das entliehene Buch wieder an seine Stelle im Regal. Er sei nur aus Neugierde in die UB gekommen, weil ihm der moderne Bau direkt am Rhein gefallen habe. Er wollte peripetieren, ich wusste nicht, was er meinte. Aber ich sagte munter: »Dann wollen wir mal peripetieren.« Er meinte wohl nur, lassen Sie uns ein wenig umherwandeln.

Wir peripetierten also eine Weile und kehrten dann in einem Café ein und sprachen nur noch über unser beider Lieblingsthema, die »Freyheit«. Mir war der Begriff während des Studiums in den USA zum Thema geworden. Und hier in der Bundesrepublik fehlte mir vieles, was mit Freiheit zu tun hatte. Man konnte ja noch nicht einmal mit seiner Freundin in ein Hotel gehen, ohne nach dem Trauschein gefragt zu werden. Der Hotelwirt hätte sich sonst der Kuppelei strafbar gemacht. Dass Eltern ihren erwachsenen Töchtern oder Söhnen erlaubten, einen Freund oder eine Freundin über Nacht aufzunehmen, das war kaum denkbar. Der Staat drohte mit dem Kuppeleiparagraph. Oder zumindest der Nachbar, der einen vielleicht wegen Unzucht anzeigte, weil man in der falschen Partei war. So war das damals. Mein Hauswirt, ein Fahrschullehrer, der im Keller noch ein Ölbild von sich in jungen Jahren in SS-Uniform neben den

Öltanks stehen hatte, drohte mir mit Kündigung wegen zu häufigen Damenbesuchs, er könne deswegen im Zuchthaus landen.

Während Sex heute niemanden mehr aufregt, junge Mädchen sogar die Gerüche ihrer Organe oder ihre Besonderheiten beim Vollziehen der Fellatio zwischen Buchdeckeln verewigen und hunderttausendfach verhökern – gelobt vom Feuilleton –, war Sex in den sechziger Jahren noch ein Tabu. Deshalb hatte ich als Vorsitzender der Humanistischen Studentenunion in Bonn einen »dies sexualis« organisiert, als Kontrast zum langweiligen »dies academicus«, den die Universität offiziell veranstaltete. Da sprachen Wissenschaftler über Thesen zur Sexualität, sexuelle Tabus als Mittel gesellschaftlicher Kontrolle und der liberale Professor Ulrich Klug, später wurde er Justizsenator in Berlin, über Probleme einer Reform des Sittlichkeitsstrafrechts. Damals konnte man schon deswegen bestraft werden, weil man homosexuell war!

Nun aber saßen wir im Café, und ich wollte von Finck wissen, wie es denn »davor« gewesen war, wie er die Nazis überlebt hatte.

Sein Vater war Apotheker in Görlitz gewesen, doch Sohn Werner taugte zu nichts. Er flog aus der Schule, zog als singender Wandervogel durch die Lande, wollte Schauspieler werden, spielte den Mephisto in Darmstadt, ein Versuch, der als Fiasko endete. Im Alter von 27 Jahren kam er schließlich nach Berlin und gründete dort das Kabarett »Die Katakombe«, an dem Erich Kästner, Theo Lingen, Ernst Busch, Hanns Eisler und Erik Ode mitwirkten. Finck moderierte die Abende. Doch vom 30. Januar 1933 an gehörten Mitarbeiter der Gestapo zum Stammpublikum. Einmal bemerkte Finck einen Spitzel der Geheimen Staatspolizei, der sich Notizen während seines Auftritts machte. Finck sprach ihn deutlich an: »Spreche ich zu schnell? Kommen Sie mit? – Oder muss ich mitkommen.«

Die kleinsten Anspielungen reichten, um große Heiterkeit auszulösen, erzählte mir Finck. Denn die Angst im Publikum, die sich immer wieder im Lachen befreite, trug die Stimmung des Abends und Finck »eine Verwarnung nach der andern ein«. »Die Spitzel wussten immer genau«, sagte er mir, »was sie mitzuschreiben haben. Immer wenn besonders laut gelacht wurde, wussten sie sofort: Da war was!«

Da rief zum Beispiel ein empörter Zuschauer »Judenbengel«, und Finck antwortete ihm spontan: »Sie irren sich, ich sehe bloß so intelligent aus.«

Ein kleines »Fragment« brachte Finck schließlich 1935 ins Konzentrationslager. Er spielte einen Kunden, der zum Schneider geht.

Der Schneider nimmt Maß.

Schneider: Fangen wir erst mal mit der Jacke an. Wie wäre es dann mit Winkel und Aufschlägen?

Kunde: Ach, Sie meinen eine Zwangsjacke.

Schneider: Wie man's nimmt. Einreihig oder zweireihig?

Kunde: Das ist mir gleich, nur nicht diesreihig (das sprach Finck aus wie: Dies Reich)! …

Schneider: Dann darf ich vielleicht einmal Maß nehmen?

Kunde: Doch, doch, das sind wir gewöhnt.

Der Kunde nimmt Haltung an, der Schneider stellt sich mit dem Zentimetermaß neben ihn. Er nimmt Maß, während der Kunde die Hände stramm an die Hosennaht legt.

Schneider: (schaut auf das Maßband) 14/18 … Ach, bitte, steh'n Sie doch einmal gerade.

Kunde: Für wen?

Schneider: Und jetzt bitte den rechten Arm hoch – mit geschlossener Faust … 18/19. Und jetzt mit ausgestreckter Hand … 33 … Ja, warum nehmen Sie denn den Arm nicht herunter? Was soll denn das heißen?

Kunde: Aufgehobene Rechte.

Weil Werner Finck den Hitlergruß als die Aufhebung aller Rechte bezeichnete, schrieb der Gestapo-Spitzel am 16. April 1935: »Finck ist der typische frühere Kultur-Bolschewist, der offenbar die neue Zeit nicht verstanden hat … und der in der Art der früheren jüdischen Literaten versucht, die Ideen des Nationalsozialismus und alles das, was einem Nationalsozialisten heilig ist, in den Schmutz zu ziehen.«

Anfang Mai 1935 drehte Finck bei der Ufa in Babelsberg eine Komödie, als sich zwei Herren von der Gestapo um sechs Uhr nachmittags meldeten. Sie warteten artig eine Stunde bis Drehschluss. Finck verließ auch in dieser Situation nicht sein Humor.

»Ich fragte sie, ob ich sie mit meinem kleinen Fiat mitnehmen könnte«, sagte er, »aber sie meinten, es wäre doch besser, wenn sie mich mitnähmen. Und so stieg ich in deren schwarzen Mercedes und fuhr mit ihnen ins Gestapo-Hauptquartier in der Prinz-Albrecht-Straße.«

Das Verhör zog sich hin, Finck wollte aber zur Vorstellung in die Katakombe, weshalb er anbot, am nächsten Tag wiederzukommen. Da erfuhr er, dass die Katakombe geschlossen worden war. Er wurde ins Gefängnis gebracht.

»Bei meinem Eintritt sprang ein riesengroßer SS-Mann auf mich zu und fragte: ›Haben Sie Waffen?‹ ›Wieso‹, antwortete ich, ›braucht man hier welche?‹«

Werner Finck und einige seiner Mitstreiter von der Katakombe wurden in das, der SS unterstellte, Konzentrationslager Esterwegen im Emsland gebracht. Dort lernte er den todkranken Carl von Ossietzky, Herausgeber der Weltbühne und Friedensnobelpreisträger 1935, kennen, den Sozialdemokraten Julius Leber, der 1945 hingerichtet wurde, und Friedrich Ebert, den Sohn des ersten Reichspräsidenten und späteren Ostberliner Oberbürgermeister.

Am ersten Pfingstfeiertag befahl die KZ-Lagerleitung den Kabarettisten, zum Zeitvertreib eine Vorführung zu veranstalten.

»Wir haben so gelacht wie noch nie«, erzählte mir Werner Finck, der mit seiner runden Glatze, den bullaugenförmigen Brillengläsern und dem auch im Ruhezustand grinsenden Mund immer fröhlich wirkte. »Wenn wir in Berlin auftraten, schwang immer ein wenig Angst mit, die uns zur Vorsicht trieb. Aber jetzt konnte uns ja nichts mehr passieren: Wir waren ja schon im KZ. Nach der Vorstellung lobten uns zwei SS-Leute von der Lagerleitung, prima hätten wir's gemacht. Aber warum wir denn nicht die harten Sachen aufgeführt hätten, deretwegen wir im KZ säßen. Als ich sagte, ich schwöre, in Berlin haben wir nicht ein bisschen mehr gesagt, lachte einer der SS-Leute und sagte: Das ist sicher ein Meineid!«

Am 1. Juli 35 wurden die Kabarettisten auf Anordnung von Hermann Göring, der Goebbels damit ärgern wollte, aus dem KZ entlassen. Die Schauspielerin Käthe Dorsch hatte die Entlassung betrieben; sie war eine Jugendfreundin von Göring.

Die Kabarettisten der Katakombe wurden vor Gericht gestellt, doch die Verhandlung verlief anders, als von Goebbels erwartet: Das Publikum johlte, wenn die inkriminierten Texte vorgetragen wurden, die Richter schlossen sich dem Gelächter an und sprachen die Angeklagten frei. Dafür wurden sie dann aber in die Provinz strafversetzt.

Werner Finck erhielt ein Jahr Arbeitsverbot, durfte also 1937 wieder im Kabarett der Komiker auftreten.

Um einer erneuten Verhaftung zu entgehen, meldete er sich 1939 freiwillig zum Kriegsdienst und wurde zum Funker ausgebildet. Zur Freude seiner Kameraden trat er bei der Truppe dann in Unterhaltungsprogrammen auf.

Nach dem Krieg machte er weiter wie zuvor: Er spielte Theater, übernahm Filmrollen, ging mit seinem Ein-Mann-Kabarett-Programm auf Tournee. Aber immer trieb ihn die ernste Frage nach der »Freyheit« um. Und schon als es sich 1951 andeutete, dass Adenauer der Wiederbewaffnung der Bundesrepublik zustimmen würde, nannte Finck sein Programm »Hut ab, Helm auf«, das zu so großen Entrüstungsstürmen in der Politik führte, dass sogar der Bundestag darüber debattierte.

Nach dem Kaffee sagte mir Werner Finck, er übernachte bei einem Bekannten in Köln, so besorgte ich mir den VW meines Freundes Dachs, so sein Spitzname, und brachte Finck dorthin. Wir haben dann bis spät in die Nacht darüber geredet, wie wir eine Diskussion zwischen Intellektuellen und Politikern in Bonn organisieren wollten. Und wir planten schon, wie wir die Diskussion finanzieren würden.

Ich kannte Johannes Wasmuth, einen Impressario sondergleichen, der im ehemaligen kaiserlichen Bahnhof Rolandseck, wo er selber unter dem Dach lebte, Konzerte organisierte und eine Kunstgalerie betrieb. Er hatte sogar vermittelt, dass Oskar Kokoschka den ehemaligen Bundeskanzler Konrad Adenauer malte – und hatte sich diese Vermittlung von einem deutschen Verlag mit einer großen Summe bezahlen lassen. Ich rief Johannes an, machte ihm einen Auftritt von Werner Finck in seinem Bahnhof schmackhaft, und schon schlug er vor, wir könnten gleich am nächsten Abend alles besprechen und festzurren.

Wasmuth besaß einen BMW V8, heute noch einer der schönsten Oldtimer, ein äußerst geräumiger, moderner Wagen, mit dem wir auch am folgenden Abend in Richtung Köln fuhren, um mit Werner Finck dessen Auftritt im Bahnhof Rolandseck zu besprechen. Leider brach der alte BMW auf der Strecke zusammen, sodass wir die Reise mit einem Taxi fortsetzen mussten. Werner Finck ließ sich von meiner Begeisterung mitreißen, und Johannes Wasmuth schlug gleich den 14. März als Termin für den Auftritt Fincks im Bahnhof Rolandseck vor. Wasmuth würde die Organisation mit seinem gemeinnützigen Verein »arts and music« übernehmen und das Einspielergebnis verwenden, um das Colloquium »Intellektuelle und Politiker im Gespräch« zu veranstalten.

»Wir nennen es: Geht Deutschland vor die Hunde, die es ver-
bellen«, schlug Finck vor. Klang gut, fand ich.

Bei den Einzuladenden waren wir großzügig. Peter Weiß,
Hans Magnus Enzensberger, Günter Grass und Heinrich Böll
und ähnliche Kaliber sollten angeschrieben werden, bei den
Politikern würde ich mich an die Parteien wenden.

Statt mich auf das mündliche Examen vorzubereiten, schrieb
ich einige Tage später einen langen Brief an Werner Finck, denn
ich besaß kein Telefon, was unter Studenten üblich war. Eine
Woche später erhielt ich ein Telegramm: »Ausführlicher Brief
unterwegs Gruß = Werner Finck«. Der Brief, der dann kam,
war zunächst mein Brief mit kabarettreifen Anmerkungen
Fincks.

Ich hatte geschrieben: »Ich habe eine Liste (auch Odysseus ist
auf Listen angewiesen gewesen, W. F.) angelegt, auf der einige
(sie werden nie einig sein, W. F.) Herren mit Fragezeichen bedacht wurden.« Und so ging es in einem fort.

Das Colloquium sollte nie stattfinden.

Werner Finck hatte zu viele Termine, sodass er den Weg zum
Bahnhof Rolandseck nicht fand. Die CDU und die FDP erklärten sich zu einem Gespräch bereit, die SPD antwortete gar nicht,
wie auch viele der angeschriebenen Dichter und Denker. Hans
Magnus Enzensberger bedankte sich für die Einladung, der er
nicht folgen könne, »und zwar schon deshalb nicht, weil ich
im spätsommer oder frühherbst für längere Zeit nach Cuba zu
gehen hoffe, einem land übrigens, wo gespräche zwischen politikern und intellektuellen zum alltag gehören; aber dies nur
nebenbei«. Er hatte seinen Brief in kleinen Buchstaben geschrieben. Tatsächlich nahm Enzensberger zunächst ein Fellowship
an der Wesleyan University an, wo ich Jahre zuvor studiert
hatte, brach dort aber seinen Aufenthalt aus Protest gegen die
US-Außenpolitik schon bald ab und ging nach Kuba.

Das Colloquium fand also nicht statt. Aber Werner Finck ist dann auf eigene Kosten an die Universität Bonn gekommen und hat im größten Hörsaal, der aus allen Nähten platzte, über sein Thema »Freyheit« gesprochen und mit uns diskutiert.

Zunächst sagte Finck, er habe den Titel umgeändert, in »Sire, geben Sie Gedanken …«

Und natürlich stutzten alle, da sie ja den berühmten Satz des Marquis Posa verstümmelt und um das Wort »Freiheit« amputiert sahen. »Diese Punkte stehen zur Debatte«, schrieb Finck später über seinen Vortrag, »diese Punkte machen aus der pathetischen Forderung eines schwärmerischen Idealisten die skeptische Kritik eines Spötters, der behauptet, dass unsere Zeit die Freiheit nicht so nötig hat wie die Gedanken über sie:

Was machen wir mit der Freiheit?

Was macht sie mit uns?

Was macht die Macht mit ihr?

Wer macht? Wehrmacht …«

Noch ein wenig naiv meinte ich, Freiheit gelte ad infinitum, sie ende erst an der Freiheit des anderen. Und dort, wo kein anderer ist, etwa in den Weiten des Wilden Westens, sei die Freiheit grenzenlos. Später hatte ich verstanden, was Werner Finck mit der Frage meinte, was macht die Macht mit »Freiheit«. Er kam auf das Wort »Wehrmacht« und spielte auf die Diktatur des Dritten Reichs an. Als ich dann 1981 mein erstes Buch veröffentlichte, erhielt es den Titel »Die Freiheit, die ich fürchte«. Ein Goethe-Zitat. Er sagte, wenn die Fürsten das Wort Freiheit im Munde führen, dann tun sie es, um die Leute zu unterdrücken. Das Buch endet mit meiner Aussage, nicht wenn die Strukturen sich verändern, wird sich in der Gesellschaft etwas verbessern, sondern erst, wenn sich das Denken (»Sire, geben Sie Gedanken …«) und das Handeln der Menschen verändert und sie sich wieder auf ihre Werte besinnen.

In der Zwischenzeit hatte ich mein Examen bestanden,

vielleicht nur deswegen, weil ich im letzten Satz meines handgeschriebenen Lebenslaufes, den ich beim Oberlandesgericht abgegeben hatte, versprach: »Mit diesem Examen werde ich meine juristische Laufbahn beenden.«

Danach hatte ich angefangen, als freier Journalist Geld zu verdienen, weshalb ich mir auch ein Telefon leisten konnte. Unsere Kommunikation wurde also einfacher und fand häufiger statt. Eines Tages meldete sich Werner Finck aufgeregt. »Uli«, sagte er, »ich habe ein großes Angebot vom ZDF erhalten, ich nehme es aber nur an, wenn du mein Assistent wirst.« Natürlich sagte ich spontan zu, weil ich mir nichts Spannenderes vorstellen konnte, als mit Werner Finck zusammenzuarbeiten und von ihm zu lernen.

Das ZDF hatte Werner Finck vorgeschlagen, eine wöchentliche Kabarettsendung zu übernehmen. Es dauerte nicht lange, da bekam ich auch von einem mir bisher unbekannten Alfred Biolek, der beim ZDF die geplante Sendung mit Werner Finck betreuen sollte, eine Postkarte, in der er mir als freiem Mitarbeiter ein monatliches Honorar von 1500 DM anbot. Auch das fand ich nicht schlecht.

Finck und ich haben uns dann zusammengesetzt und erst einmal über einem Sendekonzept gebrütet. Aber inzwischen war Fincks ursprüngliche Begeisterung geschwunden. Er war jetzt 66 Jahre alt und meinte, ihm würde nicht genügend einfallen, um jede Woche eine Sendestunde mit gutem Kabarett füllen zu können. Das war eine kluge Einsicht. Finck sagte dem ZDF ab, das stattdessen Gerhard Löwenthal mit dem ZDF-Magazin installierte.

Und ich landete bei der ARD und der Sendung Monitor.

## Nazis an der Universität –
## das damals Übliche

Professor Wolfgang Schmidt habe ich lange nach meinem Studium auf der Straße in Bonn in der Nähe der Universität wiedergesehen. Er ging langsam. Eher ein wenig gebückt, von keinem Studenten oder gar einem Kollegen begleitet, trotz seines großen wissenschaftlichen Renommees. Ich erinnere mich an einen alten Latinisten im dicken grauen Mantel mit einer ledernen Aktentasche, dem ich stets ein wenig ehrerbietig als Erster den Gruß entboten habe, den er dann erwiderte, wie im Vorübergehen, ohne zu viel Freundlichkeit nach außen zu zeigen. Insgeheim hatte ich aber das Gefühl, dass wir uns doch ein bisschen besser verstanden, wie zwei Verschworene, die etwas verbindet, das sie nicht zeigen wollen.

Wir haben uns nur ein einziges Mal zu einem langen, für meine Zukunft bedeutsamen Gespräch getroffen, in dem er mir erklärte, was es bedeutet, Haltung zu zeigen. Denn mit seiner Haltung hat er mich, den er vorher gar nicht kannte, vor dem Rausschmiss aus der Universität gerettet.

Bei diesem einen Treffen an einem dunklen Winternachmittag ist er mir zum Vorbild geworden: Er hat Haltung gezeigt nach dem lutherischen Motto: »Hier stehe ich und kann nicht anders.« Luther gefiel mir sowie schon, denn als mein älterer Bruder Wolfram in Heidelberg, wohin wir nach unserer Zeit in Japan gezogen waren, in den Konfirmationsunterricht ging, durfte ich ihn in die Friedenskirche an der Tiefburg in Handschuhsheim begleiten, als dort ein Schwarz-Weiß-Film über Luther gezeigt wurde. Der Kerl imponierte mir genau so wie Ulrich von Hutten, den ich auf einem Margarinesammelbild, mit dem Degen auf einem Tisch stehend und sich gegen die Verhaftung wehrend, als einen militanten Reformator kennengelernt hatte. Außerdem trug er denselben Vornamen wie ich. Das passte, fand ich Stepke. Heute missbrauchen leider Rechtsradikale seinen Namen wegen seiner Jubelschrift über den Sieg von Arminius über den römischen Fremdherrscher Varus.

Doch zurück zu jenem dunklen Winternachmittag am 26. Februar 1965 – im Vormärz also. Es wird gegen fünf Uhr am Nachmittag gewesen sein, als ich an der Tür von Professor Wolfgang Schmidt klingelte. Ich wusste nicht, weshalb er mich zu sich gebeten hatte. Im Institut für Politische Wissenschaften bei dem wegen seiner kritischen Arbeit über die Weimarer Republik von konservativen Historikern wenig geschätzten, ja, sogar bekämpften, von uns Studenten aber verehrten Professor Karl-Dietrich Bracher verdiente ich als »Hiwi« im Zeitschriftenarchiv ein paar Mark.

Als ich an diesem Morgen zur Arbeit kam, sagte mir die Sekretärin, der Dekan der Philosophischen Fakultät bitte mich dringend um einen Anruf. Mittags auf dem Weg in die Mensa schaute ich als Mitglied des Studentenparlaments im AStA vorbei, und auch dort wurde mir ans Herz gelegt, mich sofort bei Professor Wolfgang Schmidt zu melden. Also wählte ich die Nummer des Dekanats und wurde direkt mit dem Dekan verbunden. Er sagte mir, er müsse mich unbedingt sprechen, aber ich solle nicht in sein Büro kommen. Er möchte nicht, dass man uns zusammen sieht. Ach du lieber Gott, dachte ich leichthin, was mag das nur bedeuten! Nun gut, es verwunderte mich nicht, denn im Augenblick war ich wegen einer politischen Aktion, bei der mich nur wenige Professoren und fast noch weniger Studenten unterstützt hatten, nicht wohlgelitten weder bei Rektorat und Senat, noch beim AStA und dem Studentenparlament der Bonner Universität. Professor Schmidt gab mir seine private Adresse und bat mich, noch am selben Nachmittag bei ihm vorbeizukommen.

Er öffnete selbst die Tür und führte mich in sein Arbeitszimmer. Es war hell beleuchtet, an allen Wänden zogen sich Bücherregale bis zur Decke hoch, alle vollgepfropft mit wissenschaftlichen Werken, und sein wuchtiger alter Schreibtisch quoll über von Papieren.

Der Dekan behandelte mich mit Respekt, so als wäre ich seinesgleichen, was Studenten zu jener Zeit keineswegs gewohnt waren, bat mich mit äußerster Höflichkeit in einem bequemen Lehnstuhl an einem niedrigen Tisch, auf dem zwei Teetassen und eine Kanne standen, Platz zu nehmen. Auch er setzte sich. Vielleicht hat er sogar geseufzt. Es hätte zum Beginn unseres Gesprächs gepasst, denn er kam sofort zur Sache. Er habe letzte Nacht nicht geschlafen, vertraute er mir an, es bedrücke ihn etwas, dessen Ursache ich zu verantworten hätte. Und das sollte ich wissen.

Am Ende unseres Gesprächs bewunderte ich ihn und hatte nicht nur Respekt vor dem Amt des Dekans, sondern auch heute noch Hochachtung vor einem Menschen, der mir vermittelt hat, was Haltung und Rückgrat bedeuten können.

Sein Handeln wurde mir zu einem Vorbild.


Die Herrschaftsverhältnisse an deutschen Universitäten waren 1965 ein Spiegelbild der autoritären Gesellschaft. So, wie in allen Behörden in Bonn, wie in den Gerichten, bei der Polizei und der Bundeswehr, in den Geheimdiensten, wie auch unter Managern des Wirtschaftswunders, so waren auch an den Universitäten die akademischen Schreibtischtäter in ihren Ämtern verblieben und mühten sich mit Erfolg, Emigranten die Rückkehr aus dem Exil zu vermiesen, häufig mit Erfolg, oder kritische Historiker wie Fritz Fischer oder Karl-Dietrich Bracher ins Abseits zu stellen, was schließlich doch misslang. Erst zwei Jahre später, 1967, würde der Spruch »Unter den Talaren – Muff von 1000 Jahren« die Studenten begeistern.

Mit dem Muff war die Verstrickung von Professoren in die Zeit des 1000-jährigen Reichs gemeint, wie die Nazis ihre zwölf Jahre dauernde Gewaltherrschaft nannten. Und das autoritäre Denken prägte die Universitäten immer noch. Aber gegen dieses autoritäre Denken hatte ich aufbegehrt, und die Folge war schließlich das Gespräch im privaten Arbeitszimmer von Wolfgang Schmidt.

Die Angst vor Autoritäten hatte ich allerdings schon ein wenig verloren, als ich eines Tages – ich werde etwa vierzehn Jahre alt gewesen sein und hatte häufig Quatsch im Kopf – einen kindlichen Streich gegenüber dem Pfarrer der Gemeinde verübte. Nach dem Konfirmationsunterricht in Paris half ich dem geistlichen Herrn in den Mantel, hielt aber den linken Ärmel mit einer Hand zu, sodass der Mann verzweifelt mit dem Arm nach hinten herumstocherte, wobei er so ungelenk wirkte, dass die Konfirmanden in großes Gelächter verfielen.

Kinkerlitzchen, würde ich heute sagen. Aber mein Scherz endete mit einem Rausschmiss aus dem Konfirmandenunterricht – wegen Unreife. Und ich musste meinem Vater, als er abends nach Hause kam, einen Brief des zornigen Pfarrers überreichen. Der Vater las die Epistel, zuckte mit den Schultern, zerriss das Papier vor meinen Augen und warf es in den Papierkorb. Keine Schelte, keine Strafe, nichts. Lass uns zu Abend essen.

Was freies Denken bedeutet, hatte ich in den USA gelernt, wo ich dank eines Stipendiums der Fulbright-Commission 1962 und 1963 ein Jahr an der Wesleyan University in Middletown, Connecticut, verbringen konnte. Die Bewerbung um das Studium in Amerika war wohl eine Imitationshandlung, denn mein Vater hatte 1936 in den USA studiert und hinterher in einem Buch beschrieben, wie er als Hobo auf den Güterzügen quer durch das Land gereist ist – was John Steinbeck in »Früchte des Zorns« beschreibt –, wie er auf einem Schiffdeck nach Japan und China und schließlich als Smutje auf einem deutschen Frachter wieder in Deutschland gelandet ist.

In den USA erlebte ich eine freie Welt, während das Studium an der Universität in Bonn daraus bestand, sich anzuhören, was ein Professor eine Dreiviertelstunde lang – häufig genug äußerst langweilig – vortrug, und sich am Ende des Semesters ein Testat für das Studienbuch abzuholen, womit der Professor bestätigte, dass der Student seine Vorlesung besucht hat.

Es war in den USA völlig normal, dass Studenten und Professoren in Rede und Gegenrede die unterschiedlichsten Standpunkte diskutierten. Ein Professor setzte sich mit mir ins Studentencafé, um eine Seminararbeit zu besprechen, in der ich Brecht aus einem Werk zitiert hatte, das nicht ins Englische übersetzt worden war. Das kenne er nicht, weil er Texte in deutscher Sprache nicht lesen könne, sagte der Professor, ob ich ihm erklären würde, was Brecht da geschrieben habe. Dass ein deutscher Professor zugibt, etwas nicht zu wissen, war mir unvorstellbar. Hier aber war es üblich, nachzuhaken und infrage zu stellen.

Während der Kubakrise, als die Sowjets versuchten, Atomraketen auf Kuba zu stationieren, demonstrierten die Studenten gemeinsam mit den Professoren. Auf der einen Seite der Mainstreet in Middletown eine Minderheit von Antikommunisten, zu der ich gehörte, mit einem Transparent, auf dem stand: »Freiheit oder Kommunismus«, auf der andern Straßenseite diejenigen, die sich Liberale nannten und aus Angst vor einem Atomkrieg gegen die harte Haltung von Präsident John F. Kennedy Stellung bezogen. Schließlich war die Reichweite der russischen

Raketen auf Kuba groß genug, um auch die Wesleyan University treffen zu können.

Wir demonstrierten auch, als die Universitätskantine, wo man gut aß, während der Herbstferien für eine Woche geschlossen wurde, und der Redakteur der Universitätszeitung nahm unseren Protest mit Foto in sein Blatt. Auch solche Toleranz war undenkbar in Deutschland!

Was hier üblich war, das erlebte ich, als ich an die Universität nach Bonn zurückkehrte.

In den USA hatte ich gelernt, dass Meinungsverschiedenheiten offen besprochen werden und man verantwortlich ist, für das, was man tut. So habe ich auch einen Satz von John F. Kennedy in meinem Gepäck mitgebracht: »Frag nicht, was dein Land für dich tun kann, frag, was du für dein Land tun kannst.« Kennedy hat diese staatsbürgerliche Verpflichtung in seiner Rede bei Amtsantritt im Januar 1962 verkündet und in den USA damit die Jugend begeistert. Leider wird sie heute nur noch von einer Minderheit akzeptiert.

In Deutschland identifizieren sich mit diesem Sinnspruch einer Umfrage zufolge gerade einmal ein Fünftel der Befragten, fast die Hälfte lehnt diese Idee ab, während ein weiteres Drittel keine Meinung mehr dazu hat. Und schaut man in die Diskussionsforen im Internet, dann stellen dort viele die erstaunlich naive Frage: Hat der Bürger denn Pflichten gegenüber seinem Land?

Wenn du etwas für dein Land tun willst, wenn du ein Recht haben willst, politisch mitzureden, so sagte ich mir zurück in Bonn, dann musst du dich engagieren. Also bewarb ich mich 1964 bei der nächsten Wahl zum Studentenparlament um ein Mandat. Mein Wahlversprechen war ziemlich naiv: Abschaffung der Testate und besseres Mensaessen. Das Essen in der Mensa war wirklich grässlich, und ich erhielt die zweithöchste Stimmenzahl. Testate wurden irgendwann abgeschafft, das Mensaessen soll auch besser geworden sein. Aber als die Stu-

denten den Wunsch äußerten, den Vorlesungsbetrieb umzuge-
stalten, als sie verlangten, die Hörer mitbestimmen zu lassen, als
sie die Demokratisierung des Lehrbetriebs forderten, stießen sie
auf harten Widerstand. Die Reform sollte unterdrückt werden.
Da begriffen die Studierenden, dass die Krise an den übervollen
Universitäten nicht behoben werden kann, solange die Gesellschaft dazu nicht gezwungen wird. Und sie hatten Anfang
der sechziger Jahre gerade die Erfahrung gemacht, dass vom
»Establishment« nichts so gefürchtet wurde wie der Vorwurf,
Nazi gewesen zu sein. Da war es nicht schwer, die Rektoren, De-
kane und Professoren zu »entlarven«, die sich im Dritten Reich
hervorgetan hatten. Angriffe in den Studentenzeitschriften begannen, die bisher unangetastete Autorität von Professoren zu
untergraben.

Unsere Generation sah in der reformunwilligen Universität
einen autoritären Abklatsch der »Braunen Universität«, die es
durch Fragen nach dem isolierten Verhalten Einzelner zu verurteilen galt, um die »Schuld« der Struktur und der Ideologie der
Institution zuzuschieben.

Jetzt also saß ich im Arbeitszimmer des Altphilologen Wolfgang
Schmidt, er hatte aus seiner ledernen Aktentasche ein Manuskript hervorgezogen, es vor sich hingelegt, aber zögerte noch,
es mir in die Hand zu geben. Er habe es in der vergangenen
Nacht, als er vor Aufregung nicht schlafen konnte, auf seiner
Schreibmaschine getippt. Leider habe ich sein Papier nie gelesen, aber er hat mir erzählt, worum es darin ging. Er schildert
seine Sicht auf die Auseinandersetzung um die Nazi-Vergangenheit des zum Rektor gewählten Germanisten Hugo Moser. Es
war eine Auseinandersetzung, in die ich als Student in vorderster Reihe verwickelt war, eine Konfrontation zwischen Bewah-
rung und Aufklärung, die in aller Härte und mit großer Leidenschaft geführt worden war.

Im Spätherbst 1964, ich war seit kurzem Mitglied des Studentenparlaments, veröffentliche Walter Boehlich, damals Cheflektor beim Suhrkamp-Verlag und Literaturkritiker bei der *ZEIT*, eine Polemik gegen den neu gewählten Bonner Rektor Moser, der als Vierundzwanzigjähriger die Erziehung zum völkischen Menschen propagiert und in seinen Veröffentlichungen noch nach 1945 nationalsozialistische Terminologie hätte anklingen lassen. Obwohl Boehlich in seinem Artikel bemängelt hatte, dass sich die deutschen Universitäten noch neunzehn Jahre nach Ende des Nationalsozialismus weigerten, die Fragen nach ihrer Rolle im Dritten Reich und nach ihrer Schuld zu stellen, und dass sie stattdessen aus falsch verstandener Kollegialität den »Karren laufen ließen«, begriffen die Gremien der Universität Bonn den Artikel lediglich als persönlichen Angriff auf den Rektor.

Drei Tage nach der Veröffentlichung in der *ZEIT* sprach eine Sonderkommission von Professoren, der nicht weniger als fünf Vorgänger des Rektors angehörten, Moser ihr Vertrauen aus. Die nationalsozialistischen Äußerungen Mosers, die Boehlich zitierte, hätten sich nicht über die »zeitbedingte Diktion« und »über das Maß des damals Üblichen und mitunter sogar Notwendigen« hinausbewegt.

Das damals Übliche? Was war das?

Im Studentenparlament stellte ich nun den Antrag, den Feuilletonchef der *ZEIT*, Rudolf-Walter Leonhardt, zusammen mit Walter Boehlich und einigen Professoren zu einer Diskussion über das Verhalten der Universität und das »damals Übliche« einzuladen. Der Beschluss wurde mit knapper Mehrheit angenommen, doch niemand wollte die Organisation der Diskussion übernehmen. Alle fürchteten sich vor dem Zorn der Professoren. So musste ich als Antragsteller den Job übernehmen, was mir nur recht sein konnte. Allerdings fragte mich der Präsident des Studentenparlaments: »Wickert, wollen Sie denn hier Examen machen?«

Die Diskussion fand nicht statt.

Als ich beim Rektorat anrief, um einen Hörsaal für die Veranstaltung zu bestellen, antwortete mir der zuständige Regierungsamtmann: »Ich kann nur annehmen, dass Sie scherzen.«

Unter dem Druck von Professoren entzogen die Studentenvertreter mir das Vertrauen, ich hätte ohnehin mit einem Disziplinarverfahren zu rechnen. Das klang lächerlich, war aber angesichts der Umstände, unter denen später doch noch ein Verfahren gegen mich auf den Weg gebracht wurde, symptomatisch.

Und deshalb saß ich nun vor einer Tasse Tee bei Professor Schmidt. Von ihm erfuhr ich, dass im Akademischen Rat beantragt worden war, mich der Universität zu verweisen. Mir wurde vorgeworfen, den Ruf der Universität geschädigt zu haben.

In einem kleinen Kreise fand in dem Hinterzimmer einer Bonner Gastwirtschaft dann doch noch ein Gespräch statt. Rudolf-Walter Leonhardt, die Professoren Harry Meier und Richard Alewyn, die sich gegen den Rektor gestellt hatten, nahmen daran teil, einige wenige Studenten wie auch der damalige Chefredakteur der Studentenzeitschrift *Civis*, Ulrich Frank-Planitz. Später würde er erfolgreicher Chef der Deutschen Verlagsanstalt sein, die Bücher meines Vaters verlegen, und mir ein Freund werden, an dessen Grab zu sprechen, mir 2011 die traurige Aufgabe zufiel.

Das Treffen im Verborgenen blieb ohne Widerhall, was mir gar nicht gefiel.

Bei den Studenten verlief sich die Angelegenheit, und als ich die Diskussion noch einmal ins Studentenparlament bringen wollte, war das Gremium beschlussunfähig. Die meisten waren Bier trinken gegangen.

Nicht ganz so verlief es bei den Professoren. Denn ich verfasste eine Chronologie der Ereignisse, wie die Universität die

Diskussion über »das damals Übliche« verhinderte, und sie erschien unter meinem Namen in der *Frankfurter Rundschau*. Solche Widerborstigkeit war damals nicht üblich.

Über die Reaktion in den Gremien der Universität wollte mich der Dekan der Philosophischen Fakultät nun aufklären, damit ich den Stand der Dinge kannte.

Es wurde der Antrag gestellt, den Studenten Wickert wegen seines, den Ruf der Universität beschädigenden, Artikels zu relegieren, was das Ende meines Studiums bedeutet hätte. Ich war damals 23 Jahre alt. Keine andere Universität in Deutschland hätte mich nach dem Rauswurf in Bonn aufgenommen. Die Relegation war damals ein Makel, der einer Ächtung gleichkam, so als würde heute nachgewiesen, dass man seine Doktorarbeit plagiiert hat.

Doch als der Antrag gegen Wickert diskutiert wurde, erhob der sonst so ruhige Altphilologe Schmidt das Wort im Senat. Er sprach ernst. Er sprach lang. Er sprach ein wenig lauter als sonst. Und was daraufhin geschah, erzählte er mir nun in seinem Arbeitszimmer.

Vor ihm lag das seitenlange Manuskript, das er in der Nacht geschrieben hatte. »Darin steht alles, was gesagt wurde«, sagte er mir, »und ich habe alles aufgeschrieben, damit ich es im Notfall verwenden kann.«

Im Akademischen Rat hatte er dem Rektor gedroht, es seien im Dritten Reich und auch schon vorher im 19. Jahrhundert immer wieder Studenten, ja sogar Professoren relegiert worden. Thomas Mann wurde im Dritten Reich die ihm 1919 verliehene Ehrendoktorwürde der Bonner Universität wieder aberkannt. Und sollte die Universität nicht alle Maßnahmen einstellen, die gegen den Studenten Wickert geplant seien, dann werde er, Wolfgang Schmidt, unter öffentlichem Protest vom Amt des Dekans der Philosophischen Fakultät zurücktreten und eine von ihm verfasste Dokumentation der Affäre an den *SPIEGEL* schicken.

Die Drohung hat gewirkt.

Der Rücktritt des Dekans, die mögliche Veröffentlichung im *SPIEGEL* wegen der Auseinandersetzung um die Vergangenheit des Rektors im Dritten Reich hätten die Aufregung, die schon fast abgeklungen war, wieder entfacht, neues Öl ins Feuer gegossen.

Alle Maßregelungen gegen mich wurden eingestellt.

Nun war Schmidt stolz. Und ich sprachlos.

Es war ein unvergesslicher Moment. Denn in der Stunde, in der ich im Arbeitszimmer des Professors Wolfgang Schmidt saß und der Philosophische Dekan mir erklärte, was ihn zu seinem Schritt bewogen hätte, habe ich etwas Wichtiges gelernt. Und das verdanke ich diesem Mann. Dass es gleichgültig ist, womit andere drohen, solange man seine Haltung und seine Meinung belegen und vertreten kann. Ich habe gelernt, was Mut bedeutet, und von da an versucht, immer danach zu handeln, mich nicht unter Druck setzen zu lassen, sondern wenn möglich dem Druck standzuhalten. Es hat nicht immer geklappt, aber im Zweifelsfall habe ich das getan, was ich für richtig hielt, und nicht das, was andere für richtig hielten. Oder was sie sich nicht zu vertreten wagten, obwohl sie es insgeheim auch für richtig hielten.

Die Vorwürfe gegen den Germanisten und Rektor Hugo Moser waren minimal gegen das, was einem anderen Professor mit Lehrauftrag an der Universität Bonn vorgeworfen wurde: Siegfried Ruff. Er hatte an Menschenversuchen in Konzentrationslagern mitgewirkt.

Im Braunbuch der DDR von 1965 stand über ihn: »An medizinischen Experimenten mit Häftlingen des KZ Dachau für faschistische Luftwaffe beteiligt, bei denen 70 bis 80 Menschen getötet wurden.« Das war nichts Neues. Schon 1947 hatte Eugen Kogon in seinem Buch »Der SS-Staat – das System der deutschen Konzentrationslager« über tödliche Menschenversuche berichtet. Als bekennender Gegner des Nationalsozialismus war

Kogon 1939 in das KZ Buchenwald eingeliefert worden. Dort wurde er Arztschreiber des KZ-Arztes Erwin Ding-Schuler, der Versuche an KZ-Häftlingen vornahm. Durch seinen Einfluss auf den Arzt hat Kogon vielen Häftlingen das Leben gerettet, unter anderem Stéphane Hessel, berühmt wegen seiner 2010 erschienenen Streitschrift »Empört Euch!«, und geachtet, weil er nach dem Krieg als französischer Diplomat an der Menschenrechtskonvention der UNO mitgewirkt hat. Der KZ-Arzt Ding-Schuler wiederum rettete Kogon gegen Kriegsende das Leben, indem er ihn in einer Kiste aus Buchenwald herausschmuggelte.

Kogon, der auch bei den Nürnberger Ärzteprozessen als Zeuge ausgesagt hat, schreibt in seinem Buch »Der SS-Staat« über Menschenversuche in Dachau, 80 Tötungen als Folge der Versuche »wurden von Dr. Ruff den beiden Generalstabsärzten Professor Hippke und Dr. Schöder, Inspekteure des Sanitätswesens der deutschen Luftwaffe, gemeldet.«

Diese Veröffentlichungen hatten jedoch zu keinen Maßnahmen an der Universität Bonn geführt, auch nicht, als deren Rektor Prof. Hugo Moser wegen seiner Vergangenheit angegriffen wurde.

Eine deutsche Illustrierte nahm das DDR-Braunbuch zum Anlass, um über Professor Ruff zu schreiben. Das las ein aufmerksamer Assistent am Physiologischen Institut der Universität Bonn, Dr. med. Alfred Jahn. Ein Mann mit Haltung. Er war in der DDR aufgewachsen, hatte dort immer wieder gegen die Autorität verstoßen, war bestraft worden und floh schließlich vor seiner Verhaftung 1963 in die Bundesrepublik. Er war entsetzt darüber, was er über Ruff las, und trug seinen Studenten im Unterricht vor, welche Forschungsergebnisse durch grausame Versuche an Menschen in deutschen Konzentrationslagern zustande gekommen waren. Und er zeigte sich entsetzt, dass an der Bonner Universität ein Mann lehrte, der an solchen Versuchen beteiligt gewesen war. Es handelte sich um Professor Siegfried Ruff, Leiter des Instituts für Flugmedizin.

Die Sache kam aber erst durch einen Zufall ins Rollen. Denn ein Student, der in der Unterrichtsstunde von Dr. Jahn die Vorwürfe gegen Prof. Ruff gehört hatte, erzählte dies einem Freund, der wiederum die Tochter von Prof. Ruff kannte und sie mit den Tatsachen konfrontierte. Tochter Ruff, die auch Medizin studierte, machte Dr. Jahn schwere Vorwürfe, weil er die Ehre ihrer Familie besudelt habe. Alfred Jahn fragte: »Und was halten Sie von der Ehre der Leute, die in den Lagern des Dritten Reichs eingesperrt waren?« Kurz darauf erhielt er ein Schreiben von Ruffs Rechtsanwalt, Jahn solle eine Gegenerklärung abgeben. Das tat er jedoch nicht.

Als ich von den Vorwürfen hörte, wurde ich wieder aktiv: Die Sache gehörte in das Studentenparlament. Deshalb fragte ich Alexander Mitscherlich, welche Kenntnis er aus den Nürnberger Prozessen über Prof. Ruff habe.

Mitscherlich war im Dritten Reich für kurze Zeit in die Schweiz emigriert, als er 1937 zurückkam, wurde er für acht Monate von der Gestapo in Haft genommen. 1946 beauftragten ihn die Ärztekammern der drei Westzonen mit der Leitung einer Kommission zur Beobachtung der »NS-Ärzteprozesse« in Nürnberg in der Hoffnung, er werde die deutsche Ärzteschaft von dem Vorwurf der »Kollektivschuld« befreien.

Auch Siegfried Ruff war in Nürnberg angeklagt worden. Auf die Frage, ob er keine Bedenken gehabt hätte, mit Häftlingen zu experimentieren, sagte er: »Juristische Bedenken hatte ich keine, denn ich wusste, dass der Mann, der die Genehmigung zu diesen Versuchen von Staatsseite aus gegeben hatte, Himmler war.« Ruff wurde daraufhin freigesprochen.

Entsetzt über das, was er über die Verbrechen deutscher Ärzte in den Konzentrationslagern erfuhr, gab Mitscherlich 1947 eine Dokumentation »Diktat der Menschenverachtung: Der

Nürnberger Ärzteprozess und seine Quellen« heraus. Damit tat er genau das Gegenteil von dem, was die deutschen Ärztekammern von ihm erwartet hatten.

Sein Buch über das menschenverachtende Verhalten deutscher Ärzte aber wurde nie bekannt. In keiner Buchhandlung war es 1947 zu finden. Mitscherlich vermutete, es sei von den Ärztekammern heimlich aufgekauft worden. Wegen dieser »Nestbeschmutzung« wurde Alexander Mitscherlich von der Ärzteschaft geächtet. Er, der nach dem Krieg zum Vater der Psychoanalyse in Deutschland werden sollte, wurde nie an eine medizinische Fakultät berufen. 1960 gab er die Dokumentation über die Menschenversuche als Taschenbuch erneut heraus – diesmal mit großem Echo. Auf meine Nachfrage schrieb mir Mitscherlich: »Professor Ruff war Zeuge von sogenannten ›terminalen‹ Versuchen, d. h. Menschenversuchen, die auf die Tötung des Opfers hin angelegt waren … Aus diesem Grunde halte ich es für unerträglich, dass ein Mann wie Professor Ruff an einer unserer Universitäten mit Lehre beauftragt ist.«

Entsprachen die tödlich endenden Menschenversuche an KZ-Häftlingen, die Professor Siegfried Ruff zu verantworten hatte, auch nur dem »damals Üblichen«?

Diese Frage stellte ich als Studentenparlamentarier in einem Brief dem Rektor Hugo Moser, erhielt aber nie eine Antwort. Also verteilte ich den Brief als Flugblatt in der Mensa. Diesmal entschied auch das Studentenparlament, die Abberufung Ruffs zu verlangen. Es wurde immer wieder vor seinem Institut demonstriert, bis er von sich aus im März 1966 den Lehrauftrag zurückgab.

Arbeitslos wurde er sowieso nicht: Er war Leitender Arzt bei der Lufthansa, beriet beim Aufbau der Luftwaffe und wurde 1969 schließlich Vorstandsmitglied in der Deutschen Versuchsanstalt für Luft- und Raumfahrt.

Dem Assistenten Dr. Jahn wurde von Bonner Professoren für

seinen Angriff auf Professor Ruff eine persönliche Motivation untergeschoben: Futterneid. Und zur Strafe wollte man ihm seine Unterrichtsstunden kürzen. Dr. Jahn wird später als Arzt ein Vorbild werden, weil er auf eigene Kosten in der Dritten Welt, besonders in Afrika, viele Kinder durch seinen Einsatz rettete. Eine Stiftung trägt heute seinen Namen.

Wolfgang Schmidt ist zwei Jahre nach seiner Emeritierung von der Bonner Universität, 1980, gestorben. Vielleicht hatte er unser Gespräch in seinem Arbeitszimmer längst vergessen.

Erst 1999 beschloss der Senat der Bonner Universität, Relegationen und Aberkennungen des Doktorgrades während des Dritten Reichs als menschenverachtend zu verurteilen.

Die Bonner Universität, die mich bat, am 9. Juli 2005 bei der ersten Absolventenfeier, in der tausend Studenten in Talar und mit Barett ihre Diplome in Empfang nahmen, die Festrede bei schönstem Sonnenschein im Hofgarten zu halten ist eine andere als die von damals. Ich nahm die Einladung mit Vergnügen an und erzählte den Diplomanden, die dreißig Euro gezahlt hatten, um einen Talar und ein Barett auszuleihen, dass wir zu meiner Studienzeit nur einen Spruch kannten: »Unter den Talaren – Muff von 1000 Jahren.« Da lachten sie alle. Denn es ist jetzt wirklich eine andere Universität.

## Neugier als Lebensinhalt

Es ist ein Wunder, dass ich beim Fernsehen gelandet bin.

Denn erstens wollte ich nie Journalist werden. Und zweitens habe ich mich bei meinem ersten Vorstellungsgespräch unfassbar dämlich benommen.

Für Rechtswissenschaften hatte ich mich nach dem Abitur eingeschrieben, weil ich Diplomat werden wollte. Als ich mich dann zum Ersten juristischen Staatsexamen am Oberlandesgericht in Köln anmeldete, wollte ich alles, bloß das nicht mehr.

Am Abend nach bestandenem Examen sagte mir mein pädagogisch versierter Vater: »Ab heute bekommst du kein Geld mehr von mir.« Er glaubte vermutlich, ich würde mich dann sofort um ein Referendariat bemühen, um Geld zu verdienen. Pustekuchen! Ich lieh mir Geld von Freunden und fuhr mit denen vierzehn Tage nach Verbier in den Skiurlaub.

Ich hatte keine Ahnung, wie mein Leben weitergehen sollte.

Es beunruhigte mich aber auch nicht.

Wir gehörten einer Generation an, die keine Angst hatte.

Dann erinnerte ich mich an Gert Kalow, der beim Hessischen Rundfunk das Abendstudio leitete. Ihn rief ich an: »Du hast doch zwei Wochenstunden Feature-Programm zu füllen. Kann ich dir nicht was schreiben?«

Er bat um drei Vorschläge und nahm einen an. Thema: Wie

Bonn zur Bundeshauptstadt geworden war. Ich bat um einige Manuskripte als Muster, setzte mich an die Arbeit, recherchierte ewig lang, gut zwei Monate, brauchte sicher einen weiteren Monat, bis das Manuskript stand. Dann lief im Sommer 1968 die Sendung »Die Hauptstadt in der Provinz«, und ich erhielt 1500 DM Honorar. Bisher hatte ich von zu Hause 250 Mark im Monat erhalten und den Rest dazuverdient. Die Miete meiner Bude kostete 120 Mark. Ich fühlte mich wie ein reicher Mann. Es war das erfolgreichste Hörfunkfeature meines Lebens. Es wurde innerhalb weniger Monate von anderen Sendern sechsmal wiederholt. Dafür erhielt ich jeweils die Hälfte des ersten Honorars. Und immer wieder kam der Geldbote (den gab es damals noch, ich hatte noch kein Girokonto!) und brachte viele Scheine. Ich legte in meine Studentenbude ein Telefon und kaufte ein gebrauchtes VW-Cabrio. Ich war arriviert.

Dann rieten mir zwei Freunde in der Mensa, ich solle zum Fernsehen gehen. Da verdiene man noch mehr. Rolf Bringmann und Rüdiger Hoffmann arbeiteten an einer Sendung für Studenten, »Uni Audimax«, die im Dritten Programm des WDR lief. Chef des Dritten war Werner Höfer, berühmt wegen seiner Sendung »Frühschoppen« jeden Sonntag um 12 Uhr im Hörfunk. Rolf Bringmann, Rüdiger Hoffmann und ich trafen uns einige Jahre später wieder in der Redaktion Monitor. Bringmann, ein äußerst begabter und phantasiereicher Journalist entwickelte später für den WDR und die ARD intelligente Unterhaltungsprogramme, zum Beispiel »Mitternachtsspitzen«, Hoffmann wurde Programmdirektor bei Radio Bremen. Die beiden sagten also damals, ich solle zum Fernsehen gehen. Ja, aber wie kommt man da hin? Na, geh doch zum Fernsehdirektor. Das war damals beim WDR Hans-Joachim Lange. Ich erhielt sogar einen Termin. Als ich zu ihm kam, saß er in einem riesigen Büro an seinem Schreibtisch und unterschrieb Papiere in einer Mappe.

Er fragte mich: »Was wollen Sie?«

Ich trug eine lange Mähne bis auf die Schultern, hell-orangene Samthosen, oben eng, unten weit, und auf der Nase eine große Brille aus hellrotem Plastik. Ich sagte: »Sie müssen durch diese Brille schauen, dann wird sich Ihr Leben verändern!«

Er stand auf, trat an das große Fenster, setzte die Brille auf und schaute hinaus. Sein Leben änderte sich nicht. Er schüttelte den Kopf. Dumm gelaufen. Wir setzten uns.

Ich gab ein bisschen an: »Ich schreibe Features für den Rundfunk und würde gern auch fürs Fernsehen schreiben.«

»Wir machen aber doch Filme!«, antwortete er leicht gereizt.

»Na ja, aber irgendjemand muss doch Ihre Texte schreiben«, warf ich ignorant ein.

»Sie haben keine Ahnung vom Fernsehen!«, sagte der Fernsehdirektor. »Wir stellen auch niemanden fest ein. Aber vielleicht können Sie was lernen. Gehen Sie zu Claus-Hinrich Casdorff von Monitor, ich sage ihm Bescheid.«

Also rief ich bei Monitor an und bekam einen Termin für vier Wochen später. Da ich als Student keinen Fernseher besaß, wusste ich weder etwas über diese Sendung noch wer Claus-Hinrich Casdorff war. Als ich zu dem Termin erschien, musste ich eine halbe Stunde warten, wurde dann in ein Büro gebeten, in dem zwei Leute saßen, und ich wusste immer noch nicht, wer von beiden Casdorff war. Der eine ging. Also konnte es nur der andere sein. Meine Eröffnungssätze waren schon etwas intelligenter als damals bei dem Fernsehdirektor. Ich erklärte, Hörfunkfeatures zu schreiben, nichts vom Fernsehen zu verstehen, und auch beileibe nicht angestellt werden, sondern vielleicht ein wenig lernen zu wollen.

Casdorff war milde. Auch er wollte niemanden anstellen. Aber ich könne ja in den nächsten Wochen mal zu einer Bischofskonferenz mitfahren. Das meinte er wohl ironisch, ich nahm es ernst. Was sollte ich auf einer Bischofskonferenz? Das habe ich aber für mich behalten. Dann erklärte er mir die Sendung, die sehr bedeutend sei, und sagte, er schicke gerade ein Team nach Finnland und ein anderes nach Ägypten.

»Ach, Ägypten kenne ich«, sagte ich ihm, »da bin ich als Student rumgereist.«

Das stimmte. Ich war drei Jahre zuvor mit dem Zug nach Piräus gefahren, hatte für dreißig Mark auf dem Deck eines sowjetischen Frachters eine Überfahrt nach Alexandria gekauft, war mit dem Bus und dem Zug bis Assuan gefahren und hatte es dann auf einer überfüllten Barke auf dem Nil bis nach Abu Simbel, letzte Station vor dem Sudan, geschafft, wo gerade die Kolosse des Memnos wegen des geplanten Stausees von Assuan umgesetzt wurden. Darüber erschien später mein Artikel in der ZEIT.

»Haben Sie nächste Woche Zeit?«, fragte mich Casdorff zu meiner Überraschung.

»Ja«, sagte ich.

»Dann könnten Sie mit dem Team nach Kairo fahren. Es ist immer gut, einen Ortskundigen dabeizuhaben.«

Zehn Tage später war ich in Kairo. Das Team sollte einen Bericht über einen deutschen Frachter drehen, der im Großen Bittersee, einem Seebecken im Suezkanal, lag. Dort saßen von 1967 bis 1975 vierzehn Frachtschiffe fest, die Ägypter hatten den Suezkanal wegen des Sechstagekrieges geschlossen und tatsächlich erst acht Jahre später wieder geöffnet. Am Ostufer des Suezkanals lagen die israelischen, am Westufer die ägyptischen Truppen.

Sieben Tage mussten wir in Kairo warten, bis wir eine Drehgenehmigung erhielten. Am achten Tag durften wir von einem der beiden deutschen Frachter aus auf dem Großen Bittersee drehen. Es war eine abenteuerliche Fahrt durch die gesicherten ägyptischen Linien. Und wir mussten bei Sonnenuntergang wieder zurückfahren.

Das Team hoffte auf noch einen zweiten Drehtag. Deshalb schickte mich der Redakteur Peter Laudan mit dem Filmmaterial schon einmal nach Hause zurück. Ich nahm ein Flugzeug nach Athen, fand dort eines nach Rom, landete irgendwann in Düsseldorf, fuhr mit dem Bus zum Bahnhof, mit dem Zug nach Köln und ging die wenigen Schritte zum WDR zu Fuß. Claus-Hinrich Casdorff saß an seinem Schreibtisch. Ich stellte die große Tüte mit dem Film- und Tonmaterial ab.

»Haben Sie sich vom Fahrer am Flughafen abholen lassen?«, fragte er. Nein, ich erzählte von Bus und Bahn. Um Gottes willen, das solle ich nie wieder tun. Ich würde die Sitten verderben. Ich hätte von Rom aus anrufen sollen und einen Fahrer bestellen.

Am nächsten Tag kam auch das Team zurück. Und ich hatte großes Glück. Peter Laudan muss ein gutes Wort für mich eingelegt haben. Denn Casdorff fragte mich, ob ich in der folgenden Woche mit einem Team nach Brüssel mitfahren könne. Es sei gut, wenn einer dabei sei, der Französisch spreche. Und auch da hatte ich wieder Glück, denn der Redakteur dieses Teams muss auch ein gutes Wort für mich eingelegt haben. Denn Claus-Hinrich Casdorff machte mir das Angebot, als regelmäßiger Freier Mitarbeiter einen Schreibtisch in einem Redaktionsbüro zu beziehen. Also: nicht täglich, sondern vielleicht jeweils zwei Wochen vor jeder Sendung. Dafür würde ich eine Pauschale von 1500 Mark erhalten. Das kam mir zupass. So viel Geld hatte ich noch nie in meinem Leben regelmäßig verdient. Und in den freien Wochen könnte ich tun, was ich wollte. Etwa für den Hörfunk schreiben. Oder einfach ausschlafen.

Journalist aber wollte ich immer noch nicht werden. Ich blieb nur wegen des regelmäßigen Einkommens. Ein richtiger Job würde sich irgendwann noch finden. Erst einmal schrieb ich ein Drehbuch zu dem Lied »Spiel nicht mit den Schmuddelkindern« von Franz Josef Degenhardt, traf ihn auch bei einem Konzert im Bahnhof Rolandseck, um seine Zustimmung für einen Dreh zu erhalten. Er sagte, ich müsse mich an die Plattenfirma wenden. Aus der Idee wurde nichts.

In München drehten junge Menschen, wie zum Beispiel Fassbinder, ganz »andere« Filme, und ich überlegte, ob ich nicht auch nach München gehen sollte. Aber auch daraus wurde nichts. Die Arbeit bei Monitor faszinierte mich immer mehr.

Am Anfang war ich das, was man einen Schlappenschammes, einen »geschickten« Diener nennt. Ich kannte das Handwerk ja auch nicht. Wenn es mir im Schneideraum zu langweilig wurde, fing ich an zu spielen. Ich nahm aus dem Filmabfall einige Streifen und fing an, wie bei einem Trickfilm Sprechblasen Bild für Bild hineinzumalen. Eine mühselige Arbeit. Aber lustig. Als ich eine kleine Szene fertig geschrieben hatte, klebte die Cutterin die Schnipsel zusammen und wir hatten einen kleinen, komischen Film von vielleicht zwei Minuten. Den führte ich der Redaktion vor. Alle lachten. Claus-Hinrich Casdorff, der viel Humor besaß, sagte: »Das führen wir dem Chefredakteur vor, wenn er die Sendung abnimmt« – alle Berichte von Monitor mussten, bevor sie gesendet werden konnten, vom Chefredakteur abgesegnet werden. Der Chef war damals der CDU-Mann Franz Wördemann. Dieser Posten wurde beim WDR immer mit einem CDU-Mann besetzt. So sah es die politische »Farbenlehre« vor. Als nun Wördemann zur Abnahme der Sendung im Schneideraum erschien, führte ihm Casdorff zum Schluss meinen kleinen Streifen vor. Der Chef verzog keine Miene, dann sagte er: »Das finde ich zwar nicht komisch. Aber wenn Sie es senden wollen, dann meinetwegen!« Er hatte den Witz nicht verstanden. Und den Clip wollte nun wirklich keiner von uns senden.

Die Arbeit bei Monitor begann mich zu faszinieren. Wir waren damals eine junge Truppe, alle mehr oder weniger Dilettanten. Und noch etwas: Wir waren nur Männer. Eine Frau als

Redaktionsmitglied kam gar nicht infrage. Bei Panorama war das anders, dort durfte Luc Jochimsen Stücke machen. Sie war eine der ersten Frauen, die in der politischen Berichterstattung in der ARD ernst genommen wurde und schließlich auch Karriere machte als Auslandskorrespondentin in London und Fernseh-Chefredakteurin beim Hessischen Rundfunk.

Bei Monitor hat Claus-Hinrich Casdorff uns Männern das Handwerk beigebracht. Und je mehr man von einem Handwerk versteht, desto mehr kann es einen faszinieren. Dass ich Journalist wurde, habe ich wahrscheinlich Claus-Hinrich Casdorff zu verdanken.

Casdorff war ein liberaler Hamburger, der als siebzehnjähriger Schüler 1942 Flugblätter gegen die Nazis verteilt hatte, von der Gestapo wegen »staatsfeindlicher Umtriebe« ins Zuchthaus gesteckt und dann in eine Strafkompanie versetzt worden war. An der Ostfront war er schwer verletzt worden. Er erzählte uns, dass ihm ein alter Soldat das Leben gerettet habe. Der habe Casdorff den für ihn vorgesehenen Platz im Sanitätstransport überlassen mit den Worten: »Ich habe schon gelebt. Du hast das Leben noch vor dir.«

Casdorff beherrschte die Kunst des Journalismus mit all ihren Feinheiten. Wenn ein Bericht für die Sendung Monitor abgedreht war, schaute er sich den Rohschnitt an und erkannte (leider) sofort die Schwachstellen, die journalistischen wie auch die dramaturgischen. Häufig genug wurden wir dann losgeschickt, um noch »nachzudrehen«. War ein Filmschnitt abgenommen, mussten wir einen Textentwurf schreiben. Casdorff hatte die Maxime ausgegeben: Für eine Minute Filmtext benötigt man zum Schreiben eine Stunde Zeit. Und hatte man den Text endlich fertiggestellt, ging man mit Herzklopfen zu ihm. Er las den Text schweigend durch. Dann legte er ihn zur Seite und sagte: »Dann wollen wir mal texten.« Und er tat, was heute wohl kaum noch jemand auf sich nimmt: Er erarbeitete zwei, drei, vier

Stunden mit uns den neuen Text. Er rang im Gespräch mit uns um jedes Wort, verwarf Formulierungen, suchte mit uns nach besseren und lehrte uns so, richtig zu texten. Es dauerte zwei oder gar drei Jahre, bis Casdorff uns so weit hatte, wie er es für richtig hielt und in einem Text nur noch einige Worte änderte. Und meist verbesserte.

Die politischen Zeiten waren aufregend. Und auch unsere Arbeit.

Wenige Wochen vor der Bundestagswahl 1969 fand ich zusammen mit dem Monitor-Kollegen Erich Potthast heraus, dass die NPD eine eigene Schlägertruppe à la SA aufgebaut hatte, mit eigenem Schlachtlied, etc. Wir ließen das Lied von einem Männerchor nachsingen und zeigten die NPD-Schläger im Einsatz. Vielleicht hat ja dieser kleine Film dazu beigetragen, zumindest sagten wir uns das nach der Wahl, dass die NPD es nicht über die 5-Prozent-Hürde schaffte. In den folgenden Jahren spezialisierte ich mich unter anderem auf die Berichterstattung über die rechtsradikale Szene in Deutschland.

Bald darauf fielen mir der BND und seine illegalen Machenschaften ins Auge. Ein ehemaliger BND-Mann, der Zuckerbäcker Roger Hentges, packte aus. Hentges war ein Belgier, der für die Nazis beim Geheimdienst gearbeitet hatte und in der Folge zu Kriegszeiten in Luxemburg zum Tode verurteilt worden war. Deshalb wollte er nach dem Krieg Deutschland nicht verlassen. Ich fand durch Zufall seinen ehemaligen Chef, der in Bonn lebte und mir erzählte, wie seine BND-Außenstelle in Frankfurt Bestechungsgelder französischer Waffenproduzenten nach Bonn gebracht hatte. Mir fielen Dokumente in die Hand, die bewiesen, dass auch deutsche Waffenproduzenten ihre Auftraggeber bestachen.

Die politische Auseinandersetzung war in den siebziger Jahren sehr viel härter und unversöhnlicher als heute. Ja, manchmal auch voller Feindschaft und Hass, und sie wurde auch innerhalb der Fernsehanstalten mit Verve geführt. Denn die CDU ging davon aus, dass sie die Bundestagswahlen nur wegen der Berichterstattung der kritischen Journalisten des »Linksfunks« verloren hatte. Damals wurden leitende Posten in den Sendern weitgehend nach Parteiproporz besetzt.

Heute ist das in einigen Sendern immer noch der Fall. Ich erinnere mich, dass ein junger Kollege mich noch vor wenigen Jahren anrief und um einen Rat bat. Er machte beim SDR in Stuttgart eine hervorragende journalistische Arbeit als freier Mitarbeiter. Nun hatte ihm ein Redaktionsleiter geflüstert, er könne fest angestellt werden, wenn er in die CDU einträte. Was sollte er tun? Ich habe ihm abgeraten, in die Partei einzutreten, sondern einfach gute Arbeit zu verrichten. Das werde sich auszahlen. Dem Rat folgte er. Und er wurde bald von einem anderen Sender abgeworben und ist auf dem Weg, eine beachtliche Karriere ohne Parteibuch zu machen.

Zur Arbeit eines politischen Magazins wie Monitor gehört es selbstverständlich, auch die Politiker kritisch zu beäugen. Heute haben sich leider viele Amtsträger angewöhnt, in Talkshows zu gehen, und dafür politischen Magazinen keine Interviews mehr zu geben. Ich halte das für einen Fehler. Aber natürlich haben auch früher schon Politiker aller Couleur versucht, kritischem Befragen auszuweichen.

Im November 1975 schrieb ich einen Bericht über den schlechten Zustand der SPD-Bundestagsfraktion. Darüber hatte ich in Bonn, wo ich wohnte, viel erfahren. Abends traf ich in Kneipen wie Schumannklause, Provinz oder Gambrinus auf Abgeordnete oder deren Assistenten, die mir viele Interna aus der Politik erzählten.

Herbert Wehner, der SPD-Fraktionsvorsitzende, galt inzwischen als verknöchert und erstarrt. Also drehte ich einen kritischen Bericht über die SPD-Bundestagsfraktion. Auf meine Anfrage nach einem Interview sagte Wehner zu – aber nur, wenn das Gespräch live in der Sendung im Anschluss an den Beitrag liefe. Dem stimmte die Redaktion zu. Wehner aber galt als völlig unberechenbar. Den ARD-Journalisten Ernst-Dieter Lueg mochte er nicht und nannte ihn in einer Live-Sendung »Herr Lüg«, worauf Lueg sich schlagfertig mit »Danke, Herr Wöhner« verabschiedete.

Zu den Kritikern Wehners in meinem Bericht zählte auch der damalige SPD-Bundestagsabgeordnete Conrad Ahlers, einst Regierungssprecher von Bundeskanzler Willy Brandt. Als ich ihn fragte, worauf ich mich bei einem Interview mit Wehner einstellen müsste, erzählte er eine Anekdote. Ein Hörfunkjournalist habe Wehner in einer Live-Sendung eine ihm unangenehme Frage gestellt. Da sei Wehner ausgerastet und habe geschrien: »Machen Sie erst einmal Ihren Hosenlatz zu!«

Ich hatte mir vorgenommen, das Gespräch auf den Punkt zu führen, mich nicht irritieren zu lassen und nachzuhaken, wenn eine banale Antwort käme. Wehner hielt sich im Zaum. Aber kaum war das Interview zu Ende, stand er auf und schrie im Studio herum, sodass alle erschreckten und Wehners Pressesprecher so tat, als kenne er mich nicht mehr.

Kurz: Das ausgestrahlte Interview fand seinen Niederschlag in Zeitungsmeldungen. Der Bonner Hofchronist Walter Henkels schrieb, »durch forsches und nassforsches Insistieren« habe ein »Fernsehreporter« eine »volle Breitseite auf den alten Kämpen« abgeschossen. Und schon kurz darauf kam der Druck von ganz oben. Der CDU-Landtagspräsident von Nordrhein-Westfalen, Lenz, gleichzeitig Vorsitzender des WDR-Verwaltungsrates, bezeichnete mein Verhalten als Interviewer als »am Rande des Flegelhaften« und empfahl, ich möge mich bei Herbert Wehner entschuldigen. Von der SPD kam keinerlei Protest. Sowohl der WDR-Verwaltungsrat als auch der Programmbeirat beschäftigten sich mit meinem Interview und kamen zu dem Ergebnis, es sei nichts daran auszusetzen. Aber ich kann es nicht leugnen, solche Interventionen haben Wirkung, und wäre sie auch unterbewusst.

Mich hat während meiner fünfzehn Jahre als Tagesthemenmoderator nie ein »Hierarch« aus der ARD noch ein Politiker journalistisch unter Druck gesetzt. Einmal rief Bundessozialminister Norbert Blüm an, weil wir am Abend zuvor Graf Lambsdorff von der FDP zur Pflegeversicherung befragt hatten. Lambsdorff war in dieser Frage der absolute Gegner von Blüm. Nun klagte Blüm, wir hätten den Falschen befragt, er überlege, ob er nicht aus dem Fenster springen solle. Das solle er ruhig tun, antwortete ich ihm. Denn ich wusste, und das sagte ich ihm, dass er im ersten Stock wohnte.

Die Vertriebenenchefin und CDU-Abgeordnete Erika Steinbach wollte irgendwann wohl mal wieder in der Presse stehen, deshalb rief sie bei der *Bild*-Zeitung an und beschwerte sich über mich oder die Tagesthemen. Und ein Redakteur der *Bild*-Zeitung bat mich um eine Stellungnahme, aber ich wusste gar nicht, worum es ging. Dann erst meldete sich Erika Steinbach bei mir. Doch noch bevor sie sich beschweren konnte, warf ich ihr ungebührliches Verhalten vor. Man beschwert sich nicht zuerst bei der *Bild*-Zeitung und dann bei der Sendung. Sie gab klein bei.

Für einen Journalisten gibt es nichts Wichtigeres als gute Kontakte.

Eine Reihe von Freunden aus der Studienzeit, die auch in Bonn Jura studiert hatten, waren als Assistenten oder Referenten in die Politik gegangen, andere in Ministerien oder in das Auswärtige Amt. Manche leiteten die Büros von Ministern. Einer, der mir sehr half, und den ich nennen kann, weil er heute nicht mehr im Amt ist, war Wolfgang Ischinger, der inzwischen die Münchener Sicherheitskonferenz leitet. Er hat es im diplomatischen Dienst in die wichtigsten Posten als Staatssekretär, als Botschafter in Washington und London, gebracht. Während der Dayton-Verhandlungen über die Beendigung des Kriegs in Bosnien war ich als Moderator stets auf dem neuesten Stand – ich rief einfach kurz vor der Sendung bei ihm an. Wolfgang Ischinger saß für Deutschland mit am Verhandlungstisch. Als der Vertrag von Dayton in Paris unterschrieben wurde, sagte er bedrückt: »Damit haben wir den nächsten Konflikt besiegelt: Kosovo.« Er behielt recht. Und ich hatte wieder meinen Informanten bei den Friedensverhandlungen zum Kosovo in Rambouillet. So wusste ich meist, was der letzte Stand der Dinge war, und konnte den in meiner Moderation bei den Tagesthemen dem Zuschauer mitteilen.

Ein anderer Studienfreund, Dieter Lange, war inzwischen Anwalt im Londoner Büro einer großen amerikanischen Kanzlei. Er hatte Zugang zu Dokumenten des US-Senats über riesige Bestechungszahlungen der amerikanischen Luftfahrtindustrie beim Verkauf von Kampfjets. Ich flog im Juni 1975 nach London, wo er mich fürstlich zum Abendessen einlud und hinterher noch ins »Annabels« mitnahm. In seinem Büro konnte ich Hunderte Seiten von Akten des Senats in Washington fotokopieren und in Monitor einen spannenden Bericht senden.

Als Folge erhielt ich wenige Monate später den Anruf eines Journalisten des *Wallstreet Journal*. Er recherchierte in Deutschland über Bestechungszahlungen durch die amerikanische Luftfahrtindustrie. Angeblich hatte die Firma Lockheed Bestechungsgelder für den Kauf von Starfighter-Kampfjets an die CSU oder gar an den ehemaligen Bundesverteidigungsminister Franz-Josef Strauß gezahlt. Sein Hauptzeuge, der vor dem US-Senat ausgesagt hatte, war der ehemalige Lockheed-Vertreter in Bonn, Ernest F. Hauser. Franz-Josef Strauß war der Trauzeuge dieses Hauser gewesen und Patenonkel seines Sohnes.

Allerdings hatte auch der *Stern* schon von der Sache Wind bekommen und Ernest F. Hauser unter falschem Namen, versehen mit einem guten Honorar, in einem Hotel in New York versteckt, damit kein anderer Journalist ihn befragen konnte. Ich traf mich mit den *Stern*-Journalisten Peter Koch und Gerd Heidemann. Wir beschlossen, die Geschichte gemeinsam anzugehen. Der *Stern* würde sie donnerstags veröffentlichen, wir würden am Montag darauf senden. Die Kollegen vom *Stern* ließen Ernest F. Hauser nach London fliegen, wo ich ihn treffen konnte. Nach Deutschland wollte er nicht. Da lag noch ein Gerichtsbeschluss gegen ihn vor. Ob er ein Honorar von uns verlange?, fragte ich. Nein, kein Geld. Aber da er sich in Deutschland an Gummibärchen gewöhnt hatte, die aber in den USA nicht erhältlich waren, bat er um zwei Kilo Gummibärchen. Die besorgte mir der Aufnahmeleiter des WDR. So reiste ich mit zwei großen Plastiktüten mit Gummibärchen nach London.

Donnerstags erschien der *Stern* mit dem Bericht über Bestechungsgelder durch die Firma Lockheed und der Aussage von Ernest F. Hauser, der Strauß und die CSU belastete.

Freitags erhielt der *Stern* den Antrag auf eine lange Gegendarstellung der CSU zugesandt. Am selben Freitag gab Casdorff in der ARD-Telefon-Schaltkonferenz, die auch heute noch immer um 14 Uhr stattfindet, bekannt, dass Monitor am darauffolgenden Montag ein Interview mit Ernest F. Hauser senden wolle. An der Schaltkonferenz nehmen immer auch Redakteure des BR teil. Und sofort wusste die CSU Bescheid.

Ich flog am Freitagabend nach London, um Hauser dort am Samstag zu treffen. Noch vor dem Interview schickte mir der *Stern* ein Fax mit dem Antrag auf Gegendarstellung der CSU. So machte ich zwei Interviews: eines, in der die Gegendarstellung berücksichtigt wurde, und ein zweites nur nach journalistischen Kriterien.

Zurück im WDR schnitt ich die beiden Berichte parallel.

Am Montag kam auch Werner Höfer, inzwischen Fernsehdirektor des WDR, zur redaktionellen Abnahme. Er segnete beide Fassungen ab.

In der Schaltkonferenz um 14 Uhr meldete sich dann der BR: Es sei eine Einstweilige Verfügung der CSU gegen den Monitor-Bericht beim BR eingereicht worden. Ob der WDR sich daran halten werde?

Nein, denn die Einstweilige Verfügung hat nur dann rechtliche Wirkung, wenn sie in Köln beim WDR abgegeben worden ist. Und Fernsehdirektor Werner Höfer sagte: Um 17 Uhr ist Dienstschluss. Dann werden bei allen Eingängen des WDR die Gitter runtergelassen. Sollte ein Gerichtsvollzieher aus München kommen, werde er nur in Begleitung der Polizei eingelassen. Bis zu Beginn der Sendung war das nicht geschehen.

Um 20.15 Uhr, direkt nach der Tagesschau, moderierte ich den Bericht an. Allerdings – den »entschärften« Film. Während der lief, kam ein Polizist mit einem bayerischen Gerichtsvollzieher ins Studio. Ich erklärte, nicht berechtigt zu sein, das Papier anzunehmen. Er möge bitte dem Aufnahmeleiter folgen, der führe ihn zum Justiziariat. Dort, das wussten wir natürlich, war längst niemand mehr. Aber der Weg dorthin durch mehrere Häuser des WDR ist lang. Ich machte gerade die Abmoderation, und der nächste Bericht lief. Da öffnete sich die Studiotür wieder, und der Gerichtsvollzieher legte die Verfügung auf den Studioboden. Das gilt offensichtlich im Notfall auch als juristisch »zugestellt«.

Wir waren alle sehr stolz auf Werner Höfer. Der Fernsehdirektor stand hinter seinen Journalisten. Und das nicht nur in diesem Fall.

Strauß beantragte nun bei Gericht, dem WDR die in der einstweiligen Verfügung angedrohte Strafe bis zu 500 000 Mark, ersatzweise bis zu sechs Monaten Haft, aufzuerlegen und schickte dem WDR eine Gegendarstellung.

Ich flog unterdessen nach Washington, um zu recherchieren,

wie der US-Senat und die amerikanische Börsenaufsicht die Aussagen Ernest F. Hausers bewerteten und was sie über die Bestechungspraktiken von Lockheed herausgefunden hatten.

Die nächste Sendung Monitor war für den 19.Januar vorgesehen.

Casdorff fuhr nun auch schweres Geschütz auf. Er drohte, er werde die Programmverantwortung für diese Sendung ablehnen, wenn die CSU nicht den Bestrafungsantrag zurückziehe und sich bereit erkläre klarzumachen, dass die gewünschte Gegendarstellung ausschließlich Äußerungen des »amerikanischen Geschäftsmannes Ernest F. Hauser in einem Monitor-Interview betrifft, nicht aber Recherchen der Redaktion«. Die CSU willigte ein.

Am Samstag vor der Sendung landete ich morgens in Köln, begab mich sofort in den Schneideraum und setzte mich an meinen Bericht über »Bestechung mit Millionen – US-Senat ermittelt gegen Industriekonzerne«. Ich hatte den Ablauf und den Text während der acht Stunden im Flugzeug von Washington nach Frankfurt weitgehend ausgearbeitet. Fernsehdirektor Werner Höfer hatte angeordnet, dass Manfred Pütz, ein Mitarbeiter des Justitiariats, sich den Beitrag am Samstagabend ansehen sollte. Pütz kam in den Schneideraum und sah sich den Film an. Wir kannten uns schon lange, vom Jura-Studium in Bonn.

Er rief Werner Höfer an und sagte: »Ich sehe in Wickerts Bericht keinen Widerspruch zu der Einstweiligen Verfügung der CSU.«

Werner Höfer fragte: »Und welche Meinung wird der Justitiar des Hauses vertreten?«

Der Justitiar wurde der CDU zugerechnet.

Pütz: »Der wäre nicht meiner Meinung. Er würde wohl in dem Bericht einen Verstoß gegen die richterliche Anordnung sehen.«

Daraufhin bat Höfer, der Justitiar möge am Montag früh

um zehn Uhr in den Schneideraum kommen. Dort sahen sich Fernsehdirektor, Justitiar und Redaktionsleiter Casdorff den Bericht an. Höfer fragte den Justitiar nach seiner Meinung. Der Justitiar lehnte den Bericht ab. Da stellte ihm Höfer die Frage: »Welche Bedeutung hat die Meinung des Justitiars nach der Geschäftsordnung des WDR für eine Entscheidung des Fernsehdirektors?«

»Er hat eine beratende Stimme«, antwortete der Justitiar.

»Dann entscheide ich, dass dieser Beitrag läuft«, sagte Höfer.

In dem Bericht war noch ein Interview von mir mit Hauser. Und der Stellvertretende Direktor der SEC, Timmeny, hatte bemerkt, Hauser habe unter Eid ausgesagt »und wenn seine Angaben falsch sind, ist dies ein Meineid«. Darauf stehen bis zu fünf Jahre Gefängnis. Und Senator William Proxmire, der die Schmiergeldpraktiken von US-Konzernen im Kongress untersuchte, sagte: »Wenn jemand Bestechungen zugibt, ist es höchstwahrscheinlich auch so gewesen. Denn man würde kaum vorgeben, an einer Bestechung beteiligt gewesen zu sein. Man gibt so etwas zu, um Einsicht zu beweisen und einer Strafe zu entgehen. Wenn er es sagt, dann wird es schon so sein. Obwohl ich es nicht weiß.«

Ja, man wusste es nicht. Die CSU zog vor Gericht. Und ich erhielt von Panorama-Chef Gerhard Bott einen Anruf, der mich fragte, ob ich bereit sei, auch für Panorama über den Fall Lockheed zu berichten, falls sich etwas Neues ergäbe. Das sagte ich zu. Aber es ergab sich nichts. Im Februar nahm ich mit Manfred Pütz vom WDR-Justitiariat an einer Verhandlung über die Klage der CSU gegen den WDR bei Gericht in München teil. Der Anwalt der CSU verließ den Tisch, als das Gericht mich bat, dort Platz zu nehmen. Übrigens hat der WDR all diese Verfahren gewonnen. Die Berichterstattung war rechtens gewesen.

Dann fuhr ich mit zwei Freunden nach Lech in den Schnee und als ich gerade einen Tag auf den Skiern gestanden hatte, meldete sich schon Bott.

Ich müsse nun dringend nach Washington, es gebe Neues … Ich rief Claus-Hinrich Casdorff an, der meinte, ich solle mir die Zustimmung von Werner Höfer holen. Der sagte am Telefon, ich solle losfahren, es sei journalistisch geboten.

Also flog ich wieder nach Washington, traf wieder Hauser, machte Interviews mit den Senatoren Church, Proxmire und Percy, die alle an dem Thema arbeiteten, sprach wieder mit Mister Timmeny von der SEC, der Börsenaufsicht. Er deutete auf einen Ordner hinter sich und sagte: »Darin steht alles, was Sie wissen möchten!« Aber im Gespräch war er vorsichtig. Er erklärte mir, wie man Geld, das als Bestechungsgeld gilt, in der Schweiz so »wäscht«, dass es in Deutschland nicht nachzuverfolgen ist.

Aber auch dieser Bericht brachte keinen Beleg, wonach Lockheed Strauß oder der CSU Bestechungsgelder gezahlt hat. Als ich nach meinem Ausflug zu Panorama wieder in die Monitor-Redaktion kam, sagte mir Claus-Hinrich Casdorff: »Bei mir wäre dieser Bericht nicht gelaufen.«

Ein Jahr später verließ ich Monitor, und es begann meine Zeit als Auslandskorrespondent. Das waren die schönsten und reichsten Jahre meines journalistischen Lebens. Washington, Paris, New York, mit Abstechern nach China. Auf einem dieser Posten traf ich dann Hanns Joachim Friedrichs, der mir nicht nur ein guter Freund, sondern in manchen Dingen auch ein Lehrmeister wurde.

In wenigen Berufen kann man die Arbeit einer Person so genau beurteilen wie im Journalismus. Ein Kommentar, eine Reportage, ein Artikel oder eben ein Film zeigen, was den Autor ausmacht. Aber ich habe erlebt, dass sich Journalisten selten untereinander loben. Vielleicht wird das von einer Mischung aus Konkurrenzneid und Eitelkeit verhindert.

Hanns Joachim Friedrichs war da ganz anders. Als ich ihm zum ersten Mal begegnete, war er eine Koryphäe des deutschen Fernsehens, hatte schon alle Publikumspreise erhalten und stand wahrscheinlich in der Beliebtheits- und Bekanntheitsskala ganz oben. Ich dagegen war ein junger, unbekannter Korrespondent in Paris und hatte gerade in China mehrere Filme gedreht, etwa über den Bruder des letzten Kaisers von China, aber auch ein Feature über das ganz normale Leben einer chinesischen Familie in Peking.

Bei einer politischen Festivität in Bonn kam er auf mich zu und sagte, wie sehr ihm mein Film über die chinesische Familie gefallen habe. Ich war verblüfft. Verblüfft, weil er sich den Film angesehen hatte, verblüfft, weil er mich lobte. Damit konnte ich überhaupt nicht umgehen. Ein Jahr später wurden wir zur selben Zeit Studioleiter in New York. Er für das ZDF, ich für die ARD. Und wir wurden enge Freunde.

Hajo lebte zweihundert Meter entfernt von unserer Wohnung. Und da er keine Familie hatte, feierte er Weihnachten stets mit uns.

Sein Büro lag auf der 57th Street Ecke 10th Avenue, mein Büro am Broadway Ecke 57th Street. Häufig riefen wir uns gegen ein Uhr mittags an.

»Kannst du?«

»Ich geh los!«

Und dann trafen wir uns auf halbem Weg zwischen ZDF- und ARD-Studio in einem einfachen Lokal namens »Armstrong«. Beide bestellten wir immer das Gleiche: eine Schale Chili con carne, als Nachtisch ein Applecrumble. Und wir erzählten uns, an welchen Themen wir arbeiteten. Keiner hat dem anderen je etwas geklaut. Auch das ist unter Journalisten ungewöhnlich. Wir haben uns sogar ausgeholfen, und der eine hat schon einmal ein Interview für den anderen geführt, wenn der wegen eines Filmdrehs gerade nicht in New York weilte.

Aus meinen Zeiten bei Monitor war ich immer noch gewohnt, leichte Themen als seicht anzusehen. Darüber hatten wir immer verächtlich gelästert. Erst in den Unterhaltungen mit Hajo begann ich umzudenken.

Das Leichte muss nicht seicht sein.

Hajo saß gerade daran, einen Bericht darüber zu machen, dass es in Harlem und in der Bronx bei Jugendlichen ein Sport war, Radkappen von Autos zu sammeln. Und zwar Radkappen, die während der Fahrt absprangen. Weshalb sprangen sie ab? Wegen der ungeheuren Schlaglöcher. Aber was besagt dieser Sport? Dass die Stadt kein Geld in die Straßen von Harlem oder der Bronx steckt, weil sie die dortigen Bewohner gering schätzt.

Und an Hajo dachte ich auch einige Jahre später, als ich in Paris über die Place de la Concorde ging. Mich begleitete Klaus Hennig, damals Auslandsredakteur beim WDR. Er war zu Besuch im Studio, wir hatten in einem Bistro in Saint-Germain zusammen gefrühstückt – jeder ein Croissant und einen Café au lait – und gingen nun zu Fuß ins Büro. Der Weg führte uns über die Place de la Concorde. Entsetzt sagte Klaus Hennig: »Da kommen wir nie rüber!«

»Gemach, gemach!«, beruhigte ich ihn, »du gehst einfach auf meiner linken Seite, die Autos kommen von rechts. Und dann gehst du genau so schnell wie ich, schaust nur nach vorn, den Rest mache ich.«

Klaus Hennig hatte zwar seine Zweifel, aber schließlich gingen wir so über den Platz, den ich häufig zu Fuß überquert habe, weil er auf meinem Weg ins Studio lag. Ich erklärte ihm, dass man nicht auf die Autos achten dürfe, höchstens aus einem Augenwinkel. Kein französischer Autofahrer werde einen Fußgänger umfahren. Der Fußgänger müsse sich nur vorhersehbar verhalten. Also: nicht anhalten, sondern in gleicher Geschwindigkeit nach vorn gehen. Dann kann der Autofahrer sich überlegen, ob er es noch vorne vorbeischafft oder ob er hinter dem Fußgänger vorbeifährt. Als wir auf der anderen Seite angekommen waren, atmete Klaus Hennig erleichtert aus. Und er rief: »Das musst du drehen. Das ist ja genial!«

»Aber das ist doch Alltag. Das langweilt doch die Leute! Ein Fußgänger geht über einen Platz, weiter nichts«, antwortete ich ihm. Doch dann dachte ich an Hajo und seinen Bericht über die Radkappen sammelnden Jungs aus der Bronx. Auch dieser Gang über die Place de la Concorde sagt etwas aus, und zwar über die Psychologie der Franzosen. Es ist nun gut fünfundzwanzig Jahre her, dass diese Szene gedreht wurde. Aber ich werde immer noch darauf angesprochen. Manch einer hat den Gang nachgemacht, andere haben es sich nicht getraut. Jeder hat allein beim Zuschauen Angst verspürt. Und ich antworte meist: »Ich habe nur Angst gehabt, dass jetzt ein deutscher Autofahrer kommt und sagt: Ich habe Vorfahrt!«

Hajo wechselte zu den Tagesthemen, zur ARD. Und so hatten wir ständig beruflichen Kontakt. Irgendwann sagte er mir, er werde bald aufhören, und ich solle sein Nachfolger werden. Ich antwortete ihm, das könnte ich gar nicht. Und das meinte ich ernst. »Natürlich kannst du das«, sagte er. Und als es so weit war, schlug er mich als seinen Nachfolger vor.

Intendant des WDR war damals Friedrich Nowottny, der mir als Studioleiter in Bonn wegen seiner ungeheuren Einsichten in die Politik ein Vorbild geworden war. Nowottny bestellte mich zu sich und schlug mir vor, als Nachfolger von Friedrichs die Tagesthemen zu moderieren. Ich sagte, das sei eigentlich gar nicht mein Berufsziel. Ich wolle lieber das machen, was er einst geprägt hatte: das Studio Bonn leiten und den Bericht aus Bonn moderieren. Da saß aber Ernst Dieter Lueg als Nachfolger von

Friedrich Nowottny. Und bis zu dessen Pensionierung waren es noch ein paar Jahre. Also sagte ich für die Tagesthemen zu.

Schon ein paar Tage später flog ich von Paris nach Hamburg und ließ mir von Hajo die Arbeit erklären. Er gab mir seine Moderationstexte von einer Tagesthemen-Sendung mit. Dann versuchte ich, diese Texte vor der Kamera in meinem Studio in Paris zu sprechen. Es war ein Fiasko. Und ich begriff: jeder hat seine eigene »Schreibe«, die seiner eigenen »Spreche« entspricht. Und als ich dann anfing, die Tagesthemen zu moderieren, habe ich in den ersten Wochen jeden Abend nach der Sendung Hajo angerufen und ihn um Kritik gebeten. Er hat mir sehr geholfen, mich einzuarbeiten. Und ich habe gelernt, dass es ein gutes halbes Jahr dauert, bis man sich »eingeschrieben« und »eingesprochen« hat.

Nach zwei Jahren bei den Tagesthemen rief mich WDR-Fernsehchefredakteur Nikolaus Brender an. Ernst Dieter Lueg verabschiede sich in Bonn, jetzt könnte ich Studio Bonn übernehmen. Ich sagte ab mit der Begründung, man könne die Tagesthemen nicht eben mal für zwei Jahre moderieren.

Eines Tages kurz vor Weihnachten 1994 telefonierte ich mit Hajo.

Er sagte ganz sachlich, bei der Untersuchung seiner Lunge habe der Arzt einen schwarzen Punkt festgestellt. Aber jetzt wolle er einfach nur sagen, es sei ein schwarzer Punkt. Was das bedeute, das wolle der Arzt bei einer genauen Untersuchung kurz nach Weihnachten feststellen.

Nach Weihnachten rief ich Hajo an.

Er war immer noch ganz sachlich. Der Arzt habe gesagt, es sei Lungenkrebs. Und wenn er seinen Geburtstag in drei Monaten noch erlebe, dann sei das ein Wunder.

Wie viele seiner Freunde, habe ich ihn in diesen drei Monaten häufig gesehen, abends nach der Sendung immer wieder lang telefoniert, über den Tod gesprochen. Dann hatte jemand die Idee, den Hanns-Joachim-Friedrichs-Preis für Fernsehjournalismus ins Leben zu rufen. Das war schnell umgesetzt. Zu seinem Geburtstag, wenige Tage vor seinem Tod, standen die Gründer des Preises an seinem Bett und übergaben ihm die Gründungsurkunde.

Als ich ihm eines Abends vorschlug, er solle doch den ersten Preisträger festlegen, sagte er spontan: »Thomas Roth«. Thomas Roth machte als ARD-Korrespondent in Moskau eine herausragende Arbeit. Und als seine Frau Ilse fragte, wann der Preis denn an Roth verliehen werden solle, lachte Hajo auf. Da müsse man noch warten. Er nahm es da noch mit Humor.

Inzwischen ist der Hanns-Joachim-Friedrichs-Preis schon mehr als ein Dutzend Mal verliehen worden. Er gilt als die höchste Auszeichnung für einen Fernsehjournalisten. Und wer sich die Liste der Preisträger anschaut, wird feststellen: Sie ist der Gotha des Fernsehens.

Und immer wieder wird bei der Preisverleihung auf einen Satz von Hanns Joachim Friedrichs hingewiesen, von dem ich glaube, dass er meist falsch interpretiert wird: »Einen guten Journalisten erkennt man daran, dass er sich nicht gemein macht mit einer Sache, auch nicht mit einer guten Sache.«

Hanns Joachim Friedrichs hat sich selbst mit vielen guten Sachen gemein gemacht. So trat er öffentlich für Berlin als Hauptstadt ein. Auch ich habe mich immer wieder mit »Sachen« gemein gemacht. Denn ich finde, dass politische Journalisten die Aufgabe haben aufzuklären. So kann schon mit der Auswahl eines Themas für eine Sendung das »Gemein-Machen« beginnen. Ein Beispiel: Durch die tägliche Lektüre von Le Monde und International Herald Tribune war ich früh auf den drohenden Völkermord in der sudanesischen Provinz Darfur aufmerksam geworden. In der deutschen Öffentlichkeit wurde das Thema noch nicht wahrgenommen. So schickten wir für die Tagesthemen unseren Afrika-Korrespondenten nach Darfur und sendeten drei Tage hintereinander je einen Schwerpunkt. Schon nach dem zweiten Tag rief mich der Chefredakteur der Welt am Sonntag an und fragte, ob unser Korrespondent nicht auch für seine Zeitung über den Konflikt in Darfur schreiben könne. So wurde das Thema »Völkermord in Darfur« auch in der deutschen Presse ausgiebiger behandelt.

Claus Richter, Vorsitzender des Vereins zur Verleihung des Hanns-Joachim-Friedrichs-Preises war zur Zeit von Solidarność Korrespondent der ARD in Polen. Er sagt: »Jeder Journalist, jeder Korrespondent macht sich in jedem Unrechtsstaat mit der Sache der Unterdrückten gemein.«

Ich verstehe »nicht gemein machen« so: ein guter Journalist verfolgt eine Sache ohne Rücksicht auf eigene Interessen.

Hajo hat uns versprochen, er werde bei jeder Preisverleihung von Wolke sieben aus zuschauen. So erheben wir nach jeder Jurysitzung das Glas auf ihn und grüßen ihn auf seiner Wolke.

## Mein unbändiger Wille –
## Der Film über Herbert Marcuse

Das kritische ARD-Polit-Magazin Monitor lief zur besten Sendezeit um 20.15 Uhr am Montagabend. Alle vier Wochen. Die
Einschaltquoten lagen bei sagenhaften 27 Prozent.

Es war Donnerstag. Und alle Filme für die Sendung waren in
Arbeit.

Dann brach der Terror los.

Mitglieder der RAF stürmten als Kommando Holger Meins
am 24. April 1975 die deutsche Botschaft in Stockholm. Der
Militärattaché Andreas von Mirbach wurde tödlich getroffen.
Die Terroristen forderten die Freilassung von 26 Gesinnungs-
genossen, darunter Andreas Baader, Ulrike Meinhof, Gudrun
Ensslin und Jan-Carl Raspe. Als um 20 Uhr der Beschluss von
Bundeskanzler Helmut Schmidt verkündet wurde, auf die Forderungen der Terroristen werde nicht eingegangen, ermordete
das Kommando den Wirtschaftsattaché Heinz Hillegaart. Kurz
bevor schwedische Polizisten die Terroristen in der Botschaft
mit Betäubungsgas angreifen wollten, explodierte wenige Minuten vor Mitternacht aus ungeklärten Gründen eine von dem
Kommando angebrachte Sprengladung. Alle Angreifer und
Geiseln erlitten Verbrennungen. Zwei Terroristen erlagen ihren
Verletzungen.

Am Freitagvormittag überlegten wir in der Redaktionskonferenz von Monitor, damals unter Leitung von Claus-Hinrich Casdorff, wie wir in der Sendung auf den Terroranschlag reagieren sollten.

Ich weiß nicht mehr, wer die Idee hatte, aber jemand schlug vor, wir müssten auf die hysterischen Beschuldigungen reagieren, alles linke Denken führe direkt zum Terror. Ja, aber wie reagieren? Warum nicht ein Interview mit dem Philosophen Herbert Marcuse führen. Der wurde als Vater des Terrors beschuldigt, hatte großen Einfluss auf die Linke, könnte sich aber vom Terror distanzieren.

Und dann ging alles seinen journalistischen Gang. Jemand kannte jemanden in Berlin, der ein Freund des Schriftstellers Reinhard Lettau war. Lettau wiederum hatte einen Lehrauftrag an der Universität von Kalifornien in San Diego, wo Marcuse lebte. Und mit dem war Lettau befreundet.

Der Jemand rief den Jemand an.

Der Jemand telefonierte mit Lettau, der sprach mit Marcuse. Ja, der Philosoph stehe für ein Interview zur Verfügung. Und er verdamme diese Art von Gewalt.

Aber wer fliegt rüber, um das Interview zu machen? Der Wickert hat doch in den USA studiert, der kennt sich dort am besten aus, der kommt gut zurecht bei einer schnellen Stippvisite vom Rhein an den Pazifik.

Viel Zeit blieb mir nicht.

Ich nahm am Samstag früh den Zug nach Frankfurt, um dort ein Flugzeug nach Los Angeles zu besteigen. Der Zug hielt mitten auf der Strecke. Und war kaputt. Es hielt ein anderer Zug nach Frankfurt auf einem anderen Gleis. Ich rannte über die Gleise, kletterte die Stufen zu einem Wagen hoch, würgte die Tür auf, kam rechtzeitig zum Flugzeug und war dank des Zeitunterschieds von neun Stunden am Abend desselben Tages in La Jolla, dem Vorort von San Diego, wo Marcuse wohnte.

In Deutschland war es jetzt schon Sonntagfrüh.

Reinhard Lettau saß in dem bescheidenen Bungalow, den Marcuse und seine Frau Ricky bewohnten. Ich hatte den Eindruck, ich würde erst einmal darauf überprüft, ob ich auch glaubwürdig wäre. Aber der Jemand in Berlin muss für die Sendung Monitor gebürgt haben.

Viel Zeit hatten wir nicht mehr. Die Sendung lief am Montagabend, ich müsste mit dem Filmmaterial noch nach Köln zurückfliegen. Das letzte Flugzeug, das ich nehmen könnte, würde am Sonntag gegen Mittag von San Diego abfliegen. Ein Kamerateam des ARD-Studios in Washington drehte gerade in San Francisco. Es würde am Sonntag früh um 10 Uhr in San Diego landen. Da wäre es in Deutschland schon 19 Uhr am Abend. Für das Kamerateam blieb zu wenig Zeit, um vom Flughafen nach La Jolla zum Haus von Marcuse zu fahren. Also bat ich den sechsundsiebzigjährigen Philosophen, sich mit mir am Flughafen zu treffen. Dort fand ich eine Bank auf einem Grünstreifen unter einer Palme. An dieser Stelle könnten wir das Interview schnell aufnehmen, es wäre nicht nötig, Licht aufzubauen. Das Team landete pünktlich. Ich machte das Interview, ließ mir vom Kameramann die Filmrollen, vom Toningenieur die Tonbänder geben, bedankte, verabschiedete mich und flog über New York zurück nach Frankfurt, wo ich am Montag gegen ein Uhr mittags landete. Ein Motorradfahrer nahm mir den Beutel mit dem Filmmaterial ab, er würde mit 200 Stundenkilometern zum Kopierwerk fahren. Als ich gegen drei Uhr beim WDR vorfuhr, wurde der Film schon entwickelt. Um vier lag er im Schneidetisch, um sechs nahm Claus-Hinrich Casdorff das Interview redaktionell ab.

Gleich nach der Tagesschau ging Monitor auf Sendung.

Meine Moderation im Wortlaut:

»In einer freien Gesellschaft, in einer Demokratie wird es immer schwerer sein, sich gegen Terror zu verteidigen als in jenen Staaten, in denen das Volk selbst mit Terrormethoden unterdrückt wird. Die Terroristen, die dem Gesellschaftssystem der Bundesrepublik den Kampf – und zwar einen schrecklichen – angesagt haben, berufen sich bei ihren Taten auf revolutionäre politische Ziele. Die Frage bleibt, ob diese Taten tatsächlich mit politischen Zielen noch etwas zu tun haben. Die Frage bleibt allerdings auch, ob es gerechtfertigt ist, in einem Atemzug die gesamte Linke mit den Terroristen in einen Topf zu werfen und – wie es die *Frankfurter Allgemeine* am letzten Samstag tat – von dem ›ideologischen Sumpf‹ zu sprechen, ›aus dem immer wieder die Blasen des verbrecherischen Willens emporsteigen‹.

Denn die Gleichsetzung von Terror und linker Ideologie ist schlicht falsch. Das zeigt das Interview, das ich gestern in San Diego in Kalifornien mit dem Mann führte, dessen Philosophie zu den geistigen Grundlagen der Studentenbewegung gehört und der noch heute als einer der einflussreichsten marxistischen Philosophen gilt – mit Professor Herbert Marcuse.«

Darauf sollte das Interview folgen. Doch plötzlich verschwanden Bild und Ton. Eine technische Störung? Ein großer Teil des Interviews war nicht zu sehen. Wir haben es später noch einmal gesendet, und in manchen Tageszeitungen wurde es nachgedruckt:

»Herr Professor Marcuse, Sie haben mit Ihrer Philosophie dazu beigetragen, dass die Studentenbewegung, die Bewegung der Neuen Linken in der Bundesrepublik, sich schnell entwickelt und eine relativ breite Basis gefunden hat. Aus dieser Bewegung sind viele positive politische Impulse hervorgegangen. Resultat sind aber auch, wie wir jetzt in Stockholm wieder gesehen haben, grausame terroristische Akte. Konnte man das eigentlich vorhersehen?«

»Das konnte man im allgemeinen vorhersehen. Aber ich glaube, dass die Linke eine Phase im Kampf für den Sozialismus in der Periode des Monopolkapitalismus war und ist, das heißt eine Bewegung von welthistorischer Bedeutung. Und eine solche Bewegung verantwortlich zu machen für die terroristischen Akte einzelner Individuen und Gruppen, ist unsinnig und ist einfache Demagogie, obgleich leider sehr wirkungsvolle Demagogie.«

»Sie sind selbst ein Anwalt der Gewalt. Tragen Sie deshalb nicht ein gut Stück Verantwortung an dieser Entwicklung?«

»Ich glaube, dass das Prädikat ›Anwalt der Gewalt‹ etwas denunziatorisch ist. Aber statt darauf einzugehen, möchte ich den Satz vorlesen, den ich darüber geschrieben habe und der immer zitiert wird, nämlich – und ich zitiere jetzt: ›Ich glaube, dass es für unterdrückte und überwältigte Minderheiten ein Naturrecht auf Widerstand gibt, außergesetzliche Mittel anzuwenden, sobald die gesetzlichen sich als unzulänglich herausgestellt haben.‹ Ende des Zitats. Ich habe nie verstanden, warum dieses Zitat solche Erregung hervorgerufen hat. Es erinnert lediglich an eine der ältesten Kamellen der westlichen Zivilisation, nämlich daran, dass es so etwas wie ein Naturrecht des Widerstands in bestimmten Situationen gibt. Seit dem frühen Mittelalter hat die katholische sowohl wie später die protestantische Theologie dieses Recht für sich in Anspruch genommen.«

»Aber schleichen Sie sich jetzt nicht aus der Verantwortung? Weshalb sollen sich die Terroristen nicht auf Sie, Herr Professor Marcuse, berufen, wo Sie doch die Gewalt als Mittel der Veränderung ansehen?«

»Ich betrachte mich immer nur als einen Marxisten. Der Marxismus lähmt den Terror und lehnt den individuellen Terror kleiner Gruppen ohne Massenbasis ab. Das ist oft gesagt worden, das ist heute noch richtig. Ganz anders steht es mit der Frage, ob eine Revolution ohne Gewalt vorstellbar ist. Nun, vorstellbar sind viele Sachen. Wenn man sich an historische Tatsachen hält und an den gesunden Menschenverstand, ist es schwer einzusehen, dass eine herrschende Klasse auf einmal freiwillig abdankt und großmütig ihre Macht – die sie ja noch hat – den anderen übergibt. Der Marx hat mal gesagt, ich paraphrasiere: Eine Revolution wird immer so gewalttätig sein wie die Gegenaktion der herrschenden Klasse ist. Mit anderen Worten, für den Marxismus ist revolutionäre Gewalt Gegengewalt.«

(Das sagt Marcuse lange vor der revolutionären Verweigerungshaltung von Solidarność in Polen und der friedlichen Revolution in der DDR.)

»Bestehen Ihrer Meinung nach in der Bundesrepublik denn die Voraussetzungen für solch eine gewaltsame Revolution?«

»Nein. Ich glaube, dass es weder in der Bundesrepublik noch in den Vereinigten Staaten eine revolutionäre Situation gibt, es gibt noch nicht einmal eine vorrevolutionäre Situation, es gibt aber sehr wohl potenziell eine gegenrevolutionäre Situation.«

»Kann man eigentlich davon sprechen, dass diese Terroristen noch politische Überzeugungstäter sind?

»Subjektiv ist anzunehmen, dass sie ihre Aktionen für politisch halten. Objektiv ist das nicht der Fall. Wenn politische Aktion willentlich zum Opfer von Unschuldigen führt, dann ist das genau der Punkt, wo politische Aktion objektiv in Verbrechen umschlägt.«

»Sie sagen nun, Unschuldige dürfen nicht Opfer werden, heißt das denn, dass Schuldige Opfer werden dürfen?«

»Das heißt es in dieser Allgemeinheit überhaupt nicht. Ob und wann Terror eine revolutionäre Waffe ist, kann nur entschieden werden in einer Analyse der gegebenen Situation. Ich kann mir vorstellen, dass z.B. in einigen total faschistischen Staaten oder Diktaturen keine anderen Möglichkeiten, eine Veränderung hervorzurufen, bestehen. In solcher Situation mag der Terror sehr wohl die einzige Waffe sein, aber diese Situation existiert ganz bestimmt nicht in irgendeinem der kapitalistischen Länder.«

»Sie selbst verurteilen diesen Terrorismus wie er wieder in Stockholm zutage getreten ist. Dennoch werden gerade Leute wie Sie und die Neue Linke von anderen als Steigbügelhalter dieser – wie Sie selber sagen – Verbrecher angesehen.«

»Das ist eine sehr alte und außerordentlich beliebte Methode, bestehende Rechtsströmungen zu stärken. Ich glaube, wir sehen das gerade als eine der Konsequenzen der Baader-Meinhof-Gruppe in der Bundesrepublik, wo Versuche im Gange sind, die Bürgerrechte einzuschränken. Es ist das einer der Fälle, wo sich zeigt, dass eine Aktion wie die der Baader-Meinhof-Gruppe, die subjektiv als politische Aktion im Interesse der Revolution gemeint war, objektiv eine gegenrevolutionäre Funktion hat.«

Anderthalb Jahre nach diesem ersten Interview habe ich dann einen einstündigen Dokumentarfilm über Herbert Marcuse, über sein Leben und sein Werk, gedreht. Seit dieser Zeit stehen in den Bücherregalen meines Arbeitszimmers Bücher von Herbert Marcuse. In sein wohl populärstes Buch »Der eindimensionale Mensch«, das 1964 in den USA und 1967 in deutscher Übersetzung erschien, hat er mir eine Widmung geschrieben: »Für Ulrich Wickert zur Erinnerung an La Jolla, Dezember 1977, Herbert Marcuse«.

Als ich zum ersten Mal zu Marcuse gefahren war, hatte ich mich zwar während des Fluges auf die Person und das Interview mit Artikeln aus dem WDR-Archiv vorbereitet, aber ich hatte keines seiner Bücher gelesen und mich mit marxistischen Ideen, auch wenn sie – wie bei Marcuse – neu gedacht worden waren, nie beschäftigt. Sie interessierten mich einfach nicht. Vielleicht war ich einfach zu bequem. Das Kommunistische Manifest hatte ich gelesen. Da fand ich manches richtig. Aber vom »Kapital« habe ich im Seminar vielleicht die ersten zwei Seiten geschafft. Dann brach ich erschöpft zusammen.

Statt über Marx schrieb ich über Aristoteles, der »Freiheit« als Grundlage jeder demokratischen Staatsform bezeichnet.

Und Freiheit war in den siebziger Jahren ein Begriff, der unter

Journalisten heftig diskutiert wurde. Die Freiheit der Redaktion gegenüber dem »Apparat«. Wir bekämpften nicht nur die Zensur, sondern beklagten auch Selbstzensur, die wir die »Schere im Kopf« nannten. Es war die Zeit, in der Redaktionsstatute erarbeitet und durchgesetzt wurden. Es war die Zeit, in der Rudolf Augstein die Hälfte seines *SPIEGEL* an die Mitarbeiter überschrieb, was er sehr viel später arg bereute.

Im Oktober 1976 stand die Bundestagswahl an. Im Frühsommer drehte ich mit meinem jüngeren Kollegen Claus Richter, der 1984 mein Nachfolger als Studioleiter in New York werden sollte und heute erfolgreicher Chef des ZDF-Magazins Frontal 21 ist, einen Bericht über den Wahlkampf der CDU, die – so unser Eindruck – sich von Plakaten und Parolen der extremen Rechten aus den zwanziger Jahren anregen ließ. Es war ein sehr kritischer Bericht, der wegen aktueller Dreharbeiten erst zwei Stunden vor der Sendung fertig geschnitten und getextet vorlag.

Es war bei Monitor üblich, dass die gesamte Redaktion die Filme im Schneideraum diskutierte und abnahm. Aber kaum hatten wir unseren Bericht vorgeführt, da sagte Redaktionschef Claus-Hinrich Casdorff, darüber würden wir in seinem Büro reden. Und dort erklärte er, aus politischen Gründen werde er der Sendung dieses Berichts nicht zustimmen. Ich könne aber zu dem Thema gern einen Kommentar sprechen. Das lehnte ich ab. Entweder laufe der Bericht oder nicht. Für mich gab es keine Alternative.

In der nächsten Redaktionskonferenz nach der Sendung sagte Jochen Maass, ein gestandener journalistischer Haudegen, er könne das Rumgerede nicht mehr ertragen, der Film sei schon abgesetzt gewesen, als wir noch auf Drehreise waren! Es war – wie soll ich es anders nennen? – eine Redaktionsintrige, die den Film gekippt hatte. So etwas kommt überall vor. Aber es ist für die Betroffenen äußerst unangenehm.

Ich fuhr erst einmal in Urlaub. Vier Wochen Bretagne. Nur

Sonne. Und unter den Büchern, die ich mir mitgenommen hatte, waren zwei, in denen ich Tag und Nacht las. Das erste war »Watership down« von Richard Adams. Ich las den Überlebenskampf der freiheitsliebenden Wildkaninchen um Fiver, Hazel, Bigwig gegen den tyrannischen General Woundwort als politische Fabel. Freie Gesellschaft gegen Diktatur. Das zweite Buch war »Der eindimensionale Mensch« von Herbert Marcuse. Ich hatte seinen Aufsatz über »Repressive Toleranz« kurz nach der Redaktionsintrige gelesen und beschlossen, mich doch mehr mit Marcuses Werk vertraut zu machen.

Am ersten Tag nach meinem Urlaub lief ich vor dem Filmhaus des WDR in Köln dem Dramaturgen Martin Wiebel in die Arme und wollte irgendwelche Banalitäten vom Urlaub loswerden, er aber sagte: »Du, ich habe jetzt keine Zeit. Ich muss ins Studio C, dort nehmen Ivo Frenzel und Willy Hochkeppel ein Gespräch mit Herbert Marcuse auf.« Ivo Frenzel war damals zuständig für Wissenschaft beim Dritten Programm des WDR-Fernsehens, Willy Hochkeppel war ein Publizist, der sich der Philosophie verschrieben hatte.

Ich vergaß alle Termine und folgte Martin Wiebel ins Studio C.

Wir saßen in der Regie und schauten uns an, wie Marcuse in blauem Hemd zwei fein mit Schlips gekleideten Gesprächspartnern gegenübersaß und die Asche seiner Zigarette in einem Aschenbecher auf dem kahlen Tisch an seiner Seite abklopfte. Damals rauchte man noch im Fernsehen.

Marcuse beantwortete jede Frage präzise und wie gedruckt und antwortete auf ein Hegelzitat, das ihm Hochkeppel vorhielt, nur: »Ich weiß nicht, was Hegel sich dabei gedacht hat.« Keiner von uns hätte sich je solch eine Aussage zugetraut. Bei Marcuse wirkte sie echt. Bei uns hätte man nur verächtlich gesagt, der kennt seinen Hegel nicht.

Und wieder sagte Marcuse einen Satz, der mich wegen seines

utopischen Inhalts begeisterte. Er sprach von der realen Möglichkeit »eines Lebens, das nicht mehr als Hauptinhalt lebenslang die entfremdete und entmenschlichte Arbeit hat. Ein Leben, das um des Lebens willen gelebt werden wird und das den Genuss des Lebens erlaubt.«

Damals war mir noch nicht bewusst, dass diese Aussage gar nicht utopisch war, sondern dass ich als Journalist bei der ARD tatsächlich nicht »entfremdet und entmenschlicht« arbeitete, sondern ein Leben »um des Lebens willen« führte, die Arbeit mir (meistens) sogar ein Genuss war.

Als das Gespräch zu Ende war und die drei noch im Studio sitzen blieben, lief ich aus der Regie hinunter ins Studio, stellte mich Herbert Marcuse vor, davon ausgehend, dass er sich nicht an mich wegen meines kurzen Besuchs vor mehr als einem Jahr in La Jolla erinnerte, und sagte, ich würde gern einen Dokumentarfilm über ihn drehen. Über sein Leben und sein Werk. Frenzel und Hochkeppel waren so freundlich, meine Bitte zu unterstützen. Schließlich war Marcuse inzwischen 78 Jahre alt, und bisher hatte niemand einen solchen Film über ihn gedreht. Es würde ein Zeugnis der Zeit sein. Marcuse antwortete sehr freundlich, er würde jetzt wieder nach Kalifornien zurückkehren, im kommenden Mai werde er aber wieder nach Deutschland kommen. Er reichte mir seine Visitenkarte, ich gab ihm meine, und er versprach, sich im kommenden Frühjahr bei mir zu melden.

Ich hatte wieder einen Antrieb für meine Arbeit, würde mich jetzt mit dem Werk Marcuses beschäftigen. Noch wichtiger aber würde es sein, eine Produktionsnummer zu bekommen.

Ohne Produktionsnummer kann man keinen Film drehen.

Denn hinter dieser Nummer versteckt sich Geld, der Produktionsetat. Solch ein Film würde sicher sechzig- bis siebzigtausend Mark an direkten Kosten erfordern, hinzu käme noch einmal mindestens das Doppelte an indirekten Kosten für Team,

Material, Schnitt und Endproduktion, was auch immer, davon hatte ich nie eine Ahnung, musste ich auch nicht haben.

Das Problem mit der Produktionsnummer war unangenehm und schwer zu lösen. Ich ging zu befreundeten Redaktionsleitern, trug ihnen meine Idee vor. Alle fanden die Idee großartig. Ja, phantastisch. Toll, dass Marcuse zugesagt hat. Aber leider war der Produktionsetat von allen schon verteilt.

Es war die heiße Phase des RAF-Terrors. In Stammheim lief der Prozess gegen Baader und Ensslin. Im Mai 1976 hatte sich Ulrike Meinhof das Leben genommen. Keiner wollte Marcuse zu nahe kommen. Wurde der in der Presse nicht immer wieder als Vater des Terrors dargestellt?

Es war zum Verzweifeln.

Auch wenn ich die Runde noch einmal machte, keine Redaktion wollte mir die begehrte »Produktionsnummer« geben.

Der Frühling 1977 brach an. Ich las Marcuse.

Der Mai kam. Marcuse rief mich nicht an.

Der wird sich schon melden, sagte ich mir. Er hat ja nicht gesagt, wann im Mai er nach Deutschland kommt. Es war schon Mitte Mai. Marcuse hatte nicht angerufen. Na gut, ich hatte ja auch keine Produktionsnummer. Macht nix: Marcuse war wichtiger als dieses Aktenzeichen. Ich begann rumzutelefonieren. Keiner hatte eine Ahnung. Bis ich auf die Idee kam, Jürgen Habermas in seinem Institut in Starnberg anzurufen. Der gab mir gleich die Telefonnummer von Herbert Marcuse in Berlin. Ich rief dort an. Marcuses Frau Ricky hob ab und reichte das Telefon ihrem Mann. Ich erinnerte ihn an das Interview vor zwei Jahren, ich erinnerte ihn an unser Gespräch im Studio C im vergangenen Jahr, ich erinnerte ihn an meine Idee, einen Dokumentarfilm über sein Leben und sein Werk zu drehen. Er sagte mir wieder in seiner so freundlichen, ruhigen Art, ich möge ihm doch nach La Jolla einen Brief schreiben. Im September sei er zurück in Kalifornien, dann würde er den Brief vorfinden und sich bei mir melden. Und dann beendete er das Gespräch in seiner liebenswürdigen Art und hängte ein.

Ich war verzweifelt.

Keine Produktionsnummer.

Kein Marcuse.

Aber ich wollte diesen Film partout drehen. Von wegen »um des Lebens willen« und den Genuss des Lebens.

Da kam mir eine Idee.

Die meisten Bücher von Herbert Marcuse waren in Deutschland unter der Verantwortung von Günther Busch in der edition suhrkamp erschienen. Ihn rief ich an und schilderte ihm die Hälfte meines Problems, nämlich dass Marcuse sich mir entziehe. Die Sache mit der Produktionsnummer ging ihn ja nichts an. Das war ein Problem zwischen dem WDR und mir.

Günther Busch reagierte ganz entspannt und pragmatisch. Er sagte nur: »Kommen Sie am nächsten Mittwoch nach Frankfurt zu mir nach Hause zum Abendessen. Da ist Marcuse dann auch da.«

Das Abendessen in Frankfurt verlief fröhlich. Neben dem Gastgeber Günther Busch und dem Ehepaar Marcuse war auch Walter Boehlich, der frühere Cheflektor des Suhrkamp Verlags, eingeladen. Er kannte mich aus der Zeit, in der er gegen den Rektor der Bonner Universität wegen dessen brauner Vergangenheit anschrieb und ich als Studentenvertreter mich auf seiner Seite engagiert hatte. Es waren noch zwei oder drei andere Gäste geladen, darunter ein junger Mann, den ich damals noch nicht kannte, der mir aber über die gemeinsamen Erlebnisse in den letzten Jahrzehnten ein guter Freund geworden ist. Lothar Menne, inzwischen einer der erfolgreichsten deutschen Verleger (die *FAZ* wird ihn »Trüffelschwein des Buchmarktes«, die *Berliner Zeitung* die »Graue Eminenz des deutschen Bestsellergeschäfts« nennen), war damals Lektor beim S. Fischer Verlag, aber vor allem ein enger Vertrauter von Marcuse. Scherzhaft nannte man ihn Marcuses Statthalter in Frankfurt, aber das war wohl weniger ideologisch als praktisch gemeint.

Eigentlich ist Lothar Menne eine Art Romanfigur, deshalb möchte ich hier ein wenig aus seiner wechselvollen Biographie erzählen.

Er stammt aus einem wohlsituierten Hause in Krefeld. Als Student in München sammelte er für republikanische Spanien-Flüchtlinge, dabei rissen ihm Franco-Anhänger das Schild aus den Händen und hauten es ihm auf den Kopf. Damit war er ein Märtyrer in den Augen der Genossen vom Sozialistischen Deutschen Studentenbund (SDS) und wurde dort eingemeindet.

Bald geriet er in den Dunstkreis von Rudi Dutschkes »Subversiver Aktion«, und sie beschlossen, eine neue Gruppe zu gründen, die sie »Viva Maria« nannten, nach dem herrlichen Western von Louis Malle. Die Marias wurden dargestellt von Brigitte Bardot, als Bomben werfende Anarchistin, und Jeanne Moreau, die immer alles genau planen und organisieren wollte. Sie repräsentierte für die Jungrevoluzzer den Leninismus. Die Mischung aus Anarchismus und Leninismus schien ihnen der richtige Weg für »Viva Maria«.

Im Sommer 1966 kam es zu einem folgenschweren Treffen in dem großzügigen Ferienanwesen, das Mennes Eltern am Kochelsee besaßen. Rudi Dutschke erschien drei Tage zu spät. Dieter Kunzelmann war schon da ebenso wie Bernd Rabehl, damals ein führender Kopf des Berliner SDS, der heute im rechtsradikalen Umfeld der NPD zu finden ist. Tagelang wurde darüber diskutiert, wie man bürgerliches Privatleben und revolutionäre Politik in Einklang bringen könnte – schließlich kam die bunte Schar zu der damals radikalen Erkenntnis: Alle sollten zusammenziehen. Die besten Leute des SDS sollten in Berlin eine Kommune gründen. In dieser Stunde wurde die Idee gezeugt, aus der die Kommune Eins in Berlin hervorgehen sollte.

Lothar Menne grauste es jedoch vor Gruppenzwang. Er erklärte kurzerhand, sein Weg führe nach Lateinamerika, womit er sich schon länger beschäftigt habe, um dort als Guerillero mit der Waffe in der Hand zu kämpfen. Dagegen konnten auch die Kommunarden nichts einwenden.

Also ging Lothar Menne zu seiner Mutter und erklärte ihr, er wolle ein Jahr in den USA studieren. Sie glaubte ihm und finanzierte seine Reise. In New York, trieb er sich beim amerikanischen SDS rum, wurde an einige Colleges vermittelt, wo er etwas über Marxismus und Psychoanalyse erzählen sollte, fuhr mit dem Greyhound-Bus immer weiter westwärts, weil er ja über Mexiko zu den lateinamerikanischen Guerilleros stoßen wollte. Schließlich landete er auch in La Jolla, weil er einige Assistenten von Herbert Marcuse kannte. Die nahmen ihn abends mit ins Haus des Philosophen, wo Marcuse jeden Abend ab fünf Uhr seinen Johnny Walker zu sich nahm und wo Studenten, Freunde und Besucher ein- und ausgingen.

Der Professor interessierte sich für den jungen Mann aus Deutschland und fragte ihn aus. Als ihm Lothar Menne von »Viva Maria« und der Kommune erzählte, lachte Marcuse und sagte, er habe auch eine Art Kommune, aber deren Mitglieder gingen zum Schlafen doch Gott sei Dank wieder nach Hause. Menne gab zu, dass er in Wirklichkeit vor dem Horror der Kommune fliehe. Die Ausrede mit den Guerilleros fand Marcuse unsinnig und empfahl ihm, nach Frankfurt zu seinem »Freund Teddy« (Adorno) zu gehen und etwas Vernünftiges zu lernen.

Aber Lothar Menne hatte sich nun einmal den Freiheitskampf in Guatemala als Vorwand in den Kopf gesetzt. Über Mexiko wurde er von einem Vertrauensmann zum anderen weitergereicht, bis er am Rande von Guatemala-Stadt eine Reihe von Verhören über sich ergehen lassen musste und tatsächlich Kontakt zu den Guerilleros bekam. Aber ihm war schon mulmig geworden, als er das erste Mal eine richtige Waffe von nahem gesehen hatte. Glücklicherweise erklärten ihm die Guerilleros, einen Europäer könnten sie nicht durch den Dschungel schleppen, er solle lieber zurück nach Deutschland gehen und Geld für Waffen sammeln.

Erleichtert machte sich Menne auf den Rückweg, schrieb sich in Frankfurt ein und traf dort auf Angela Davis, Tochter aus einer gut situierten schwarzen Familie aus Birmingham, Alabama, die in den siebziger Jahren zu einer weltweiten Symbolfigur für den Kampf um Bürgerrechte werden sollte.

Angela Davis hatte bei Herbert Marcuse studiert und war auf seine Empfehlung hin mit einem Stipendium zu Adorno gegangen.

Ein Jahr später fuhren Angela und Lothar nach London, um am Kongress »Dialektik der Befreiung« teilzunehmen, auf dem neben Herbert Marcuse auch der »Black Power«-Star Stokely Carmichael auftrat. Nun litt Menne, wenn Angela Davis nachts plötzlich nicht mehr nach Hause kam. Und da sie ohnehin vorhatte, in die USA zurückzukehren, nahm er ein Angebot an, das ihm die Flucht aus seiner Eifersucht erlaubte.

Die Bertrand Russel Peace Foundation wollte Beobachter zum Prozess von Régis Debray, Che Guevaras französischem Kampfgefährten, nach Bolivien schicken, und da bot man ihm an, als Vertreter des SDS die Beobachtergruppe zu verstärken. Die fünf Abgesandten schafften es immerhin bis unter das Fenster, hinter dem Régis Debray in Camiri im Gefängnis saß, und sie pfiffen dem gefangenen Revolutionär dort als Ständchen die »Internationale«. Doch noch bevor der Prozess begann, musste Menne wieder abreisen, weil sein gefälschter Presseausweis aufflog.

Über seine Erfahrung in Bolivien schrieb er einen Bericht, der in *Konkret* gedruckt wurde. Dadurch lernte Menne die *Konkret*-Chefredakteurin Ulrike Meinhof kennen, wurde auf ihren Vorschlag hin bei dem linken Magazin Redakteur und fand schließlich den Weg zum S. Fischer Verlag, wo er sich bald weniger für linke als für französische Literatur interessierte. Und als kurz darauf eines der von ihm verlegten Bücher ein Bestseller wurde, hatte er seine Lebensaufgabe gefunden. Ein gutes Jahrzehnt später würde er als erfolgreicher Leiter des Hoffmann und Campe Verlags viele meiner Bücher verlegen.

Als es bei dem Abendessen in Frankfurt nun um meine Idee eines Filmes über Herbert Marcuse ging, sprang Lothar Menne Walter Boehlich bei, um den alten Philosophen davon zu überzeugen, dass ich ein ordentlicher Mensch und die Idee, einen Film über ihn zu drehen, hervorragend sei.

Schließlich sagte Herbert Marcuse zu mir: »Können Sie mir nicht ein Drehbuch schreiben, damit ich weiß, worauf ich mich einlasse?«

»Nein«, antwortete ich, »bei Dokumentationen kann man vorher kein Drehbuch schreiben. Man dreht, was geschieht. Aber ich schreibe Ihnen ein Drehbuch, wenn Sie mir dann aufschreiben, wie der ›neue Mensch‹, von dem Sie sprechen, aussehen wird.«

»Das mache ich!«, sagte Marcuse, der stets betont hatte, man könne den »neuen Menschen« nicht beschreiben, da er sich in der »Neuen Gesellschaft« von selbst entwickeln würde.

Dann stimmte er dem Dreh zu. Er stellte nur eine Bedingung: Ich müsse eine Flasche Johnny Walker Black Label mitbringen.

Ich war glücklich.

Alle schienen glücklich. Und wir verabredeten, dass ich ihn im September, sobald er wieder in La Jolla sei, besuchen sollte. Dort wollte er mir vortragen, welche Pläne er im Herbst hätte, und wir könnten die Dreharbeiten besprechen.

Ich fuhr im Hochgefühl nach Hause.

Jetzt galt es, das wahre Problem zu lösen: die Produktionsnummer.

Es schien mir, da war ich ganz naiv, ein nebensächliches Problem.

Mein Lebensmotto heißt immer noch: Wo ein Wille, ist auch ein Weg.

Deshalb haben mir bürokratische Hürden nie wirklich Sorge gemacht. Sie sind da, um überwunden zu werden. Und wieder einmal hatte ich Glück. Im WDR wurden Redaktionen umstrukturiert, und ich wurde von Claus-Hinrich Casdorff, der sicher froh war, mich bei Monitor loszuwerden, in die Auslandsabteilung versetzt. Ich sollte ab Ende August für eine kurze Zeit als Korrespondent an das Studio Washington, dann an das Studio New York wechseln, mit der Aussicht, schließlich nach Paris zu gehen.

Im September 1977 landete ich in Washington. Die erste Dienstreise, die ich eine Woche später unternahm, war ein Flug nach Los Angeles, von dort nach San Diego. Ich war an einem Samstag früh um 10 Uhr mit Herbert Marcuse verabredet. Er selber öffnete mir die Tür zu seinem Bungalow. Und wie versprochen stellte ich ihm eine Einliter-Flasche Johnny Walker Black Label auf den Tisch. Das schuf gute Laune.

Seine Frau Ricky saß manchmal bei uns, manchmal ging sie zum Telefon ans andere Ende des langen Zimmers und sprach eine Stunde lang.

Im Oktober würde Marcuse für einige Tage an die Ostküste fahren und dort an einer kleinen Universität Vorträge halten, Gruppengespräche führen und Seminare veranstalten. Da könnten wir ihn zusammen mit Studenten drehen. Welche Universität es sei, fragte ich. Ach, die werden Sie nicht kennen, antwortete Marcuse, Wesleyan heißt die. Die kenne ich gut, erklärte ich ihm. Dort hatte ich ja ein Jahr lang mit einem Fulbright-Stipendium studiert.

Die Dreharbeiten mit ausführlichen Interviews zu seinem

Werk verabredeten wir für Dezember in La Jolla. Dann würde es in Kalifornien angenehm warm sein. Auch an das Wetter sollte man bei Dreharbeiten immer denken.

Am Abend öffnete Marcuse die Flasche Johnny Walker, die ich mitgebracht hatte und sagte: »Machen wir einen kleinen Spaziergang mit meinem Freund Hänschen.« Wir tranken auf unser Projekt. Und dann schlug er vor, wir sollten jetzt gemeinsam essen gehen. Er kannte ein gutes chinesisches Lokal, aber Ricky wollte lieber zu einem Mexikaner. Und sie setzte sich durch.

Ich flog zurück nach Washington, verkündete dem Kamerateam die Termine für die Dreharbeiten und reichte beim Buchhalter des Studios meine Reisekostenabrechnung ein. Jetzt hatte ich auf Kosten des Studios schon mehr als vierhundert Dollar für den Flug und das Hotel ausgegeben.

Als mich der Buchhalter nach der Produktionsnummer fragte, sagte ich ihm: »Ach, beim WDR finden alle das Projekt großartig. Die haben wahrscheinlich vergessen, die Produktionsnummer zu schicken.«

Der Buchhalter tat, was ein Buchhalter tun muss. Er telefonierte verzweifelt mit dem WDR, denn ich hatte Geld ausgegeben, und das Problem musste gelöst werden. Wir brauchten also dringend eine Produktionsnummer. Das Problem landete schließlich in der Redaktion. Da erbarmte sich Theo M. Loch, der Fernseh-Chefredakteur, und sagte zu, die Produktion aus seinem Topf für Sonderprojekte zu finanzieren.

Das habe ich ihm hoch angerechnet.

Denn es war die Zeit des »deutschen Herbst«, Buback war erschossen, Ponto ermordet worden, Schleyer war Anfang September gekidnappt und später ermordet worden, die »Landshut« wurde gekapert und nach Mogadischu entführt. Es war die Hochzeit der RAF-Gewalt. Und wieder wurde Marcuse in der deutschen Presse, sogar vom *SPIEGEL*, fälschlicherweise beschuldigt, Vater des Terrors zu sein. Im *SPIEGEL* stand im Herbst 1977: »Direkte Beziehung zwischen Mord und Marcuse? Scharf wie nie stellte sich die Frage, ob es eine direkte Beziehung gibt zwischen Mord und Marcuse. Was akademisch vorgetragen worden war und Platz gelassen hatte für Deutungen und Dehnungen, diente nun der konfusen Rechtfertigung tödlicher Gewalt, die sich als revolutionär ausgab.«

Es fehlte jedoch jeder Beleg für diese Behauptung.

Loch hatte den Posten des Chefredakteurs beim WDR-Fernsehen zwar als Mitglied der CDU bekommen, doch er war liberal. Deshalb tat es mir fast leid, als er von seinem Amt zurücktreten musste, weil plötzlich herauskam, dass er sich als Achtzehnjähriger 1940 freiwillig zur Waffen-SS-Einheit »Leibstandarte Hitler« gemeldet und es bis zum Obersturmbannführer gebracht hatte. Nach dem Krieg hatte Loch seinen Lebenslauf geschönt und als Dienstgrad Oberleutnant angegeben. Das flog 1983 auf, als der Gründer der rechtsextremen Partei »Die Republikaner«, Franz Schönhuber, lange Zeit stellvertretender Fernseh-Chefredakteur beim Bayrischen Rundfunk, in einem Buch bekannte, bei der »Leibstandarte Hitler« gedient zu haben, und den Hinweis gab, dass dort auch Theo M. Loch gewesen sei.

Mein Motto hatte sich bewährt: Wo ein Wille, da ist tatsächlich auch ein Weg.

Marcuse hatte zugestimmt.

Die Produktionsnummer war da.

Die Dreharbeiten begannen Ende Oktober an der Wesleyan University in Middletown, Connecticut. Ich fühlte mich wie zu Hause. Gegenüber der Bibliothek habe ich in Clark Hall gewohnt, und im Public Affairs Center lag das Zeitungsarchiv, wo ich mir ein Zubrot verdiente und deutsche und französische Tageszeitungen auswertete. Als ich in Wesleyan studierte, arbeitete Hannah Arendt im »Center for Advanced Studies« an ihrem Buch über den Eichmann-Prozess und trug an einem Abend ihre Thesen vor.

Noch immer füllten sich beim Erscheinen Marcuses die Säle. Und da ihm der Ruf vorauseilte, Revolutionär zu sein, fragten die Studenten in Wesleyan, ob Terror ein Teil der Revolution sei.

Er antwortete: »In der deutschen Wochenzeitschrift *DIE ZEIT* habe ich darauf hingewiesen, dass Terror überhaupt nichts gemein hat mit dem Kampf um Sozialismus, im Gegenteil, Terror belastet diesen Kampf. Er ist blanker Mord. Und Mord ist immer noch keine politische Waffe. Um die Frage zu beantworten: Ich habe Terror von Anfang an abgelehnt, und ich werde ihn weiter ablehnen.«

Die Studenten applaudierten.

Gleichzeitig aber wollten sie von dem »Kämpfer« hören, wie er den politischen Zustand des Landes im Augenblick beurteile, ob er in naher Zukunft eine neue, bessere, menschlichere Gesellschaft sich entwickeln sähe und ob denn seine Vorstellung einer menschlicheren Welt zu verwirklichen sei.

Nun, sagte Marcuse, der verschämt zugab, er habe für Präsident Carter gestimmt, man solle an Wahlen teilnehmen, zumindest, wenn es um den Stadt- oder Gemeinderat gehe, wo es also noch wirklich eine demokratische Auswahl gebe. Ansonsten wisse man ja, um Abgeordneter zu werden, brauche man ein Vermögen von einigen Millionen.

Von heute aus gesehen, klingt in seinen Worten nichts mehr revolutionär.

Marcuse schlug den Studenten auch noch vor, sie sollten in Bürgerinitiativen mitarbeiten, zum Beispiel bei den Umweltschützern. Denn wenn sie mit ihren Forderungen durchkämen, würden sie zu einer Gefahr werden für den Kapitalismus und könnten neue Werte einführen. Auch Reformen, so versprach der Kämpfer für eine andere Gesellschaft, könnten radikal verändern.

Anfang Dezember trafen wir uns in La Jolla wieder. Das Kamerateam hatte uns eine luxuriöse Unterkunft in einem fast leer stehenden Ferienresort besorgt. Marcuse zeigte uns den Bungalow, den er seit Jahrzehnten bewohnte, damit der Kameramann entscheiden könnte, in welchen Räumen wir drehen sollten. Als der Hausherr uns in seinen kleinen Garten führte, fragte ich ihn, wo denn sein Schwimmbad sei. Ach, sagte er, den Pool habe es nie gegeben. Aber irgendwann habe ihn eine deutsche Zeitung wohl als marxistischen Philosophen fertigmachen wollen und geschrieben, er lebe wie ein Kapitalist im warmen Südkalifornien und habe sogar einen Pool. Und das würden nun alle abschreiben, weil die Recherche vieler Journalisten wohl nicht über das Archiv hinausgehe.

Marcuse, Ende des 19. Jahrhunderts geboren, war inzwischen 79 Jahre alt. 1916 schloss er die Schule mit dem Notabitur ab und wurde dann zum kaiserlichen Heer einberufen. Als wir in seinem Wohnzimmer zusammensaßen, fragte ich ihn zuerst, wie er denn die Entwicklung zum Ersten Weltkrieg wahrgenommen habe.

»Ich erinnere mich ziemlich deutlich«, erzählte Marcuse. »1918 im November, als die Revolution ausbrach, bin ich in Berlin-Reineckendorf in den Soldatenrat gewählt worden. Und ich sehe mich noch wie heute in Berlin am Alexanderplatz mit einem Gewehr auf der Straße stehen und auf – ich weiß nicht, was das auf Deutsch ist – ›snipers‹ (Heckenschützen), die angeblich auf den Dächern standen, zielen. Ich bin überzeugt davon, dass ich nie jemanden getroffen habe.«

»Wieso sind Sie in den Soldatenrat gewählt worden?«

»Offenbar muss ich schon damals irgendwie sozialistische Tendenzen gehabt haben. Ich hatte schon etwas Marx gelesen, war einer der Radikalen dieser Zeit. Dann kam die Ermordung von Karl Liebknecht und Rosa Luxemburg. Danach bin ich – ich war damals Mitglied der SPD – aus der Partei ausgetreten ... Ich erinnere mich nämlich noch heute, dass kurz vor der Ermordung von Karl und Rosa das sozialdemokratische Parteiblatt *Vorwärts* ein Gedicht gebracht hat von Herrn Künstler, in dem der Refrain war – ich glaube: vielhundert Tote in einer Reih' – Proletarier Karl, Rosa, Radek und Kumpanei – es ist keiner dabei. Das ist ziemlich eindeutig.«

Schon 1933, kurz nach der Machtergreifung durch die Nazis, verließ Marcuse Deutschland, landete in New York und arbeitete mit Horkheimer und Adorno zusammen. Aber anders als Horkheimer und Adorno kehrte er nicht nach Deutschland zurück. Ich fragte ihn, weshalb er in den USA geblieben sei.

»Das Nazi-Regime war für mich ein solcher Einschnitt in dem, was Deutschland mal für mich war – ich konnte das einfach nicht verdauen.«

Als ich ihn auf Angela Davis ansprach, die bei ihm ihr Studium begonnen hatte und nach ihrem Aufenthalt in Frankfurt Marcuse an die Universität von La Jolla gefolgt war, um bei ihm den Abschluss zu machen, verzog der Philosoph ein wenig die Miene.

»Sie kam als Studentin und war während dieser Zeit relativ unpolitisch. Ging dann für ein Jahr nach Deutschland, nach Frankfurt, um bei Adorno zu studieren, und als sie zurückkam, war sie voll politisiert. Eigentlich hat das in Deutschland stattgefunden. Wie viel ich dazu beigetragen habe, weiß ich nicht. Sie selbst sagt: ziemlich viel. Aber man soll nicht dieses Jahr vergessen, das sie in Frankfurt verbracht hat.«

»Haben Sie noch Kontakt mit Angela Davis?«

»Der letzte Kontakt war vor einigen Jahren. Und damals habe

ich ihr vorgeworfen, dass sie Weltreisen macht, um für die Befreiung politischer Gefangener zu arbeiten, aber auf derselben Reise in die Tschechoslowakei ging, ohne ein Wort über die politischen Gefangenen dort zu sagen. So politisch sind wir nicht mehr verbunden.«

»Was hat sie geantwortet auf den Vorwurf?«

»Sie war verlegen und hat dann geantwortet, eigentlich wollte sie gar nicht nach Prag fahren. Aber sie habe das Flugzeug in Berlin verpasst und sei dann doch hingegangen. Ich habe das nicht ernst genommen. Es tut mir heute noch leid, sie ist ein wundervoller Mensch und ungeheuer intelligent. Sie war sicher eine meiner besten Studentinnen. Ich weiß nicht, wie es gekommen ist. Ich möchte das auch nicht vertiefen.«

Zu Hause in seiner Garage standen Bücher in einem großen Regal, und an der Tür, die zum Kücheneingang führte, hing eine merkwürdige Figur. Ein Sack in der Form eines lieblichen Löwen.

»Was ist denn das Merkwürdiges, das Sie da haben«, fragte ich.

»Das ist eine Art Hausdämon. Der ist dazu benutzt worden, die Fluch- und Schimpf- und Drohbriefe, die ich hier bekommen habe, aufzubewahren. Das ist aber nur ein ganz kleiner Teil. Ich habe noch Hunderte im Büro.«

Ricky zog einen Brief heraus und las ihn vor: »Marcuse und Freunde – ihr Hurensöhne. Juden!«

In einem anderen Brief stand der Satz: »Es ist unglaublich, dass wir 5000 Meilen fahren mussten, um Deutschland zu bekämpfen und Stinktiere wie Sie zu retten.«

Sehr schön fand seine Frau einen Brief, den die Post zustellte, weil sie offenbar wusste, wer gemeint war. Auf dem Umschlag stand: »Mr. Killer of American youth, Herbert Markus – marxist philosopher, idiot – La Jolla, California Air Mail.«

Marcuse zog einen weiteren Brief hervor mit der Bemerkung: »Man kann sich nicht vorstellen, dass so etwas wahr ist.« Da stand: »Unsere einzige Tochter ging an die University of California, wo dieser Professor Marcuse Studenten lehrt, sexuell und moralisch zu rebellieren. Zu allem, was wir ihr gesagt hatten, sagte er das Gegenteil. Jetzt ist sie schwanger und nicht verheiratet, und unser Herz ist gebrochen.«

Marcuse hatte aufgrund seines Alters darum gebeten, dass wir nicht mehr als drei Stunden am Tag drehten. Wir teilten die inhaltlichen Interviews auf und suchten die dazu passende Umgebung. Seine Biographie besprachen wir im Wohnzimmer. Und für das Thema »Freiheit« gingen wir in den Zoo von San Diego, für den er eine Jahreskarte besaß. Er ging gleich zum Gehege der Kamele und sprach ein Höckertier an: »How are you, little Ungeheuer? You look tired. Go to sleep.«

Ich fragte ihn, was ihm Kamele bedeuteten, denn in seinem Arbeitszimmer stand eine ganze Ansammlung von Stoffkamelen.

»Das Kamel«, antwortete er, »das ist ein Geheimnis.«

»Das wollen Sie nicht verraten?«

»Ich werde eine Ausnahme machen und das Geheimnis verraten. Meine Frau, die Ricky, ist eines Morgens aufgewacht und hat festgestellt, dass ihr ›spiritual animal‹, ihr geistiges Tier, ein Kamel ist. Dass sie eigentlich ein Kamel ist. Das ist im Englischen anders als im Deutschen. Wenn man im Deutschen von einem Kamel spricht, dann heißt das: Idiot oder dumm oder was auch immer. Im Englischen ist es viel eher zärtlich, ein Kosewort. Deswegen der Überschuss an Kamelen bei mir im Haus.«

Für unsere Fragen zur Kritik der Konsumwelt gingen wir in ein riesiges Einkaufszentrum, das mitten auf die grüne Wiese gebaut worden war. Es belegte aufs Schönste Marcuses Thesen von der Konsumkritik. Und die halten auch noch heute stand.

Die Revolution als Theorie besprachen wir vor der Bücherwand in seinem Büro an der Universität. Die »Great Society« oder auch die »Neue Gesellschaft« hing von der Sensibilisierung der Menschen ab, also fanden wir einen wilden Ententeich mit einem herrlich verwachsenen Baum, um darüber zu sprechen. Und da auch der »neue Mensch« noch nicht inhaltlich festzumachen war, drehten wir diesen Teil des Gesprächs in einer einzigen, zehn Minuten langen Einstellung am Strand des Pazifischen Ozeans. Viel länger als zehn Minuten durfte dieser Gesprächsteil auch nicht dauern, denn eine Filmrolle war nur zwölf Minuten lang. Als wir diese Szene abgedreht hatten, sagte der Toningenieur: »Das müssen wir noch einmal machen.«

Also machten wir es noch einmal. Und Marcuse war genauso präzise wie zuvor.

Die letzte Frage unserer Dreharbeiten lautete: »Haben Sie eigentlich manchmal an Ihren Voraussagen, an Ihrer Theorie gezweifelt?«

»Selbstverständlich! Jeder Theoretiker sollte das tun. Die Verzweiflung kommt daher, dass ich sehe, wie ungeheuer verschieden die Machtverhältnisse sind zwischen denen, die das Neue wollen, und denen, die das Alte verteidigen. Aber diese Verzweiflung oder sagen wir mal: Skepsis – obgleich es viel mehr ist als Skepsis – darf unter keinen Umständen als Entschuldigung dienen, den Kampf aufzugeben.«

Als wir abgedreht hatten, lud ich Herbert Marcuse und seine Frau zu einem Abschiedsessen ein. Marcuse erwähnte wieder, er kenne einen guten Chinesen. Seine Frau kannte aber einen noch besseren Mexikaner. Zu dem sind wir dann auch gegangen.

Einen kleinen Nachtrag will ich anfügen. Als ich den Film fertig geschnitten hatte, fuhr ich noch vor der Sprachaufnahme, es hätte also noch die Chance bestanden, etwas zu korrigieren, zu

Jürgen Habermas nach Starnberg. In Deutschland kennt wohl niemand das Werk von Marcuse besser als er. Ich fragte Habermas, ob es irgendwo bei Marcuse eine Stelle gebe, wo er den Terror verteidige. Nein, sagte mir Habermas nach einem Moment des Überlegens, solch eine Textstelle gebe es seiner Kenntnis nach nicht.

Ein Jahr nach der Ausstrahlung des Films ist Herbert Marcuse während eines Besuchs bei seinem Freund Jürgen Habermas in Starnberg gestorben.

Zu später Stunde strahlte die ARD meinen Film als Nachruf noch einmal aus.

Wo ein Wille ist, das habe ich durch diese Begegnung gelernt, da findet sich auch ein Weg.

# Absurditäten

## Die falsche Augenfarbe im Pass
### von Eugène Ionesco

Bei unserer letzten Begegnung habe ich ihn ins Bett getragen. Er hatte unerträgliche Schmerzen. Wir hatten einen kleinen Ausflug durch Paris gemacht, im Auto, weil er kaum noch laufen konnte. Dann haben wir, wie immer nach unseren kleinen Touren durch Paris, immer in die Gegenden seiner Jugend, die er noch einmal sehen wollte, im Select zu Abend gegessen. Schließlich stand Eugène Ionesco vor seiner Wohnungstür und stöhnte vor Gliederschmerzen. Er war inzwischen klein und alt. Ich hob ihn auf beide Arme, er wog nicht viel, trug ihn in sein Schlafzimmer und legte ihn auf sein Bett.

So habe ich ihn zum letzten Mal gesehen.

Die Familie Ionesco wohnte nur zwei Häuser neben La Coupole, gegenüber dem Bistro Select, in der sechsten Etage. Der Vater des absurden Theaters Eugène mit Frau Rodica und Tochter Marie-France. Auch Eugène hatte sein Fässchen, und vielleicht auch ein bisschen von dem Rodicas (wie er mir zublinzelnd gestand), früher in La Coupole geleert. Doch dort war es ihm nach dem Besitzerwechsel zu laut geworden.

Besuchte ich Eugène und Rodica, dann öffnete sich, wie bei allen Pariser Häusern, die vor der Automobilzeit gebaut worden waren, in der rechten Hälfte des riesigen grünen Holztors eine Pforte, die auf den Druck auf ein kleines messingfarbenes Klingelknöpfchen reagierte. Man musste die Füße heben, um über die hohe Schwelle zu treten, und wären wir in China, dann würden davon die bösen Geister abgehalten. Der erste böse Geist sitzt aber immer schon drinnen; rechts hinter dem Vorhang schaut die Concierge heraus, um den Eindringling zu kontrollieren, aber sie rührt sich nicht. Links führt die Treppe zu den Wohnungen, doch die dünne Glastür ist verriegelt, sodass man klingeln muss. Aber auch hier pflegt man die Diskretion, weshalb es keine Namensschilder gibt. Wer kommt, muss den Code kennen, mit dem die Tür sich öffnet. Diesen Code füttert man ein in jenes kleine Kästchen neben der Tür, in der Höhe der Klingel, wo anstelle von Namen Zahlen und Buchstaben wie auf einem Taschenrechner im Viereck angeordnet sind.

Die Ionescos hatten zwei Codes: einen für Freunde, den erhielt ich nach einer gewissen Zeit, einen anderen für den Rest der Welt. So können sie, wenn es schellt, entscheiden, ob sie öffnen wollen oder auch nicht. Auf dem Läufer tritt man zwei Marmorstufen hoch und hat dann die Wahl, ob man sportlich sein und die sechs Etagen zu Fuß erklimmen will oder ob man seine Klaustrophobie überwindet und sich durch die beiden schmalen Türklappen in den engen Käfig drängt und nach oben zuckelt – wobei dieses Teufelsgefährt nicht selten steckenblieb oder eine Handbreit unter dem Ausstieg hielt.

Solang Z noch lebte, löste die Klingel im Inneren der Wohnung lautes Gekläffe aus, doch Z, der Spaniel, starb Ende der achtziger Jahre. Z hieß er ganz einfach, weil Z der letzte Buchstabe des Alphabets ist. Und – französisch ausgesprochen – klingt es gut: »Säääihht«.

Rodica öffnete meist die Tür, und sie lachte jedes Mal, wenn ich kam und mich für die »Bise« sehr tief bückte, denn sie, eine feingliedrige und auch noch schöne Frau, war so klein, dass sie mir gerade bis zur Hüfte reichte.

Reiner Zufall hat mich zu Ionesco geführt. In Paris schwärmte ich der Autorin und Übersetzerin Verena von der Heyden-Rynsch, einer Nachbarin im siebten Arrondissement, vor, wie erholsam ein Wochenende auf dem Lande sei. In New York hätten wir durch Zufall in Connecticut ein schönes Haus mitten im Wald günstig mieten können, das nur anderthalb Stunden Fahrt von Manhattan entfernt war. Jedes Mal überkam mich sofort nach meiner Ankunft am Wochenende die berühmte bleierne Müdigkeit. Dann schlief ich zwei Stunden und aller Stress war in der Ruhe der Natur vergessen. Nach einem solchen Wochenende fühlte ich mich erholt wie nach einer Woche Urlaub. Ach, sagte Verena, vielleicht könnte ich die »maison à la campagne« von Eugène Ionesco mieten, mit dem sie befreundet sei. Der nutze sein Landhaus seit Jahren nicht mehr. Es lag in der Normandie, eine Autostunde von meiner Wohnung mitten in Paris entfernt.

Es klappte. Und so haben wir uns angefreundet. In eines seiner letzten Bücher hat er mir als Widmung geschrieben, ich sei der letzte Freund, den er in seinem Leben noch kennengelernt habe.

Ein- oder zweimal jeden Sommer stiegen Eugène und Rodica in mein Auto. Wir fuhren in die Normandie, sie setzten sich auf die Terrasse ihres Hauses und schauten in den weiten Garten, durch den ein kleiner Bach floss. Hinter einem Gebüsch war ein vergammelter Tennisplatz und im hinteren Teil wuchs ein dünner Baum in einem ehemaligen Schwimmbad. Im wilden Gestrüpp am Ende des Grundstücks wohnte sogar ein Paar Kraniche. Das Anwesen hatte einst Sacha Guitry gehört, dem berühmten Regisseur, Schauspieler und Dramatiker.

Noch heute sehe ich Eugène Ionesco vor seinem Schreibtisch im Landhaus stehen. Gedankenverloren sagte er mir: »Hier habe ich einige meiner schlechteren Stücke geschrieben.« Am Treppenaufgang stand ein kleines Kunstwerk aus zwei plattgedrückten Cola-Dosen, das ihm der amerikanische Dramatiker Edward Albee, Autor von »Who's afraid of Virginia Woolf«, gewidmet hatte.

Den Ausflug beschlossen wir immer mit einem Mittagessen in einem ordentlichen Landlokal. Und wie immer bestellten Rodica und ich eine besondere Portion Pommes frites, die wir, dabei schauten wir uns verschwörerisch an, mit den Fingern aßen. Im Gegensatz zu anderen am Tisch waren wir nämlich davon überzeugt, dass Pommes frites nur schmecken, wenn sie mit Fingern gegessen werden.

Eugène Ionesco war ein Mann, der stets zwischen Witz und Angst schwankte. So erzählte er mir zum Beispiel schelmisch lachend, weshalb alle glaubten, er sei drei Jahre jünger als in Wahrheit. Als ihm der Durchbruch mit seinen beiden Einaktern »Die Kahle Sängerin« und »Die Unterrichtsstunde« gelang, war er schon knapp über vierzig gewesen. Da hatte ihm sein Freund, der Kritiker Jacques Lemarchand, gesagt: »Für einen Autor der Avantgarde bist du zu alt, also ändere das.« So machte sich Ionesco einfach um drei Jahre jünger. Und so steht es heute noch in vielen Büchern.

Auf die Idee zu diesen Stücken hatte ihn das Englischbuch seiner Tochter gebracht. Darin standen Sätze wie »My tailor is rich«. Es sei Schwachsinn, sagte Ionesco, solche Sätze zu lernen. Nie im Leben würde man zu jemandem sagen: »My tailor is rich.«

Wenn ich Rodica die Bises gegeben hatte, bat sie mich herein. In dem kurzen Gang – eine Tür trennte die dahinter liegenden Privaträume von Salon und Esszimmer – häuften sich Bücher. Rechts, zum Boulevard Montparnasse hin, mit einem kleinen Balkon davor, lag ein Salon von bescheidener Größe. An der langen Wand stand ein übervoller Glasschrank mit Ionescos Büchern, darauf lag ein alter messingfarbener Helm, den ihm die

Pariser Feuerwehr in Erinnerung an die »Kahle Sängerin« überreicht hatte. So ist das in Paris – auch die Feuerwehr hat Sinn für
Literatur. Und nicht nur die: Als ich wieder einmal Eugène und
Rodica mit dem Wagen abholte, parkte auf der Busspur direkt
vor ihrem Haus ein Kleinbus der Polizei. Obwohl es verboten
war, stellte ich meinen Wagen davor ab und bat die Polizistin
am Steuer ihres Gefährts, doch ein wenig zurückzufahren, weil
ich einen alten Herrn abholte, der nicht gut zu Fuß sei, Monsieur Ionesco. »Ah! L'Académicien«, sagte sie, gab mir damit zu
verstehen, dass sie natürlich von der Mitgliedschaft des großen
Autors in der Académie française wisse, ließ den Motor an und
machte Platz für den, der die Macht des Geistes repräsentierte.

Eugène saß immer auf dem kleinen Sessel neben der Tür.
Ein Sofa stand an der Wand, ein paar weitere Sessel waren im
Rund drapiert. Er trug meist einen blauen Anzug zu seinem
Rollkragenpullover und redete viel und gestenreich mit seinen
verknorpelten Händen. Der runde Knopf mit der hohen Glatze
wurde von den großen braunen Augen und ihren enormen Li-
dern und Tränensäcken beherrscht, darunter wirkte der Mund
mit schmaler Ober- und breiter Unterlippe fast klein.

An den Wänden des Salons hingen Bilder berühmter Maler,
die sich mit seinem Werk beschäftigt hatten. Saul Steinberg hat
»Die Unterrichtsstunde« karikiert, Max Ernst in gelb und grü-
nem Öl das »Rhinozeros«, von Joan Miró stammen zwei Aqua-
relle, und wenn er nicht selbst die Hommage darunter geschrieben hätte, wüsste man nicht, dass Miró mit seinen Strichen und
Punkten Monsieur und Madame Ionesco porträtiert hatte.

»Das Porträt meiner Frau finde ich schöner«, sagte Eugène zu
mir, und wie bei Buster Keaton zuckte nach solchen Bemerkungen nicht der kleinste Gesichtsmuskel.

Wir haben in diesem Raum viel Tee getrunken und lange Gespräche geführt. Nebenan lag sein kleines Arbeitszimmer, aber

Eugène Ionesco sagte immer, er habe in seinem Leben nie gearbeitet, er sei nur seinen Träumen nachgegangen, habe Stücke erfunden, und Stücke zu erfinden, das sei eigentlich das Einfachste auf der Welt. Morgens, wenn man aufwache, brauche man nur die Augen geschlossen zu halten, und schon beginne die Handlung, fließe der Dialog, entwickele sich das Spiel. Erst das Aufschreiben sei dann die Qual. Sobald er es sich leisten konnte, hat Ionesco sich diese Qual erleichtert – und die Texte einer Sekretärin diktiert, während er im Sessel neben ihr saß. Gisèle Freund hat Eugène Ionesco in seiner Traumhaltung fotografiert – liegend auf dem Sofa.

Von Eugène ist Rodica nicht zu trennen, ohne sie wäre er wahrscheinlich nicht der geworden, der er war. Lange Zeit arbeitete sie als Juristin und trug so zum Lebensunterhalt bei, später hat sie das gemeinsame Leben verwaltet und ihm die Freiheit gegeben, nur denken, träumen, schreiben zu können.

»Ich bin unfähig, zu organisieren, Rechnungen auszustellen. Rodica rechnet für mich«, sagte Eugène über seine Frau.

»Hatten Sie denn nie Sinn für Geld?«, fragte ich ihn.

Da antwortete Rodica an seiner statt: »Nein, so recht nicht.«

Und er fügte hinzu: »Ich habe viel Geld, sogar sehr viel – zu viel Geld. Aber es hat Augenblicke gegeben, wo ich überhaupt keines hatte. Es gab auch Zeiten, wo ich das Geld auf der Erde gefunden habe. Es stimmt, vor weit über dreißig Jahren brauchte ich dringend Geld. Ich ging auf den Markt einkaufen, aber ohne Geld. Ich schaute auf den Boden und entdecke drei Tausend-Franc-Scheine. Das war 1947/48 und damals ein enormer Betrag. Ein anderes Mal wollte ich Medikamente für meine Tochter kaufen und hatte nur hundert alte Franc. Der Apotheker gab mir aber auf tausend Franc heraus. Aber diese dreitausend Franc – die habe ich irgendwie zurückgegeben; denn einmal stand ich vor einem Kiosk, wollte mir eine Zeitung kaufen, und plötzlich bemerkte ich, dass in meinem Portemonnaie dreitausend Franc fehlten. Vermutlich waren sie herausgefallen, und ich habe sie nicht wiedergefunden. Gott hat mir also das Geld gegeben, hat es mir auf Ehrenwort geliehen, es war ein Darlehen.«

Häufig haben wir über seine vielen Reisen gesprochen. Auch als ihm das Gehen immer schwerer fiel, wollte er am liebsten verreisen, Einladungen erhielt er aus der ganzen Welt. Überall dort, wo Regisseure eines seiner Stücke aufführten, war er gefragt.

Als er im Herbst 1989 nach Polen sollte, stellte er fest, dass sein Pass abgelaufen war. So holte ich ihn und Rodica mit dem Auto ab, und wir fuhren zum Rathaus von Montparnasse. Dort übernahm ich es, die Formulare auszufüllen, während das alte Paar auf zwei Stühlen wartete. Ich saß also an einem Tisch und musste in eine Rubrik eintragen, welche Augenfarbe er hätte. Braun natürlich. Nur fiel mir das in diesem Moment nicht ein. Und ich wollte auch nicht zu ihm gehen und nachschauen. Also dachte ich, am unverfänglichsten ist es, wenn ich »grau« eintrage.

Auf die Papiere musste ich eine Gebührenmarke kleben, die wiederum erhielt ich nicht im Rathaus, sondern im nächsten Bistro – denn das ist das Privileg eines »Tabac«. Also rannte ich raus, holte die Marke, klebte sie auf, und irgendwann wurden wir aufgerufen. Ich ging zum Schalter. Die farbige Büroangestellte aus Martinique bat darum, Ionesco an den Schalter zu holen, denn er müsse den Pass vor ihr unterschreiben. Auch sie wusste, wer *er* ist, behandelte ihn wie ein rohes Ei, und nach knapp einer halben Stunde hielt er seinen neuen Pass in der Hand. Eugène Ionesco schaute hinein, blätterte ihn durch und sagte dann: »Da steht, ich hätte graue Augen. Das habe ich doch gar nicht.« Darüber hat er ein Weilchen gegrübelt. Ich tat so, als hätte ich ihn nicht gehört.

Nach Polen ist er dann aber doch nicht gefahren – die Gesundheit erlaubte es nicht, aber wichtig war ihm, wochenlang von der bevorstehenden Reise zu träumen. »Ich reise ab, ich reise gern ab«, sagte er.

»Gibt es einen psychologischen Grund, weshalb Sie so gern abreisen, einfach weggehen?«

»Ja, das ist eine psychologische Angelegenheit. Ich habe einfach Lust, anderswo hinzugehen, zu fliehen – ich weiß nicht so recht. Wenn ich an Ort und Stelle bleibe, habe ich den Eindruck, dass mir größere Gefahren drohen, als wenn ich herumreise. Ich liebe das Aufbrechen, ein französischer Dichter hat einmal gesagt, Abschied nehmen heiße ein wenig sterben. Ich glaube, das Gegenteil ist richtig: Fortgehen heißt ein wenig leben. Also reise ich ab.«

»Sind Sie immer gern abgereist?«

»Ich bin schon immer gern abgereist, aber früher tat ich es sehr selten, denn Reisen war teuer, und ich selber hatte nicht viel Geld. Heutzutage habe ich Geld, obendrein bezahlt man mir auch noch meine Reisen. Früher, als ich kein Geld hatte, zahlte man sie mir nicht, die Reisen.«

»So ist das immer. Ist es Ihnen egal, wohin Sie reisen, ist es nur wichtig, dass Sie reisen?«, fragte ich und dachte daran, dass auch ich gern reiste, einfach abreiste.

»Ja, einfach abreisen, neue Orte kennenlernen. Es macht mir Freude, Menschen zu treffen, Neues kennenzulernen. Nur selten entdecken wir Neues in der Landschaft und in den Städten, die sich allmählich alle ungeheuer gleichen. In Ihrem herrlichen Land, Deutschland, gab es früher so schöne Städte, zum Glück sind einige noch übrig geblieben, aber die meisten sind kleine New Yorks geworden, Abklatsch von New York. Wenn Sie in der Wüste spazieren gehen, dann entdecken Sie etwas. Die Wüste ist etwas Neues. Als ich einmal in Israel war, fragte mich der Landwirtschaftsminister, der gegen die Wüste ankämpfte, um etwas Boden zu gewinnen: ›Was hat Ihnen hier in Israel am meisten gefallen?‹ Ich habe dem Minister ganz dumm geantwortet: ›Die

Wüste.‹ Ich würde gern eine Wüste finden. Heute findet man die Wüste in den Großstädten; aber das ist eine andere Wüste, die Einsamkeit. ›Le solitaire‹.«

»Warum suchen Sie die Einsamkeit?«, fragte ich ihn.

»Weil ich in der Einsamkeit dem Menschen begegne. Unter vielen kann ich ihn nicht mehr finden.«

»Wo stehen Sie? Welche Art von Einzelgänger sind Sie?«

»Ich versuche, ein echter Einzelgänger zu sein, aber zwangsläufig bin ich es nicht. Ich stehe im Kontakt zu allen Arten von Welten, zu den Zeitungen, den Massenmedien. Ich weiß nicht einmal, ob ich etwas bewahre von dem, was mein Ich ist und was von mir übrig bleibt. Das heißt gerade das, was die anderen auch ausmacht, ihre eigentliche Tiefe. Denn das Ich ist, wie ich Ihnen gerade sagte, letztlich nicht von den anderen getrennt. Es begegnet den anderen in sich selbst.«

Und auf die Frage: »Was würden Sie gern im eigenen Ich entdecken?«, gibt Eugène Ionesco eine kurze Antwort, die zeigt, womit er sich zeit seines Lebens beschäftigte:

»Gott.«

»Existiert er?«

»Er existiert nicht. Er ist. Dennoch existiert er, aber wir haben nur einen Zugang zu ihm durch die Existenz Jesu Christi.«

»Sie sagen, Sie würden in Ihrem Ich Gott begegnen. Was ganz konkret glauben Sie darin zu finden?«

»Das ist schwer zu sagen. Ein Licht, eine Gegenwart. Meine Tochter sieht Gott, wenn sie die byzantinischen Ikonen anschaut, in Jesu Augen. Plötzlich glaubt sie, eine Präsenz zu spüren, und genau das ist Gott: präsent. Diese Erfahrung habe ich selber gemacht, als ich erst achtzehn Jahre alt war. Ich befand mich in einer kleinen Provinzstadt, frühmorgens im Juni. Plötzlich wurde das Licht blendend weiß, viel strahlender als die Sonne und die Wäsche, die zum Trocknen im Hinterhof hing, und die alte Bettwäsche sah plötzlich übernatürlich und schön aus. Alles schien mir unsagbar schön. Und vor allem spürte ich diese Gegenwart, die mich denken und sagen lässt: Nie wieder werde ich Angst vor dem Tod haben. Wenn ich alt sein werde, werde ich mich an diesen Augenblick erinnern und keine Angst haben. Aber das ist jetzt nur noch die Erinnerung einer Erinnerung einer Erinnerung einer Erinnerung. Den Augenblick selbst gibt es nicht mehr. Diese Gegenwart ist gewichen. Dieses mystische Phänomen, das nur einige Augenblicke gedauert hat, löste sich auf, und danach schien mir die Sonne düster zu sein. Solche Erfahrungen sind sehr, sehr selten. Voller Licht und Intensität. Genau das bewahrt einen vor dem Sterben, lässt einen trotz der Finsternis der Welt hoffen. Manchmal sieht man auch im Traum einen Tunnel zum Beispiel, und am Ende des Tunnels das Licht. Man geht auf das Licht zu. Diesen Traum habe ich Freunden erzählt, anscheinend ist es ein archetypischer Traum, was ich nicht wusste. In den Augenblicken tiefster Verzweiflung taucht dieser Traum auf.«

Diese Momente der Verzweiflung überkamen ihn immer wieder. Verzweiflung und »le cafard«, düstere Gedanken und Vorahnungen.

Weil mir diese Gespräche so viel bedeuteten, begann ich, sie mit der Kamera aufzuzeichnen. Ich würde daraus einen einstündigen Film für den WDR machen. Und so begleitete ich ihn auch einige Tage nach Sankt Gallen, wo er in der Werkstatt der Galerie Erker am Gallusplatz seine bunten Bilder von Strichmännchen malte. Ein Psychiater, der ihn behandelte, hatte ihm empfohlen, zu malen. Rodica saß bei ihnen und schaute zu. Und diesmal auch ich. Plötzlich stand Eugène auf und sagte, ich rufe jetzt Marie-France an. Er hing sehr an seiner Tochter. Er ging fort und kam nach zehn Minuten schleppenden Schritts zurück. Da er kein Wort sagte, fragte ihn seine Frau, was Marie-France gesagt habe. Nichts habe sie gesagt, erklärte er. Nichts. Er habe sie nicht angerufen. Er habe nicht sprechen können. »Le cafard« habe ihn gelähmt.

Als nach einigen Monaten der Film »Der Alte und das Absurde« fertig war, wurde er im Centre Pompidou vorgeführt. Eugène und Rodica Ionesco waren sehr zufrieden. Der Film zeige ihn so, wie er sich sehe. Solch einen Film habe bisher noch niemand über ihn gedreht. Und dann sagte er, ich müsse unbedingt einen ähnlichen Film mit Cioran drehen. Emil Cioran stammte aus Rumänien, lebte hoch unter dem Dach in der Rue de l'Odéon im Quartier Latin, und gehörte zu den engen Freunden Ionescos. Auch ihn hatte ich schon mehrfach getroffen, einen versteckten Schelm, mit weisem Humor und kurzen Sätzen. Während Eugène Ionesco auf eine Frage mit einem ganzen Schwall von Worten und Ideen antworten konnte, war Cioran ein Mann der Aphorismen, der brillante Gedankensplitter formulierte. Ionesco rief also Cioran an und setzte mich unter Druck. Wir verabredeten ein Abendessen bei mir zu Hause, weil wir dort Cioran den Film über Ionesco vorführen konnten. Eugène schwärmte Cioran vor, wie großartig ein Film auch über ihn werden könnte, aber der wollte nicht so recht. Cioran zierte sich nicht, die Idee war ihm einfach unangenehm.

Und dann habe ich einen Fehler begangen.

Cioran las einige Tage später in der Buchhandlung Calligrammes, und ich meldete mich mit Kamerateam an. Im Anschluss an die Lesung versuchte ich ein Interview mit ihm zu machen. Es klappte nicht. Denn seine Antworten waren noch kürzer als meine recht knappen Fragen. Ich gab das Projekt auf. Wahrscheinlich zur Erleichterung von Emil Cioran.

Einmal fragte Eugène Ionesco mich, ob ich an Gott glaube, und schwieg, als ich es verneinte. Ob er daran glaube? Er nahm tief Luft und sagte: »Ich bin einer von denen, die morgens im Bett liegen und beten: Lieber Gott, mach, dass ich an dich glaube!«

Aber er hat sich über die Maßen gefreut, als Papst Johannes Paul II. ihm einen Brief schrieb (»Ich bete für Sie«) und zu seiner Kolbe-Oper gratulierte. Mehrmals erzählte er von dem Brief.

Ein paar Jahre später, als wir über Ionescos Lektüre sprachen, sagte er, er lese gerade in der Bibel, aber da komme ihm doch einiges sehr sozialistisch vor, und manches sei ja auch ganz frivol – und er machte wieder diese Pause mit dem Buster-Keaton-Gesicht, sodass man ahnen konnte, wie wenig ernst er meinte, was er da gesagt hatte. Er suchte wahrscheinlich die Erlösung von seinem »cafard«, die er im Glauben nicht fand.

Diesen Zugang zum Glauben an Gott suchte er bis zu seinem Tode. Als Eugène Ionesco 1994 starb, moderierte ich in den Tagesthemen den Nachruf an, den ich selber gemacht hatte. Und dann fuhr ich nach Paris zu seiner Beerdigung. In einer orthodoxen Kirche wurde eine Messe für ihn gelesen. Die Trauernden standen bis auf die Straße. Zu Grabe getragen wurde Eugène Ionesco auf dem Friedhof Montparnasse, wohin ihm Rodica inzwischen gefolgt ist.

Manchmal besuche ich sie dort. Und dann erinnere ich mich daran, wie Rodica mir am offenen Grab gesagt hatte, ich möge bitte mit nach Hause kommen in die Wohnung neben der Coupole. Vielleicht könne ich ihr helfen.

Unter den Gästen fand ich einen jungen Priester. Er erzählte mir, dass er im letzten Lebensjahr von Eugène einmal in der Woche zum Gespräch gekommen sei. Ich fragte, worüber sie sich unterhalten hätten. Über Gott. Über Gott? Ja, über die Frage, ob es ihn gebe.

»Und hat er ihn gefunden?«, fragte ich den Priester.

»Nein«, antwortete er, »er hat ihn nicht gefunden.«

Rodica unterbrach unser Gespräch und nahm mich zur Seite. Sie bat mich um einen Gefallen: Die vielen Dissidenten, die gekommen waren, störte die Anwesenheit des ehemaligen rumänischen Königs mit Frau und Tochter. Ob ich mich nicht um das Königspaar kümmern könne? Der König war ein zurückhaltender, wenig intellektueller Mann. Als er König war, hatte Rumänien zunächst aufseiten Hitlers gestanden und dann hatten ihn die Kommunisten verjagt. Jetzt lebte Michael von Rumänien in der Schweiz als Testpilot und betrieb eine Geflügelzucht.

Ich erinnere mich daran, wie sich Eugène Ionesco köstlich darüber amüsiert hatte, dass, gleich nachdem der Diktator Ceauşescu gestürzt und erschossen worden war, Rumäniens König Michael ihn, den Vater des absurden Theaters, um eine »Audienz« gebeten hatte. Der Monarch wollte sich der Unterstützung Ionescos versichern, weil er doch gern wieder die Krone tragen wollte, es nach außen hin aber nicht laut zu verkünden wagte. Wenn aber das Volk, und die Rumänen im Exil, ihn als Retter der Nation riefen, dann würde er sich »opfern«. Ich fragte Eugène Ionesco, ob er König Michael unterstützen wolle? Ach, sagte Ionesco, weshalb eigentlich nicht; Könige seien inzwischen integrierte Elemente von Nationen, auch Frankreich hätte es sehr viel besser mit einem König.

»Wen sollen wir denn dann zum König von Frankreich ernennen?«, fragte ich.

»Mich!«, sagte Eugène mit seinem unbewegten Gesicht, als reize er hoch im Poker, ließ seine großen Augenlieder über die Pupillen fallen und schob die Unterlippe vor. Aber gleich wiegelte er wieder ab: »Ich fliehe vor der Politik, weil ich sie nicht mag.«

Natürlich haben wir uns auch häufig über sein Werk unterhalten, über die Logik und über das Absurde.

Ich fragte ihn: »Es gibt etwas in Ihrem Werk, das sich nicht vermengt: die Logik und das, was diese Logik durchbricht.«

»Ganz genau. Was ich tue, was ich schreibe, ist – da ich ein vernünftiger Mensch bin – selbstverständlich logisch. Dann aber bekomme ich Anfälle von Irrationalität, die in mir hochsteigen und diese Logik zerstören. Das hat bewirkt, dass mein Theater zu dem geworden ist, was man ›absurdes‹ Theater nennt. Jene, die absurdes Theater nach mir gemacht haben, machten es weniger gut; viele Leute sind mir gefolgt, weil sie nachahmten, was ich geschrieben habe. Sie bemühten sich, Absurdes zu machen, während bei mir das Absurde der Konfrontation des Rationalen mit dem Irrationalen entspringt. Das Irrationale holt das Rationale ein.«

»Akzeptieren Sie die Bezeichnung ›absurdes Theater‹?«

»Selbstverständlich. Ich finde, dass die Welt als Ganzes absurd ist oder doch wieder nicht. Es ist sehr schwierig zu sagen, ein Ding sei absurd, da wir nicht das Vorbild dessen haben, was nicht absurd ist. Aber die Welt entspricht mir nicht, sie ist unsinnig, sinnlos. In dem Ausmaß, wie ich die Strukturen des Geistes widerspiegele, habe ich das Recht, die Welt absurd zu finden. Übrigens ist das absurde Theater schon vor langer Zeit erfunden worden. Sophokles machte absurdes Theater, und Shakespeare hat das absurde Theater definiert. Er legt Macbeth in den Mund: Die Welt ist eine Geschichte, die ein Idiot erzählt, voller Lärm und Sinnlosigkeit. Und sie bedeutet nichts. Ich habe das genaue Zitat nicht im Kopf, aber das ist der Sinn des Unsinns, wie ihn Shakespeare definiert.«

Aus dem Shakespeare'schen Macbeth wird dann Macbett, so spricht man in Frankreich den Namen dieses schottischen Mörder-Königs aus. Macbett ist Ionescos Drama über den Mechanismus der Macht, nur ist das Morden bei ihm noch konsequenter vollzogen als bei Shakespeare.

In den vierziger Jahren, als die Deutschen Paris besetzt hielten, waren die Ionescos nach Marseille geflohen, wo Eugène als Lehrer unterkam. Und als Strafe für ihre Untaten beschloss er, die Sprache der Deutschen nicht mehr zu benutzen, obwohl er sie damals so gut beherrschte, dass er sogar Übersetzungen machte. Und tatsächlich hatte er später sein Deutsch ganz vergessen.

In den vierziger Jahren sah er sich aus Ablehnung des Faschismus als Linker, aber er verfiel nicht in den Fehler vieler französischer Intellektueller, nun im Kommunismus sein Heil zu suchen. Als das Mode wurde, lehnte er Stalin genauso ab wie Hitler, was ihn unter der französischen Elite zu einem Rechten stempelte und zur Folge hatte, dass er mit seinen Stücken aus ideologischen Gründen in Frankreich weniger erfolgreich war als etwa in England und besonders in Deutschland, wo Karl-Heinz Stroux am Düsseldorfer Theater einige Welturaufführungen von Ionescos Dramen inszenierte.

Noch in den achtziger Jahren, als der sozialistische Kulturminister Jack Lang die Kulturmafia von Frankreich beherrschte und Günstlinge um sich sammelte, wurde Ionesco stets gemieden.

Allerdings kam eines Tages, im Jahr 1991, der Präsident der CSFR zum Staatsbesuch nach Paris, und da Präsident Václav Havel nun erst einmal ein berühmter Schriftsteller war, lud Jack Lang alle, die Rang und Namen hatten und bei ihm geduldet waren, zu einem Empfang. Eugène Ionesco, der letzte noch Lebende unter den großen Klassikern, gehörte nicht dazu. Václav Havel aber wollte Ionesco sehen und bat, man möge auch ihn einladen. Ionesco erzählte mir davon mit großer Genugtuung: Denn dann wurde, um die Peinlichkeit zu überspielen, Madame Monique Lang ans Telefon geschickt, sie umsäuselte Ionesco, und man holte ihn mit einer Limousine zum Empfang ab. Dort bedankte sich Havel bei Eugène Ionesco: Sein Werk habe ihn nämlich überhaupt erst zum Schreiben inspiriert.

Der Vorteil einer Metropole wie Paris ist, dass dort wohnt, durchreist, eine Zeit lang verweilt, wer auch immer in der Welt etwas zu sagen hat – auch in der Kultur. Und so gingen auch viele berühmte Künstler bei Ionescos ein und aus. Man kam, da drückte einem Andrej Wajda die Türklinge in die Hand, Buñuel war ständiger Gast. Um die Ecke wohnten Beckett, Matisse und Brâncuşi. Der Bildhauer Brâncuşi, auch er Rumäne, war offenbar ein griesgrämiger Mensch. Eines Tages besuchten ihn Eugène und Rodica mit der noch kleinen Marie-France. Da beugte sich Brâncuși zu dem Kind, sagte: »Was bist du hübsch – im Gegensatz zu deinen Eltern!«

Auch das Ausklingen der Salonkultur haben sie miterlebt, Eugène sicher feuchtfröhlich.

»In die Salons gingen wir«, so erzählte er mir, »weil wir unsere Freunde und andere Schriftsteller dort trafen. In den fünfziger Jahren gab es noch viele Salons, Suzanne Tesnase, die Boulez aushielt, die Vicomtesse de Nouailles, die selber nichts darstellte, aber trotzdem unter ihren Flügeln Barrault und andere versammelte. Und plötzlich murmelte man: ›Voilà, die Kommunisten kommen‹, und Aragon im Smoking und Elsa Triolet traten ein. Dann wurden auch Leute wie Jean Genet eingeladen, der im Gefängnis gesessen hatte, wegen Diebstahls, glaube ich, und nur durch sein Genie gerettet wurde. Angeblich klaute er in den Salons silberne Löffel, und am nächsten Tag telefonierten die Damen der Salons untereinander und fragten: ›Was hat er bei dir geklaut?‹«

»War es für die Damen wichtig, dass er klaute?«

»Ja, je wertvoller das von ihm entwendete Stück war, desto höher stand die Gastgeberin in seiner Gunst. Die literarischen Salons gibt es in Paris nicht mehr. Und das liegt nicht am Geld. Sicher ist es teuer, jede Woche oder jeden Monat eine große Gesellschaft gefräßiger und durstiger Dichter zu empfangen; doch es gibt immer Reiche, reiche Frauen vor allem, denn es waren immer Frauen, die solche Salons unterhielten. Aber heute beherrscht nicht die Kultur Paris, sondern die Politik. Und davon halte ich mich fern.«

»Das politische Leben hat das kulturelle und gesellschaftliche aus dem Vordergrund verdrängt, auch, weil die Politik und ihre Handlanger sich der Medien bemächtigt haben. Worin liegt denn für Sie das Wesen der heutigen Politik?«

»Politiker sind Leute, die nach Herrschaft dürsten, Leute, die nicht sehr interessant sind. Sie scheinen alle machthungrig, das sind die gleichen Leute, die Konflikte schaffen, um die Gelegenheit zu haben, sich zu schlagen und für oder gegen etwas zu diskutieren. Sie leben vom Durst nach Macht.«

»Ist das nicht absurd?«, fragte ich gewollt zweideutig.

»Ich verstehe das nicht. Ich habe diesen Durst nach Macht nicht. Nun gut, ich schreibe, damit drücke auch ich eine Art Willen zur Macht aus, aber ich wirke nicht direkt auf die Menschen ein, habe auch nicht die Absicht gehabt, das zu tun, und jetzt bleibt mir keine Zeit mehr, im Alter von über achtzig Jahren noch zu konvertieren.«

Eugène Ionesco hasste Ideologien. Dafür wurde er aber auch wieder kritisiert, was ihm nichts ausmachte. Er war kein »Nashorn«, keiner, der sich der Mehrheitsmeinung anpasste. Auch geistige Moden verachtete er.

»Nun wird ja inzwischen alles zur Kunst erklärt«, sagte ich in einem unserer Gespräche, »das Kochen, die Mode, so, als habe Beuys alles, was im Leben einen Lustgewinn erzeugt, zur Kunst erklärt. In Paris ist es aber wieder ein Politiker, Jack Lang, der den Kunstbegriff ausweitet. Ist Mode überhaupt Kunst?«

»Natürlich nicht. Mode ist keine Kunst. Ich bedaure, dass es Moden gibt. Überall in der Welt setzt sich etwa die Mode des Kühlschranks durch. In Brasilien gab es eine Methode, Lebensmittel durch Winde zu kühlen, die durch Türen bliesen und so die gleiche Frische herstellten wie ein Kühlschrank. Das ist aber dahin. Jeder braucht jetzt einen Kühlschrank. Weil es Mode ist, tragen heute alle Krawatten – nur ich nicht. Alles wird einförmiger, auch im Denken, rechts wie links. Aber manche begreifen das. Eines meiner Stücke, ›Die Nashörner‹, wurde ursprünglich als ein Anti-Nazi-Drama aufgeführt, dann als ein antistalinistisches. In Argentinien nach dem Sturz Peróns sah man es als antiperonistisches Stück, und jetzt, als es vor westdeutschen

Jugendlichen gespielt wurde, habe ich zu ihnen gesagt: ›Ihr habt weder die Dreyfus-Affäre erlebt noch die Diktatur der Nazis oder der Kommunisten. Was seht ihr in dem Stück?‹ Und da haben sie geantwortet: ›Die Diktatur der Mode.‹ So hat das Stück einen neuen Sinn gefunden.«

Als Schüler habe ich 1958 oder 1959, als ich in Paris zur Schule ging, die Aufführung von »Die Kahle Sängerin« und »Die Unterrichtsstunde« im Théâtre de la Huchette im Quartier Latin gesehen, nicht ahnend, dass ich als lernender Geselle mit dem großen Meister des absurden Theaters solch anregende Gespräche führen würde. Im Théâtre de la Huchette werden die beiden ersten Stücke aus Ionescos absurdem Theater selbst heute noch täglich aufgeführt. Ununterbrochen seit mehr als 55 Jahren. Das ist einmalig auf der Welt. Und so ist Ionesco heute noch ein moderner Autor. Ein moderner Klassiker.

## Humor als politische Waffe:
## Der Clown als Aufklärer

Fast täglich komme ich, wenn ich mich nach Südfrankreich zum Schreiben zurückgezogen habe, an einem Kreisel, dem »Carrefour du Piol«, vorbei, der den Verkehr aus zwei kleinen ländlichen Straßen zwischen Opio und Valbonne verlangsamt. Aber Mitte Juni jeden Jahres überschreibt irgendeine Hand des Nachts den Namen Piol, so heißt dieser kleine Landstrich, und dann steht dort »Carrefour du Coluche«.

Neben dem Verteilerhäuschen der Elektrizitätswerke am Straßenrand stehen jeden Tag kleinere, manchmal auch größere Menschengruppen. Manche legen an einer kleinen, vielleicht einen Meter hohen Stele aus Holzbrettern Blumen nieder, andere werfen Botschaften in einen Blechkasten. Jemand hat die Reproduktion eines kleinen Motorrads aufgestellt, ein anderer ein rotes Herz auf einen Stein gemalt. Die kleine Gedenkecke ist gut gepflegt. Seit Jahrzehnten kümmert sich Charlotte darum.

Und an dem Sonntag, der dem 19. Juni am nächsten liegt, treffen sich jedes Jahr Tausende Motorradfahrer aus ganz Frankreich an dieser Stelle zu einem Gedenkfest.

An diesem Tag im Jahre 1986 starb hier Coluche. Frankreichs begnadeter Hofnarr und Politclown. Er war ein begeisterter Motorradfahrer und fuhr so schnell wie möglich. An jenem 19. Juni sogar ohne Helm. Er übersah den Lastwagen, der aus dem Chemin du Piol kam, brach sich das Genick und war sofort tot.

Selbst mehr als zweieinhalb Jahrzehnte später haben die Franzosen ihn nicht vergessen. Manche vermissen ihn, weil er, wie kein anderer, die ungeschminkte Wahrheit sagte.

Hätte er gekonnt, hätte Coluche sicher seinen eigenen Tod als Machenschaft des französischen Geheimdienstes hingestellt.

»Seht ihr, so gefährlich bin ich für die. Aber ausgerechnet bei mir gelingt's den ›enfoirés‹ (ein äußerst rüdes Wort, im Deutschen dem Beleidigungsgrad von ›Arschficker‹ zu vergleichen), die doch nur öffentlich Schitt machen«, hätte Coluche in seiner unnachahmlichen Quetschstimme gerufen.

Der schon lange Tote ist noch längst nicht vergessen. Coluche bleibt eine nationale Institution.

In Frankreich spielen die »Verrückten«, die Narren und berufsmäßigen Spaßmacher eine besondere soziale Rolle. Denn das Lachen, so sagte es der Soziologe Jean Cazeneuve, einige die Gesellschaft auf eine merkwürdige Art; Humor wirke befreiend, da er alle vereine im Kampf gegen die »Bedrohung durch das Einheitsdenken«. Und kaum etwas ist für einen freiheitsliebenden Franzosen grässlicher als die Vorstellung, alle Franzosen seien gleich.

Alle liebten Coluche als Verkörperung eines bestimmten französischen Humors, manche hassten ihn gleichzeitig. Eine Zeit lang trat Coluche im französischen Privatfernsehen mit einer täglichen Witzsendung auf, die so grob war, dass ich den Fernseher häufig schnell ausschaltete. Er erklärte zum Beispiel, weshalb man Frauen im Sommer als Fliegenfänger benutzen sollte – weil sie so nach Fisch stänken. Ich musste erst lernen, dass dies nicht *sein* Witz war, sondern dass er all die primitiven Grobheiten aussprach, die täglich gedacht oder hinter vorgehaltener Hand geäußert, aber von der Gesellschaft geflissentlich übersehen werden.

Anders als die Komik von Karl Valentin oder Werner Finck, sagte Coluche seinem Publikum in dessen eigenen Worten, was es heimlich an die Toilettenwände schreibt. Coluche spielte Echo und Spiegel, was ich manchmal schwer zu ertragen fand. Er, der Linke, sprach über Araber und Juden, wie die Leute vom rechtsradikalen Front National, und über Sex und Politik redete er wie die ordinärsten Männer aus der Gosse.

Am meisten erschreckte Coluche das etablierte Frankreich, als er verkündete, bei der Wahl zum Amt des Präsidenten im Jahr 1981 kandidieren zu wollen – um die wirklichen Politiker zu »verarschen«. Damals lernte ich ihn kennen. Und ich muss zugeben, dass ich Hemmungen hatte, ihn zu besuchen. Aber seine Ausstrahlung auf die Franzosen war so groß, dass 16 Prozent der Befragten erklärten, sie könnten sich vorstellen, Coluche zu wählen. Damit lag er in den Umfragen vor Georges Marchais, dem Chef der damals noch starken Kommunistischen Partei Frankreichs. Coluche wurde zu einem politisch interessanten Faktor. Wieder spornte mich die Neugier an, ich wollte jetzt mehr von ihm wissen, das Phänomen Coluche verstehen und im Fernsehen darüber berichten.

Erst wenn man ihn besser kennt, begreift man, was ihn für die Franzosen so anziehend macht. Der aus ärmlichen Verhältnissen stammende Coluche, dessen wirklicher Name Michel Colucci auf seine italienische Herkunft verweist, war schlicht ein feiner Mensch, der als Clown, als witziger Filmschauspieler, aber auch in ernsthaften Rollen umjubelt wurde. Von seinen Tantiemen spendete er einen großen Teil wohltätigen Organisationen, ohne dass es in die Presse kam.

Und als Frankreich seine »neue Armut« entdeckte, war er es, der die sozialen Mängel des Staates lindern half, indem er aufrief, »Restaurants du Cœur – Restaurants des Herzens« zu gründen, in denen Arme kostenlos gespeist würden. Die Spenden flossen.

Doch Coluche reichte das nicht.

Er sagte aus Erfahrung, die großzügigsten Spender seien Menschen mit geringem Einkommen. Doch das damalige Spendengesetz bevorzugte Großspender. Also schlug Coluche vor, Kleinspenden bis tausend Franc – damals so viel wie heute etwa dreihundert Euro – sollten zu siebzig Prozent steuerfrei sein. Alle Parteien stimmten dem zu. Doch nach seinem Tod haben die Beamten es erst einmal vergessen. »Les enfoirés«, hätte Coluche gerufen!

Zu seiner Trauerfeier schickte selbst Staatspräsident François Mitterrand einen offiziellen Vertreter. Und als die Sozialisten 1988 nach der Wiederwahl Mitterrands zum Präsidenten auch die Mehrheit im Parlament errungen hatten, verabschiedeten sie einen Steuererlass für Spenden, allerdings erst ab 1200 Franc. Aber das hatte sich doch Coluche genau anders gedacht! Denn im Durchschnitt gaben Spender für die Restaurants du Cœur nur 230 Franc. Aber in einem zentral regierten Staat wie Frankreich muss – und kann – der Präsident immer alles ins Lot bringen. Also wandte sich Coluches Frau, Veronique Colucci, Präsidentin der Restaurants du Cœur, hilfesuchend an den Staatspräsidenten.

François Mitterrand gab daraufhin seinem Budgetminister Michel Charasse den »Rat«, die kleinen Wohltäter steuerlich zu bevorzugen. So geschah es. Das Gesetz trägt deshalb auch den Namen »Loi Coluche«. Und in all den Jahren seither haben die wechselnden Regierungen die abzusetzenden Summen angepasst. Inzwischen kann man 75 Prozent einer Spende bis zu 521 Euro bei der Steuer geltend machen. Die Restaurants du Cœur verteilen jährlich über hundert Millionen Mahlzeiten und haben sich zu einer wichtigen sozialen Hilfsorganisation entwickelt, die ihre Aufgaben auch auf andere Bereiche ausgeweitet hat.

Um Coluche als »Präsidentschaftskandidaten« zu erleben, ging ich zuerst in eine seiner »Wahlversammlungen«, wie er seine abendliche Einmannschau im Pariser Boulevard-Theater »Gymnase« nannte. Immerhin musste man fünfzig Mark für die besten Plätze hinlegen, trotzdem waren die Vorstellungen zwei Monate im voraus ausverkauft. Denn Coluche bot, wonach die Zuschauer lechzten: Mit ordinären Ausdrücken beleidigte er alle Politiker. Er sagte, weil Politiker sich angeblich wie Clowns aufführten, sollte der Clown Präsident werden.

Coluche trat mit gestreifter Latzhose und blau-weiß-roter Schärpe auf die Bühne und rief dem Publikum zu: »Meine Damen und Herren, uns können die da oben am Arsch lecken. Wählen Sie mich, ich kandidiere für Sie, obwohl mir das alles scheißegal ist.« Und schon lag er hinter Giscard und Mitterrand an dritter Stelle bei den Wahlvorhersagen. Jeder Berufspolitiker fürchtete, Coluche könnte ihm Wähler abspenstig machen.

Coluches Erfolgsrezept war, dass er aussprach, was der Durchschnittsfranzose dachte, aber ernsthaft nicht öffentlich zu sagen wagte: Politik ist ein schmutziges Geschäft. Und weil Frankreichs politischer Alltag zunehmend von Skandalen, von der autoritären Regierungsmacht, von der Ohnmacht der Bürger geprägt wurde, weil sich weder neue Gedanken noch unverbrauchte Politiker durchsetzen konnten, kam die hemmungslose Kritik bestens an.

Der Soziologe Pierre Bourdieu, der schwer verständlich, im Jargon eines deutschen Professors schrieb, deutete Coluches Wirkung so: »Das Auseinanderklaffen zwischen den Erwartungen von Ernsthaftigkeit oder den Forderungen nach Unparteilichkeit, die in der demokratischen Übertragung der Macht liegen und der Wirklichkeit von mikroskopischen Manövern trägt dazu bei, eine aktive Gleichgültigkeit zu verstärken, wie sie Coluche einen Moment lang symbolisierte.«

16 Prozent sagten die Umfragen für Coluche als »Präsident-

schaftskandidat« voraus. Und das Auseinanderklaffen zwischen den Erwartungen auf Ernsthaftigkeit und Wirklichkeit wirkt auch heute noch bei Wahlen.

Bei der Präsidentschaftswahl 2012 schaffte es Marine LePen, Chefin des rechtsradikalen Front National, gerade junge Menschen, die unter der Diskrepanz von politischem Wollen und Wirklichkeit leiden, mit Stammtischparolen für sich zu begeistern. Sechs Millionen Stimmen erhielt der Front National. Für den zweiten Wahlgang wollten sowohl der Sozialist François Hollande wie auch der zur Wiederwahl anstehende Präsident Nicolas Sarkozy so viele Stimmen wie möglich aus dem Lager dieser rechtsradikalen Partei fischen.

Hollande meinte, die Bürger hätten mit ihrer Stimme für den Front National »Wut und Leiden« ausgedrückt. Und nun sei doch er der rechte Kandidat.

Sarkozy sprach auch von einer »Wahl des Leidens« und übernahm die ausländerfeindliche Rhetorik der Rechten.

Beide können froh sein, dass Coluche nicht mehr lebt. Denn Coluche hätte solche Sprüche als Geplapper von Populisten entlarvt.

Keine politische Richtung hat er verschont.

Coluche hielt sich an das zwanzig Jahre zuvor von dem Populisten Poujade geprägte Wortspiel über Frankreichs Politiker: »Un pour tous, tous pourris!« – Einer für alle, alle korrupt! Poujade, mit dem Coluche sonst nichts verband, hatte den edlen Wahlspruch der Musketiere verdreht: »Einer für alle, alle für einen.«

In Coluches »Wahlversammlungen« lachte das Publikum nicht nur, viele nahmen die Ankündigung seiner Kandidatur auch ernst.

»Das würde wenigstens einen Wechsel bringen«, begeisterte sich ein seriöser Herr, den ich im Anschluss an den Auftritt des Politclowns nach seiner Meinung fragte: »Ich werde Coluche wählen. Wir alle haben die Schnauze voll, und das sagt Coluche mit groben Worten, weil er weiß, wie die Leute fühlen. Ihm gelingt es, alle zu verarschen, und dafür zahlen die Leute sogar noch teures Geld!«

Weil diese Wahrheit nicht allen gefiel, brauchte Coluche schließlich sogar Polizeischutz. Eine rechtsradikale Organisation, die sich »Ehre der Polizei« nannte, bedrohte ihn, und das war nicht zum Lachen, denn diese Gruppe hatte schon einen Mord auf dem Gewissen. Sie hatten Coluches Regisseur René Colin umgebracht.

Ich besuchte Coluche in seinem Backsteinhaus in der Nähe vom Park Montsouris. Ganz in der Nähe haben der Pariser Bürgermeister Bertrand Delanoe und die lokalen Behörden im Oktober 2006, als sich sein Todestag zum zwanzigsten Mal jährte, eine Place Coluche eingeweiht, gewidmet dem »Schauspieler, Humoristen und Gründer der ›Restos du Cœur‹«.

Coluche öffnete mir die Tür und bat mich in sein Haus, das – so würde es ein bürgerlicher Mensch sehen, vollgestopft war mit Krempel, den niemand brauchte. Es handelte sich eben um die Wohnung eines exzentrischen Künstlers.

Der Künstler kam gleich auf seine Ankündung, als Präsidentschaftskandidat aufzutreten, zu sprechen: »Das ist doch ein Riesenwitz, eine wahnsinnige Werbeidee! Und Leute, die mich ernst nehmen, sind Idioten!«

Er könne mir sogar sein Kabinett vorstellen, sagte er und führte mich zu seiner Toilette, die man auf Französisch auch »cabinet de toilette« nennt. Coluche setzte sich aufs Klo:

»Von diesem Thron aus werde ich regieren.«

Dann zeigte er auf das Becken und erklärte es vor laufender Kamera zum Waschbeckenminister, das Klopapier zum Arschminister.

Für den Erfolg dieses Komikers gab es ganz handfeste Gründe. Denn die Medien werden in Frankreich in erheblichem Maß vom Staatspräsidenten kontrolliert. Das hat sich bis heute nicht geändert. Als ich 2003 gemeinsam mit dem französischen Kollegen Olivier Mazrolle vom TV-Sender France 2 im Élysée-Palast anlässlich des vierzigsten Jubiläums des deutsch-französischen Freundschaftsvertrages ein Gespräch mit Präsident Jacques Chirac und Bundeskanzler Gerhard Schröder führen wollte, sagte mir der Kollege vom französischen Fernsehen: »Aber die kritischen Fragen an Chirac stellst du! Mich hat Chirac das letzte Mal schrecklich angebrüllt.« So haben wir es dann auch gehalten.

Je ausfälliger also der Politclown wurde, desto mehr wurde er zum Liebling von Frankreichs Presse. Kaum eine Zeitschrift, die ihn nicht auf dem Titelblatt abbildete. Sogar zu einer Titelseite von *Time* brachte er es. Coluche wurde von der französischen Presse als Alibi benutzt, weil sie so Kritik an der Gesellschaft, an der Regierung, an der Politik üben konnte, die Frankreichs gegängelte Journalisten aus eigenem Antrieb nicht zu formulieren wagten.

Deshalb gerann der größte Witz in Coluches Leben zu ernsten Analysen und Kommentaren. Und was dieser kleine, rundliche Mann als Werbung für seine inzwischen millionenfach verkauften Schallplatten und für seine Filme ansah, veranlasste die Regierung unter Staatspräsident Valéry Giscard d'Estaing zu Vorsorgemaßnahmen.

Wer nämlich als Kandidat für das Amt des Staatspräsidenten zugelassen werden will, muss fünfhundert Unterschriften von Amtsträgern wie Bürgermeistern oder Abgeordneten vorlegen.

Beunruhigt, weil einige Bürgermeister sich schon für Coluche ausgesprochen hatten, legte die konservative Regierung eine Liste mit den Namen von sechshundert Amtsträgern an, die möglicherweise für Coluche stimmen würden, und befahl den Präfekten, sie sollten die Betroffenen davor warnen, Coluche mit ihrer Unterschrift zu unterstützen. Als Kandidat hätte Coluche jederzeit Anspruch auf Sendezeit im staatlichen Fernsehen erheben können. Und würde er da nicht alle Skandale der Republik öffentlich machen und die Politiker zu Clowns?

»Meinen Hintern werde ich im Fernsehen zeigen. Totale Demagogie ist mein Ziel«, drohte Coluche im Gespräch mit mir und brach immer wieder in schallendes Gelächter aus. »Jedem verspreche ich, was er haben will. Wie ein Politiker werde ich lügen, wie gedruckt. Das darf ich, weil mir die Wahl ja nichts bringen soll. Und wenn die Politiker davor Angst haben, lache ich mich kaputt. Ich werde sie bis zum Geht-nicht-Mehr verarschen, denn was sie aus ihrem Beruf machen, ist nichts, ist null.«

Trotz des politischen Drucks erhielt Coluche von 632 Amtsträgern die Unterstützung für seine Präsidentschaftskandidatur. Aber für ihn war die ganze Kampagne ein großer Witz, und er machte sich über die lustig, die ihn beim Wort genommen hatten.

»Humor ist die beste Waffe in der Politik«, erklärte er mir ernsthaft, als ich ihn nach der Wahl, die zum Sieg von François Mitterrand geführt hatte, wieder einmal besuchte. Er erzählte, es habe zu Zeiten der französischen Revolution einen zehn Monate dauernden »Krieg des Lachens« gegeben, den der Bruder des Aufklärers und Revolutionärs Mirabeau als »Kommandant des Lachens«, als »ordinäre Hornisse der legislativen Macht« anführte. Als etwa über die Zukunft der nationalen Pferdegestüte debattiert wurde, schlug Mirabeau eine »Deklaration der Pferderechte« vor, hatte die Lacher auf seiner Seite und verhinderte die ernsthaften Gesetzesvorhaben.

Dann sah Coluche mich plötzlich ernst an und sagte: »In

Frankreich wird Humor ernst genommen. Sehen Sie doch, hier …« Er holte aus einer kleinen Schachtel einen wunderschönen Orden hervor und hielt ihn sich an die Brust, »… hier trage ich die Auszeichnung als Chevalier des arts et lettres. Den hat mir Kulturminister Jack Lang persönlich umgehängt! Die Republik nimmt mich ernst.«

Und dann steckte er den Orden eines Ritters der schönen Künste wieder in die Schachtel und flüsterte: »Les enfoirés!«

Unter Humor verstehen Franzosen etwas anderes als Deutsche.

Im französischen Standardlexikon »Robert« wird Humor als eine Geistesform definiert, »die darin besteht, die Wirklichkeit so darzustellen oder zu verformen, dass ihre lustigen und ungewöhnlichen Seiten vorkommen.« Etwa so: Pauline Bonaparte heiratete einen Borghese und zog nach Rom, wo der Bildhauer Antonio Canova sie bat, Modell zu stehen. Pauline sagte zu, und Canova schuf eine wunderbare Marmorstatue: Die schöne Pauline liegt mit ihren formvollendeten Brüsten völlig bloß, nur mit einem Tuch um die Hüften bekleidet, wie hingegossen auf einer Chaiselongue. Von einer prüden Italienerin gefragt, weshalb sie denn nackt posiert habe, antwortete Pauline: »Weshalb hätte ich es nicht tun sollen? Das Zimmer war geheizt.«

Im deutschen Lexikon wird Humor so definiert, dass nicht nur Paulines Antwort, sondern ihr ganzes Verhalten unziemlich erscheint. Denn der Duden hält Humor für die »Gabe eines Menschen, der Unzulänglichkeit der Welt und der Menschen, den Schwierigkeiten und Missgeschicken des Alltags mit heiterer Gelassenheit zu begegnen«.

Die Reaktion der Bürger auf Coluche, aber auch die des Kulturministers Jack Lang als Repräsentant der Republik zeigen, wie recht der Philosoph Henri Bergson hat, der die These vertritt, das Komische sei – stets verbunden mit der Lebensfreude – ein simulierter Sieg der Ursprünglichkeit über das Geläufige.

Und zwar nur ein simulierter Sieg, da ein echtes Überwinden der in der Gesellschaft anerkannten Verhaltensregeln nur unter Gefahren möglich ist.

Nach unserem Gespräch in seinem Haus am Park Montsouris habe ich Coluche insgeheim Abbitte getan und meine Vorurteile revidiert. Vorurteile, die ich nicht nur ihm gegenüber hatte, sondern auch anderen, die man leichthin als »Clowns« abtut, wie etwa Aguigui Mouna.

Ja, ich muss zugeben, dass ich Mouna für einen »Verrückten« hielt, als ich ihn im Frühjahr 1978 zum ersten Mal sah. Der Sturm hatte den Supertanker Amoco-Cádiz auf die Klippen von Portsall, einem kleinen bretonischen Fischerort, getrieben. Das Öl war ausgelaufen, und wie ein rostiges Mahnmal ragte die Bugspitze zwanzig, dreißig Meter hoch aus dem Meer. Vögel verendeten am Strand oder ertranken in den Wellen, weil ihr Gefieder verklebt war. Nicht Wasser plätscherte ans Ufer, sondern eine schwere schwarze Flüssigkeit schwappte träge an die Felsen und färbte, wo sie sich zurückzog, alles dunkel ein.

Ich war mit einem Kamerateam hierhergeeilt, um über das Unheil zu berichten. Wir standen am Strand, uns allen war übel von dem ständigen Ölgeruch in der Luft, als hinter den Granitfelsen ein lautes Fluchen erklang, ein Lärmen und Getöse, und Aguigui Mouna, völlig verschmiert, kletterte mit einem hilflosen Kormoran im Arm hervor. Mouna war ein kleiner alter Mann mit wuscheligem Vollbart und langen weißen Haaren, bunt und möglichst originell gekleidet. Er kam auf uns zu und schimpfte auf die Tanker, auf Leute, die der Natur keinen Respekt zollen; er klagte und jammerte – fehlte nur noch, dass er schluchzte, aber nein, das war nicht sein Stil.

Er war ein einsamer Rufer in dieser Wüste, und das schon Jahre bevor es modern wurde, kritisch zu sein.

Wo immer in Frankreich in den nächsten Jahren auf Unrecht

aufmerksam gemacht werden musste und Journalisten anreisten, um darüber zu berichten, traf ich auf Aguigui Mouna: im Larzac, wo es gegen das Militär ging, in Plogoff in der Bretagne, wo eine Atomzentrale verhindert werden sollte, und in Lyon, beim Prozess gegen den mörderischen SS-Mann Klaus Barbie. Mouna fehlte nicht auf der Place de la Concorde, wenn die Jugend sich zum Konzert gegen Rassismus versammelte, noch als Volkstribun im Jardin du Luxembourg, wenn er – wie Coluche – für das Amt des Staatspräsidenten kandidierte.

Mouna war schon allein eine Demonstration.

In vielen Ländern dieser Welt, bestimmt in Deutschland oder in den USA, aber auch anderswo, wäre jemand wie er nicht ernst genommen worden. In Paris stieß ich immer wieder auf ihn, häufig im Jardin du Luxembourg, wo er mit seinem Rad auftauchte und Reden hielt.

André Dupont, unter diesem Allerweltsnamen ist er einst zur Welt gekommen. Ich fragte ihn, warum er sich denn nun Aguigui Mouna nenne. Mouna, wie er kurz gerufen wurde, erinnerte sich genau daran.

Er hatte sich wieder einmal zu Tode geärgert, als er sah, wie zwei Leichenträger einen Sarg aus einem Beerdigungsinstitut trugen. Der Anblick löste in ihm eine große Wut aus.

»Was ist das Leben schon. Arbeiten? … Man trinkt, isst, schläft, liebt, macht den Militärdienst und Krieg. Die ganze Welt ist verdreht.« Und dann war er zum Schluss gekommen: »Qu'est-ce qu'on est? Des gogos. Leichtgläubige sind wir. Zahlen und Schnauze halten. Après on est gaga. Danach ist man verrückt. De gogo à gaga à guigui. Aguigui – Mouna!«

»Weshalb Mouna?«

Das wusste er nicht mehr. »Aber«, sagt er, »so wie Tristan Tzara das Wort ›dada‹ (in der französischen Kindersprache: Pferd) aus dem Wörterbuch für eine Kunstrichtung erfand, so wie Claudel hinter einer Säule von Notre-Dame bekehrt wurde«, so kam die Erleuchtung in diesem Moment über André Dupont, und er nannte sich fortan Aguigui Mouna.

Wie Coluche empfand es Mouna als unerlässliche republikanische Pflicht, Wahrheiten auszusprechen. Als er davon hörte, dass im Fort-Aiton bei Grenoble die Armee ein Strafregiment stationiert hatte, wo die Soldaten wie echte Schwerverbrecher und Zwangsarbeiter behandelt wurden, sprang er sofort auf sein Fahrrad und fuhr nach Saint-Germain-des-Prés, wo er vor der Sorbonne die Passanten aufhetzte: »Wissen Sie, dass es heute noch militärische Straflager gibt, wo die Leute in feuchte Keller mit Ratten eingesperrt sind, wo sie mit Hacken Steine zerkleinern, Löcher ausgraben und sie abends wieder zuschütten, wo sie von alten Legionären mit deutschen Schäferhunden bewacht werden, von wahren Sadisten.« Ich traf ihn dort zufällig.

Gleich darauf nahm er den Zug nach Grenoble und überzeugte Studenten, die Öffentlichkeit mit einem Schweigemarsch auf den Skandal hinzuweisen. Doch zur verabredeten Stunde stand er allein da. Was soll's?, sagte er sich und zog eben ohne Begleitung los zum Fort-Aiton. Dort wurde er festgenommen, worüber am nächsten Tag die Zeitung *Le Dauphiné Libéré* schrieb. Die Wochenzeitschrift *Le Nouvel Observateur* griff das Thema auf, pazifistische Organisationen wurden wach, die Liga der Menschenrechte schrieb dem Verteidigungsminister.

In Fort-Aiton wurde die Zwangsarbeit abgeschafft, wurden menschenwürdige Zustände wiederhergestellt, und die Organisationen, die protestiert hatten, beglückwünschten sich ob ihres Erfolges. Nur Mouna wurde, wie immer, auch in dieser Geschichte vergessen.

Das alles war lange vor der Zeit, in der sich Piraten zur Wahl stellten. Aber mit ähnlichen Motiven haben sich einst Coluche und auch Mouna mit Politik auseinandergesetzt. Bei einer Parlamentswahl kandidierte er in Paris zum Abgeordneten und erhielt 1291 (3,13 Prozent der abgegebenen) Stimmen, nur 91 weniger als die offizielle Kandidatin der Kommunistischen Partei Frankreichs. Das, so sagte mir Mouna, war sein größter politischer Erfolg.

Aber das stimmt nicht ganz. Denn eines Tages wurde er ins Kulturministerium eingeladen und stieg voller Stolz die breite Treppe zu den Empfangsgemächern des Palais Royal hoch. Auf dem Kopf mit den langen, wirren weißen Haaren die Baskenmütze, die mit Abzeichen aller Art geschmückt war. Gegen den Krieg in Vietnam, der längst vorbei war, Anti-Atom, für den Frieden, Che.

Auch André Dupont wurde zum »Chevalier des arts et lettres« geschlagen, wie einst Coluche.

Als es so weit war, empfing er die Würde bescheiden, aber selbstbewusst, wie es sich für Aguigui Mouna gehörte. Minister Lang hatte in der Rede betont: »Ich bin kein Anhänger von Ordensverleihungen ...« Das war im Jahr des Amtsantritts von François Mitterrand als Präsident und der ersten sozialistischen Regierung. Später würde Jack Lang jeden Hanswurst, selbst Rambo, zum Ritter der schönen Künste schlagen. »Aber da es nicht in meiner Macht steht, Orden abzuschaffen«, so sagte er zu Mouna, »weshalb ihnen dann nicht Glanz verleihen, sie statt an Karrieristen jenen Leuten verleihen, die Leuchten sind, Aufklärer, Sonnen, freie Menschen?«

Was man auch immer französischen Regierungen, die sehr autoritär sein können, vorwerfen mag, die Worte von Kulturminister Jack Lang haben mich beschämt, der ich »freie Menschen« wie Coluche oder Mouna in ihrer Bedeutung als Aufklärer erst spät als solche erkannt habe.

Und jedes Mal, wenn ich am Carrefour du Piol vorbeifahre und Menschen an dem Gedenkort für Coluche sehe, denke ich mit großem Respekt an den, der sich selbst Politclown nannte, aber weit mehr war.

# Käse unter dem Hotelbett

An dem kleinen Geschäft in der Rue de Grenelle im siebten Arrondissement von Paris war ich immer wieder vorbeigeschlichen. Ich wohnte um die Ecke. Der Laden war so eng, dass Kunden vor der Tür Schlange standen. Ich sah Catherine Deneuve, selbst Madame Chirac geduldig warten. Abends, wenn die eisernen Rouleaus runtergelassen worden waren, drang der Geruch der Ware in die Nase des Flaneurs auf der Straße. Es duftete angenehm, und in meiner Vorstellung sogar warm, nach Kuh, nach Schaf, nach Ziege. Mitten im alten Paris.

Auf einem handgemalten Schild über dem Laden stand »Roland Barthélemy« und »*froumager*«. Nicht, wie es heute heißt, »*fromager*«, Käsehändler. Roland Barthélemy verwendete den altertümlichen Begriff »*froumager*«, weil er damit seine Verbundenheit an die alten Werte dieser Zunft ausdrücken wollte.

Lange Zeit habe ich mich nicht getraut, seinen Laden zu betreten.

Von wegen Übermut! Nein, ich hatte einfach nur Angst, mich zu blamieren in einem der renommiertesten Käsegeschäfte von Paris. Ich sagte mir: Wenn ich da reingehe, wird man mich fragen, was ich wolle. Und ich werde nur dumm antworten: Käse. Aber in den Regalen und Auslagen lag nur Käse, je nach Jahreszeit mehrere Hundert Sorten. Also würde man mich fragen, welchen Käse. Und da wäre ich schon bald am Ende meines Lateins. Denn banal um Camembert oder Roquefort zu bitten, hätte ja eine ähnliche Frage zur Folge. Welchen Camembert, welchen Roquefort? Und wie soll er gereift sein? … Ich konnte mir ausmalen, dass ich einen roten Kopf bekäme.

Da erinnerte ich mich an den rumänischen Maler Corneliu Petrescu, den ich in Bukarest zu Regierungszeiten von Ceauşescu kennengelernt hatte. Für den hatte ich einige seiner Bilder mit in den Westen genommen und verkauft. Alle zwei Jahre erhielt er für zwei Monate ein Auslandsvisum. Und nach zwei Monaten wollte er immer wieder dringend zurück. In die Diktatur. Er konnte draußen nicht leben. Als er mich in Paris besuchte, gab ich ihm sein Geld, immerhin ein paar Tausend Mark. Doch eines Abends kam Petrescu völlig erledigt zum Abendessen. Es sei Zeit, nach Bukarest zurückzufahren. Völlig verblüfft fragte ich ihn: »Weshalb das denn? Zurück zu dem Verrückten?«

Da erzählte er mir von einem schrecklichen Erlebnis, das er an diesem Tag in Paris gehabt hatte. Er wollte ein Hemd kaufen. Nur ein einziges Hemd. Er sei in einen Laden für Herrenmode gegangen und habe um ein Hemd gebeten. Da habe man ihn vor die Wahl von Hunderten Hemden gestellt. Er wollte aber doch nur eines. Die Auswahl hat ihn fertiggemacht. Er hat dann keins gekauft. Das ist eben das Absurde, wie es Ionesco darstellt.

Und was für einen Käse wollte ich?

Plötzlich fiel mir ein, dass ich doch über ein Sesam-öffne-Dich verfügte. Warum hatte ich Idiot daran nicht gedacht?

Mutig steuerte ich an allen wartenden Kunden vorbei, trat an die Kasse, die am Ende des Ladens im Halbdunkel lag und hinter der Madame thronte. »Bonjour Madame«, stellte ich mich ihr vor, ich sei vom Deutschen Fernsehen und würde gern den Patron sprechen. Einen Augenblick bitte, der Patron wurde aus den hinteren Räumen herbeigerufen und kam in einem dunkelbraunen Arbeitskittel. Auf die Brusttasche war sein Name gestickt. Ein kleiner drahtiger Mann. Vielleicht 35 Jahre alt. Auf jeden Fall nicht älter als vierzig.

Äußerst freundlich hörte er sich meine Bitte an und sagte: »Kommen Sie am Dienstagvormittag mit Ihrem Kamerateam. Am Montag haben wir geschlossen und dienstags ist es morgens immer sehr ruhig.«

Als Journalist konnte ich jede noch so einfältige Frage zum Thema Käse stellen!

Aus dem ersten Besuch in Rolands Laden entwickelte sich eine bis heute andauernde Freundschaft. Rolands Vater hatte schon einen Käsestand betrieben, den er jeden Tag der Woche auf dem Markt aufbaute. Für seinen Sprössling hatte er einst von Höherem geträumt und gehofft, dass der Sohn Mediziner oder Ingenieur werden würde; Geld für die Ausbildung war vorhanden, aber nein, der Geruch ließ Roland nicht los. Er blieb dem Käse treu ergeben.

Den Marktstand neben seinem Vater betrieb ein Fischhändler. Und der hatte eine Tochter, die kleine Nicole. Als die den jungen Roland heiratete, scherzte sie:

»Ich habe eigentlich nur den Geruch gewechselt.«

Und dann verriet sie mir noch ein Geschäftsgeheimnis. Der Käsehändler kann immer von einem gewissen Prozentsatz seiner Ware behaupten, er habe sie vernichten müssen, weil sie verkommen wäre. Dieser Prozentsatz liege bei Fisch noch sehr viel höher. Das ist wichtig für die Angaben gegenüber dem Finanzamt. Verkauft? Nein, weggeworfen. War verdorben. Das ist Bargeld!

Als Nicole mit ihrem Roland ins Auto stieg, um zur Hochzeitsreise nach Spanien aufzubrechen, gehörte eine kleine Holzkiste zu seinem Gepäck: für vierzehn Tage Käseproviant.

»Eine Mahlzeit ohne Käse«, begründete er mir seinen Entschluss, »konnte ich mir damals nicht vorstellen. Heute auch noch nicht!«

Er hatte den Käse gut verpackt, im Auto rochen sie kaum etwas.

Im Hotelzimmer wurde die Wegzehrung unter dem Lotterbett versteckt. Und jeden Abend, nach der Mahlzeit im Hotel, schlich sich das junge Paar aufs Zimmer und holte die Kiste hervor.

Schon als Vierzehnjähriger hatte Roland die Schule verlassen und in den von Baltard entworfenen Markthallen von Paris bei Käsegrossisten gearbeitet. Noch heute schwärmt er vom Gewusel und Gewirr in den alten »Halles de Paris«, wo sich alles Menschliche traf. Hier lernte er von der Pike auf den Umgang mit dem *fromage,* wie man ihn aufbewahrt, liebevoll mit Calvados-, Weißwein- oder Bierlauge einreibt, seine langsame Entwicklung durch die Temperatur im Keller beeinflusst und allerhand andere Geheimnisse, die man Außenstehenden nicht verrät, um so den Käse reifen zu lassen, bis er den Höhepunkt seines Geschmacks erreicht hat.

Sein ganzes Wissen hat Roland beim Packen der Holzkiste umgesetzt, und stolz erzählte er seiner Nicole, an jedem Tag der Reise werde ein anderer Käse seinen Geschmack und seinen Duft zur vollen Blüte entfalten.

Käse ist für Roland ein sinnlicher Genuss.

Das Zusammenwirken zweier Sinne sei ja eines der Geheimnisse dieses köstlichen Produkts. Während die durch den Schimmelprozess veredelten Käsemassen Faden-, Blätter- und Wallpapillen auf der Zunge so reizen, dass die einzelnen Geschmacksrichtungen deutlich wahrgenommen werden, ergänzt der Geruch den Genuss. Ein Geruch, der nicht nur von außen in die Nase steigt. Denn der Käse entfaltet noch im Mund einen starken Duft, der den Riechkolben direkt über die Rachenhöhle erreicht und betäubt.

In Spanien war es heiß. Sehr heiß.

Auch im Zimmer des kleinen Hotels, in dem das Hochzeitspaar übernachtete. Nach zwei Tagen drang eine erste Ahnung aus der Holzkiste. Rolands ausgeklügelte Strategie des täglich abgestuften Reifevorgangs schmolz dahin und entwickelte die unvermeidlichen Düfte. Kräftige Gerüche!

Nicole machte sich Sorgen, was das Zimmermädchen wohl denken könnte. Ob das französische Pärchen zu arm sei, um essen zu gehen? Den Käse wegzuwerfen, kam beiden nicht in den Sinn. Da blitzte ein Gedanke auf. Roland nahm seine Strümpfe und hängte sie gut sichtbar über einen Stuhl, um dem Zimmermädchen eine andere Quelle des vermeintlichen Gestanks vorzugaukeln.

Es ist ein himmelweiter Unterschied, ob man ein Lebensmittel dem Begriff »Nahrung« zuordnet oder es als Teil der Zivilisation, des kulturellen Erbes des eigenen Landes, gar der nationalen Identität einschätzt. Der Unterschied ist so groß wie der zwischen Deutschen und Franzosen. Diese Differenz lässt sich mit dem jeweiligen Verständnis für Käse messen: Für viele Deutsche besteht Käse aus pasteurisierter Milch und macht satt, für einen französischen Genießer wird der *fromage* aus Rohmilch hergestellt, und sein Genuss befriedigt. Das habe ich in den langen Jahren unserer Freundschaft von Roland gelernt.

Vielleicht hat der französische Philosoph Pierre Bourdieu den feinen Unterschied zwischen Teutonen und Galliern entdeckt, als er feststellte, die Antithese von Kultur und Lust gründet im Gegensatz von intellektuellem Bürger, dem Abbild der Enthaltsamkeit, und dem Volk, »diesem phantasmagorischen Ort der rohen, ungebildeten Natur, dem reinen Genuss ausgelieferter Barbarei«. Denn das kann sich der dem Geiste Kants verschworene deutsche Asket nicht leisten, sich wie Gargantua barbarisch »dem reinen Genuss« auszuliefern. Und dann noch einem Schimmelprodukt!

Im Sommer 2010 heiratete Roland Barthélemy zum zweiten Mal. Er hatte sich in die schöne Claudine verliebt, die Erbin des besten Käsegeschäfts von Carpantras in der Provence. Claudine wurde 2009 als beste »Fromagère« Frankreichs ausgezeichnet und zusätzlich hat sie sich zur Sommelière ausbilden lassen.

Es war ein warmer, schöner Juliabend, als ich in der Nähe von Carpantras am Hochzeitstisch von Roland und Claudine gegenüber einem Ehepaar saß, das *Salers* produzierte, einen köstlichen, mürben Hartkäse. Von der Kuhmilch bis zum fertigen runden Laib lag die gesamte Herstellung in ihrer Hand. Roland und seine Claudine hatten das Festmahl über ein Jahr lang vorbereitet. Sie hatten bei dem befreundeten Paar einen großen Laib *Salers* für den Käsegang ausgesucht und in die Rinde »Roland et Claudine« eingravieren lassen. Dann war der Käselaib ein Jahr lang mindestens zweimal die Woche mit einem alten Hemd abgerieben worden.

Als zweiten Käse präsentierten sie einen frischen Ziegenkäse, der von einer alten Frau am Ende eines Tales aus der Milch ihrer Ziegenherde hergestellt wurde. Auch er eine Rarität! Reich wird man nicht als Käseproduzent. Aber man arbeitet aus Liebe zu diesem besonderen Produkt und nicht um des schnöden Mammons wegen.

Weshalb so viel Aufhebens um Käse?

»Alles Käse« nennt ein Deutscher abfällig, womit er nicht einverstanden ist. Oder: »Käse schließt den Magen«, so als sei er ein Stöpsel, der schwer auf Braten und Tunke liegt.

Ganz anders ein Franzose, bei dem Schimmel keine intellektuell gnadenlosen Debatten auslöst. *Fromages maintiendront* lautet der Wahlspruch der Compagnons de Saint-Uguzon, deren Propst Roland Barthélemy vor Jahren geworden ist, und die Compagnons haben sich geschworen, die Qualität des Käses zu bewahren, Käse hält den Menschen aufrecht. Um seinen *fromage*, im übertragenen Sinn eine Sinekure, eine Pfründe, wird der Elitezögling beneidet, der sich im französischen Staatswesen wie eine Käsemade fühlt und einen hochdotierten Nebenjob erhält.

Der Käsehändler Roland war für mich, als ich in Paris als Korrespondent arbeitete, auch eine wichtige politische Informationsquelle. Vor Wahlen lud ich ihn zum Essen ein und fragte ihn danach, was wohl seine Kundschaft redete? Danach korrigierte ich dann für mich die Umfrageergebnisse – meist zu Recht: denn die Konservativen, besonders der rechtsradikale Front National erhielt meist mehr als erwartet, zumindest im ersten Wahlgang. 2002 schaffte es der FN-Chef Jean-Marie LePen sogar in den zweiten Wahlgang.

Doch Roland war bei diesen Treffen oft schlechter Laune.

»Die Leute kaufen nicht mehr ein – wegen der Wahlen«, sagte er mir.

»Weshalb kaufen die Leute nicht zur Wahlzeit?«, fragte ich.

»Das war schon immer so. Als ich den Laden vor 20 Jahren übernahm, zeigten die Bücher stets Gewinne, aber in Wahlzeiten einen Rückgang um 15 Prozent. Warum das so ist, weiß kein Mensch; aber alle Geschäfte ringsherum verzeichnen, wenn gewählt wird, den gleichen Rückgang.«

Bei Präsidentschaftswahlen leidet das Geschäft besonders lange. Zuerst werden zwei Wahlgänge absolviert, und meist wird hinterher auch noch die Volksversammlung aufgelöst. Grässliche Vorstellung, das Geschäftsleben kommt nicht zur Ruhe!

Aber in dieser Situation holt Roland dann verschmitzt lächelnd sein Goldenes Buch hervor und schlägt die Seite auf mit dem Eintrag von Frankreichs ehemaligem Staatspräsidenten Valéry Giscard d'Estaing, der geschrieben hat, was ein anderer Staatspräsident, der immer noch hochgeschätzte Charles de Gaulle, einmal gesagt hat: »Wie kann man bloß ein Land mit 365 Käsesorten regieren?«

Eines Tages erhielt ich im ARD-Studio Paris einen Anruf aus der Heimatredaktion. Ob ich gehört hätte, dass die deutsche Käse-Industrie die Gerichte gegen den französischen Rohmilchkäse bemühe? Nein, davon hatte ich noch nichts gehört. Aber dann brach ein richtiger Käsekrieg zwischen den Ländern des Nordens und denen des Südens aus. Fabrikkäse gegen Handgemachten. Neuerdings gab es nämlich eine europäische Listerin-Verordnung. Die Rinde von Rohmilchkäse ist ein beliebter Aufenthaltsort der Listerin-Bakterie, die allerdings durch Erhitzen abgetötet werden kann. Bei Erwachsenen verläuft die von diesen Bakterien ausgelöste Listeriose wie eine leichte Grippe, bei Schwangeren hingegen kann sie zu einer Früh- oder gar Totgeburt führen.

Also fuhr ich wieder einmal zu Roland und ließ ihn vor der Kamera die – nach deutschem Klischee – widerlichsten Käsesorten aus Rohmilch mit grässlich verschimmeltem Äußeren vorführen.

Jedes Mal fragte ich ihn: »Und wie viele Menschen sind daran erkrankt oder gar gestorben?« Seine Antwort war immer die gleiche: »Natürlich keiner!«

Roland brachte mir so viel über Rohmilchkäse bei, dass ich in meiner Pariser Wohnung ab und zu runde Tische aufstellen ließ und fünfzig Gäste zum »dîner froumager« einlud. Es gab vier Gänge Käse – mit ein wenig Salat dazwischen. Und Roland hielt zu jedem Gang eine kleine Einführung, ebenso der Soziologe Jean-Paul Aaron, den ich in Rolands Laden kennengelernt hatte. Er schwärmte besonders für Cantal-Käse, der schon einige Monate gereift war.

Eines Tages lud mich Roland in ein elegantes Lokal zum Abendessen ein und fragte vorsichtig, ob ich mir vorstellen könnte, als Compagnon in die Käsegilde aufgenommen zu werden. Mit Begeisterung bedankte ich mich für die Ehre.

Als es so weit war, trat ein gutes Dutzend Männer auf eine kleine Bühne. Sie trugen weite Umhänge und turbanartige Kopfbedeckungen, fast wie im Mittelalter, und dann wurde mein Name aufgerufen. Ich trat in feinen Zwirn gekleidet vor, mir wurde eine große Urkunde überreicht und ein breites grün-weiß-orangenes Band mit einer handtellergroßen Medaille umgehängt. Auf der Medaille ist der Heilige Uguzon abgebildet, umgeben von Kuh, Schaf und Geiß. Roland Barthélemy hielt eine Laudatio, der legendäre Käsepapst Pierre Androuet umarmte mich dreimal mit einer Bise. Damit war ich als Geselle aufgenommen.

Die Gilde hatte mir den Ehrenplatz neben Pierre Androuet, damals war er Propst der Gilde, zugewiesen. Er sagte mir auf Deutsch, dass er es bedaure, meine Muttersprache nicht gut genug zu sprechen. Ich widersprach, nicht aus Höflichkeit, sondern weil er fast fließend deutsch sprach. Aber dann klagte er mir, sein Deutsch sei leider nicht gut genug, um Goethe zu lesen. Seine Bildung beeindruckte mich.

Und dann habe ich mich danebenbenommen.

Beim Käsegang angekommen schmierte ich den Camembert auf die Baguette. Androuet sah mich entsetzt an.

»Essen Sie Camembert immer so?«, fragte er mich.

»Ja, auf Baguette mag ich ihn lieber als auf Nuss- oder Früchtebrot.«

»Das meine ich nicht«, sagte Androuet streng. »Essen Sie ihn immer mit Rinde?«

»Ja, so wie er auf den Tisch kommt«, antwortete ich naiv.

Da deutete Pierre Androuet auf die Rotweinflasche, die vor uns stand, und sagte: »Die Rinde ist doch nur das Behältnis, so wie eine Flasche für den Wein. Und kämen Sie je auf die Idee, sobald Sie den Wein ausgetrunken haben, die Flasche aufzuessen?«

Seither entstehen auf meinem Käseteller immer große Abfallberge von abgeschnittenen Rinden, und ich halte mich an die Richtlinie Androuets, obwohl der eine oder andere Franzose mir schon widerspricht und meint, die Rinde schmecke doch besonders kräftig. »Ja, aber würden Sie die geleerte Weinflasche auch aufessen?«, antworte ich dann provokativ.

Bei meiner Inthronisierung als Geselle der Gilde nahm mich Roland am Arm und sagte: »Ulrich, du musst die Gebrüder Laur kennenlernen. Sie stellen den besten Roquefort her.« Und er führte mich zu zwei fröhlichen Franzosen in bestem Mannesalter.

Die Gebrüder Laur erzählten mir wortreich von der wunderschönen, wenn auch kargen Hochebene des Larzac, wo die Schafherden weideten, aus deren Milch der Roquefort hergestellt wird. Und sie luden mich ein, sie in ihrem Käsekeller im Örtchen Roquefort zu besuchen. Meine Neugier war geweckt.

So bat ich den mir zum Freund gewordenen Mitarbeiter am Studio Paris, Richard Huber (heute ein begnadeter Tatort-Regisseur), in den Larzac zu fahren, um zu erkunden, ob Roquefort genügend Stoff für einen halbstündigen Film hergebe. Richard kam von seiner Erkundungsreise begeistert zurück.

Der Ort Roquefort scheint schräg an der abgebrochenen Felswand des 800 Meter hohen Cambalou zu kleben, er hängt jedoch so ungünstig, dass ihn ein halbes Jahr lang kein Sonnenstrahl erreicht. Doch von dieser besonderen Lage profitieren die Roqueforthersteller. Die Häuser wurden deshalb auch nicht nach Gesichtspunkten der Ästhetik, sondern der Funktion gebaut, sodass der Ort wenig anziehend wirkt.

Pierre Laur empfing mich früh in seinem Büro an der Hauptstraße, in das zu gelangen er nur den Flur seiner Wohnung überqueren musste. Als Chef der Firma Gabriel Coulet – so hieß sein Urahn – war er stets einer der Ersten bei der Arbeit. Denn »außer arbeiten geht in Roquefort nichts«. Die Häuser stehen auf

Felshöhlen und in Felsspalten, durch die ein steter Wind fegt, der den Käse richtig reifen lässt. Mehr als vierhundert Jahre können die Laurs ihren Stammbaum in Roquefort zurückverfolgen.

»Zur Roquefort-Produktion kam die Familie eigentlich durch Zufall«, erzählte mir Pierre Laur. »Mein Vorfahr wollte sich einen Weinkeller graben und entdeckte dabei die Fleurines und Felsspalten unter dem Haus, die hervorragend geeignet sind für einen Reifekeller.«

Pierre Laur betrieb die Käseproduktion gemeinsam mit seinem jüngeren Bruder André, inzwischen haben beider Söhne das Geschäft übernommen. »Handgemacht« nennen sie die nach alten Regeln gereiften Laiber, die es bis hin zum Tisch des Elysée-Palastes schaffen.

»Am Anfang muss es bei der Produktion des Käses sehr schnell laufen«, erklärte mir Pierre Laur den Herstellungsvorgang. »Innerhalb von knapp zwei Stunden wird aus der Schafsmilch Käse. Damit der blaue Schimmel im Roquefort entsteht, werden aus einer Streudose Brotkrümel – genannt Penicillium roquefortei – über den Frischkäse gestreut. Nach zwanzig Minuten haben die Laiber schon ihre endgültige Form. Fünf Tage werden sie gelagert, gedreht, gesalzen und müssen dann nur noch in den luftigen Kellern verschimmeln. Der monatelange Reifungsprozess macht den Geschmack aus.«

Und dann zeigte mir André Laur diese Kellerhöhlen. Sechs unterirdische Etagen besitzen die Laurs. Auf jedem einzelnen Laib steht das Datum seiner Herstellung, und jede Tagesproduktion wird ständig kontrolliert, damit sie gerade lang genug lagert, was reifen und schimmeln heißt. André Laur erzählte mir, schon in der Naturgeschichte des römischen Schriftstellers Plinius des Älteren komme der Käse aus Roquefort vor. Und das war 79 nach J.C. Aber es gibt auch eine andere Legende, die ich später noch von einem alten Bäuerlein erfuhr.

Im untersten der sechs Keller, wo die Laiber aufrecht in dunklen Regalen aus Eichenholz stehen, führte mich André in eine der Felsspalten, die Fleurine.

»Die leichte Feuchtigkeit der Luft«, sagte er, »begünstigt die natürliche Entwicklung des blauen Schimmelpilzes. Die Belüftung der Grotten entsteht durch die nord-südliche Lage des Roquefort-Tals. Das Mittelmeer liegt nicht weit entfernt. Der feuchte Wind aus dem Süden dringt durch die Felsspalten in die Keller. Im Winter reinigt und erwärmt er sich dabei, im Sommer kühlt er sich ab. Dabei bleiben Temperatur und Luftfeuchtigkeit auf natürliche Weise beständig. Wenn der Wind von Norden bläst, wird die Luft angesaugt. So einfach ist das Prinzip der Reifung in der Höhle.«

Die Laurs halten auf Tradition. Wie alle auf der Hochebene des Larzac.

Einen ganzen Nachmittag setzte ich mich auf eine Bergkuppe und ließ die Natur auf mich wirken.

Den Blick grenzte selbst der Horizont nicht ein. Die nackte Hochebene scheint ihn über die Erdkrümmung hinaus ins Unendliche des Himmels zu heben. Weit in der Ferne brechen gewaltige Felsklötze – Urgestein, in Türme, Zinnen und Nadeln verwitterter Dolomit – durch die baumlose Fläche, deren weißliche Kalkfarbe sich je nach Jahreszeit mit dem verbrannten Braun oder dem saftigen Grün von Prärie und Unterholz mischt. Hier und da hat sich ein dichter Wald gegen heftig blasende Winde behauptet, der auch den harten Winter überlebt. Unbeirrt von Zeitläuften höhlen die wilden Wasserstürze des Tarn und seiner beiden kleinen Nebenflüsse Jonte und Dourbie die in Jahrtausenden schon 800 Meter tief in den Kalk geschnittenen Schluchten weiter aus.

Vor einiger Zeit wurden hier von Naturfreunden Geier wieder angesiedelt. Abgestürzte Schafe sind ihnen von Bauern auf einem Felsplateau zum Fraß vorgeworfen worden. Aber inzwischen haben die Geier sich daran gewöhnt, ihr eigenes Futter zu finden.

Von meiner Felskuppe aus beobachtete ich diese braunen Riesenvögel, die sich von Aufwinden hochschrauben und kilometerweit auf ihrer fast drei Meter breiten Flügelspanne tragen ließen. Sie stürzten spielerisch hinab, verschwanden hinter einem Felsen, um dann plötzlich aus unerwarteter Richtung über einen Hügelkamm heranzusegeln und über mich hinwegzurauschen. Geschmeidig und ohne Hast bremsten sie plötzlich ab und ließen sich auf einem weißen Felsen nieder, in dessen Spalten Kiefern wachsen.

Dass die Laurs auf Tradition bauen, wunderte mich nicht, als ich erlebte, wie sehr die Menschen dieser Gegend mit den Sagen lebten, dass ihre Eltern und Großeltern sich erzählten, dass hier der Teufel in seine Hölle schlüpfte. Sie erzählen von »Fadarellen«, wie ihre guten Feen oder Paten heißen, von unwirklichen Figuren wie dem Wolfsmenschen, der die arme Bevölkerung erschreckte.

Pierre Laur hatte mich zu einem Betrieb geschickt, in dem vierhundert Schafe die Milch für den Roquefort Gabriel Coulet lieferten. So fuhr ich in das Dorf La Blaquière im Norden der Larzac-Hochebene. Dort steht vor dem Ort ein wohl zehn Meter hoher, nach oben spitz zulaufender Fels, durch dessen Bauch in der Höhe, wo man den Nabel vermuten würde, ein gut ein Meter großes, mandelförmiges Loch Durchblick gewährt. Die alten Bauern wissen noch heute, woher diese Aushöhlung stammt.

La Blaquière wirkte wie ausgestorben, als wir den Weg um den Felshügel herum bergauf fuhren. Es ist ein Ort, der noch nicht restlos verlassen und zerfallen ist, in dem es aber nur einen letzten, versteckten Hauch von Leben gibt. Da und dort kräht ein Hahn. An einer Mauer steht ein gepflegter Blumentopf. Der Weg im Ort ist weder geteert noch gepflastert, er besteht aus harter Kalkerde. Ab und zu schaut ein glatt gefahrener Fels hervor.

Ein weißhaariger alter Mann im blauen Arbeitsanzug, wie

ihn Bauern und Arbeiter überall in Frankreich zu Zeiten vor Bluejeans trugen, kam, seine Neugier hinter einer mürrischen Miene verbergend, um das Haus herum. Er war der älteste der drei Gebrüder Veyrier, die ihr Elternhaus gemeinsam bewohnten. Alle drei waren Schäfer im Ruhestand.

François, der jüngste Veyrier, tuckerte im alten Deux-Chevaux heran und neigte sich zum Gruß. Er erzählte mir, auf einer Mauer sitzend, die Legende vom Loch im Stein und brachte für deren Richtigkeit eine Zeugin bei.

»Früher blieb man von Sonnenaufgang bis Sonnenuntergang auf dem Feld. Mittags trug jemand aus dem Dorf den Feldarbeitern das Essen hinaus«, sagte François. »Es war angeblich zur Zeit meiner Mutter, da gab es jeden Tag Zieger. Wenn man aus der Schafsmilch den Rahm für den Roquefort gewonnen hat, bleibt Molke zurück, aus der man den Zieger, Molkenkäse, gewinnt. Wir sind arm, und im Zieger ist viel Eiweiß und Stärke. Aber es gab einen Bauern, dem ging es auf die Nerven, immer nur das Gleiche zu essen. Er nahm seine Brotzeit nahe dem Felsen zu sich, und ungefähr zwölf Personen waren bei ihm, als er plötzlich aufschrie: ›Ich hab's jetzt satt, immer nur Zieger zu essen!‹ Dann warf er den Topf mit solcher Wut gegen den Felsen, dass dieses Loch entstand.«

Und dann ballte François Veyrier eine Faust und ahmte den Topfwurf nach: »Was muss der für eine Kraft gehabt haben!«

Ich fragte ihn nach weiteren Legenden, da erzählte er mir von der Entstehung des Roqueforts. Dafür konnte er zwar weder die Mutter noch sonst einen Verwandten als Zeugen für die Richtigkeit anführen, aber da alles gleich um die Ecke passiert war, wird es schon stimmen.

»Es war einmal ein Bauer hier aus der Gegend, der seine Schafherde hütete. Er machte sich auf, seine Schöne zu besuchen – Sie wissen schon, was ich meine. Er hatte sein Brot mit Zieger, ein bisschen geronnene Schafsmilch, auf einem Felsen am Eingang einer der tiefen Höhlen zurückgelassen. Erst acht Tage später kam er von seiner Auserwählten zurück und war sehr erstaunt, dass die Tiere seinen Zieger nicht gegessen hatten. Doch das, was er nun vorfand, war von natürlichem Schimmel blau durchzogen. Er probierte, was er fand – oouuuh, das war gut! Es war das, was heute Roquefort heißt: durch den Schimmel des Brotes war der Käse blau geworden. Wir haben für alles Legenden.«

Der Besitzer der Schafherde, an die Pierre Laur mich verwiesen hatte, hieß Giraud und hatte mit seinem ältesten Sohn eine Betriebsgemeinschaft gegründet. So bleibt das Geschäft in der Familie. Um ihre 400 Tiere zu ernähren, benötigen sie 400 Hektar Weideland.

Daran werde ich bei der Hochzeit von Roland und Claudine erinnert. Denn meine Tischnachbarn erklären mir, dass ihr größtes Problem der Klimawandel sei. Früher habe es in zehn Jahren einmal eine Dürreperiode gegeben. Jetzt kämen die Trockenzeiten schon alle vier oder fünf Jahre. Das bereitet nicht nur Probleme bei der Ernährung der Tiere, sondern habe auch Auswirkung auf den Geschmack des Käses.

Im Larzac kämpften die Bauern in den siebziger Jahren gegen die Ausdehnung eines Übungsgeländes für das Militär. Und zu den militanten Gegnern des Militärs gehörten auch die Girauds. Ihren modernen Schafstall haben sie mit Hilfe von Leuten nicht nur aus Frankreich, auch aus der Bundesrepublik und anderen Ländern illegal gebaut. In einem Dutzend Sprachen steht auf dem Giebelbalken, dass Waffen Instrumente der Barbarei seien, wie es General de Gaulle einmal gesagt hat. Und auf dem roten Schlussstein steht auf okzitanisch: »Obwohl gesetzwidrig gebaut, nahmen wir uns das Recht, hier zu leben.«

So hat mir mein Freund der Käsehändler Roland, der mir die Gebrüder Laur aus Roquefort vorstellte, tiefere Einblicke in sein Land ermöglicht, als sie manche Franzosen wahrnehmen. Und mit meinen Filmen über Käse und seine Legenden, wie den Roquefort, habe ich mich seiner Ansicht nach für den französischen Rohmilchkäse verdient gemacht.

Im Herbst 2011 kamen er und Claudine nach Hamburg, wo ein »chapitre« – eine Sitzung – der inzwischen »Internationalen« Guilde de Saint Uguzon stattfand.

Wieder stand ein gutes Dutzend Männer in alten Gewändern und merkwürdigen Kopfbedeckungen auf einem Podest. Wieder hielt Roland eine Laudatio auf mich, gab mir dreimal die Bise, überreichte mir eine Urkunde und hängte mir wieder ein breites grün-weiß-orangenes Band um den Hals, diesmal aber war die daran hängende Medaille vergoldet. Damit ernannte er mich zum ›maître honoris caseus‹. Ehrenkäsemeister. Höher kann ich in der Gilde nicht mehr steigen. Und außer mir trägt diesen Ehrentitel in Deutschland nur noch eine einzige andere Person: der deutsche Koch des Jahrhunderts, Eckart Witzigmann.

# Ohne Krieg, ohne Hass – der Friedenssatellit des Junior Torres de Castro

Die Teufelsinseln liegen in Sichtweite vor der Küste, dem Dschungel von Französisch Guyana. Zwei Stunden pflügte die Barkasse gegen den Wind durch die mehrere Meter hohen Wellen, bis sie die kurze Strecke geschafft hatte. Gut acht Seemeilen. Der Kapitän vollbrachte ein Kunststück. Immer wenn das kleine Fährboot auf dem Kamm einer Welle scheinbar zum Stillstand kam, stellte er die frei in der Luft hängende Schiffsschraube aus, weil sie sonst durchgedreht wäre. Wieder ins Wasser des Wellentals hinabgestürzt gab er Gas. Ich stand hinter dem Steuerhaus und hielt mich an einer Stange fest, sonst hätte die Sturzfahrt mich manches Mal von den Füßen gerissen.

Ein lauter Schrei drang aus der Kabine, in der Junior Torres de Castro zwischen den übrigen Passagieren saß. Eine Frau war von ihrem Sitz gerissen worden, gestürzt und hatte sich das Bein gebrochen. Sie wurde vorsichtig an der Mole der Île Royale von Bord getragen. Doch Hilfe gab es hier nicht. Notdürftig versorgt, würde sie am Nachmittag den Weg in den Hafen von Kourou mit demselben Boot nehmen müssen. Allerdings würde die Überfahrt mit dem Wind im Rücken ruhiger werden.

Eigentlich heißt nur der kleinste, im Norden liegende Felshaufen Île du diable –Teufelsinsel. Sie ist im Umfang gerade einmal einen Kilometer groß, und als die Franzosen hier noch das schrecklichste Zuchthaus der Welt betrieben, beherbergte sie die übelsten Verbrecher. Mit der Île Royale, der Hauptinsel, ist sie nur über ein Versorgungskabel verbunden. Wilde Wellen und starke Strömungen umtosen die drei Inseln. Als ich in das schäumende Meer schaute, wo angeblich auch Haifische schwammen, dachte ich, wer sich hier ins Wasser wagt, ersäuft unweigerlich. Nur Papillon hatte mit dem Floß entkommen können, und sein Bericht von der Flucht, später mit Steve McQueen verfilmt, hat den Ruf des grässlichen Inselgefängnisses, das schon wegen seines berühmtesten Insassen, dem unschuldig verurteilten Hauptmann Dreyfus berüchtigt war, noch gefestigt. Vergessen scheint ihr alter Name, nämlich Îles du salut – Inseln des Heils, den sie von Siedlern im 17. Jahrhundert erhielten, als die sich dorthin vor dem Gelbfieber, das auf dem Festland ausgebrochen war, retteten.

Junior Torres hatte mir am Abend zuvor diesen Ausflug vorgeschlagen, nachdem der Start der Ariane-Rakete wieder einmal wegen schlechten Wetters abgebrochen worden war.


Mitten im Dschungel von Französisch Guyana steht eine Telefonzelle.

An ihr lehnte nachts um zehn schon seit einer Stunde der kleine Mann mit dem Hörer in der Hand inmitten des Gequakes der Frösche, sprach laut portugiesisch in die Muschel, lauschte in das Rauschen und warf hin und wieder einen Blick in Richtung Norden, wo in vier Kilometer Entfernung gut sichtbar die Abschussrampe ELA 2 des Weltraumbahnhofes Kourou stand.

Wir befanden uns nahe am Äquator in Südamerika. Aber die kluge Kolonialpolitik der Franzosen hatte es erreicht, dass die ehemalige Kolonie Guyana, die an Brasilien grenzt, nun ein französisches Département ist, allerdings das größte mit einer Fläche, die ein Viertel der Bundesrepublik ausmacht. Lagwiyan sprechen die Kreolen den Namen aus.

Um Raketen ins Weltall zu schicken, ist es sinnvoll, die Abschussrampen nah am Äquator aufzustellen. So wurde mitten in den Dschungel eine Schneise geschlagen. Platz genug gab es ja.

Von hier aus sollte nun die 35. Ariane gen Nordpol starten. Aus der dritten Stufe dampfte der Treibstoff, während der kleine Mann den Hörer einhängte.

Wir hatten unsere Fernsehkamera auf dem Stativ festgeschraubt und warteten geduldig auf den Start. In dem kleinen Unterstand auf Holzbalken mit einem Dach aus Ästen standen nur wenige Menschen. Der kleine Mann war Brasilianer, nervös lief er auf und ab.

»Da oben ist mein Satellit drin«, erklärte er mir, »und ich warte jetzt schon einen Monat auf den Start.« Er hieß Junior Torres de Castro, und seine Frau hatte ihm eben am Telefon den Kopf gewaschen. Sie hat sich beklagt, dass er nun schon vier Wochen in der Tropenschwüle von Kourou ausharre, nur um seinem Hobby nachzugehen, während sie in Brasilien das Geschäft besorgen muss, die 5000 Rinder auf der Ranch in São Paulo zu verkaufen. Diese Tiere werden auf Torres de Castros ausgedehnten Weiden ein Jahr lang gemästet und dann zur Weiterverarbeitung als Steak versteigert. Das erfordere wenig Personal und sei deshalb sehr gewinnbringend, sagte Junior Torres, der für sein Hobby viel Geld benötigt.

Er ist der einzige Privatmann der Welt, der einen eigenen Rundfunksatelliten besitzt – als Hobby, nicht um damit Geld zu verdienen.

Dieser allerdings nur zehn Kilogramm schwere Satellit lag nun neben dem zwei Tonnen schweren »Spot«, einem auch militärisch nutzbaren französischen Beobachtungssatelliten, in der Kapsel der Ariane und wartete auf die Zündung, die an diesem Abend wieder einmal verschoben wird, zum dritten Mal seit vier Wochen – aber diesmal nur um 24 Stunden; eine

Wolkendecke hatte sich plötzlich hoch über dem Abschussplatz breitgemacht. Die Reibung, die an der Außenhaut entstehen würde, wenn der Flugkörper die Wolke durchbricht, könnte zu Störungen im elektrischen System führen. Junior Torres harrte nun schon einen Monat aus, da machte ein weiterer Tag auch nichts, das habe er eben seiner Frau auch gesagt. Und dann fragte er mich, ob ich die Teufelsinseln schon besucht hätte. Ja, antwortete ich, aber das war schon zehn Jahre her und ziemlich unerfreulich, denn wir waren für einen Tag in der unsäglichen Hitze nicht mit genügend Wasser und Proviant ausgerüstet gewesen. Dann sollten wir doch am nächsten Tag einen gemeinsamen Ausflug unternehmen, sagte Junior Torres, inzwischen gebe es dort sogar ein Hotel und ein ganz passables Restaurant. Wie sollten wir sonst die Zeit bis zum nächsten Starttermin am nächsten Abend totschlagen? In dem kleinen Ort Kourou, bei dem der Weltraumbahnhof lag, gab es nichts, wo wir bleiben wollten.

Junior Torres trug eine weite Hose, die etwa dreiviertel seines kugelrunden Körpers bedeckte, und Hosenträger verhinderten, dass diese Beinkleider herunterrutschten. Sein immer noch dunkles Lockenhaar und das gespannte Rundgesicht mit Doppelkinn ließen den fast Sechzigjährigen jünger erscheinen, als er war. Er japste ein wenig, als wir die Barkasse verlassen hatten und den steilen Weg von der Mole hinaufstiegen. Wir machten einen Rundgang, über die Ruine der Kapelle, die ein Häftling ausgemalt hatte, vorbei am Kinderfriedhof, in die zerfallene Krankenstation und zu den Käfigzellen, die kein Dach hatten. Das ganze Jahr über war es heiß, und wenn es regnete, verdampfte das Wasser schnell. In einem riesigen Teich lag ein Krokodil.

Wir gingen an dem Haus vorbei, über dessen Tür »Hotel« stand und in dessen Schwimmbad trübes grünes Wasser vor sich hin gammelte.

Die ehemalige Kantine der Wärter war zu einem bescheidenen Restaurant mit groben Holzmöbeln ausgebaut worden. Auf dem Weg dorthin trafen wir auf einen zwei Meter langen Leguan, der bewegungslos wartete, bis wir an ihm vorbei gegangen waren. Ein Urtier. Ich dachte an Saurier.

»Seit dreißig Jahren warte ich auf diesen Moment«, sagte Junior Torres jetzt im Sommer 1990 und zeigte auf die zwischen den Ruinen unwirklich wirkende Antennen- und Radaranlage mit der Raketenabschüsse beobachtet wurden, »dass meine Vision Wirklichkeit wird. Sie hat mein Leben verändert.« Nicht, dass ihm die heilige Maria oder ein anderer Heiliger erschienen wäre, nein, aber verrückt war die Vision schon, die er hatte, als der erste Sputnik 1957 um die Welt sauste und mit seinem Bip-bip-bip alle Welt in Erstaunen setzte. Mir fiel dabei Helmut Schmidt ein, der zehn Jahre zuvor im Wahlkampf 1980 gesagt hatte: »Wer Visionen hat, sollte zum Arzt gehen.« Nein, Junior Torres ist der lebende Beweis dafür, dass auch Visionen durchaus kein medizinisches Problem sein müssen, sondern Heil in sich tragen können. Vielleicht meinte Helmut Schmidt auch nur Menschen in der Politik, die Visionen haben. Aber Willy Brandt habe er nicht gemeint, verteidigte er sich später.

Junior Torres, Amateurfunker seit jüngster Kindheit, ärgerte sich damals darüber, dass jenes Bip-bip-bip in Russisch funkte und zu allem Überfluss auch noch verschlüsselt war. Während die Amerikaner wegen des sowjetischen Vorsprungs im Weltraumprogramm erschrocken aufwachten und John F. Kennedy den Wettlauf zum Mond verkündete, beschloss Junior Torres, damals keine dreißig Jahre alt, einen eigenen Satelliten zu bauen, einen, den jeder in der Welt hören könnte und der dem Frieden schlechthin dienen würde.

»Aber wie wollten Sie das denn finanzieren?«, fragte ich ihn, während ich beobachtete, wie einige Touristen den immer noch regungslos daliegenden Leguan streichelten. Ich schüttelte mich.

Trotz des Windes war die Luft feucht und schwül. Der Schweiß lief mir den Körper hinab.

»Das war nicht so schwer«, antwortete Junior Torres und schaute mich durch seine riesige Brille an. »Mein Vater besaß eine Kaffeeplantage, sodass ich nicht als Tellerwäscher anfangen musste, um meinen Traum zu verwirklichen.«

Als der Vater starb, hinterließ er eine Witwe und drei Kinder. Der Einfachheit halber kaufte Junior die Teile von Mutter, Bruder und Schwester an der Plantage auf. »Wir hätten uns sonst immer nur in den Haaren gelegen«, sagte Junior, der zu dieser Zeit seinem Ziel schon ein wenig näher gekommen war. Er hatte studiert, war Ingenieur geworden. Sein schnell wachsendes Unternehmen hatte sich auf Wasserbrunnen spezialisiert, und damit hatte er – in Cruzeiros gemessen – genauso viel Erfolg, als wenn er nach Öl gebohrt hätte.

Der Träumer war bald ein reicher Mann.

Aber so ein Satellit ist auch für einen reichen Mann ein kostspieliges Ding und noch mehr kostet es, ihn in eine Umlaufbahn zu bringen. Junior aber verlor das Hobby nicht aus den Augen, während er eine Familie gründete und ein Kind nach dem anderen zeugte. Neun waren es bald. Die älteste Tochter leitete inzwischen mit 32 Jahren die Kaffeeplantage. Alle anderen Sprösslinge waren in väterlichen Betrieben untergebracht. Nur der Jüngste ging noch zur Schule. Er ist allerdings Junior Torres' Hoffnungsträger, denn als Einziger versteht er des Vaters Leidenschaft fürs Funken.

»Es ist eine Qual, einen Monat lang hier in Guyana auf den Abschuss einer Rakete zu warten«, sagte Junior Torres, »aber ich spüre, dass es heute Nacht klappen wird.«

Die Rückfahrt über das Meer nach Kourou war ruhig, das gebrochene Bein der Frau mit einem Brett geschient.

Am Abend trafen wir uns wieder bei dem Unterstand vier Kilometer von der Abschussrampe entfernt. Wieder stand

Junior Torres in der Nähe des Telefonapparates im Dschungel. Doch inzwischen schien seine Frau die Rinder verkauft zu haben. Sie rief nicht mehr an.

Von zehn abwärts wird ein Countdown spannend – drei, zwei, eins, »feu«.

Ein Feuerschweif quillt unter der Ariane hervor, ein Fauchen folgt mit der Verzögerung, die den Unterschied zwischen Licht- und Schallgeschwindigkeit ausmacht, und wie in Zeitlupe sieht der kleine dicke Mann seinen Satelliten in der Raketenspitze gen Himmel fahren. Achtzehn Minuten nach dem Start wird der viereckige Apparat in die geplante Umlaufbahn geworfen.

Die Himmelfahrt war noch das Billigste an dem ganzen Unternehmen, denn die europäische Weltraumbehörde ESA hatte beschlossen, Wissenschaftler und Rundfunkamateure zu unterstützen: Ganze 25 000 Dollar musste Junior Torres für die Raumfahrt berappen. 100 000 Dollar kostete immerhin das viereckige Gerät. Auch nicht teuer, wenn man bedenkt: Das war ein ganzer Satellit. Es war so preiswert, weil amerikanische Funkamateure den Satelliten in ihrer Freizeit bauten, mit Hilfe der entsprechenden Eierköpfe der Universität von Princeton, denen deshalb die Ehre zukam, das Gerät nach Erreichen seiner Umlaufbahn anzuwerfen.

»Von jetzt an sendet der Satellit Friedensbotschaften. Deshalb habe ich ihn ›Peacetalker‹ genannt«, sagte Junior Torres bescheiden, so als wäre dies das Alleralltäglichste. »Ich bin um die ganze Welt gereist und habe sechstausend Botschaften von Schulkindern zwischen acht und zwölf Jahren eingeholt.«

Was da so alles gefunkt wird in allen wichtigen Sprachen der Welt?

»Ohne Krieg, ohne Hass,
macht das Leben wieder Spaß.«

Schulklassen können die verwirklichte himmlische Vision im Geographieunterricht nutzen, wenn sie richtig peilen: Der Satellit erzählt dann, über welcher Stadt dieser Erde er sich gerade befindet, auf welchem Breiten- oder Längengrad er seine Bahn zieht. Achttausend Namen von Orten auf allen Erdteilen hat Junior Torres de Castro in dem Gedächtnis dieses seines liebsten Kindes gespeichert, und die künstliche Stimme kann in der jeweils gewünschten Sprache dem nach dem Standort Fragenden antworten.

Der Start einer Weltraumrakete spült selbst dem Unbeteiligten Adrenalin ins Blut. Wie muss es da einem Satelliteneigner gehen? Junior Torres freut sich wie ein Kind. Ich reiche ihm ein Glas Champagner, doch er lehnt ab, hebt nur den Daumen siegesfroh und schreitet wieder zur Telefonzelle mitten im Dschungel, um seine Frau in Brasilien anzurufen. Dort, in seinem Privathaus, hat er eine eigene Satellitenkontrollstation eingerichtet. Von irgendwoher muss schließlich selbst der kleinste Satellit gesteuert werden.

Kürzlich habe ich ihn wiedergesehen, inzwischen hat er weiße Haare und eine neue, wieder riesengroße Brille. Und er steuert noch immer seinen »Peacetalker«, der inzwischen schon mehr als zwanzig Jahre lang funktioniert. Auf dem Internet-Video-Portal YouTube, eine Einrichtung, von deren möglicher Existenz bei unserem Besuch auf den Teufelsinseln und dem Start der 35. Arianerakete noch kein Mensch eine Vision hatte, kann man es sich jetzt anschauen.

# Der Kaiser und der Revolutionär

# Der Bruder des Kaisers von China

Der Kaiser von China war sein Bruder. Der Kaiser hieß Pu Yi, der Bruder Pujie. Und als ich im September 1979 hörte, dass er in Peking lebte, stellte ich bei der Kommunistischen Regierung den Antrag, ein Filmporträt über Pujie (den man Pu Dschiä ausspricht) drehen zu dürfen. Denn ich befand mich für einige Wochen mit Kameramann Michael Giefer auf Drehreise in China.

China hat immer ein wenig zu meiner Identität gehört. Mein älterer Bruder war in Shanghai geboren worden, weil meine Eltern von 1939 bis 1941 dort lebten. Sie zogen dann nach Tokio, wo ich zur Welt kam. Mein Vater hatte China schon 1936 als Student besucht, später einen beachteten Roman über die Taiping-Revolution im 19. Jahrhundert geschrieben, und noch später das Tagebuch von John Rabe, dem guten Deutschen von Nanking, entdeckt, aus dem ein deutscher und auch ein chinesischer Film entstanden.

Klassische chinesische Literatur stand zu Hause im Bücherschrank und war für uns unterhaltsame Lektüre. Zunächst versank ich in »Die Räuber vom Liang-shan Moor« – eine chinesische Version von Robin Hood, wenn auch sehr viel ausführlicher und abenteuerlicher, dann las ich »Der Traum der roten Kammer«, auch wenn ich, jung wie ich war, die erotischen Anspielungen nicht verstand, schließlich das hinter anderen

Bücherreihen versteckte »Kin Ping Meh«, ein Sittengemälde, geschrieben wohl um 1600, in dem viele Szenen in allen Einzelheiten dargestellt werden, was einen Jungen ja besonders interessiert.

Ich habe mir damals oft die Frage gestellt, welchen Unterschied es im 16. und 17. Jahrhundert zwischen der chinesischen Hochkultur und der deutschen gegeben haben mag. Denn in Deutschland, ja vielleicht in ganz Europa, hat niemand die Dreistigkeit besessen, den Verfall der bürgerlichen Familie am Beispiel der Sexualität ihres Oberhauptes in so bunten Bildern zu schildern, etwa wenn es seinen blühenden Pflaumenast in die goldene Vase steckt. Und dann wurde das »Kin Ping Meh« in China auch nicht schamhaft versteckt, sondern gehörte als einer der wichtigsten Klassiker der chinesischen Literatur zum allgemeinen Bildungsgut. Liegt es vielleicht an der »Sexualethik« genannten Prüderie, die von der christlichen Kirche ausging?

Mein Blick für den Bruder des letzten Kaisers von China war schon einige Jahre zuvor geschärft worden, als nämlich die Autobiographie des »Himmelssohns« in Deutschland erschienen war. Ich hatte das Buch für den »Vorwärts« besprochen.

Diese Biographie hat Bernardo Bertolucci dann 1987 als Vorlage für seinen Film »The Last Emperor« gedient, der mit neun Oscars – darunter bester Film und bester Regisseur – ausgezeichnet wurde. Und Bertolucci hat sich auch des Rates von Kaiserbruder Pujie bedient und ihn während der Dreharbeiten als »technical adviser« angestellt.

Im Alter von zweieinhalb Jahren war Pu Yi zum Himmelssohn proklamiert worden, mit sechs musste er jedoch schon wieder abdanken. Ähnlich turbulent ging es weiter: Mit elf saß er für einige wenige Wochen auf dem Thron, mit achtundzwanzig als Kaiser von Mandschukuo von den Japanern inthronisiert, mit neununddreißig russischer, dann chinesischer Kriegsgefangener.

Plötzlich war er auf sich selbst gestellt, plötzlich bedienten ihn keine Eunuchen, keine Verwandten mehr: »In den mehr als vierzig Jahren, die hinter mir lagen, hatte ich kein einziges Mal auch nur eine Decke zusammengelegt, mein Bett gemacht oder auch nur je mein Waschwasser ausgeleert. Ja, sogar meine Füße hatte ich nie selbst gewaschen und auch meine Schuhbänder nie selbst zugeschnürt ...«

Pu Yi wird von den Kommunisten, die sich ja nicht scheuen, Millionen Menschen während der Kulturrevolution zu ermorden, sorgsam behandelt. Er muss lernen, sich als ein solidarischer Bürger unter anderen zu verstehen. Er wird nicht »umerzogen«, er wird im Gefängnis angeleitet, sich selbst zu schulen. Nach vielen Rückschlägen wird er nach neun Jahren mit dreiundfünfzig begnadigt, in Peking Botaniker und schließlich sogar in den kommunistischen Nationalkongress des chinesischen Volkes berufen. Natürlich ist diese Biographie eine Propagandaschrift, trotzdem las ich sie mit Faszination, weil hier die Wandlung eines Kaisers, der auch als Himmelssohn kein freier Mensch war, beschrieben wird, es entsteht kein »neuer Mensch«, sondern der alte entfernt die Fesseln einer feudalen Traditionsgesellschaft und mit ihnen den bürgerlichen Egoismus – um dann die Einordnung in die Masse zu akzeptieren, mit dem Ziel »dem Volke zu dienen«.

Und in der Autobiographie von Kaiser Pu Yi spielt auch sein Bruder Pujie eine große Rolle. – Ohne Schwierigkeiten erhielt ich zu meinem Erstaunen die Genehmigung, den Kaiserbruder zu treffen und einen Film über ihn zu drehen. – Wahrscheinlich lag es daran, dass mein Vater zu jener Zeit als deutscher Diplomat in Peking lebte und die Chinesen davon ausgingen, der Sohn werde schon so berichten, dass er seinem Vater keine Schande bereiten würde.

Pujie, der Bruder, stand natürlich einen Schritt näher an der Kulisse, aber eine Nebenrolle spielte dieser bescheidene, zierliche Chinese gewiss nicht. Pujie war noch nicht einmal zwei Jahre alt, als sein um ein Jahr älterer Bruder 1908 – im Alter von noch nicht ganz drei Jahren – zum Kaiser ernannt wurde.

Pujie kam mir im Obstgarten seines Hauses in Peking entgegen, begleitet von seiner japanischen Frau, und begrüßte mich auf Deutsch: »Guten Tag, herzlich willkommen!«, fügte aber gleich auf Chinesisch hinzu, dies seien in der ihm fremden Sprache die einzigen Worte, an die er sich erinnere. Er bat mich einzutreten. Der im traditionellen chinesischen Stil gebaute Atriumbau, den er und seine Frau bewohnten, war Ausdruck dafür, wie privilegiert die kommunistische Regierung ihn inzwischen behandelte. Sogar eine Haushälterin ging dem alten Ehepaar zur Hand.

Einige Stufen führten vom Garten direkt ins Wohnzimmer, wo am Fenster der Schreibtisch stand, an dem Pujie seinem Hobby nachging – der Kunst der Kalligraphie, des Schönschreibens. Er setzte sich hin, ergriff einen rot umränderten Karton, tröpfelte ein bisschen Wasser auf einen Tuschstein, rührte mit einem anderen Stein ein wenig Tusche an und nahm mit einem Wolfhaarpinsel ein wenig Farbe auf. Mit geübtem Schwung malte er acht komplizierte Schriftzeichen – von oben nach unten, von links nach rechts – in drei Reihen, fügte in kleinerer Schrift noch acht weitere hinzu und blickte zufrieden auf sein Werk. Dann drückte er einen kleinen viereckigen Stempel auf ein winziges rotes Kissen und übertrug sein Siegel als Schlusspunkt neben das letzte Tuschzeichen.

»Darf ich Ihnen als Gastgeschenk einen bescheidenen Versuch überreichen«, sagte er. Der Dolmetscher übersetzte. Ich fragte, nachdem ich sein Werk gebührend bewundert hatte: »Und was haben Sie mir aufgeschrieben?«

»Es ist ein Satz von Mao, der zu Ihrem Besuch passt: Wir haben Freunde überall unter dem Himmel.«

Merkwürdig, dachte ich mir, wie kann ein Kaiserbruder nun

Mao zitieren? Ob er wirklich in der neuen Zeit angekommen war oder sich nur der neuen Macht anpasste? Wie sein Bruder war auch er Mitglied der Kommunistischen Partei Chinas geworden, nach dem Tod Maos 1976 und der Verhaftung der Viererbande würde er sogar Abgeordneter von Shanghai im 5. Nationalen Volkskongress.

Wenn Pujie seine leise Stimme zum Erzählen erhob, erschlug die Zeitansage der Wanduhr fast jedes Wort. Auf dem Schreibtisch öffnete er das Fotoalbum, einziges Erinnerungsstück aus der alten Zeit.

Beim Anblick des Bildes der beiden Knirpse in kaiserlicher Tracht am Thron in der Verbotenen Stadt konnte ich ein Schmunzeln nicht unterdrücken. Obwohl noch keine achtzig Jahre zwischen jener Aufnahme und dem Tag meines Besuches bei Pujie lagen, schienen Pujie und die Fotos ineinander zu verschwimmen wie in ein fernes Märchen.

Dieser Bruder des letzten chinesischen Kaisers verkörperte den Übergang in die neue Zeit, an der er aktiv teilgenommen hatte. Allerdings hat Pujie versucht, zugunsten seines Bruders, und damit gewiss auch für sich, die Zeitläufte aufzuhalten.

Als knapp dreijähriger Kaiser, wurde sein Bruder in den Armen seiner Amme in die Verbotene Stadt gebracht, von wo aus er herrschen sollte – in Wirklichkeit wurde er natürlich missbraucht. Weder der Vater der beiden Brüder noch Mutter oder gar Geschwister von anderen Frauen des Vaters durften die Majestät begleiten. Sie blieben in ihrem Stadtpalast wohnen. Der Kindkaiser kam in die Obhut der intriganten Witwen des verstorbenen Kaisers. Damit der Kaiser aber einen gleichaltrigen Gespielen und auch Klassenkameraden haben würde, wurde ihm sein jüngerer Bruder Pujie an die Seite gestellt.

Der Vater der beiden Jungen, Bruder des verstorbenen Vorgängers des Kindkaisers, war jener Prinz Chun, der 1901 auf Verlangen von Graf Waldersee, dem Oberkommandierenden der

Alliierten im Boxerkrieg, an den deutschen Kaiserhof geschickt wurde, um das Bedauern der chinesischen Regierung über die Ermordung des deutschen Gesandten von Ketteler auszudrücken. Für einen Chinesen kann dies den Verlust des Gesichtes bedeuten. Und das hofften in Peking auch diejenigen Hofschranzen, die dafür gesorgt hatten, dass die Wahl auf Prinz Chun fiel, der sich vor dem deutschen Kaiser mit einem Kotau unterwürfig zeigen sollte. Doch zum Entsetzen der Intriganten in der Verbotenen Stadt wurde Chun in Berlin nicht etwa gedemütigt, sondern mit Prunk und Ehren im deutschen Kaiserreich empfangen.

Pujie, ein zierlicher Mann, mindestens zwei Kopf kleiner als ich, wirkte wie ein Intellektueller mit seiner hohen Stirn und einer großen Hornbrille. Sein weißes Hemd hatte er bis zum Hals zugeknöpft und drüber trug er eine Weste ohne Kragen. Seine japanische Frau hatte ein Seidenkleid angelegt und trug um den Hals eine Perlenkette.

Obwohl er nicht in den kaiserlichen Gemächern der Verbotenen Stadt wohnte, kannte sich Pujie dort so gut aus wie kaum ein anderer. Er würde uns dort gern einiges zeigen, das nur er erklären könnte, sagte er, und so stiegen wir in den Wagen und fuhren mit ihm und seiner Frau dorthin. Die Wachen waren informiert und so durfte unser Wagen sogar bis in einen der inneren Höfe fahren.

»Ich gehe hier noch häufig spazieren«, sagte Pujie, »mein Bruder, der Kaiser, und ich, wir trafen uns hier täglich zum Spiel oder Unterricht.« Und später zur gemeinsamen Verschwörung, dachte ich, sprach ihn aber nicht darauf an.

»Viel lieber als ›Regieren‹ spielte der Kaiser mit mir Verstecken in den Gemächern des Palastes«, er zeigte uns die Räume, die dem Kaiser vorbehalten waren, und deutete verschmitzt auf das Dach mit den kunstvoll gelb glasierten Ziegeln. »Hier sind wir immer wieder hinaufgeklettert und haben die diensttuenden Eunuchen erschreckt.«

Und dann fasste er mich am Arm, kicherte und zog mich zu einem langen Gang im westlichen Teil der Verbotenen Stadt. Hundert Meter lang wird er gewesen sein, unterbrochen von einem Dutzend Pforten.

»Fällt Ihnen hier etwas auf?«, fragte er mich.

So sehr ich mich auch mühte, ich begriff nicht, was er meinte. Ich, der tumbe Europäer, erkannte nicht auf den ersten Blick, dass die bis zu zwanzig Zentimeter hohen Schwellen – je höher, desto feiner das Haus – entfernt worden waren. Eine Schwelle, so hat mir jemand später erzählt, hat eine besondere Aufgabe: Da böse Geister ihre Beine nicht heben können, können sie einen Raum nicht betreten, wenn sie hohe Schwellen daran hindern.

Die Schwellen waren also in diesem langen Gang entfernt worden.

»Weshalb?«, fragte ich den Kaiserbruder naiv.

»Hier«, erklärte Pujie lächelnd, »fuhr der Kaiser mit dem Rad in den Garten, deshalb ließ er die Schwellen entfernen.«

Pujie und der Kaiser waren in ihren Bewegungen durch die wahren Machthaber am kaiserlichen Hof, durch Bürgerkriegsgeneräle, durch die Einflüsse der europäischen Kolonialmächte eingeschränkt; sie waren Muppets – wie man im Fernsehzeitalter sagen würde –, in Seide gekleidete Handpuppen, die allerdings nach Selbstständigkeit strebten.

1912 – er war gerade sechs – musste der Kaiser abdanken, durfte aber weiterhin im Palast wohnen und behielt auch die »Kaiserwürde«. 1917 wurde er für wenige Wochen nochmals auf den Thron gehoben. 1924 organisierte Pujie die Flucht seines Bruders aus der Verbotenen Stadt, in der sie wie Geiseln lebten. Obwohl ein Jahr jünger als der Kaiser, war Pujie weitaus weltläufiger und konnte sich – anders als sein streng bewachter Bruder – frei in Peking bewegen.

»Die erste Vorbereitung zur Flucht«, so erinnerte er sich, »bestand darin, uns finanziell unabhängig zu machen. Das klingt vielleicht merkwürdig, denn mein Bruder hatte alles Geld der Welt, er konnte sich erlauben, aus purer Laune heraus für 30 000 Dollar zum Frühstück Diamanten zu kaufen. Aber die Diamanten wurden dann dem kaiserlichen Schatz einverleibt und standen ihm nicht zur Verfügung.«

Im Kaiserpalast waren im Laufe der Jahrhunderte unermessliche Schätze in Gold, Edelsteinen, Bildern und Antiquitäten angehäuft worden. Das zerfallende Reich ließ dann – ob Palasteunuchen, marodierende Bürgerkriegsgeneräle oder hinterlistige Prinzen – jeden zugreifen, der nur irgendwie die Möglichkeit dazu hatte.

In diesem Palast nun sannen die beiden inzwischen knapp zwanzigjährigen Brüder, zwei Lausbuben, wie der Kaiser dem Einfluss des monarchistischen Clans entfliehen könnte. Die Finanzen beschafften sie sich ganz legal, indem der Kaiser als Aufmerksamkeit und Gunstbeweis seinem Bruder jeden Tag eine kostbare Antiquität, Edelsteine oder wertvolle Gemälde schenkte, die Pujie in ein Haus in der japanischen Kolonie Tientsin schaffte. Dort würde der Schatz vor den Nachstellungen der Hofschranzen sicher sein.

Doch geblieben ist Pujie nichts von den Millionen, die er damals abschleppte. Der Kaiser floh, als Bürgerkrieg und politische Wirren einen Höhepunkt erreichten, nach Tientsin und geriet unter japanischen Einfluss. Die Japaner drangen darauf, dass Kaiserbruder Pujie nach Japan reiste, um die Sprache zu lernen und die Kaiserliche Akademie der japanischen Armee zu besuchen.

»Es war klar, das japanische Militär wollte ein Faustpfand haben. Mit mir in Japan hätten sie jeden Einfluss auf den Kaiser«, sagte Pujie. »Und ich wiederum hoffte, meinem Bruder erneut zur Macht verhelfen zu können.«

Die Japaner aber hatten eigennützige Pläne. 1932 setzten sie

Kaiser Pu Yi wieder auf einen Thron, im Kaiserreich Mandschukuo, der japanisch besetzten Mandschurei.

Und dann deutete Pujie auf seine Frau: »Meine Frau habe ich auch auf Betreiben der japanischen Kwantung-Armee geheiratet. Mir wurden eine Reihe von Fotos japanischer Adelstöchter vorgelegt. Ich suchte Hiro Saga aus, die mit dem japanischen Kaiserhaus verwandt ist. Die Hochzeit hatte dann eine eindeutig politische Bedeutung. Zwischen China und Japan sollte eine persönliche Beziehung entstehen und – da mein Bruder keine Kinder hatte – japanisches Blut mit dem unserer kaiserlichen Familie vermengt werden.«

Zärtlich schaute Pujie seine Frau Hiro Saga an. Beim Gehen führte er sie liebevoll, jeden Schritt an der Hand, denn die Knie machten ihr Schwierigkeiten.

Nur ungern erinnern sich beide an das Abenteuer in Mandschukuo, das 1945 mit der Niederlage der Japaner endete. Der Kaiser und Pujie kamen in russische Gefangenschaft. Hiro Saga konnte mit den beiden gemeinsamen Töchtern nach Japan fliehen. Nach dem Sieg der Chinesischen Revolution, heute »Befreiung« genannt, wurden die Brüder von den Russen an die Volksrepublik China ausgeliefert.

»Fürchteten Sie damals nicht, das gleiche Schicksal erleiden zu müssen, wie einst die Zarenfamilie in Russland?«, fragte ich den Bruder des Kaisers.

»Wir lebten in ständiger Angst, an die Wand gestellt zu werden. Wir kannten ja das Schicksal der Romanows. Jede Nacht hatten wir Albträume«, sagte Pujie fast flüsternd.

Neun Jahre wurden Pujie und der Kaiser in einem Umerziehungslager mit der kommunistischen Ideologie und Lebensweise traktiert, schließlich durch einen Gnadenakt Maos entlassen. Sie durften nach Peking zurückkehren.

Pujie lebte seit der Entlassung aus dem Lager wieder mit seiner Frau zusammen. Die ältere Tochter studierte in Japan, als aber ihr Vater in China wieder freigelassen wurde und mit seiner Frau und der jüngeren Tochter zusammenzog, schrieb Tochter Huiseng einen Brief an den chinesischen Ministerpräsidenten Zhou Enlai und bat ihn, auch ihr zu gestatten, bei den Eltern zu leben. Von dem Brief gerührt, erlaubte es Zhou Enlai, doch Huiseng kam nie in China an. Ein japanischer Studienkamerad hatte sich in sie verliebt, brachte sie um und beging danach Selbstmord. Später heiratete die jüngere Tochter einen japanischen Adeligen, der in Tokio in der Autoindustrie arbeitete.

Als wir wieder bei Pujie zu Hause waren und er uns einen Tee servieren ließ, holte er noch einmal sein Fotoalbum hervor. Voller Stolz zeigte er ein Bild, das auf eine der letzten Seiten geklebt war. Da stand, zwischen ihm und seinem Bruder, dem ehemaligen Kaiser, Zhou Enlai, der im Volk immer noch verehrte langjährige chinesische Ministerpräsident aus Maos Zeiten.

»Zhou Enlai kam schon mal zum Abendessen«, sagte Pujie befriedigt.

Als Pujie, seine Frau am Arm, mich und Kameramann Michael Giefer langsam durch den Garten zum Tor begleitete, konnte ich mir noch immer nicht vorstellen, dass dies ein Prinz sein sollte, der von den französischen Revolutionären bei der Fahrt zum Schafott auf den Wagen gleich neben Ludwig XVI. gesetzt worden wäre.

Dass solch ein Mann im kommunistischen China relativ privilegiert leben konnte, während in der Kulturrevolution zehn Millionen Menschen, oder gar noch mehr, den Tod fanden, gehört für mich zu den unerklärlichen Widersprüchen der Geschichte.

# Maos Feldchirurg aus Düsseldorf –
## Hans Müller

Manches klingt zu *un*glaublich, um erfunden zu sein – etwa: Hans Müller aus Düsseldorf war Mitglied des Chinesischen Volkskongresses geworden. Tatsächlich erfuhr ich, als ich 1979 in Peking einige Fernsehdokumentationen drehte, zu meinem Erstaunen, dass ein Rheinländer im kommunistischen Parlament des Reiches der Mitte saß. Ich beschloss sofort, ihn aufzusuchen.

Wer in Peking nördlich der Verbotenen Stadt, dem Palast der Chinesischen Kaiser, den Kohlehügel bestieg, sah zu der Zeit, als Peking noch nicht mit Hochhäusern zugebaut war, unter sich gewöhnlich scheinende, grau verstaubte Wohnviertel, die nicht verrieten, dass dort Prominenz lebte.

In einer unauffälligen Gasse residierte hinter einem großen Eisentor Deng Xiaoping, der wohl bedeutendste chinesische Politiker nach Mao Zedongs Tod. Deng öffnete die Märkte und legte damit den Grundstein zur bis heute andauernden Wirtschaftsexplosion. Fünfzig Meter weiter um eine Ecke endete die Sackgasse an einem kleinen, sehr gepflegten rot lackierten Holztor. Dahinter wohnte jener Hans Müller aus Düsseldorf in einem für chinesische Verhältnisse großen Haus, dessen Innenhof kunstvoll zu einem japanischen Garten stilisiert worden war – von seiner Frau. Das Wohnzimmer war mit chinesischen

Möbeln eingerichtet und spärlich mit asiatischen Kunstgegenständen geschmückt.

Um das Besondere ein wenig einzuschränken, sei angemerkt, dass der Volkskongress mehrere Tausend Mitglieder zählt, die alle ernannt, nicht erwählt werden. Und weniger das Plenum als die Ausschüsse verfügen über die Möglichkeit, wenn auch nicht Entscheidungen, so doch Empfehlungen zu verabschieden.

Der Mann trug den Allerweltsnamen Hans Müller, da den Chinesen aber schlecht aussprechen können, wurde er in China Hansi Mile genannt. Mit Betonung auf der letzten Silbe. Milé klingt dann fast wie Müller. Doch wer unter einem Rheinländer namens Hans Müller eine laute Frohnatur erwartete, der irrte gewaltig. Denn zurückhaltend und so, als wäre es ihm lästig, über sich selbst zu sprechen, erklärte mir das rheinische Mitglied des Chinesischen Volkskongresses, dass er so geehrt worden war, läge letzten Endes an Hitler.

Pokergesicht.

Er erhob noch nicht einmal die Stimme, als er meinen fragenden Blick sah: »Beileibe, ich bin aber kein gewöhnlicher Emigrant!«

Im Januar 1915, während der Vater für Deutschland ins Feld zog, kam Hans Müller in Düsseldorf zur Welt. Die Geburtsurkunde trägt die Nr. 73 vom Standesamt Düsseldorf (Nord). Seine Enkelin Julia Werder, die in der Schweiz lebt und über ihren Großvater forscht, hat sie mir im Januar 2012 geschickt. Er war der Sohn des Kaufmanns Simon Müller »israelitischer Religion«, so steht es in der Urkunde, und der Henriette Rosalie Müller, geborene Ballin, »reformierter Religion«. Zur Welt kam Hans Müller mittags um »ein dreiviertel Uhr« am 13. Januar.

Kaufmann Müller besaß entweder einen Elektrogroßhandel oder gar eine Fabrik zur Herstellung elektrischer Geräte. Er war also wohlhabend. Mutter Henriette nannte den Hamburger Reeder Albert Ballin, der die HAPAG zur größten Schifffahrtslinie der Welt ausbaute, Onkel. Nach ihm ist der Ballin-Damm an der Binnenalster benannt, wo immer noch der Geschäftssitz der Reederei Hapag-Lloyd ist. Ballin war ein Vertrauter des Kaisers und beging am 9. November 1918 am Tag der Bekanntgabe des Thronverzichts Wilhelms II. und der Ausrufung der Republik Selbstmord.

Wahrscheinlich hätte Hans Müller in Düsseldorf eine Arztpraxis eröffnet oder wäre dort Professor und Chefarzt geworden und läge jetzt neben Forschern, Landschaftsmalern und Poeten, Ministerpräsidenten und Theaterintendanten auf dem Nordfriedhof, wären die Nationalsozialisten nicht 1933 an die Macht gewählt worden.

Nach dem Abitur 1933 war er vom April bis zum Juni noch zwei Monate beim Deutschen Arbeitsdienst zum »Werkhalbjahr« eingerückt, doch dann hatte er sich beurlauben lassen. Sein Vater hatte ihm geraten, in die Schweiz zum Studium zu gehen, denn als Sohn eines Juden würde er an einer deutschen Universität wohl nicht mehr angenommen. Und im Herbst 1933 fiel es dem damals achtzehnjährigen Müller nicht schwer, einen Sichtvermerk im Pass zu erhalten und im schweizerischen Basel das Medizinstudium aufzunehmen.

»Ich erwartete natürlich, dass Hitler nur ein paar Monate an der Macht bleiben würde«, erklärte mir Müller. »Doch dann kam Neujahr 1939. Ich war gerade zum Dr. med. promoviert worden. Hitler war schon jahrelang an der Macht und hatte gerade die Tschechoslowakei geschluckt. Ich dachte, dass es in Europa kaum noch Widerstand gegen Hitler geben würde. Und irgendwie muss man sich ja seiner Haut wehren. Also wollte ich dahin, wo noch gegen Hitler gekämpft wurde. Da Spanien erledigt war, kam für mich nur mehr China infrage. Ich wusste, dass dort noch gekämpft wurde.«

In der Schweiz hatte sich Müller mit einem chinesischen Studenten befreundet, der vom Kampf der Chinesen gegen die

Japaner erzählt hatte. Und die Japaner waren nun einmal als »Achsenmacht« Verbündete Hitlers.

»Aber waren Sie denn Kommunist?«, fragte ich Hans Müller.

»Ich war damals politisch noch gar nicht interessiert«, antwortete er mir. »Abgesehen von der Hauptfrage, dass ich Hitler nicht gernhatte.«

Müller nahm über Freunde Kontakt zu Mao Zedongs Armee auf, bestieg in Marseille ein französisches Schiff und fuhr nach Hongkong. Eine einundzwanzigtägige, angenehme Reise, wie er sich in unserem Gespräch erinnerte.

»In Hongkong war ich einen Monat«, erzählte Müller, dann bin ich mit dem Schiff nach Haiphong, von dort mit dem Lastwagen über Hanoi nach Nanning. Die Guomindang wollten mich nicht durchlassen.«

Die Guomindang waren die Truppen von Chiang Kai-shek. Chiang Kai-shek hatte schon 1927 begonnen, die chinesischen Kommunisten zu bekämpfen, sich dann allerdings mit ihnen für den Krieg gegen die eingerückten Japaner verbündet. Aber die Konkurrenz zwischen beiden Parteien blieb.

Die Guomindang wollten den jungen Arzt für das eigene Rote Kreuz ködern, doch Müller fühlte sich vom korrupten Offizierscorps der Nationalchinesen abgestoßen.

»Die Guomindang haben ihre Rekruten wie eine Herde von Tieren vor sich hergetrieben.« Hans Müller schilderte angewidert, was er gesehen hatte. »Ich wollte an die Front gehen. Und was ich von den Guomindang gesehen habe, das hat mich in meinem Wunsch sehr bestätigt.«

»Und dann haben Sie beschlossen, auf die Seite von Mao zu wechseln?«, fragte ich.

»Diesen Entschluss hatte ich bereits in der Schweiz gefasst. Von Maos Armee wusste ich nur durch Freunde und Bekannte, die ein wenig besser informiert waren als ich, dass die wirklich gegen die Japaner kämpften. Ich wurde aber von den Guomindang stark bewacht. Wo immer ich auch hinging, folgte mir ein Polizist. Aber ich hatte ein Visum und sagte, das gilt für ganz China. Jedenfalls haben sie dann klein beigegeben. Sie wussten ja nicht, wer ich bin.«

Und so gelang es Hans Müller, sich nach Yan'an, dem Hauptquartier von Maos Armee nach dem Langen Marsch, durchzuschlagen.

»In Yan'an hat man mich sofort sehr liebenswürdig empfangen«, schildert er seine Ankunft bei Maos Truppen im Sommer 1939. »Wenn ein Ausländer dorthin ging, war es eine Sensation. Damals gab es alles in allem in ganz Nordchina vier ausländische Ärzte!«

Der junge deutsche Arzt arbeitete zunächst in einem Krankenhaus in Yan'an, doch »da war mir die Sache ein bisschen zu friedlich«.

Er bat, an die Front versetzt zu werden. Der Chef des Sanitätsamtes der Achten Armee zögerte, weil Ausländer nicht in die gefährlichen Gebiete der heftigen Kämpfe geschickt werden sollten. Doch – so steht es in einer 1990 von chinesischen Autoren geschriebenen Propagandaschrift über »Hansi Mile« (für eine wissenschaftliche Analyse teilweise übersetzt von Müller-Enkelin Julia Werder) – Müller habe mit Nachdruck entgegnet: »Soldaten kämpfen an der Front. Arzt zu sein bedeutet auch, dass man um diese Soldaten kämpfen muss. Will medizinisches Personal den direkten Feind angreifen, findet es den Tod. Bekämpft es jedoch Krankheit und Behinderung, beschützt es die Gesundheit der Soldaten. Ich ersuche Sie, doch bitte meinen Antrag zu bewilligen.« Damit hatte der deutsche Arzt Erfolg, wie die chinesische Schrift vermerkt: »Angesichts der Aufrichtigkeit und Festigkeit seines Auftretens stimmte Mao, nachdem er gründliche Vorbereitungen getroffen hatte, Müllers Antrag zu und beschloss seine Entsendung zur Teilnahme am Kampf an die Widerstandsfront gegen Japan.«

So ging es per Lastwagen, auf Pferderücken oder gar zu Fuß über den Gelben Fluss, durch die japanischen Linien in die »befreiten« Gebiete, in die Berge. Müller, der in der Schweiz noch ein teures, edles deutsches Operationsbesteck gekauft und es mitgebracht hatte, wurde schnell zum Chirurgen. Operiert wurde unter den ärmlichsten Bedingungen. Wenn es ging, dienten einfache Bauernhütten als Hospital. Aber häufig wurden die Verletzten in unterirdische Berghöhlen verlegt, deren Eingang mit Unkraut und Ästen versteckt wurde, und dort operiert.

Müllers Assistenten und Pfleger waren elf- bis vierzehnjährige Jungen, meist Waisen, deren Eltern von den brandschatzenden Japanern umgebracht worden waren. Die Entbehrungen konnte nur ertragen, wer Sinn in seinem Opfer sah. Die tägliche Verpflegung bestand meist aus Hirse, manchmal gab es Gemüse.

Müller wollte über die schwere Zeit nur wenig preisgeben. Doch wie hart die Zeit für den Europäer gewesen sein muss, schildern seine chinesischen Biographen: »Manchmal blieb Müller nichts anderes übrig, als sich von Kaki-Mehl zu ernähren.« Die Kaki-Frucht wird getrocknet und zwischen zwei Mühlsteinen gemahlen. »Infolgedessen war nicht zu verhindern, dass er unter Verstopfung zu leiden hatte. Des weiteren aß er auch eine bitter und erdig schmeckende Rübenart, schwarze Sojabohnen in Wasser gekocht und Wildgemüsesuppe.« Aber auch der mangelnde Schlaf machte Müller zu schaffen. Und »weil es nicht möglich war zu duschen und die Kleider zu wechseln, hatte Müller, der schon immer großen Wert auf Hygiene gelegt hatte, am ganzen Körper Läuse – es war ein Juckreiz ohnegleichen.« Angeblich kribbelte es ihm bis zum Lebensende sofort am ganzen Körper, sobald von diesem Ungeziefer die Rede war.

Ständig hieß es auf der Hut sein vor den Japanern. Und bei dem Versuch, sich durch die japanischen Reihen zu schmuggeln, ging das deutsche Operationsbesteck verloren. Müller hat sich darüber maßlos geärgert. Denn es gab noch Tausende von

Verletzten zu betreuen. Hunderttausende starben. Maos Armee war so schlecht ausgerüstet, dass es zwei Menschenleben kostete, ein Gewehr zu erbeuten.

Schließlich erkrankte der Mann aus dem Rheinland an Typhus und Ruhr, sodass er nach Yan'an zurückbeordert wurde.

Dort hat ihn Mao zum Mittagessen eingeladen.

»Mao sagte fast nichts«, erzählte Müller, »und ließ mich immer reden. Er wollte genau wissen, wo ich herkam, was ich über den Krieg dachte, über den europäischen Krieg. So habe immer nur ich den Mund aufgerissen.«

Auch Deng Xiaoping, mit dem Müller nach dem Krieg häufig Bridge spielte, hat er damals kennengelernt. »Deng Xiaoping war, als ich in den Gebieten hinter der japanischen Front war, politischer Kommissar in der Division, in der ich tätig war. Das hieß Division, aber die bestand aus etwa 300 000 Mann.«

Inzwischen waren die beiden fast Nachbarn.

Bridge, so heißt es, habe Hans Müller seinem Nachbarn beigebracht, und Deng widmete sich bis ins hohe Alter gern diesem Kartenspiel. Die chinesische Geschichte ist mit beiden ähnlich verfahren. Helden der Revolution, doch Verfolgte der Kulturrevolution. Wobei es dem Ausländer etwas besser erging. Professor Müller zog sich zurück, bezog nicht Stellung, überlebte ohne Demütigungen. Allerdings versuchte er, im Verborgenen zu wirken. Um den Sohn eines Kollegen zu retten, schrieb er Mao sogar einen Brief.

Da Müller ursprünglich nur bleiben wollte, bis der Krieg gegen Hitler beendet war, versuchte er 1945 mit Hilfe der Amerikaner heimzureisen. Die jedoch verweigerten dem Arzt aus Maos Roter Armee die Rückkehr. Trotzdem verabschiedete sich Müller von der Truppe.

Auf Deutsch bescheinigte ihm der Kommandierende General der 18. Armeegruppe Zhu De, dass »Herr Dr. med. Hans

Kurt Müller vom 1. Oktober 1939 bis zum 1. September 1945 in der 18. Armeegruppe als Arzt im Range eines Majors diente.« Drunter setzte er sein Siegel. General Zhu De war über viele Jahre Oberkommandierender der chinesischen Volksbefreiungsarmee und einer der engsten Vertrauten Maos. Er hatte sich gern mit Müller getroffen und auf Deutsch unterhalten. Denn Zhu De hatte 1924 und 1925 in Deutschland angeblich studiert, in Wirklichkeit aber kommunistische Zeitschriften verbreitet und sich Industrieanlagen angeschaut. Zweimal wurde er von den deutschen Behörden wegen revolutionärer Aktivitäten verhaftet und schließlich des Landes verwiesen.

Zhu De schaffte es bis zum Vizepräsidenten der Kommunistischen Partei Chinas und war in den siebziger Jahren Vorsitzender des Nationalen Volkskongresses. Vielleicht hatte er seine Hand im Spiel, als Hans Müller dort zum Mitglied gewählt wurde.

Der Faschismus in Deutschland war besiegt. Die Kommunisten in China hatten gesiegt. Jetzt konnte Hans Müller nun nach Hause. Nach Deutschland. Aber wie?

Die chinesische Armee überließ ihm zwei Pferde, bestimmte einen Begleiter, und so ritten sie in Richtung Russland – mit dem Fernziel Heimat. Monate waren sie unterwegs, ritten bis fast in die Innere Mongolei, aber stets leiteten feindliche Truppen der Guomindang ihn um.

Schließlich fiel es chinesischen Freunden nicht schwer, Müller zu überreden, doch weiter »mitzumachen«. Na gut, dann würde er eben bleiben. Wenigstens bis zum Sieg über die nationalchinesischen Truppen, dachte er.

Denn was sollte er in Deutschland?

Weil er Jude war, hatten die Nazis seinen Vater ins Konzentrationslager Theresienstadt gebracht. Er hat es überlebt.

Müllers Mutter war es gelungen, vielleicht weil sie »reformierter Religion« war und vielleicht auch wegen ihrer Verwandtschaft mit Ballin, nach Shanghai zu reisen, in der Hoffnung, ihren Sohn wiederzusehen. Aber Shanghai war von den Truppen Tschiang Kai-sheks besetzt – dem Feind der kommunistischen Truppen. Sie schrieb ihrem Hans Briefe, die er auch erhielt, doch die Mutter konnte nicht erreichen, wonach sie sich am meisten sehnte, den Sohn wieder in ihre Arme schließen. Der Vater kam 1945 in ein Erholungslager in Deggendorf, wie die Mutter aus Shanghai schrieb. Ohne ihren Hans getroffen zu haben, nahm die Mutter 1946 schließlich das Schiff zurück nach Deutschland. Die Eltern hat Müller nie wiedergesehen.

Denn der Sieg über die nationalchinesischen Truppen kam zwar 1949. Inzwischen war Müller wieder häufig vor dem Feind davongelaufen – und einmal rannte auch eine japanische Krankenschwester mit ihm, die von den Truppen des Tenno übrig geblieben war.

»Von ihr wurde ich gefangen genommen«, schmunzelte Müller und fügte hinzu, »gefangen in der Ehe.« 1948 heiratete er Kyoko Nakamura.

Bis zum Sieg über Chiang Kai-shek, der sich 1949 geschlagen gab und mit seinen Anhängern nach Taiwan floh, hatte Müller zehn Jahre lang an der Seite von Maos Truppen als Chirurg mitgekämpft. Von 1939 an gegen die Japaner, von 1945 bis 1949 gegen die Nationalchinesen.

Ohne einen Tag Urlaub. Konsequent bat man ihn, der inzwischen fließend chinesisch sprach, er möge doch beim Aufbau helfen. Also blieb er noch ein bisschen. Als Direktor eines Krankenhauses. 1950 wurde er Professor und Leiter der Militär-Medizinischen Hochschule in Changchun. Und ein Jahr später erhielt er die Chinesische Staatsbürgerschaft und trat in die Kommunistische Partei ein. Im Alter von 38 Jahren wurde er Dekan der medizinischen Fakultät. Auch die Familie wuchs: ein Sohn, eine Tochter. 1960 brach er unter der Last der Arbeit zusammen. Das Herz machte Probleme. Er wurde nach Peking versetzt, wo er es bis zum Vizerektor der Medizinischen Hochschule in Peking brachte und bald die Pekinger Medizinische Akademie leitete, ein Amt, das er zur Zeit meines Besuchs noch bekleidete.

Und der Kommunismus? Ideologie blieb ihm immer fremd. Ganz sachlich sah er den Zustand Chinas. »Leider kann man niemandem schildern, wie das alte China wirklich aussah«, klagte er. »Damals, als ich in das Land kam, lag die Lebenserwartung bei fünfundzwanzig Jahren. Verhungernde säumten die Straßen. Heute kennt man keine Hungersnöte mehr.«

Doch Müller sah auch realistisch, dass China dreieinhalb Jahrzehnte nach der *Befreiung* noch ein armes, ein sehr armes Land war. »Diese Armut wird auch so schnell nicht überwunden werden«, sagte er voraus.

Zwar war er in den Chinesischen Volkskongress aufgenommen worden, aber als vollwertiger Chinese fühlte sich Hans Müller nie. »Die Nase ist zu groß, wie man hier in China sagt.«

Und als ich ihm erzählte, was ich wegen meiner langen Nase erlebt hatte, musste er laut lachen. Ich war zu den Gelben Bergen in der Provinz Anhui gefahren. Sie sind für Chinesen fast ein heiliges Gebirge. Dort stehen die Willkommen-Kiefer und die Abschieds-Kiefer, die man auf so vielen Tuschemalereien sieht. Besucher klettern auf die 1800 Meter hohen Gipfel der Granitfelsen über Treppen, die vor Jahrhunderten in Stein geschlagen worden waren, weil ein Kaiser die Berge besteigen wollte. Als ich hinaufstieg, begegnete ich einer chinesischen Familie mit Kindern. Das Kleinste fing plötzlich an, hysterisch zu schreien. Alle drum herum lachten. Als ich fragte, was so komisch sei, lachten sie umso lauter. Das Kind hatte auf meine große Nase gezeigt und geschrien: »Was ist das für eine große Katze?«

Die großen Nasen und Füße der Weißen haben schon immer Spott bei den Chinesen hervorgerufen. Prägte doch die Vorstellung von kleinen Füßen über tausend Jahre so sehr das chinesische Schönheitsideal, dass kleinen Mädchen schon die Zehen gebrochen und eingeschnürt wurden, sodass »Lotusfüße« entstanden, klein wie die Blüte einer Lilie oder einer Lotusblüte. Ein besonders gelungener Lotusfuß galt als besonders erotisch.

Meine – wahrscheinlich sehr deutsche – Vergangenheitsbewältigungsfrage, ob sich sein persönlicher Kampf gegen Hitler gelohnt habe, erstaunte Hans Müller. Er dachte nach und sprach in seiner bedachtsamen Art. »Unter den Bedingungen, unter denen ich Deutschland verlassen hatte, konnte ich kaum einen besseren Weg wählen. Ich bin mit meinem Leben zufrieden. Aber ein Vergnügen war es bestimmt nicht, vor den Japanern wegzulaufen.« Und das sagte er in einem Ton, als wolle er jetzt gern zur Tagesordnung übergehen.

Als Hans Müller 1994 an Herzversagen starb, schickten alle, die Rang und Namen in China hatten, Blumen: Staatspräsident Jiang Zemin, Außenminister Qian Qichen, Gesundheitsminister Chen Minzhang und die gesamte medizinische Gemeinde. Und ihm wurde noch eine große Ehre zuteil. Beerdigt wurde das rheinländische Mitglied des chinesischen Volkskongresses auf dem Babaoshan Revolutionärer Friedhof, wo auch sein Bridgepartner Deng Xiaoping und sein ehemaliger Kriegschef General Zhu De liegen, aber auch Pujie, der Bruder des letzten Kaisers von China. Sogar Pu Yi, der letzte Kaiser, war eine Zeit lang hier begraben, bis seine Asche in das östliche Qing Mausoleum bei Peking umgebettet wurde.

Nach solch einem Lebensweg, so abenteuerlich er war, lässt sich wahrscheinlich zufrieden ruhen.

# Neugier wird belohnt

## Tennis mit Arthur Miller,
## Kaffee mit Meryl Streep

Wer neugierig genug ist, kann in New York jeden treffen. Ob Meryl Streep, Woody Allen oder damals, als sie noch lebten, Arthur Miller, Roy Lichtenstein oder Tennessee Williams. Zumindest fast jeden.

In seiner ganz großen Zeit drehte Woody Allen jedes Jahr einen Film in New York. Nicht immer in Manhattan. Ich war ein großer Fan seiner komischen Psychodramen. Und ihn zu treffen war ganz einfach.

Seine Schwester Letty Aronson, die ich im Museum of Broadcasting kennengelernt hatte, wo sie als Pressereferentin arbeitete, gab mir einen Tipp.

Montagabends hing er immer ab in Michael's Pub in der 55th Street. Zwischen 3rd Avenue, wo P. J. Clarke's eine einladende Theke und hervorragende Hamburger anbietet, und 2nd Ave. Ich wohnte ein paar Hundert Meter weiter. In einem Wolkenkratzer. In der zweiten Etage, Ecke 56th Street / 2nd Ave.

In diesem Pub habe ich Woody Allen gehört und gesehen. Aber nicht gesprochen. Er trat mit seiner Jazz-Band als Klarinettist auf. Aber er verschwand sofort nach seinem Auftritt.

Dann gab Letty mir den nächsten Tipp.

Ihr Bruder drehe in dem New Yorker Vorort Piermont seinen nächsten Film. Seinen dreizehnten. Und sie habe uns eine

Drehgenehmigung besorgt. Als ich ihn dort über die Straße gehen sah, glaubte ich, er spiele schon wieder. Nein, so geht Woody Allen immer. Und was für einen Film er drehte, hielt er geheim. Überhaupt war er ein großer Geheimniskrämer, wie ich später selbst erlebte. Aber Letty hatte mir erzählt, bei dem Film handele es sich um eine Frau, die ständig ins Kino geht und dadurch eigene Phantasien entwickelt. Und diese Frau spielte natürlich seine (damalige) Frau, Mia Farrow. The Purple Rose of Cairo.

Wir haben ein wenig gedreht. Aber er nahm uns nicht wahr.

Inzwischen ist Letty als Producer von Woodys Filmen sogar 2012 für den Oscar in der Kategorie Bester Film nominiert worden, für Midnight in Paris. Aber damals, als wir uns trafen, arbeitete sie noch nicht mit ihrem Bruder zusammen. Doch ich bin sicher, dass sie ihm von mir erzählt hat. Denn eines Tages erhielt ich einen Anruf. Nicht von Woody Allen selbst, aber aus seinem Büro. Und jemand erklärte mir: Woody Allen habe einen »Mockumentary« geschrieben. »Mockumentary« ist ein erfundenes Wort, aus den zwei Begriffen »Documentary« und »to mock« zusammengesetzt. »To mock« bedeutet verspotten, nachahmen, täuschen oder zum Narren halten. Bei diesem Film, so der Anrufer im Namen von Woody Allen, handele es sich um einen erfundenen Dokumentarfilm, der aber echtes Dokumentarmaterial verwende.

Da stehe dann die Hauptperson namens Zelig (so auch der Titel des Films), gespielt von Woody Allen, auch mal neben Hitler oder dem Papst. Und es sehe absolut echt aus. Zelig sei ein perfektes menschliches Chamäleon.

Nun suche Woody Allen für die deutsche Fassung – ich war sofort elektrisiert – jemanden, der die Rolle des Dokumentaristen sprechen könne. Und ich sei doch ein Fernsehkorrespondent, der Dokumentarfilme drehe und seine Texte selber spreche. Das müsse doch passen!

Allerdings war ich mitten in einer eigenen Produktion zeitlich so im Stress, dass ich absagte. Ich könne bei bestem Willen nicht. Aber in meinem Studio sei ein junger Mann, der gerade anfange, Filme für das Fernsehen zu machen. Den könne ich ihnen schicken. Stephan Strothe – heute Amerikakorrespondent von N24 und Sat 1. Na gut, er möge mal kommen.

Aber dann siegte doch meine Neugier.

Ich konnte es mir nicht verkneifen, Stephan Strothe zu begleiten, denn das ARD-Büro lag Ecke 57th Street und Broadway, die Produktion von Woody Allen nur einige Hundert Meter weiter südlich auf dem Broadway. Und natürlich hoffte ich, Woody Allen zu treffen. Bestimmt würde er sich zeigen. Bei solch einer wichtigen Entscheidung.

Wir wurden in einen kleinen Vorführsaal geführt, an einem Pult waren Mikrophone angebracht, und Stephan Strothe sprach einen Text. Ach, und da ich nun einmal da war, fragten sie mich, ob ich nicht bitte auch einmal vorsprechen wolle.

Ich hätte wirklich keine Zeit!

Aber ich sollte nur mal den Text vorlesen. Ich vermutete, dass Woody Allen hinter der verdunkelten Glasscheibe im Regieraum saß. Also nahm ich das Stück Papier, überflog den Text, machte mir einige Zeichen, wo ich mir eine Pause dachte und wo ich besonders betonen würde. Dann las ich vor.

Nichts geschah.

Wir saßen allein in dem verdunkelten Studio. Dann kamen irgendwelche Mitarbeiter und dankten uns. Man würde uns anrufen.

Woody Allen haben wir nicht gesehen.

Am Nachmittag rief mich Letty an. Sie habe eine große Bitte. Woody sei von meiner Dokumentarstimme so überzeugt, dass er unbedingt wolle, dass ich die deutsche Fassung spreche. Es dauere wirklich nur drei oder vier, höchstens fünf Stunden.

»Letty, ich kann wirklich nicht! Ich muss den Text erst einmal für mich lesen, ihn dann für die Sprachaufnahme vorbereiten. Das kostet mich einen Tag.«

Letty rief mich eine Stunde später wieder an. Man könne die Sprachaufnahme auch auf mehrere Tage stundenweise verteilen. Ich könnte einfach sagen: Montagnachmittag anderthalb Stunden, Mittwoch früh eine Stunde, Freitag noch eine Stunde, und so fort.

»Letty, ich gebe mich geschlagen!«

Dann habe ich Woody Allen getroffen. Als ich zum ersten Termin kam, wurde ich in einen Schneideraum geführt, wo er hinter der Cutterin saß. Er dankte mir, wirkte konfus und nicht bei der Sache, gab mir die schlaffe Hand – Nice to have met you – Schön, dass Sie gekommen sind. Aber Sie haben ja wenig Zeit. Ab ins Studio.

Völlig unerfahren in Dingen der Synchronisierung von Spielfilmen, dachte ich, jetzt würde ich den ganzen »mockumentary« Zelig sehen. Welch Irrtum. Mir wurden nur die einzelnen Szenenhäppchen eingespielt, zu denen der von mir zu sprechende Text passte. Wir schafften es in zwei Sitzungen. Aber worum es bei diesem Film ging, das habe ich erst erfahren, als »Zelig« in Manhattan im Kino anlief, und ich ihn dort nach dem Kauf eines ordentlichen Tickets ansehen konnte.

»Zelig« wird nur noch selten gezeigt. Und die deutsche Fassung mit meiner Stimme habe ich erst Jahre später im deutschen Fernsehen gesehen. Da wunderte ich mich, dass ich mich nicht so anhörte, wie ich es gewohnt war, sondern ein wenig höher in der Tonlage, ja, ich glaubte sogar, einen minimalen Lispler herauszuhören. Das hatte seinen Grund in der Technik. Der Spielfilm war in den USA mit 24 Bildern pro Sekunde gedreht worden. Aber durch die Umwandlung auf das deutsche PAL-System für das Fernsehen liefen jetzt 25 Bilder pro Sekunde. Ein Bild pro Sekunde mehr, das mag zwar fast unmerkbar sein, aber es macht doch etwas aus. Dadurch wird der Film auch ein wenig kürzer! Und man kennt ja den Effekt: Ein schneller laufendes Tonband lässt die Sprache immer heller klingen.

Von wegen Neugier: Anfang der achtziger Jahre entdeckten die Kunstgalerien in Soho die jungen deutschen Maler: die Wilden. Aber die amerikanischen Popkünstler standen immer noch an erster Stelle der Bewunderung. Ihr aller Vater war der Galerist Leo Castelli. Vor Weihachten stellte er in seiner Galerie am West-Broadway ein paar kleine Formate von Roy Lichtenstein aus, vielleicht 30cm mal 30cm. Weniger fürs Museum als für einen ahnungslosen reichen Sammler gemalt, der ohne mit der Wimper zu zucken dreißigtausend Dollar für solch ein kleines Bild ausgeben kann. Anerkannte Kunst als Renommee an der Salonwand. Immer noch besser als ein röhrender Hirsch.

Um die Ecke in der Greenestreet hatte Castelli noch einen zweiten, riesigen Ausstellungsraum eröffnet. Dort zeigte mir Roy Lichtenstein, was er wirklich konnte. Nur so zum Spaß malte er die dreiunddreißig Meter lange und sechs Meter hohe Wand voll.

Kunstkritiker mögen nach dem tieferen Sinn von Bildern fragen, doch der sympathisch scheue Roy Lichtenstein sagte mir: »Bilder müssen für mich keine Bedeutung haben. Ich weiß, was die einzelnen Gegenstände darstellen, aber darum geht es nicht. Es fiele mir schwer, Ihnen die Bedeutung des Gesamtwerkes zu erklären, obwohl es eine hat, die über die einzelnen Gegenstände hinausgeht.«

»Aber wie würden Sie antworten«, fragte ich ihn, »wenn jemand Sie bäte, die Bedeutung dieser Wandmalerei zu erläutern?«

»Nun, ich würde sagen, diese Wandmalerei ist eine Art Parade von Dingen, die ich früher schon gemalt habe«, antwortete Lichtenstein, »eine erneute Darstellung gewisser Objekte, die ich schon einmal verwendet habe.«

»Könnten Sie ein wenig erklären, worum es sich handelt, während wir am Bild entlanggehen?«

»Das hier ist eine Tasse. Die Kompositionsbücher habe ich 1962 schon einmal gemalt. Dann sehen Sie den Gegensatz zwischen einer sehr runden weiblichen Figur und einer sehr geometrischen männlichen, eine Fortsetzung des Klischees sozusagen, das wir für die Betrachtung von Männern und Frauen benutzen.«

»Wollen Sie sagen, dass Sie Männer geometrisch sehen?«

»Nicht ganz. Ich glaube, es ist mehr eine Weiterführung des Klischeebegriffes. Ich habe diese zwei schon einmal in surrealistischen Bildern dargestellt. Der Käse sieht genauso aus: hat die gleichen Charakteristiken wie diese weibliche Figur. Sie sind ziemlich artverwandt. Die Darstellung eines Schweizer Käses fällt ziemlich abstrakt aus, aber das ist immer der Fall, wenn man ihn als Karikatur malt.

Dies sind Aktenordner – auch ziemlich abstrakt, wenn man nicht weiß, was es sein soll. Da ist ein metallener Klappstuhl, ein Spiegel. Dieser Gegenstand hier unten ist die Neugeborenenfigur von Brâncuşi. Schwierig zu erkennen.«

»Stellt dieser Picassokopf hier eine Huldigung, eine Respektbezeugung oder nur einen Bezug dar?«

»Eine Bezugnahme – so würde ich das nennen. Er gleicht einer alten Grafik von mir, die eine Picasso-Huldigung war, aber – ob Huldigung oder nicht, es ist eine Bezugnahme. Es sind alles Bezüge, meist auf meine eigenen Arbeiten, aber in vielen Fällen auch auf die anderer Leute, wie auf Brâncuşi oder den Surrealismus.«

»Weshalb zitieren Sie in diesem Bild andere Künstler, wie zum Beispiel Brâncuşi?«

»Nun, das Absurde am Zeichnen eines runden Messing- oder Marmorobjekts von Brâncuşi ist, es in der Art zu zeichnen, wie es hier dargestellt ist. Man kann nur ahnen, was es ist, wenn man seine Werke gut kennt oder einem jemand sagt, was es darstellen soll. Ich glaube, das Absurde ist, ein vorhandenes Objekt in einer anderen Art zu porträtieren, zum Beispiel für kommerzielle Zwecke. Im übrigen verspüre ich zunächst fast immer den Drang nach einer Farbe, nach etwas Dunklem, etwas Rotem oder etwas Gelbem. Und erst dann ergibt sich daraus eine Form.«

Drei Monate lang hatte Roy Lichtenstein über dem Entwurf dieses Bildes gesessen, drei Wochen lang haben dann er und zwei Assistenten den Entwurf auf die Mauer von Castellis Greenestreet-Galerie übertragen. Lichtenstein selbst, gerade sechzig Jahre alt geworden, behielt sich vor, die schwierigsten Teile selbst auszuführen. Und dazu gehörte der in seinem Werk immer wiederkehrende Pinselstrich, der hier nicht mit einem Pinsel, sondern mit einer großen Rolle gemalt und später noch mit den typischen Garnierungen der Pop-Art abstrahiert wurde.

Ein großer Teil der Objekte, die in dieser Wandmalerei Platz fanden, waren Zitate aus seinen eigenen Werken oder aus Bildern anderer Künstler. In vielen von Lichtensteins Bildern nimmt er Bezug auf Künstler wie Picasso oder Mondrian oder er verfremdet vorhergegangene kommerzielle Stilepochen wie das Art Deco.

Der Künstler, der ihn wohl am meisten beeinflusst hat, war Picasso. Und so erhält der auch in dem riesigen Wandgemälde einen besonderen Platz in einer Nische am Ende der langen Wand.

Drei Wochen lang wurde gemalt. Und die Kosten waren nicht unerheblich, denn zu der Farbe und den Gehältern der Assistenten kam noch die Miete der Hebewagen, auf denen die Maler sich bis in sechs Meter Höhe hieven ließen.

Und dann hat mir Roy Lichtenstein das Bild geschenkt.

Aber er schmunzelte, als er es sagte. Denn schließlich war das Bild auf die Wand von Castellis Galerie gemalt. Und wie sollte ich es mitnehmen? Nach sechs Wochen Ausstellungszeit wurde es ganz banal mit weißer Farbe übertüncht. So viel zur Lebensdauer meines Geschenks.

Roy Lichtenstein bedauerte nicht, dass das Werk wieder verschwand. Er hielt die Vollendung seiner Wandmalerei für wichtiger als ihr Überleben.

»Und im übrigen«, sagte er, »hat dieses 33 Meter lange Bild wahrscheinlich eine größere Aufmerksamkeit dadurch erhalten, dass es nur so kurz zu sehen war.«

Wenige Abende später traf ich wieder auf ein Bild, das Roy Lichtenstein verschenkt hatte. Diesmal aber wirklich, für einen guten Zweck. Und für gute Zwecke arrangiert man in New York erst einmal ein Abendessen mit viel Prominenz. Der Grund war an dem Abend die Versteigerung von 24 Werken der berühmtesten amerikanischen Künstler, die je ein Bild zugunsten der Anti-Atomwaffenbewegung gestiftet hatten.

Das haben wir heute fast vergessen: Anfang der achtziger Jahre befand sich die Welt im Wettrüstkampf. Ronald Reagan hatte endlich das getan, was Bundeskanzler Helmut Schmidt fast vergebens von Jimmy Carter gefordert hatte: der Stationierung der Pershing-Atomraketen im Nato-Europa zugestimmt. Als Antwort auf die SS-20 der Sowjets. Die Atomwaffenarsenale waren so voll, dass sich die Welt etwa dreißigmal hätte umbringen können. In Deutschland folgten Hunderttausende von Demonstranten den Aufrufen der Friedensbewegung. Auch in den USA hatte sich eine starke Bewegung gegen das atomare Wettrüsten entwickelt.

Sam Francis, Jim Dine, David Hockney und Claes Oldenburg, Jasper Johns, Robert Motherwell, James Rosenquist und Robert Rauschenberg hatten Werke zur Verfügung gestellt. Die Versteigerung selbst führten Berühmtheiten aus Politik, Filmwelt und Kultur durch. Unter anderen der Autor Arthur Miller, den

ich durch Frederik – genannt »Friedel« – und Barbara Ungeheuer, die in Roxbury, einem reizenden Örtchen in Connecticut, dessen Nachbarn waren, kennengelernt hatte. Wir haben
manchmal mit Arthur Miller Tennis gespielt, Doppel. Ich wurde immer ausgeschimpft, weil ich den Ball schlecht traf oder
falsch stand. Aber wir spielten immerhin auf dem Tennisplatz
von Dustin Hoffman. Der zeigte sich zwar nie, aber wir durften
den Platz benutzen, denn Arthur Miller inszenierte gerade sein
Stück »Tod eines Handlungsreisenden« am Broadway mit Dustin Hoffman in der Hauptrolle als Willy Loman und mit einem
aufstrebenden, jungen Schauspieler namens John Malkovich als
Biff.

Beim Abendessen samt Kunstversteigerung stellte Arthur
Miller mir William Styron vor, den Autor des Buchs »Sophie's
Choice«. Es war mit Meryl Streep in der Hauptrolle verfilmt
worden, die dafür den Oscar als beste Hauptdarstellerin erhielt.

Styron hatte über ein menschliches Drama geschrieben, das
mich heute noch schaudern lässt. Als sie mit ihren beiden Kindern in Auschwitz ankommt, wird Sophie von einem KZ-Auf-
seher vor die Wahl gestellt, welches Kind sie mitnehmen will,
das andere muss sofort in die Gaskammer. Der Gedanke an dieses Buch ließ mich auch gegenüber dem Autor verstummen. Ich
stotterte irgendwelche dummen Worte.

Die Versteigerung fand in privatem Rahmen statt. Die Schauspielerin Jill Claiburg gab die Gebote bekannt – und die Bilder
erzielten meist Höchstpreise. Denn die Gäste waren nicht nur
wohlhabend, nicht nur vermögend, sondern immens reich. Insgesamt brachten die 24 Kunstwerke eine dreiviertel Million Dollar zusammen. Eine dreiviertel Million für den Kampf gegen die
Atomaufrüstung. Ich fragte Arthur Miller, weswegen er sich an
der Versteigerung beteilige, ob er glaube, als Schriftsteller eine
besondere Verantwortung zu haben.

»Nein«, sagte Arthur Miller, »wäre ich jemand anderes, dann

wäre ich auch hier, falls ich Zeit hätte. Grundsätzlich habe ich nämlich etwas dagegen, mehr als einmal getötet zu werden. Es gibt heute genügend Waffen, um jeden mindestens zehnmal zu töten, wenn nicht gar hundertmal. Diese Zahlen sind zu kompliziert für mich. Einmal getötet zu werden, reicht mir. Ich bin an den restlichen Malen nicht interessiert.«

»Weshalb engagieren sich hier gerade Künstler so sehr?«

»Künstler machen sich ständig Sorgen um die ganze Welt. Weil sie glauben, ein Gewissen zu haben. Und Leiden bewegt sie. Lassen Sie mich damit lieber gar nicht erst anfangen! Dazu habe ich schon genug gesagt.«

Zu den Künstlern, die Arthur Miller gemeint haben mag, gehört die Schauspielerin Meryl Streep. Anfang der achtziger Jahre machte auch sie sich Sorgen wegen der Atompolitik der USA. Sie gehört zu den Schauspielerinnen, die nicht nur die Texte anderer vor der Kamera aufsagen, sondern die auch denken können. Und je berühmter Meryl Streep wurde, desto mehr wurde ihr bewusst, dass sie ihre Bekanntheit nutzen könnte, um politisch etwas zu bewegen. Damals hatte die 35-jährige Streep schon zwei Oscars gewonnen. Von Kindesbeinen an hatte sie große Erfolge mit ihrer Schauspielerei erzielt, wenn auch nicht in der Öffentlichkeit, so doch vor dem Publikum ihrer Schule in New Jersey. Nach dem Schulabschluss besuchte sie die Elite-Universitäten Vassar, berühmt seit dem Roman »The Group – Die Clique« von Mary McCarthy, und Yale und studierte Schauspielerei. In Yale spielte sie fünfzehn Rollen pro Schuljahr und wenige Jahre, nachdem sie diese Universität verlassen hatte, wurde sie mit dem Ehrendoktor für ihre hervorragende schauspielerische Leistung in Theater und Film ausgezeichnet.

Ihre Karriere begann sie nicht beim Film, sondern in Theatern von New York, wo sie schon nach ihrer ersten Rolle als großes komödiantisches Talent entdeckt und mit Angeboten überschüttet wurde. Auf den Bühnenbrettern spielte sie daraufhin erst einmal lustige Rollen.

Nun, mit 35, war sie einer der ganz großen Filmstars. Aber das Hollywood-Gewese war ihr zuwider. Mit ihrem Mann, einem Bildhauer, gehörte sie zur New Yorker Intelligenzia und stellte die Atompolitik der US-Regierung infrage.

Man kann seine Popularität doch auch für die causa nutzen, sagte Streep. Also setzte sie sich dafür ein, einen Film, der die Wahrheit über den Tod von Karen Silkwood zum Thema hat, zu drehen. Karen Silkwood war eine Arbeiterin in einer Plutoniumfabrik. Weil sie vermutete, Mitarbeiter seien fahrlässig verseucht worden, sammelte sie belastendes Material, um es Reportern der *New York Times* zu übergeben. Bei ihrer nächtlichen Fahrt zu einem Treffpunkt kam Karen Silkwood von der Straße ab, prallte gegen eine Betonmauer und war sofort tot.

Unfall oder Mord? Auf jeden Fall waren die belastenden Papiere plötzlich verschwunden.

Karen Silkwood wurde bald nach ihrem Tod zu einem nationalen Symbol der Atomgegner.

Zwei Autoren hatten den Stoff des Falles »Karen Silkwood« zu einem Drehbuch verarbeitet, doch niemand wollte Geld investieren, um den Film zu produzieren. Erst als Meryl Streep begann, sich für das Thema zu interessieren, regelte sich alles wie von selbst. Der Film wurde gedreht. Mit Streep in der Hauptrolle.

Als der Film ein großer Erfolg wurde, bat ich sie um ein Treffen. Sie wohnte in New York nicht etwa in den vornehmen Vierteln um den Central Park, sondern unten in Soho bei den Malern und Bildhauern. Am liebsten gab sie sich als Normalbürgerin, sie hasste es, als Star behandelt zu werden. Ja, das Gespräch könnten wir führen, aber bitte nicht zu Hause. Sie lasse niemanden in ihre Privatsphäre, außerdem störe es ihren Mann Don Gummer – und die Kinder.

Wir treffen uns also in ihrer Agentur, und sie kommt mit ihrem Baby, das wenige Monate alt ist und schläft. Sie ist völlig ungeschminkt, die rötlichen Haare fliegen ein wenig wild um ihren Kopf, das Kind wird auf ihrem Schoß geparkt. Die Stimmung ist gelöst, so als sei sie eben mal für einen kleinen Schwatz vorbeigekommen.

Meryl Streep war gerade für ihre Darstellung der Karen Silkwood für den Filmpreis »Golden Golbe« nominiert worden (sie erhielt ihn nicht, aber Cher bekam ihn für eine Nebenrolle in dem Film).

»Mich faszinierte Karen Silkwood«, erzählte mir Meryl Streep. »Denn ich liebe komplizierte Charaktere, die keine einfachen Antworten zulassen. Ich mag es komplex, widersprüchlich. Karen Silkwood war so jemand, im wirklichen Leben und im Drehbuch. Beim Lesen des Drehbuchs gefiel mir, dass sie jemand war, der etwas Heldenhaftes tat, ohne jene heldenhaften Eigenschaften zu haben, die wir normalerweise mit Menschen, die Großes leisten, in Verbindung bringen.«

»Haben Sie die Rolle gewählt«, fragte ich, »weil Sie für den Atomstopp eintreten?«

»Das war wahrscheinlich der Grund, weswegen ich überhaupt begann, über Karen Silkwood nachzulesen«, sagte Meryl Streep.

Das Baby quakte, sie übergab es der sie begleitenden Kinderschwester.

»Das ist schon längere Zeit her. Und es war überhaupt nicht die Rede davon, einen Film über ihr Leben zu drehen. Erst als ich immer berühmter und mir klar wurde, dass ich vielleicht selbst etwas beeinflussen könnte, half mein Interesse für nukleare Fragen, diesen Film auf den Weg zu bringen.«

»Die Produzenten behaupten, der Film wäre ohne Sie nie zustande gekommen. Sind Sie an die Produzenten herangetreten?«

»So in etwa. Dafür ist mein Agent zuständig. Ich selbst habe nicht zum Telefon gegriffen und die Nummer gewählt.« Sie lachte. »Vor solchen Typen habe ich Angst. Aber es stimmt, dass mein Interesse das Ganze ins Rollen brachte. Und ich bin stolz darauf, obwohl sich mein Verdienst allein auf meine Schauspielkunst beschränkt.«

»Sie sagen, Karen Silkwood sei keine Heldin gewesen, kein Jeanne d'Arc-Typ. Einerseits setzte sie sich für ihre Kollegen in der Plutonium-Fabrik ein, andererseits hatte sie wirklich große Probleme mit sich selbst. Interessiert sich das Publikum immer für Personen, die Schwierigkeiten mit sich selbst und mit der sie umgebenden Gesellschaft haben?«

»Ich glaube, das Publikum interessiert sich für Menschen, in denen es sich zu erkennen glaubt. Sehr oft sind Filmemacher bemüht, entweder die oberen Zehntausend mit ihren Tonnen von Geld darzustellen, oder sie interessieren sich für Verrückte, für Unterweltstypen. Aber das hier ist eine wahre Geschichte. Es ist eine Geschichte in der jeder, jeder Arbeiter in Amerika, sich wiedererkennen kann. Und das hat viel mit der Popularität dieses Films zu tun, wenigstens hier in den USA. Weil er wirkliches Leben darstellt. Was die Atomfrage angeht: Karen Silkwood arbeitete in der Nuklearindustrie. Sie war nicht als Atomgegner aktiv. Es ist ironisch, dass dieser Film jetzt als Aushängeschild gegen die Atomindustrie dienen soll.«

»Weshalb interessierten Sie sich gerade für ein Drehbuch mit einer wahren Geschichte?«

»Wenn die Zuschauer am Ende eines Films lesen: ›Der und der lebt jetzt da und da …‹ macht es einfach einen stärkeren Eindruck. Es geht mehr unter die Haut, als wenn sich jemand die Geschichte in einem Zimmer in Hollywood ausgedacht hat. Eine wahre Geschichte berührt uns, sie kommt von der Leinwand direkt ins Leben.«

Meryl Streep fragte, ob ich noch einen Kaffee trinken möchte. Ja gerne. Sie bat auch um eine Tasse und wartete gar nicht auf eine nächste Frage.

»Ich war über die ausgezeichneten Kritiken überrascht. Ich hatte gar nicht gedacht, dass der Film so viel Anklang finden würde. Und ich bin stolz, dass er so populär geworden ist.«

»Hatten Sie mit weniger Anklang gerechnet?«, fragte ich.

»In Amerika ist häufig alles verdächtig, was einen politischen Bezug auf unser Leben hat. Sehr oft werden solche Filme vom amerikanischen Publikum verdammt. Die Leute möchten nicht an die wirkliche Welt erinnert werden. Aber meines Erachtens geht es dabei auch um die Darstellung des täglichen Lebens. Und die Auseinandersetzung mit wirtschaftlichen Fragen, wie man sich durchs Leben schlägt, findet beim Publikum auch ein gewisses Interesse. Aber die Amerikaner mögen am liebsten lustige Filme.«

»Der Film ›Karen Silkwood‹ dagegen ist traurig.«

»Sehr traurig, hat aber auch eine Menge Humor.«

Meryl Streep hatte sich auf die Rolle von Karen Silkwood genau vorbereitet, eine Menge Zeugenaussagen von Leuten studiert, die sie kannte, und von deren Kollegen. Sie hatte mit Silkwoods Vater, auch mit ihrem Freund gesprochen, und alles gelesen, was über sie geschrieben worden war.

Auf dem Tisch, an dem wir in der Agentur saßen, hatte jemand – sicherlich mit Hintergedanken – einen Fotoband von Annie Leibovitz gelegt, auf dessen Umschlag Meryl Streep mit einer weißen Gesichtsmaske aufgenommen worden war. Ein berühmtes Foto. Mit spitzen, gespreizten Fingern, die Handflächen nach vorn gedreht, zieht sie ihr Gesicht am linken Auge und der Backe hinten rechts wie eine Maske auseinander.

Ich nahm das Buch, schaute auf das Bild von Meryl Streep, das ich gut kannte, denn das gleiche lag bei mir zu Hause, und fragte sie, wie es zu dieser Aufnahme gekommen sei.

»Den ganzen Nachmittag ließ Annie mich Marcel Marceau sein. Ich war sehr müde und wollte nur nach Hause gehen und essen. Ich machte also diese Geste, so als nähme ich die weiße

Maske ab und sagte: So, das wär's, Annie! Es ist fünf Uhr, sorry, ich gehe! Und sie sagte: warte einen Augenblick – das ist es, das ist es! So entstand also das ›berühmte‹ Foto.«

»Warum sollten Sie Marcel Marceau darstellen?«

»Ich weiß nicht. Ich war da in ausgebeulten Hosen. Wahrscheinlich wollte sie meinen Zwiespalt zeigen. Im Theater bin ich ein Clown gewesen. Ich war eine Komödienschauspielerin. In Filmen bin ich sehr, sehr ernsthaft. Ich glaube, das wollte sie darstellen.«

Wir verfielen in eine Plauderei. Sie erzählte, weshalb sie nie nach Hollywood ziehen wollte. Erstens stamme sie aus New Jersey, das sei »zehn Minuten von hier«. Und sie drehe lieber an Originalschauplätzen. Leider schwärme ihr Mann von Kalifornien. Also könne es schon sein, dass sie dort einmal einen Film drehe. Aber dort leben? Nein.

»Ich mag die Winter«, sagte sie, »und in New York gibt es wenigstens Leute, die außerhalb des Show Business arbeiten. In Los Angeles dreht sich jedes Gespräch, jeder Gedanke um Film.«

Das Baby rief seiner Mutter durch lautes Gebrüll zu, dass jetzt aber Schluss sei. Meryl Streep sprang auf, streckte mir die Hand hin und rief mir lachend zu: »So, das wär's Annie. Es ist fünf Uhr, sorry, ich gehe!«


Neugier kann sich verschieden ausdrücken. Sind die beiden nun verlobt oder haben sie sich getrennt? Diese Frage wird täglich in der Boulevardpresse beantwortet. Neugier dient dabei nur dazu, auf dem neuesten Stand des Tratsch-Geflüsters zu sein. Tratsch aber interessiert mich wenig.

Immanuel Kant dagegen sprach seinerzeit von der Neuigkeitsbegierde, einem »gewissen richtigen Geschmack in der Naturwissenschaft, welcher bald die freie Ausschweifung einer Neuigkeitsbegierde von den sichern und behutsamen Urteilen zu unterscheiden weiß«. Damit meint er die mehr oder weniger gezielte Suche des Wissenschaftlers nach bisher unbekannten Antworten. Mich aber treibt auch die Neugier des Wissenschaftlers nicht an.

Für mich besteht Neugier aus mehreren Elementen. Offen sein für Neues. Mit einer gewissen Naivität, vielleicht sogar mit einem kindlichen Staunen, mir bisher Unbekanntes wahrzunehmen. Ich kann Neugier allerdings nicht ohne Folgen für mich sehen. Denn ich will nicht nur des Wissens wegen etwas Neues erfahren. Ich will darauf zugehen, will reagieren, vielleicht Augen und Ohren aufsperren, um dann auch das Neue zu verstehen, es einzuordnen. Ja, es dann in meinen Erfahrungsschatz zu packen – oder aber, gleich auf das Neue so eingehen, dass ich noch mehr erfahre. Das Neue wirkt wie ein Köder, der mich für eine Sache begeistert. Mich motiviert. Mich loslaufen lässt.

Und tatsächlich blieb mir nichts anderes übrig, als loszulaufen, als ich einen winzigen, vielleicht mageren fünf Zeilen umfassenden, in einer Ecke des Lokalteils der *New York Times* versteckten Artikel gelesen hatte.

Er elektrisierte mich.

Ich war gerade vor wenigen Monaten in Manhattan angekommen, da stand nun in der Zeitung, Tennessee Williams arbeite aktiv mit an der Inszenierung seines neuestes Stückes.

Tennessee Williams? Wir schreiben das Jahr 1981! Der ist doch längst tot, sagte ich mir. Dessen Zeit liegt doch dreißig Jahre zurück. »Streetcar named Desire«, verfilmt mit dem ganz jungen Marlon Brando und Vivien Leigh, das war 1951. »Cat on the Hot Tin Roof«? 1958 mit dem ganz jungen Paul Newman und der bildhübschen Elisabeth Taylor. Und 1961, hatte da nicht der ganz junge Warren Beatty (wenn ich an den Namen denke, wird mir gleich wieder heiß, und ich denke an meinen Fauxpas als Angestellter im Hotel Delmonicos, siehe nächstes Kapitel) in »The Roman Spring of Mrs Stone« mitgespielt.

Tennessee Williams muss doch seit mindestens zehn Jahren tot sein!

Wie peinlich war meine Unwissenheit! Meine Güte, sagte ich mir, jetzt hast du eine Chance, diesen von dir bewunderten Weltliteraten zu treffen. Du drehst einfach einen Bericht über sein neues Stück. Wo wird das wohl aufgeführt? Am Broadway! Sicherlich. Nein, kein Broadway-Theater hat den neuen Tennessee Williams in der Vorschau. Sicher macht es ein besonderes Off-Broadway-Theater, das auf neue Stücke spezialisiert ist. Weit gefehlt. Endlich finde ich es heraus: Off-Off-Broadway, am »Bouwerie Lane Theater« war dessen Chefin Eve Adamson dabei, das neue Stück von Tennessee Williams auf die Bühne zu bringen.

Niemand beantwortete das Telefon des Theaters. Niemand. Nie. Also nahm ich mir ein Taxi. Die Ecke östlich vom Washington Square war damals ziemlich verkommen. Heute ist das Gebäude, in dem das Theater einst residierte, von Immobilienhaien aufgemotzt worden, allein das Penthouse kostet mehr als zehn Millionen Dollar.

Ich kam zum Theater. Ein altes, schweres Schild mit dem Namenszug hing über der Straße. Eine verrostete Treppe führte zum Eingang. Der war geschlossen. Es gab keine Klingel. Ich fand keinen Hintereingang. Kein Fenster war offen. Das Gebäude wirkte wie ausgestorben. Schräg gegenüber lag Phebe's, eine alte Spelunke, die Fenster neben dem Eingang waren mit hellen Backsteinen zugemauert. Ich hatte Hunger. Dort gab es Hamburger. Ich betrat das düstere Lokal, das innen sehr gemütlich wirkte mit seiner langen Holztheke. Es war leer. Eine Kellnerin kam freudig auf mich zu, »hi, how are you today?«. Ich setzte mich. Sie hatte viel Zeit zum Plaudern. Ich bestellte. Und als sie den Hamburger brachte, fragte ich sie nach dem Theater. Wie man da denn jemals jemanden treffen könnte?

Oh my god! Sie schlug die Hand vor den Mund. Wissen Sie

was, Eve kommt immer mittags zum Essen. Heute war sie noch nicht da. Aber gestern, sprudelte es aus dem aufgeregten Mädchen, das den Satz gar nicht zu Ende reden konnte, so viel wollte sie mir auf einmal erzählen. Ich müsse nämlich wissen, sie, Regina, sei Schauspielerin. Eigentlich. Aber da sie kein Engagement habe, verdiene sie hier als Kellnerin ihr Geld. Es sei eigentlich ihre erste Woche. Und, stellen Sie sich das vor. Gestern kommt Eve mit Tennessee Williams hier rein und stellt mich ihm als Schauspielerin vor. Er trug eine dicke schwarz eingefasste Brille und sagte sein langgezogenes »Helloooo'«, wie man halt in Tennessee spricht.

»Ich habe mich richtig in ihn verliebt«, sagte Regina.

Dann wurde sie rot. Ob er mit so einem jungen Ding wie mir was anfangen kann? Ich überlegte kurz, gab mir einen Ruck und sagte dann, dass er doch schwul sei. Sie wurde noch röter. Sie hätten eine Karaffe Weißwein bestellt und laut gelacht. Sehr laut hat Tennessee Williams gelacht. Und dann hätten sie an dem Stück gearbeitet, das bald Premiere habe. Die Proben begännen meist um vier, dann sei auch die Eingangstür offen.

Als ich in den dunklen Theaterraum trat, konnte ich kaum jemanden erkennen. Die offene Bühne war in ein flaches Licht getaucht. Ein Bühnenarbeiter stand auf einer Leiter. Eine Frau, es wird wohl Eve Adamson sein, dachte ich mir, gab ihm Anweisungen. Auf einem Eckplatz in der zehnten von nur rund zwanzig Reihen saß Tennessee Williams in einem dunklen, etwas abgetragenen Mantel, mit strubbeligem Haar, fahler Haut, um seinen Schnäuzer herum unrasiert. Er reagierte sehr freundlich, als ich mich ihm vorstellte. Ja, natürlich könnten wir bei der Premiere drehen, vielleicht ein wenig vorher auch bei den Proben. Er stellte mich Eve vor, die wenig Zeit für mich hatte, und zog mich in eine der letzten Reihen.

»Sie sollten wissen, worum es in dem Stück geht«, sagte er. »Der Titel lautet ›Something Cloudy, Something Clear‹«.

Die Handlung ist schnell erzählt. Sie spielt 1940 in Province-town, dem heimlichen Treffpunkt von Homosexuellen an der Spitze von Cape Cod, zu Zeiten als Homosexualität ein Tabu war. Ein aufstrebender Autor will einen jungen kanadischen Wehrdienstverweigerer ins Bett ziehen. Autobiographisch. Eine Geschichte schon mehrmals von Tennessee Williams irgendwie erzählt. Wir unterhielten uns gut zwei Stunden, während die Probe lief. Ab und zu warf Tennessee Williams der Regisseurin Eve den Vorschlag zu, diesen oder jenen Dialog doch zu ändern, ja, manchmal erklärte er, am Abend eine Szene umzuschreiben. Eve ging meist auf seine Bemerkungen ein. Aber nicht immer. Und dann wirkte er wie ein kleines Kind, das nicht bekommt, was es unbedingt haben möchte.

Am Nachmittag vor der Premiere kam ich mit dem Kamera-Team. Wir drehten einige Szenen während der Generalprobe, und Tennessee Williams gab mir ein Interview, in dem er die Geschichte noch einmal erzählte. Aber er wirkte so, als hätte er sich von Regina bei Phebe's eine Karaffe Weißwein geben lassen und sie allein ausgetrunken.

Als die wenigen Zuschauer die Eisentreppe hochstiegen, um ihre Plätze für die Premiere einzunehmen, war es schon dun-kel. Ich sah Tennessee Williams allein, ein wenig verlassen über die Straße tapern. Und dann war ich der Einzige, der sich um ihn kümmerte und ihn begrüßte. Die Theatergäste taten so, als kennten sie ihn nicht, diesen leicht ungepflegten Mann, der seinen verknüddelten Mantel nie ablegte. Vielleicht erkannten sie ihn wirklich nicht. Es waren nicht alle Sitze belegt. Einige Leute gingen während der Vorstellung. Wir drehten dann den Applaus. Er war sehr mager. Eve verschwand mit ihrem Autor hinter der Bühne.

Die kurze Kritik in der *New York Times* war vernichtend. Das Stück wurde bald abgesetzt.

Zwei Jahre später habe ich noch einen Artikel in der *New York Times* über Tennessee Williams gelesen. Er hatte sich abends ein paar Tabletten einwerfen wollen und dabei versehentlich den Drehverschluss der Medizindose mit in den Hals geworfen. Der fiel dummerweise in seine Luftröhre, und daran war er erstickt.

## Der Mörder Jack Henry Abbott und sein Freund Norman Mailer

Er saß im Gefängnis von Queens, Jack Henry Abbott, den sein Leben hinter Mauern zur tragischen Figur, aber auch zum Dichter werden ließ.

»Sag es Amerika, dass seine Männer und Frauen immer wieder zur Gewalt greifen werden, solang Behörden und Anstalten mit Gewalt regieren, solang Schwindel und Gewalt der kulturelle Mantel dieser Gesellschaft sind. Erst wenn Amerika mit Zorn auch die Gewalt verfolgt, die mir in meinem Leben angetan wurde – und zahlreichen anderen Menschen –, wird die Gewalt ein Ende nehmen.«

Jack Henry Abbott las im Gefängnis aus seinem Buch »In the Belly of the Beast« – Im Bauche der Hölle – vor. Es trug den Untertitel »Letters from Prison« – Briefe aus dem Gefängnis – und war wenige Monate zuvor mit einem Vorwort von Norman Mailer veröffentlicht worden.

Pünktlich zum Erscheinungstermin war Jack Henry Abbott mit Mailers Hilfe vorzeitig aus dem Gefängnis entlassen worden. Haftverschonung auf Bewährung. Aber dann erstach er einen jungen Mann, und schon hockte er wieder hinter Gittern. Vor zehn Tagen hatte sein Prozess begonnen.

Jetzt saß er im Aufenthaltsraum in der fünften Etage des Gefängnisses im New Yorker Stadtteil Queens. Gemütlich sah es da nicht aus. Vergitterte Fenster, die kaum Licht durchließen. Holzbänke, ein paar Plastikstühle und lange Holztische. Er hielt sein Buch mit beiden Händen. Auf die Knöchel einer Hand hatte er die Buchstaben J-A-C-K eintätowieren lassen. Das sollte ihm später zum Verhängnis werden.

Er las.

Einziger Zuhörer in der fahlen Neonbeleuchtung: Ich.

Am 7. Oktober 1981 hatte das Strafgericht von New York Anklage wegen Mordes gegen Jack Henry Abbott erhoben. Wieder überschlug sich die Berichterstattung der Medien über den tragischen Fall. Tragisch wegen des Todes des erstochenen jungen Mannes, tragisch weil die intellektuelle Gemeinde von New York große Hoffnungen in den siebenunddreißigjährigen Autor gesetzt hatte. Norman Mailer und seine Frau Norris Church waren zum Prozessauftakt erschienen, um Abbott Beistand zu leisten, wie auch der Schriftsteller Jerzy Kosiński, Autor von »Being There« – großartig verfilmt mit Peter Sellers. Dessen letzter Film.

Jerzy Kosiński lernte ich später während eines Abendessens, bei dem *Time*-Korrespondenten Friedel Ungeheuer und seiner Frau Barbara, Autorin der *ZEIT*, kennen. Kosiński faszinierte mich gleich bei diesem ersten Treffen mit der Schilderung seines Tagesablaufes: Er schlief in Etappen. Zweimal am Tag stieg er ins Bett für je vier Stunden. Er zog seinen Schlafanzug an und die Vorhänge zu. Das entspreche sehr viel mehr der Natur eines Lebewesens, erklärte er, als eine einzige längere Schlafphase. Andere Tiere, schließlich sei ja der Mensch auch nur ein Tier, legten sich ja auch mehrmals im Verlauf eines Tages hin.

Nun stand also Jack Henry Abbott vor dem Schwurgericht.

Zu den Schriftstellern, die seinetwegen gekommen waren, gesellten sich auch die Schauspielerin Susan Sarandon und der Filmstar Christopher Walken. Sarandon schien von Abbott wie verzaubert. Kurz nach dem Prozess hat sie einen Sohn geboren.

Sie und der Vater des Kindes, Tim Robbins, nannten ihn Jack Henry.

Jack Henry Abbott war wegen seines Buches, wegen seiner Briefe aus dem Gefängnis eine Berühmtheit geworden, ein gesellschaftliches Kuriosum, ein Streitobjekt beider politischer Lager. Mailer flehte die New Yorker Presse an: »Lasst uns Abbott nicht vernichten.«

Was erregte die geistige Elite so sehr?, fragte ich mich. Vielleicht das Paradoxe in diesem Menschen. Sie sah in ihm einen literarischen Star und einen marxistischen Revolutionär, einen verurteilten Mörder und einen Autor von höchstem Rang. Dabei ging es gar nicht um ein Paradoxon. In die Person Abbott wurden schlicht viele eigene Traumbilder projiziert.

Waren die Zeiten damals anders als heute? Ein bunter Transsexueller schafft es jetzt eher in die Gazetten oder Talk-Shows, als ein Autor, der sich quält. Die Öffentlichkeit möchte inzwischen banaler unterhalten werden. Der nackte Busen eines strohdummen, hübschen Mädchens verführt mehr, als jeder gewitzte oder quälende Gedanke.


Kurz bevor Abbott den Mord am 18.Juli 1981 beging, war ich in Manhattan angekommen, suchte verzweifelt nach einer einigermaßen erschwinglichen Wohnung, und richtete das Studio der ARD in einem alten Bürogebäude Ecke Broadway und 57th Street ein.

Es war mein Lebenstraum gewesen, Korrespondent in New York zu werden. Nach einem Studienjahr an der Wesleyan University in Connecticut, eine gute Autostunde vom Big Apple entfernt, hatte ich im Juli 1962 im Hotel Delmonico an der Park Avenue, Ecke 59th Street, einige Wochen gearbeitet. Dieses Hotel war damals eines der schicksten der Stadt mit der teuersten Suite in der ganzen Stadt. Die Kennedys hatten hier gewohnt, bevor JFK Präsident geworden war. Stars aus Hollywood übernachteten hier, und Fernsehgrößen wie Ed Sullivan oder die berühmteste aller amerikanischen Gesellschaftsklatschtanten, die voluminöse Elsa Maxwell, behielten ihre Suite jahrein, jahraus.

Der General Manager mit dem jugoslawischen Nachnamen, der mich angestellt hatte, warb für das Delmonico im *New Yorker* unter dem Motto: »We employ only European Staff« – das traf auf mich zu. Ich war »European«, wie ich ihm in meiner Bewerbung um einen Job schrieb, und ich beherrschte nebenbei auch Deutsch und Französisch. Sprach also »European«. Er stellte mich sofort an. Und er hielt es für richtig, einen dreisprachigen »European« gleich am Empfang einzusetzen.

Ein grandioser Managementfehler!

Denn Sprachkenntnisse allein nutzen nichts am Empfang eines vornehmen Hotels mitten in Manhattan. Das lernte ich schnell.

Ein junger Mann kam auf mich zu und fragte: »Habe ich Post?«

»Wie ist Ihr Name?«, fragte ich und hängte ein freundlich-devotes »Sir?« an.

Er blickte mit Schmäh auf mich armseliges Würstchen, drehte sich um und eilte wütend davon.

Warren Beatty. »Das war doch Warren Beatty«, half mir ein älterer Kollege auf die Sprünge, »der jüngere Bruder von Shirley McLaine!« Schwester Shirley war damals viel berühmter.

Warren Beatty wohnte seit dem Film »Splendor in the Grass« im Delmonicos, hatte eine längere Affäre mit Joan Collins, die wild vor sich hin lebte, eine kürzere zu Natalie Wood, die fürchterlich depressiv und sehr auf sich bezogen war, und nebenbei las er eines Nachts ein sechzehnjähriges, unbekanntes Mädchen auf, später als Cher weltberühmt, die ihm nur deswegen in sein Hotelzimmer folgte, weil ihre Mutter und Freundinnen von ihm so begeistert waren. »Nicht dass er technisch nicht gut war oder gut sein konnte«, sagte Cher kurz danach, »aber ich habe überhaupt nichts gefühlt. So gab es für mich auch keinen Grund, es noch mal zu tun.«

Ich musste Warren Beatty eine Flasche seines bevorzugten Whiskeys aufs Zimmer bringen und wurde innerhalb weniger Minuten in die Hinterräume versetzt. An mein Missgeschick denke ich heute noch häufig, wenn ich in ein renommiertes deutsches Hotel komme, wo am Empfang, der geringen Kosten wegen, Praktikanten völlig hilflos Dienst tun. Welch grober Fehler! Die erste Person, die den Gast begrüßt, benimmt sich dilettantisch. Nichts ist schöner, als im Frankfurter Hof von Jürgen Carl, dem Chefportier, begrüßt zu werden. Er gibt dem Gast das Gefühl, nach Hause zu kommen, und hat stets die Titel der neuesten Bücher seiner Besucher im Kopf!

Im Juni 1981 war also mein Traum wahr geworden und ich als ARD-Korrespondent in New York angekommen. Aufgeregt folgte ich allem, was von hier aus in die Gazetten der Welt getragen würde.

Im Mittelpunkt des literarischen Lebens standen nicht nur in Manhattan Autoren wie Norman Mailer.

Norman Mailer galt schon allein deshalb als der aufregendste Autor, weil er wütend werden konnte und im Zorn vor nichts haltmachte. Das hatte er auch im Privatleben gezeigt, als er 1960 seine zweite von schließlich sechs Frauen mit dem Taschenmesser schwer verletzte. Oder als er 1977 während eines Diners dem von ihm tiefverachteten Autor Gore Vidal ein Glas Whiskey ins Gesicht kippte, ihm auf den Kopf schlug und einen Fausthieb in die Zähne verpasste.

Im Jahr bevor ich in New York gelandet war, hatte Mailer für sein Buch »The Executioner's Song« – Gnadenlos –, einen Tatsachenroman über den Mörder Gary Gilmore und dessen Erschießung, zum zweiten Mal den Pulitzer-Preis erhalten. Gary Gilmores Geschichte ähnelte der von Jack Abbott.

Gilmore war als Kind schon in die Fänge der Justiz geraten,

er wurde zum Einbrecher, Gewaltverbrecher, Mörder. Jetzt saß er in der Todeszelle im Utah State Prison und wartete auf die Vollstreckung der Todesstrafe. Gary Gilmore hatte vor Gericht die Morde zugegeben und seinen Verteidigern verboten, gegen die Hinrichtung Einspruch einzulegen oder gar ein Gnadengesuch einzureichen. In Utah konnte der Verurteilte unter zwei Todesarten wählen: auf den elektrischen Stuhl oder Erschießen. Gilmore wählte das Erschießungskommando.

Mailer faszinierte der Fall Gilmore, denn einige Jahre zuvor – 1972 – hatte der U.S. Supreme Court, das höchste Gericht, geurteilt, die Todesstrafe, so wie sie damals bestand, verstoße gegen die Verfassung. Seitdem war in den USA niemand mehr hingerichtet worden. Gilmore würde der Erste sein.

Während Norman Mailer mitten in der Arbeit von »The Executioner's Song« steckte, erhielt er einen Brief von Jack Henry Abbott. Abbott hatte in dem Magazin *Time* von Mailers Projekt gelesen. Er saß im selben Gefängnis wie Gary Gilmore. Deshalb schrieb er Mailer, Gilmore, der mit seinem Leben abgeschlossen habe, schildere die Gewalt in den Gefängnissen sicher viel zu mild. Es gebe nur wenige Menschen wie ihn, Jack Henry Abbott, die alle Arten der Gewalt erlebt hätten und Norman Mailer die Wirklichkeit in all ihrer Härte näherbringen könnten. Abbott war damals 33 Jahre alt und hatte fast sein ganzes Erwachsenenleben in Gefängniszellen verbracht. Fünfeinhalb Jahre sogar in Isolierzellen.

Mailer antwortete. »Abbotts Brief war eindringlich, geradeaus, schmucklos und unvoreingenommen, eine unvergessliche Kombination«, schrieb er später in seinem Vorwort zu Abbotts Buch. Abbott schickte drei Jahre lang zwei Briefe pro Woche. Bald hatte er 2000 Seiten über jeden Aspekt des Gefängnislebens zu Papier gebracht.

Er schildert die Dunkelhaft, ebenso wie die zwangsweise Hungerkur, Drogenbehandlung, Folter.

Als ich die Bilder sah, wie amerikanische Soldaten im Irak auf ihre Gefangenen pinkelten, sie wie Hunde an der Leine führten oder eine elektrische Hinrichtung inszenierten, wunderte mich das nicht. Denn das ist nichts gegen die Qualen, die Jack Henry Abbott in amerikanischen Gefängnissen erlitten hat. Gewiss, er ist ein Gewalttäter, ein Mörder. Doch auch er hat ein Recht auf Menschenwürde. Die wurde ihm aber immer wieder genommen.

Ich bat Jack Henry Abbott, die Seite 44 in seinem Buch aufzuschlagen. Ein ganzes Kapitel von zwölf Seiten widmet er »The Hole: Solitary Confinement« – Das Loch: Einzelhaft. Fünfeinhalb Jahre verbrachte er in Einzelhaft, wenn er die Zeiten zusammenzählt.

Er wird in die Einzelzelle unter Gewaltanwendung eingeliefert, anders würde er es auch nicht hinnehmen. Dann schlägt ihm der Boss mit wenigen Hieben die Kleidung vom Körper. Die Narben blieben lebenslang. Die hohen Schnürstiefel tritt er ihm von den Füßen. Abbott nimmt alles mit einem Lächeln hin. Ein Lächeln, um zu zeigen, dass er sich nicht wehren wird. Dann wird er von den Wärtern gemeinsam zusammengeschlagen. Der Boss verlässt die Zelle als Letzter, öffnet seinen Hosenschlitz, holt sein Glied hervor, macht die Bewegung, als masturbiere er. Zieht den Reißverschluss wieder hoch und geht.

Bitte lesen Sie!

Jack Henry Abbott las:

»Du sitzt in der Einzelzelle und schmorst im Nichts, es ist nicht nur dein eigenes Nichts, sondern das Nichts der Gesellschaft, anderer, der Welt. Die Monate voller Stumpfheit, die sich zu Jahren in der Zelle zusammenrechnen, ersticken jede physische Tätigkeit des lebenden Körpers und würgen ihn langsam zu Tode, der schreckliche Verfall des wirklich lebenden Toten. Du machst keine Liegestütze mehr oder andere körperliche Übungen in deiner kleinen Zelle; du schreitest nicht mehr vier Schritt vor und zurück durch deine Zelle. Du masturbierst nicht mehr;

du kannst dir keine Form von Erotik mehr als Vision aufrufen, und deine Genitalien, wie die Glieder deines Körpers, funktionieren nur, um deinen Körper am Leben zu halten.

Zeit senkt sich über die Zelle wie der Deckel eines Sargs, in dem du liegst und zuschaust, wie er sich langsam über dir schließt. Wenn du dich weder bewegst noch denkst in deiner Zelle, dann überflutet dich das reine Nichts.

Einzelhaft im Gefängnis kann die ontologische Zusammensetzung eines Steines verändern.«

Jack Abbott schwieg und wartete, bis ich ihm eine neue Stelle im Buch angab, damit er sie lese. Ich aber schwieg. Ich konnte mir nicht vorstellen – und wage es heute auch kaum – dass in dem Land, das doch für die Freiheit des Menschen steht, für die Menschenrechte, das in den Ersten und in den Zweiten Weltkrieg zog, um die Werte Freiheit und Gerechtigkeit zu verteidigen – und damit Zehntausende von Amerikanern in den Tod schickte, dass solch ein Land seine Gefangenen unvorstellbar, unmenschlich quält.

Abbott fütterte seine Schilderungen mit philosophischen Betrachtungen, bezog sich auf Marx und Engels, Russel und Hobbes. Von Nietzsche war er besonders angetan. Aber auch von Hegel, Kant und Kierkegaard. Er hatte die Jahre in der Einzelzelle genutzt, um alles zu lesen, was ihm in die Hände kam. Neun Zehntel seines Wortschatzes, so sagte Abbott, hat er nie ausgesprochen gehört.

Norman Mailer war beeindruckt von der Prosa Abbotts. Und er sagte sich, Abbott könnte ein erfolgreicher Schriftsteller werden, aber nur in Freiheit. Also musste etwas für ihn getan werden. »Wenn er rauskommen sollte«, schrieb Mailer, »werden wir einen neuen Schriftsteller von höchstem Rang unter uns haben, der sich selbst in einem Kessel geschmiedet und noch die halbe Welt zu entdecken hat.« Und Mailer verhalf ihm zur Freiheit. Für ein paar miese Wochen.

Jetzt saß Jack Henry Abbott vor mir im Gefängnis, vor sich sein Buch, in dem ich einige Kapitel angestrichen hatte, damit er sie vorlese vor unserer Kamera. Das erste Kapitel handelt von dem »staatlich erzogenen Sträfling«. 1944 in einer Kaserne in Michigan geboren, Vater Soldat, Mutter Prostituierte. Von Geburt an von einem Heim ins nächste. In der Schule schafft er es bis zur sechsten Klasse. Ab neun erster Aufenthalt im Jugendarrest. Mit zwölf Schulstrafanstalt in Utah. Mit achtzehn als Erwachsener entlassen. Sechs Monate später wegen eines gefälschten Schecks ins Gefängnis. Haftstrafe für fünf Jahre. Nach drei Jahren im Gefängnis ermordet er bei einem Streit einen anderen Gefangenen. Zwanzig Jahre Strafe.

Mit 26 bricht er aus.

»Ich bin einmal ausgebrochen«, las mir Jack Henry Abbott die von mir angestrichene Stelle aus seinem Buch vor. »1971 war ich sechs Wochen in der freien Welt. Ich war in einem Hotelzimmer in Montreal, Kanada. Ich schlief. Ich war seit etwa drei Wochen auf der Flucht. Ich begann nachts schweißgebadet aufzuwachen – wegen übler Träume. Ich habe nur vom Gefängnis geträumt … An einem Morgen wachte ich auf und war in einem psychologischen Schock verheddert. Ich hatte *vergessen*, dass ich frei war, dass ich entwichen war. Ich wusste nicht, wo ich war. Ich war in einem netten Schlafzimmer mit feinen Möbeln. Ein Fenster war offen, und das Sonnenlicht schien herein. Da waren keine Gitter. Die Wände waren mit kostbaren Tapeten beklebt. Mein Bett war breit und behaglich … Ich muss da eine Stunde lang in meinem Bett schwindlig vor Schockstarre gesessen haben, bis mir langsam wieder bewusst wurde, dass ich geflohen war.«

Nach sechs Wochen wurde er nach einem Bankeinbruch wieder gefasst. Im Alter zwischen 12 bis 37 Jahren war er insgesamt neuneinhalb Monate frei.

Nach seinem Briefwechsel mit Norman Mailer beantragte er 1980, auf Bewährung freigelassen zu werden. Norman Mailer wollte für ihn bürgen. Mailer würde Abbott als seinen Sekretär einstellen, würde ihn anleiten zu schreiben. Und nach einigen Jahren wäre Abbott in der Lage, sein Leben selbst zu finanzieren.

Die Gefängnispsychologen warnten. Abbott sei gefährlich.

Noch bevor ich Abbott im Gefängnis gesehen hatte, wusste ich nach der Lektüre seines Buches, dass er ein gewalttätiger Mensch sein musste. Denn in den Jahrzehnten im Gefängnis gibt es nur die Wahl zwischen Gewalt und Tod. Gewalt ausüben oder den Tod erfahren.

Der Bewährungsausschuss aber, vielleicht beeinflusst durch den Namen des großen Autors, stimmte der bedingten Freilassung in die Dienste von Mailer zu.

Im Juni 1981 landete Abbott auf dem Kennedy-Airport, Mailer und seine Frau holten ihn ab und nahmen ihn für einige Tage mit auf ihr Anwesen auf Cape Cod. In New York wurde Abbott dann in ein Rehabilitationshaus der Heilsarmee eingewiesen.

Abbotts Buch war erschienen.

Er hatte zwölftausend Dollar Vorschuss erhalten. *Rolling Stone* brachte ein Interview mit ihm. Die Today Show, das Frühstücksprogramm von NBC, lud ihn ein. Seine Geschichte erschien im *People Magazin*.

Abbott zog durch das nächtliche New York. Zwei Mädchen gabelte er irgendwo auf. Die eine war eine französische Gräfin, die andere die Enkeltochter eines ehemaligen philippinischen Präsidenten. Sie gingen zum Frühstück ins Binibon, ein Szene-Lokal. Der Kellner sagte etwas, das Jack Henry missfiel. Lass uns das draußen abmachen. Draußen stach Abbott dem Kellner mit dem Messer ins Herz. Der Kellner war ein junger Schriftsteller, der noch nicht vom Schreiben leben konnte.

Abbott verteidigte sich später: Sein im Gefängnis ausgeprägter Instinkt, auf jeden Angriff sofort mit Gewalt zu reagieren, habe ihn zustechen lassen. Im Gefängnis ginge es immer sofort um Leben und Tod.

Keine zwei Stunden nach dem Mord saß Jack Henry Abbott schon im Bus und floh. Am selben Morgen erschien in der *New York Times* eine Lobeshymne auf das Buch »In the Belly of the Beast – Letters from Prison«.

Drei Monate später schon hatte ihn ein Kriminalkommissar aus New York gefunden, der sich in das Buch Abbotts vertieft hatte und ihn danach so gut kannte, dass er ihn bald erwischte. Augenzeugen hatten den Mörder auf der Flucht an der Tätowierung J-A-C-K auf den Knöcheln seiner Hand erkannt.

Das Buch von Jack Henry Abbott sollte auch in Deutschland erscheinen. Anlass genug für mich, für die ARD einen Bericht zu drehen. Es mag in Deutschland, wie in anderen europäischen Ländern merkwürdig erscheinen, dass ein Fernsehteam den Antrag stellt, einen Mörder während seines Prozesses im Gefängnis zu besuchen. Trotzdem wollte ich es versuchen. Ich rief den Anwalt von Abbott an. Er sagte sofort zu. Das sei eine gute Idee. Es würde den Angeklagten aufmuntern und ablenken. Er werde sofort den Sheriff anrufen. Der Sheriff gab seine Einwilligung. Allerdings stellte er die Bedingung, Abbott dürfe nur über sein Buch sprechen, keinesfalls etwas zum Leben im Gefängnis erzählen. Aber das Buch handelte doch nur von Szenen im Gefängnis, von unvorstellbar grausamem Strafvollzug! Ich ging auf alle Bedingungen ein, strich in Abbotts Buch die Stellen an, die er vorlesen sollte und saß nun bei ihm.

Um »Freiheit« geht es gerade einmal auf vier Seiten in seinem Buch »In the Belly of the Beast«. Mehr nicht. Obwohl es doch sein Thema in vielen Variationen ist. Ich hatte gelesen, dass er gerade vor Gericht ausgesagt hatte, das Leben in der Zelle habe ihn unfähig zum Leben in der Freiheit gemacht.

Ich fragte Abbott im Gefängnis in Queens: »Sie haben hier viel Zeit zum Nachdenken. Sie können sich viel ausmalen. Haben Sie einen besonderen Traum?«

Er schaute mich an, ohne eine Miene zu verziehen.

»Freisein ist mein Traum«, sagte er. »Weil was-auch-immer man in einer Zelle denkt, frei sein heißt. Hier in meinem Buch steht alles über Qualen und Leid, aber nicht über meine Ängste. Das Buch schildert die Ketten, die mich daran hindern, frei zu sein. Ich hatte ja nie die Möglichkeit dazu. Man kann sich nie frei machen von den Umständen, unter denen man in solch einer Zelle lebt. Man kann sich Freiheit nicht einfach im Kopf vorstellen. Es geht einfach nicht. Man muss frei sein. Und ich bin in meinem ganzen Leben nicht frei gewesen. Und doch will ich frei sein, denn ich kann schreiben und denken, und ich weiß auch, worüber ich schreiben will. Aber über Freiheit zu schreiben, heißt nicht, frei zu sein.«

»Ihr Traum heißt also Freiheit?«, frage ich ihn.

»Freiheit, darum geht es doch immer. Ich will frei sein von Gewalt, die meinem Verstand, meinem Fleisch, meinem Geist angetan wird.«

Abbott wurde zu einer Gefängnisstrafe von 15 Jahren bis lebenslänglich verurteilt.

Ein Jahr später rief er mich aus dem Gefängnis noch einmal an. Ob ich ihm Geld schicken könne? Nein, sagte ich, das dürfe ich nicht. Und dann klagte er wieder über die Unfreiheit. Er werde im Gefängnis sterben. Er werde sich wieder melden. Aber das tat er nicht.

Ich hatte ein schlechtes Gewissen. Hätte ich mich um ihn kümmern müssen? Nein, das wäre eher die Aufgabe von Norman Mailer. Der hat später öffentlich bereut, sich für Abbott eingesetzt zu haben.

1988 wurde in Australien das Leben Abbotts in dem Film »Ghosts … of the Civil Dead« erzählt.

Kurz nach seinem 58. Geburtstag, am 10. Februar 2002, hat sich Jack Henry Abbott im Gefängnis erhängt. Er wusste, dass es vorbei war. Er hatte verloren, als bei einer Gefängnisschlägerei ein anderer gewann. Er wusste: Entweder du hältst stand, du übst Gewalt aus, oder du erleidest Gewalt, das bedeutet den Tod. Die Schlinge knüpfte er aus Bettlaken.

Sieben Jahre nach dem Tod des Mörders und Autors Jack Henry Abbott fand 2009 in der renommierten New Yorker Kulturinstitution für experimentelle Kunst »The Kitchen« die Uraufführung eines einstündigen Werkes des modernen Komponisten Elliot Sharp mit dem Titel »Binibon« statt.

Als ich Jack Henry Abbott bei unserer fingierten Lesung im Gefängnis gegenübergesessen hatte, stellte ich ihm eine letzte Frage:

»Nun sitzen Sie wieder im Gefängnis. Wie sieht denn das Bild aus, das Sie von sich selbst haben?«

»Ich glaube, mich gibt es nicht. Von mir ist gar nichts übrig geblieben.«

Dann bat ich ihn um eine Widmung in seinem Buch. Er nahm seinen Füller und schrieb »For Uli, Jack Abbott, October 19, 1981«. Und das steht in blauer Tinte unter den gedruckten Namen einiger Massenmörder, denen Abbott sein Buch ganz offiziell gewidmet hat.

Von mir ist nichts übrig geblieben? Abbotts Satz ist mir ab und zu durch den Kopf gegangen. Er steht für die Unmöglichkeit, mittels Vernunft zu lernen, Gefühle zu beherrschen, die durch ein Leben in Grausamkeit erlernt wurden. Es heißt eben: Gewalt oder Tod. Für Vernunft ist dazwischen kein Platz.

Von mir ist gar nichts übrig geblieben?

Ach, ist es wirklich so? Der amerikanische Strafvollzug hat einen Mörder produziert, der sich philosophisch gab, über den unmenschlichen Vollzug klagte, aber selber unmenschlich handelte. Der Autor Abbott hat der Öffentlichkeit geschildert, was der Mörder Abbott im Selbstversuch aus den amerikanischen Gefängnissen zu berichten hatte. Wenn sie es wissen will.

Ist gar nichts von ihm übrig geblieben?

Die Faszination von Kunst hat Jack Henry Abbott in die Nachwelt gerettet. Er war ein Mann, der alles daran legte, die Vernunft zu finden. Aber die Gewalt war stärker. Und der Tod.

Es ist mehr von Jack Henry Abbott übrig geblieben als die Veredlung seiner Schreckenstat in »Binibon« in ein Werk elektronischer Musik.

Sein Buch ist eine Mahnung an die zivilisierte Welt.

# Die standhafte Frau in der UNO

Als ich Abitur machte, dachte ich daran Diplomat zu werden. Das war, als sich die kleinen Sehnsüchte nach Lokomotivführer (als es noch riesige Dampfloks gab), aber auch Kameramann (Verkleidung an Fasching) verflüchtigt hatten. Was ein Diplomat war, glaubte ich zu wissen, das erlebte ich täglich bei meinem Vater. Der Beruf schien mir abwechslungsreich, man traf interessante Menschen, lebte in fremden Ländern – wie wir etwa in Paris – und schien auch sonst ein angenehmes Leben zu haben. Meine Mutter war mit mir zum Arbeitsamt gegangen, Abteilung Berufsberatung. Da hatte der Beamte gefragt, was ich werden wollte. Diplomat. Daraufhin gab er mir eine Broschüre, in der stand, wie man Diplomat wird, nämlich indem man Rechtswissenschaften studiert. Aha. Keine weiteren Fragen, kein Versuch festzustellen, ob ich überhaupt geeignet wäre. Schwachsinnige Berufsberatung, sage ich heute noch.

Also habe ich angefangen, Jura zu studieren. Aber ich bin immer noch überzeugt, dass es gut war, dass ich doch kein Diplomat geworden bin. Wenn ich mir ansehe, wie hilflos ausgewachsene Diplomaten der Politik ausgeliefert sein können, etwa wie ein erwachsener Mann, ein für seinen Intellekt und seine Kenntnisse der Weltpolitik gerühmter UNO-Botschafter sich dem Diktat eines hilflosen Außenministers Guido Westerwelle unterwerfen und etwa bei der Libyen-Abstimmung 2011 im Sicherheitsrat gegen seine eigene Überzeugung und gegen die Nato-Alliierten mit Nein stimmen muss, dann bin ich wieder froh, während meines Studiums in den USA gelernt zu haben, was Freiheit bedeutet, und dass Freiheit des Denkens und Handelns in einer Beamtenlaufbahn meiner Ansicht nach mir nicht vorgesehen ist.

Aber es gibt Ausnahmen.

Und einer solchen Ausnahme begegnete ich Anfang der achtziger Jahre, als ich das ARD-Fernsehstudio in New York leitete, und es handelte sich zudem auch noch um eine sehr attraktive Ausnahme: Giovanella Gonthier war einunddreißig und UNO-Botschafterin der Seychellen.

Unsere erste Verabredung ließ sie leider platzen. Sie sei krank.

Wenn Politiker sich vor etwas drücken wollen, dann werden sie »krank«, doch Giovanella Gonthier lag nicht darnieder, weil Politik sie krank gemacht hatte, sondern war wirklich krank mit Fieber und allem, was dazu gehört.

Ihre Exzellenz Miss Gonthier, wie sie auf der weltpolitischen Bühne genannt wurde, hatte das Grenada-Abenteuer der Amerikaner nicht gesund überstanden.

Zur Erinnerung: Der kleine Inselstaat Grenada in der Karibik wurde um 1980 von Premierminister Maurice Bishop regiert. Er setzte auf ein kostenloses Gesundheitssystem, veranlasste den Bau neuer Schulen und sorgte für eine gesunde Finanzpolitik, wofür die Weltbank ihn lobte. Aber der Kalte Krieg war noch in vollem Gange und ließ selbst in der Karibik die politischen Temperaturen einfrieren. Denn Bishop wurde auch von Kuba und der Sowjetunion unterstützt. Das wurde ihm zum Verhängnis.

In den USA regierte Präsident Ronald Reagan. Und schon arbeitete die CIA Pläne zum Sturz der als marxistisch eingestuften Regierung von Grenada aus. Wie später im Fall Irak log das US-Verteidigungsministerium das Blaue vom Himmel. Auf

Grenada solle eine sowjetische U-Boot-Basis gebaut werden, ließ es verlauten. Dummerweise machte sich ein Korrespondent der *Washington Post* auf und berichtete, das Wasser um Grenada herum sei dafür viel zu flach.

Jeder wusste, dass ganz Grenada mit seinen 90 000 Bewohnern noch nicht einmal ein Zehntel so groß war wie der New Yorker Stadtteil Queens! Trotzdem behauptete das US-Verteidigungsministerium, von Grenada drohe eine enorme Gefahr. Wie gesagt: alles Lüge. Damals schon.

Im Oktober 1983 wurde Maurice Bishop von Gegnern im Lande gestürzt und schnell hingerichtet.

Eine Woche später landeten 7000 US-Soldaten und besiegten die Armee Grenadas, die gerade einmal 1200 Mann zählte. So viel zum Thema »Bedrohung«.


Miss Gonthier hatte den ermordeten Premierminister, Maurice Bishop, persönlich gekannt und Sympathie für ihn gehabt. Die internationale Debatte nach der US-Invasion hatte sie zehn Tage lang fast rund um die Uhr auf den Beinen gehalten: Giovanella, wie ich die charmante, schlanke, kleine einunddreißigjährige UN-Delegierte der Seychellen nennen durfte, rannte von Sicherheitsratssitzung zu Generalversammlung zu Ausschusssitzungen, denn sie, die Botschafterin eines der kleinsten Länder der Welt, hatte außer einer Sekretärin und einem Chauffeur keine weiteren Mitarbeiter. Da musste sie all das allein erledigen, was in anderen Botschaften unter Dutzenden von Diplomaten aufgeteilt wird.

Wollte sie alles wissen und beeinflussen, musste sie überall präsent sein. Giovanellas Stimme wog schließlich bei der Abstimmung in den Vereinten Nationen genau so schwer wie die der US-Chefdelegierten.

In der Generalversammlung beschämte die junge Frau all ihre hartgesottenen Kollegen, als sie vor der Diskussion über die US-Invasion in Grenada eine Gedenkminute für den ermordeten Sozialisten Maurice Bishop durchsetzte. Peinlich berührt stand da manch ein UN-Delegierter stumm auf, der doch jetzt lieber die Ost-West-Propagandaschlacht führen wollte.

Giovanella ist in erster Linie Mensch – und um Mensch zu sein, ist sie in die Politik gegangen.

Als sie geboren wurde, lebte ihr von den Seychellen stammender Vater als Landarbeiter in Ost-Afrika, wo sie die ersten Jahre ihres Lebens verbrachte. Zu Hause sprach man Kreolisch, auf der Straße Suaheli, in der Schule Englisch.

Ach – die Schule! Mit sieben wurde Giovanella politisiert, wie sie mir erzählte, weil eine englische Privatschule sie nicht aufnehmen wollte – ihre Haut sei zu dunkel. Als Folge entwickelte sie Stolz auf ihre Identität. Dabei könnte sie, so rothaarig und weißhäutig wie sie ist, als Schottin durchgehen. Stipendien ermöglichten ihr eine Ausbildung in Kenia, dann in Tansania, schließlich in den USA. Zurück auf den Seychellen, arbeitete sie als Lehrerin, engagierte sich politisch für die Unabhängigkeit der Kolonie von der Britischen Krone, ging ins Exil, und erst als 1977 der Sozialist Albert René durch einen unblutigen Putsch die Macht in dem winzigen Staat mit nur 65 000 Einwohnern ergriff, wurde Giovanella Gonthier wieder in Gnaden aufgenommen. Inzwischen hatte sie aber im amerikanischen Exil einen jungen amerikanischen Rechtsanwalt geheiratet, lebte mit ihm in Chicago und wollte gar nicht so gern zurückkehren.

Da bot Präsident Albert René ihr an, die Seychellen bei den UN zu vertreten. Und da sie ihr Land so gut repräsentierte, wurde sie zusätzlich noch als Botschafterin der Seychellen am Weißen Haus in Washington akkreditiert.

Als ich sie eines Abends in New York zum Dinner ausführte, erzählte sie mir mit mädchenhaftem Gekicher die Szene von ihrem ersten Besuch im Weißen Haus. »Mein Mann hat mich begleitet, und als ich Präsident Ronald Reagan mein Beglaubigungsschreiben überreichte, konnte er sich nicht vorstellen, dass so ein junges Ding wie ich Botschafterin sein soll. Also hat er meinem amerikanischen Mann zu seiner Ernennung als Botschafter der Seychellen gratuliert. – Was war ihm das peinlich, als ich ihn auf den Irrtum hinwies!«

Paradox: Giovanella denkt links, seit sie in den USA studiert hatte, und deshalb wurde sie von der amerikanischen UN-Delegation regelrecht gehasst. Voller Zorn sagte mir Ken Adelman, UN-Delegierter der USA, diese Person schaffe es allein mit ihrem Charme, mehr Unterstützung im Sicherheitsrat zu erhalten als die USA.

Aber sie war auch auf große Solidarität angewiesen. Denn aus dem Grenada-Konflikt hat manch einer ihrer Meinung nach falsche Konsequenzen gezogen.

Es hätte ihren Kopf kosten können, wenn geklappt hätte, worum der im Londoner Exil lebende abgesetzte Seychellen-Präsident James Manchem gebeten hatte. Er forderte nach dem Grenada-Abenteuer in einem Brief an den amerikanischen Präsidenten Ronald Reagan, ihm analog dem Antillen-Coup mit den US-Marines wieder den Zugang zur Macht in seinem Inselstaat zu ebnen und den amtierenden »linken« Präsidenten Albert René zu stürzen.

In den Wandelgängen der Vereinten Nationen wurde Giovanella gefürchtet, weil sie sich hartnäckig durchsetzte – aber immer für die Menschen argumentierte.

Dagegen war mit Taktik schlecht anzukommen. Denn sie nahm kein Blatt vor den Mund: Nach der jährlichen Rede des damaligen deutschen Außenministers Hans-Dietrich Genscher ging sie auf ihn zu, beglückwünschte ihn zu einer Passage über Umweltverschmutzung, fügte aber hinzu, sie fürchte sich auch vor der militärischen Verschmutzung etwa des Indischen Ozeans – in dem die Seychellen liegen.

Den französischen Präsidenten François Mitterrand, der die

Regierung der Seychellen unterstützte, hat sie dagegen auf beide Wangen geküsst mit den Worten »wir alle sind Brüder und Schwestern«. Und wer François Mitterrands Neigungen kannte, verstand, dass er später noch von diesem Erlebnis als dem »einzigen Moment wirklichen Lebens« während seines Besuchs bei den UN schwärmte. Für kurze Zeit wurde Giovanella deshalb auch noch zusätzlich als Botschafterin in Paris akkreditiert. Schließlich war sie die einzige Diplomatin des Inselstaats.

Einerseits war Giovanella reizend naiv. So hat sie mich zum Beispiel, als ich dort wieder Korrespondent war, in Paris besucht. Vorher war sie auf Einladung der Bundesrepublik in Bonn gewesen. Da sei sie ganz hilflos gewesen, sagte sie. Denn als sie ein Taxi nehmen wollte, standen da nur Mercedes-Autos. Ein Mercedes, sagte sie sich, wird aber um ein Mehrfaches teurer sein als ein normales Taxi. Aber kein normales Taxi kam vorbei. Nur Mercedes.

Auf der anderen Seite konnte die erst 31 Jahre alte Giovanella Gonthier es mit den abgebrühtesten Profis aufnehmen. Denn ihr Präsident stand hinter all ihren, häufig auch allein getroffenen, Entscheidungen. Schließlich konnte sie ja nicht wegen jeder einzelnen Abstimmung Rücksprache nehmen. Die Seychellen müssen sparen, und Telefonkosten fallen bei einem Land ins Gewicht, das nur halb so viele Einwohner wie Würzburg hat.

Weil sie sich unabhängig fühlte, bezog die kleine Botschafterin häufig präziser Position als die Vertreter der Bundesrepublik, die aus der steten Angst, einen Alliierten zu verletzen, sich selbst bei eindeutigen Entschließungen der Stimme enthielten. Doch ihr Selbstbewusstsein erzürnte gerade diejenigen, die es als besonders beleidigend fanden, Widerspruch von einer jungen Frau einzustecken.

Giovanella verärgerte ein reiches arabisches Land, als sie gegen den Antrag stimmte, Israel aus der UNO auszuschließen.

Das arabische Land schickte eine Delegation auf die Seychellen und bot dem Präsidenten reichlich finanzielle Hilfe an – für den Fall, dass er Giovanella ablöste. »So viel Geld«, entgegnete Präsident René der arabischen Delegation, »ist Giovanella gar nicht wert.« Und sie blieb – gestärkt.

Allerdings trieb sie die – und das sagte sie auf Deutsch – »Wanderlust« um. Ihr Mann lebte als Anwalt in Chicago. Und seit vier Jahren führten sie nun eine Wochenend-Ehe. Als sie eine Fernsehdokumentation über Nicaragua sah, wurde die Wanderlust noch größer. »Ich würde gern für ein halbes Jahr dorthin gehen und in einem kleinen Bergdorf Kindern Unterricht geben«, sagte sie mir nachdenklich. Aber sie konnte nicht spanisch. Der Gedanke kam sowieso nur als Tagtraum ins Gespräch. Aber sie pflegte solche Träume, denn seit vier Jahren erlebte sie sich selbst als »Exzellenz« und meinte, dieses Leben voller Rituale in behaglicher Umgebung führe bei so vielen UN-Delegierten zu einer Selbstzufriedenheit, in der die Menschlichkeit absterbe. Und davor hatte sie Angst. Lieber wollte sie der Weltpolitik den Rücken kehren, als nicht mehr Mensch zu sein.

Noch vier Jahre blieb sie UN-Delegierte der Seychellen. Dann zog sie zurück zu ihrem Mann nach Chicago und widmete sich dem Thema der Humanisierung der Arbeitswelt.

## Die Enkel von Buffalo Bill und der Ritt durch die Rocky Mountains

Der Cowboy lud die Patronen in die Trommel des Revolvers mit dem langen Lauf, ein echter »Peacemaker«, grinste leise vor sich hin und wartete auf meine Antwort. Aber ich hatte Angst. Wirklich Angst. Angst um mein Leben. Angst, er könnte daneben treffen.

Er hatte mir angeboten, ich könnte seinen Cowboyhut behalten, wenn ich ihn aufsetzen, zehn Meter zurückgehen und mich dann so aufstellen würde, dass er mir den Hut vom Kopf schießen könnte. Der Cowboyhut war sehr schön und teuer. Dann wäre zwar ein Loch drin, eher zwei Löcher, ein Einschussloch und eines, wo die Kugel wieder ausgetreten ist, aber ich könnte stolz darauf verweisen, mir sei der Hut vom Kopf geschossen worden. So schön der Hut auch war, ich hatte Schiss!

Unter dem freundlichen Gelächter der Bürger von Cody verließ ich die Bühne der Stadthalle. So als wäre sie Annie Oakley aus Buffalo Bills Wild West Show sprang eine muntere Frau an meine Stelle und mit einem Schuss flog der Cowboyhut durch die Luft. Nur durch unermüdlichen Einsatz beim Squaredance konnte ich mir anschließend wieder einigermaßen Respekt ertanzen.

Ich hatte mir ganz bewusst den Ort Cody für eine Reportage ausgesucht. Ronald Reagan war Präsident der Vereinigten Staaten. Er stand kurz vor seiner Wiederwahl. Und mit ihm war eine Art des Denkens in das Weiße Haus eingezogen, das in Deutschland nur wenige begriffen. Er stand für eine Gesinnung, die in Cody noch lebendig sein dürfte. Die Mentalität des Westerns. So hoffte ich.

Cody war der Nachname von Buffalo Bill der im Europa des 19. Jahrhunderts wohl der berühmteste Amerikaner war. Mit seiner Wild West Show zog er durch den alten Kontinent. Als Buffalo Bill um 1890 mit Cowboys, Pferden, Büffeln und Hunderten von Indianern in der Karlsruher Südstadt kampierte, wurden die Bürger dieses Ortsteils zu »Südstadtindianern«. So werden sie heute noch geneckt. Zwei Brunnen tragen dort immer noch Indianerköpfe. Und auf dem Zentralfriedhof in Braunschweig, wo die Wild West Show Zuschauerrekorde erreichte, wurde ein Sioux-Indianer beerdigt, der von den Hörnern eines Büffels schwer verletzt worden war.

Den Spitznamen »Buffalo« verdiente Bill Cody sich, als er die Arbeiter der Kansas Pacific Railway mit Fleisch versorgen musste und Tausende von Bisons erschoss. Weit mehr, als gegessen wurden.

Schon als Junge machte er sich einen Namen als Reiter beim Pony-Express. Angeblich ritt er 322 Meilen an einem Stück in 21 Stunden und 40 Minuten und benutzte dazu 21 Pferde. Eine Strecke wie von Hamburg nach Wiesbaden.

Ein amerikanischer Journalist namens Ned Bluntline vermehrte Buffalo Bills Ruhm zu dessen Lebzeiten, indem er Berichte, Theaterstücke und Groschenhefte über Bill Cody veröffentlichte. Allerdings waren die meisten Schilderungen der angeblichen Heldentaten weit übertrieben. Aber sie bildeten viele noch heute geltende Klischees über den Wilden Westen.

1896 hatte William Frederick Cody, wie er mit vollem Namen hieß, einen Ort mit seinem Namen im Bighorn Basin im amerikanischen Bundesstaat Wyoming gegründet.

Cody nennt sich heute noch »Rodeo-Hauptstadt der Welt«. Buffalo Bill gilt als Erfinder des Rodeo zum Nationalfeiertag am 4. Juli.

Im Sommer findet jeden Nachmittag vor dem Hotel Irma ein »Shootout« statt. Eine Dreiviertelstunde lang liefern sich ein Dutzend Westernhelden eine Revolverschlacht, die mit dem Einsatz von Gewehren endet – und einer Reihe von Scheintoten auf der Straße.

In Cody war ich mit Buffalo Bills beiden Enkeln Bill und Fred verabredet.

Bis ich in Wyoming in den Rocky Mountains die Stadt Cody erreichte, fuhr ich von dem nächstgelegenen Provinzflughafen zweieinhalb Stunden durch eine grasbewachsene, baumlose Hochebene, eingegrenzt im Osten vom Bighorn-Bergzug, wo General Custer seine so schmähliche Niederlage gegen die Rothäute, angeführt von den Häuptlingen Sitting Bull und Crazy Horse, einstecken musste, und im Westen vom Absaroka-Gebirge mit seinen Viertausendern.

Als ich endlich in die Hauptstraße von Cody einbog, in eine Kulisse, in der heute noch High Noon spielen könnte, war ich schon eingestimmt von der Landschaft, die ich eben durchquert hatte, wo ich an Farmen von der Größe des Saarlandes vorbeigefahren war, wo das nächstgelegene County den Namen »Hole in The Wall« trug, benannt nach jenem berüchtigten Zufluchtsort von Männern wie Butch Cassidy und Sundance Kid, geschaffen durch einen Einschnitt in die fast tausend Meter hohe Felswand, eine Abgrenzung zur Hochebene im Westen. Hier schämt man sich der Menschen nicht, die zwar Verbrecher waren, heute aber als Helden verehrt werden.

An der breiten, wenig befahrenen Hauptstraße steht das große Hotel, das Buffalo Bill Cody für seine Tochter Irma gebaut hatte. Im Schaufenster des Saloons hängt heute noch der Silberdollarsattel – alle Münzen mit einem Schuss vom Blei durchlöchert. Die Bar aus hellem Kirschholz hatte Buffalo Bill, so will es die Legende, angeblich Queen Victoria von Großbritannien geschenkt, als er sie 1887 mit seiner Show in London beeindruckt hatte.

In diesem Saloon traf ich mich mit den Enkeln des Westernhelden. Beide trugen helle Cowboyhüte. Und wäre ich nicht solch ein Feigling auf der Bühne gewesen, hätte ich meinen Hut mitsamt Löchern aufgesetzt. Sie sahen einander, aber auch ihrem Großvater sehr ähnlich. Fred war in sich gekehrt, Bill extrovertiert.

Enkel Bill Cody hatte sich einen »Buffalo Bill«-Bart stehen lassen und sah deshalb wie sein Großvater aus: Ziegenbart unter dem Kinn, Schnauzer über der Oberlippe. Er bestellte eine Runde Turkey, sechzigprozentigen Bourbon gemischt mit Cola.

Silberdollar in die Luft zu werfen und mit einem gezielten Schuss zu durchlöchern, das war die Spezialität seines Großvaters Buffalo Bill gewesen. Und die Enkel, inzwischen selbst über siebzig Jahre alt, stammten von eben jener Irma ab, nach der das Hotel benannt ist. Irma heiratete einen Herrn Garlow, weshalb der Enkel auch William Garlow heißen müsste – hätte er sich nicht eines Tages entschlossen, des Großvaters berühmten Namen anzunehmen. Dazu hatte ihn eine Gewehrfirma gedrängt, als Bill Cody konnte der Enkel gute Werbung für sie machen, schließlich gehört Bill Cody zur amerikanischen Wildwestgeschichte. Wenn man von Bill Codys Enkel Bill Cody spricht, sollte man stets auch den Großvater im Sinn haben. Denn Enkel Bill hatte sich nicht nur dessen Namen, sondern auch sein Äußeres zu eigen gemacht.

Bill Cody und sein Bruder Fred waren bei ihrer Großmutter, Ehefrau von Buffalo Bill, aufgewachsen – Irma und ihr Mann waren früh einer Grippe zum Opfer gefallen. Als kleine Kinder hatten sie Großvater Buffalo Bill, auf dessen Ranch sie geboren worden waren, noch kennengelernt.

Bill Cody II. saß nun mit seiner fünften Ehefrau, Barbara, im Silver Dollar Saloon, bestellte für uns beide noch einen Turkey, und seine fünfunddreißig Jahre jüngere Frau, die ihn offenbar voll im Griff hatte, sagte: »Das ist aber der letzte.« »Sie ist die Älteste, die ich je geheiratet habe«, merkte Bill an. »Sie war neunundzwanzig.« Die vier Verflossenen waren eher unter zwanzig. Barbara hat Bill Cody in einer Talk Show kennengelernt. Bill war in den USA ein berühmter Enkel, und im Land des unendlichen Fernsehens war, wer wie Buffalo Bill aussieht und auch noch von ihm abstammt, ein willkommener Gast. Über tausend Talk Shows hatte er schon hinter sich und klagte jetzt: »Mir reicht's wirklich. Ich rede immer nur von meinem Großvater, nie geht es um mich.«

Aber wie konnte ich seine Klage ernst nehmen, wenn neben ihm sein Bruder Fred Garlow saß, der weder Cody hieß, noch einen weißen Bart zwirbeln konnte oder gar immer nur von seinem Großvater redete?

Bill Cody traf Barbara bei der Sendung, nahm sie gleich in bester Wildwestmanier mit auf die Reise zur nächsten Talk Show und machte ihr nach fünf Tagen den Heiratsantrag. Und jetzt betrieben beide eine Ranch für Urlauber, die mit »Buffalo« Bill in die Berge reiten wollten. Nebenbei züchteten sie Reitpferde.

»Man kann mit Ihnen in die Rocky Mountains reiten?«, fragte ich elektrisiert.

»Ja, meistens machen wir nur Tagesausflüge«, sagte Bill Cody, »aber es gibt auch längere Trips.« Und dann schwärmte er mir so von einem Ritt durch den Yellowstone Park vor, dass in mir ein Kern gelegt wurde, der lange brauchen würde, um zu keimen. Das willst du in deinem Leben auch einmal tun. Mit dem Pferd durch die Rocky Mountains reiten. Unbedingt!

Die beiden Brüder schienen sich nicht gut zu verstehen. Nun gut, das soll vorkommen. Während Fred ein wenig missmutig schwieg, erzählte mir Bill seine Geschichte. Er hatte in Harvard Juristerei studiert, während Fred der Furche verhaftet geblieben war und dem Vieh.

Bill, der Weiberheld, besann sich nach dem Studium auf die hehren Traditionen seines Großvaters und schrieb sich bei der Armee ein. Immerhin hatte es Buffalo Bill bis zum Oberst gebracht, manche nannten ihn sogar General, und zu seinen Heldentaten gehörte wohl auch der eine oder andere Indianerskalp. Insbesondere soll Buffalo Bill jenen Shoshonen-Häuptling Gelbe Hand im Zweikampf besiegt haben, der in der Schlacht am Little Bighorn General Custer getötet hatte.

Wahrscheinlich hätte sich Bufallo Bill auch nach dem PanAm-Attentat aufgemacht nach Tripolis und den Skalp von Gaddafi geholt. Nun gut, Reagan hat Bomber geschickt.

Buffalo Bill hätte sich auch nicht gescheut, wie später Ronald Reagan, am Brandenburger Tor den sowjetischen Häuptling Gorbatschow aufzufordern: »Tear down this wall.«

Ohne Zweifel hätte Buffalo Bill auch als Antwort auf die sowjetischen SS-20-Raketen amerikanische Pershing-Atomraketen stationiert.


Bill Cody der Enkel schrieb sich also bei der Armee ein und sollte sechs Jahre lang dienen: Da brach der Zweite Weltkrieg aus. William zog in die Schlacht, wenn auch nach Europa und nicht gegen die Indianer. Er brachte es bis zum Oberstleutnant, und seine kriegerischen Taten hob er jetzt laut lachend mit dem Hinweis hervor, dass ihn sogar General Eisenhower in seinen Memoiren erwähne, womit Williams größte militärische Entscheidung in die amerikanische Kriegsgeschichte eingegangen sei. Er, der sich damals noch William Garlow nannte, führte seine Truppe von 5000 amerikanischen Soldaten in deutsche Kriegsgefangenschaft, die größte geschlossene Einheit, die die

amerikanische Armee je in ihrer zweihundertjährigen Schlach-
tentradition dem Feind ohne Kampf überließ.

Dass dies nach europäischen Ehrengesichtspunkten gar keine
so heldenhafte Tat war, nach der ein preußischer Offizier sich
eher erschossen hätte, als sie vierzig Jahre später zu rühmen, das
kam Bill Cody II. nicht in den Sinn. Es war aber auch keine un-
ehrenhafte Übergabe.

Bei der Ardennenoffensive der deutschen Wehrmacht wurde
William Garlows Einheit von den »Hunnen«, wie die Ameri-
kaner die Germanen damals schmählich nannten, überrannt.
Plötzlich lag die Front sechzig Meilen hinter ihnen, es fehlte
Munition und Nahrung. Was blieb William Garlow anderes
übrig, als aus ein paar geliehenen Taschentüchern eine weiße
Fahne zu basteln und »Aufgabe« zu signalisieren.

Die Übergabe verhandelte er mit einem jungen deutschen
Offizier, an dessen Namen er sich leider nicht mehr erinnern
konnte. »Ich werde noch mal nach Deutschland fahren und ihn
suchen«, sagte Bill II. und hob sein Glas. Der deutsche Offizier
sei ein Gentleman gewesen, erinnerte er sich voll des Lobes über
diesen Mann.

Nur mit Mühe konnte er den Widerstand Barbaras brechen
und einen dritten Turkey bestellen. Ich musste mittrinken. Fred
schwieg und schüttelte ablehnend den Kopf.

Bill Cody II. muss vom Charakter des Großvaters einiges ge-
erbt haben. Das liegt ja in den Genen, wie wir inzwischen wissen.

»Denn beide Bill Codys«, sagte er, »fühlen sich erst richtig
wohl, wenn sie unterm Arsch das Leder eines Sattels spüren.«

Buffalo Bill schob dauernd neue Projekte an, wie eben Cody
gründen, dort einen Stausee anlegen, für die Bewässerung der
Prärie sorgen. Das war der Großvater. Das Hotel »Irma« hatte er
gebaut, damit es die Tochter ernähre, für die Enkel hat es schon
nicht mehr gereicht. Ein wohl mehr an sich als an die Mündel

denkender Vormund hat es damals verkauft, und leider wurden die großartigen Ölgemälde von Frederick Sackrider Remington, die in Hallen und Zimmern des »Irma« hingen, gleich aus dem Hotel entfernt und an Sammler verschachert. Heute werden Bilder des Western-Malers Remington bei Versteigerungen zu Millionen Dollar zugeschlagen. Einige hängen nicht weit vom Hotel »Irma« entfernt im Buffalo Bill Museum.

Fred saß immer noch schweigend neben uns. Dass er überhaupt gekommen war, verwunderte alle. Lag es am Besuch des deutschen Fernsehens? Denn Fred konnte seinen Bruder Bill nicht ausstehen. Während er sich bescheiden von Früchten der Erde und der Zucht von Tieren ernährte, war Bill ständig unterwegs. Er setzte auf Ölfelder und machte wieder einmal Pleite. Aber das ist in den USA nicht ehrenrührig. Wer Pleite macht, hat halt Pech. Für einen Konkurs muss sich hier niemand erschießen. Das blieb den Deutschen überlassen. Man versucht einfach ein neues Geschäft.

So gründete Bill II. eine Radiostation. Wo? Natürlich in Cody. In den Vereinigten Staaten ist es einfach, die Lizenz zum Betreiben eines Senders zu erhalten. Bürokratisch wird nur vorgeschrieben, dass der frei zu wählende Name der Station entweder mit einem W oder einem K anfangen muss. So wählte Enkel Bill das K. Und nannte seinen Sender einfach Kody. Und der funkt auch heute noch. Aber er gehörte ihm nicht mehr.

Nachmittags war ich zum Interview in den Sender Kody eingeladen gewesen. Ein junger, unbedarfter Moderator war stolz, endlich ausländischen Besuch ankündigen zu können. Das deutsche Fernsehen dreht eine Reportage in Cody. Und dann begrüßte er mich mit den Worten: »Heil Hitler! Nice to have you here …« Er meinte es nicht bösartig, sondern witzig. Ich ging nicht darauf ein.

Am Abend scherzte Bill über den Kindskopf. Ich solle das nicht so ernst nehmen. Hier lebe man sowieso entspannt. Das habe er gemerkt, als er sich in Cody als Rechtsanwalt niederlassen wollte. Ohne Fortune. »Die Gerichte haben hier wenig zu tun«, sagte er mir. »Wir hatten seit Gründung der Stadt noch keinen Mordfall zu verhandeln.« Es stellte sich heraus: Mörder verunglückten schon vor der Festnahme. Sie kamen gar nicht erst bis zum Schwurgericht. Ich konnte das alles nur erahnen, denn ganz präzis wollte es mir Bill Cody nicht erklären. Der Peacemaker kommt dann wohl zum Einsatz.

In Cody wird jeder für das respektiert, was er vorgibt zu sein. Hierher scheinen keine Steckbriefe zu gelangen. Wer neu in den Ort kommt und sagt, er heiße Joe Smith, der ist eben Joe Smith. Ob er woanders wegen Betrugs gesucht wird, das will hier keiner wissen. Benimmt er sich ordentlich, geht er höflich mit den Frauen des Ortes um, dann wird ihm keiner ein Haar krümmen.

Die Freiheit des Individuums steht an erster Stelle aller Werte.

Freiheit bedeutet, rück mir nicht zu nah. Aber in diesen Weiten kann man sich auch frei fühlen. Da steht nicht ein Schrebergarten neben dem anderen. Da wohnt man nicht in Reihenhäusern. Da ist eine Ranch so groß, dass man die nächste nicht sieht und vielleicht eine Stunde bis zum Nachbarn fährt.

Freiheit bedeutet aber auch so wenig Staat wie möglich. Deshalb haben sich 2010 in Wyoming Bürger nicht nur zu einer Tea-Party oder in der Wyoming Liberty Group zusammengeschlossen, es gibt eben auch die Cowboy Tea Party. Sie bietet in Cody unter anderem einen Kurs von Deputy Sheriff Royal Guneman im verdeckten Tragen von Feuerwaffen an.

Freiheit bedeutet hier, sich auch einmal eine neue Identität geben zu können. Und das geht weder den Staat noch sonst jemanden etwas an.

Freiheit bedeutet so wenig Staat wie möglich. Der Cowboy braucht keine Gesundheitsreform, wie sie Präsident Barack Obama durchgesetzt hat. Wenn Vorbild »Buffalo Bill« dreihundert Meilen am Stück reiten kann, wenn man Tausende von Bisons hintereinander erlegen kann, dann braucht man keine Zahnvorsorge.

Und droht schließlich Gefahr vom Staat, der sich zu viel einmischt, kann der freiheitsliebende Cowboy immer noch ins Nachbarcounty »Hole in The Wall« fliehen.

Diese Freiheit hat sich auch Bill Cody II. zeit seines Lebens gegönnt. Nach der fünften Frau besann er sich auf die alte Tradition der Familie. Bei der Bank wollte er zweitausend Dollar aufnehmen, um eine Ranch mit Pferden zu betreiben, für Feriengäste, die gern mit Bufallo Bills Enkel in die großartigen Rocky Mountains reiten. Die Bank zögerte, und Bruder Fred meinte, für so viel Geld würde er nicht bürgen. Geschwisterliebe!

Inzwischen war Bill Cody endlich ein reicher Mann. Der Staat hatte ihm zehn Hektar gutes Weideland zwischen Cody und dem Yellowstone Park verpachtet. Darauf betrieb er seine Ranch. Mit über sechzig Pferden. Die Zimmer auf der Ranch waren ständig ausgebucht. Sorgen hatte er keine mehr, außer wenn Barbara ihm den vierten Turkey im Silver Dollar Saloon des Hotels »Irma« nun wirklich energisch verweigerte. Da stand Bill Cody auf, schüttelte mir die Hand zum Abschied und gehorchte, so, als wolle er sich auf ein sechstes Abenteuer nicht mehr einlassen.

Fred und Bill haben sich inzwischen in die ewigen Jagdgründe verabschiedet. Aber fünfzehn Jahre später bin ich an Bills Grab getreten. Es liegt auf dem Friedhof des Old Trail Towns am Rand von Cody. Das Old Trail Town besteht aus einem Dutzend alter Holzhütten, die zwar nur aus der Zeit kurz vor der Gründung des Ortes stammen, aber geheiligt werden wie Reste des Limes in Deutschland. Auf dem alten Friedhof liegen berühmte Westernhelden. Wie etwa Jeremiah »Liver Eating« Johnson.

Es gab drei wilde Männer namens Johnson im 19. Jahrhundert im Wilden Westen. Jeremiah war ein wilder Bergmensch, dessen Indianerfrau angeblich von den Crow-Indianern getötet worden war. Deshalb rächte sich Jeremiah. Er brachte Dutzende von Indianern dieses Stammes um. Und angeblich aß er, um sie zu erniedrigen, stets die rohe Leber seiner Feinde, denn die Crow-Indianer glaubten, aus der rohen Leber der von ihnen erlegten Tiere würde deren Lebenskraft auf sie übergehen. Dieser »Liver-Eating« Johnson lag nicht so schön wie Bill Cody II. Auf dessen glatt behauenem Grabstein ist oben sein Porträt abgebildet. Und darunter sind viele seiner »ruhmreichen« Taten aufgelistet. Das Grab liegt am äußersten Rand des Friedhofs und ist mit ein paar rohen Feldsteinen abgegrenzt. Dahinter weitet sich die kahle Steppe aus. Erst mehrere Reitstunden entfernt steigt die Hochebene in Richtung Rocky Mountains an.

Die drei Turkeys im Silver Dollar Saloon mit Bill Cody II. hatten einen Traum ausgelöst. Die Suche nach der Freiheit auf dem Pferderücken. Das willst du in deinem Leben auch einmal tun, dachte ich wieder: wie ein Cowboy durch die Rocky Mountains reiten.

Die Zeit verging.

Reagan war in Washington für die zweite Amtszeit vereidigt worden. Ich zog von New York nach Paris. Sieben Jahre berichtete ich aus Frankreich. Auch Mitterrand war für eine zweite Amtszeit gewählt worden. Der deutschen Einheit folgte der Zusammenbruch der Sowjetunion. Kohl war nicht mehr Kanzler, Genscher nicht mehr Außenminister. In Berlin regierte sogar eine rot-grüne Koalition.

Der Cowboy hatte über den Kommunisten gesiegt.

Inzwischen war ich nach Hamburg gezogen, um die Tagesthemen zu moderieren. Hier beim NDR lagen die Redaktion und die Studios von ARD-aktuell. Und es hatte sich auch ergeben, dass ich Reitunterricht genommen und sogar einen Trakehner-Schimmel gekauft hatte, mit dem ich mehr recht als schlecht auskam. Manches Wochenende besuchte ich auf dem Land meinen Freund Stefan Aust, damals Chefredakteur beim *SPIEGEL*, der in einem Waldstück auf der Südseite der Elbe eine Jahr für Jahr wachsende Pferdezucht betreibt. Wir ritten manchmal aus. Mir wurde das vorsorglich vorher schon einmal abgerittene, brave Pferd seiner Frau gesattelt. Aber ich fiel auch beim langsamen Galopp nicht runter.

Eines Abends, an dem ich mit Stefan zusammensaß, erschien mir Bill Cody vor Augen, und ich erzählte von dem Gespräch im Silver Dollar Saloon und von der Ranch, von der aus man in die Rocky Mountains reiten konnte. Ich hatte kaum ausgeredet, da sagte Stefan: »Das machen wir. Ich komme mit.« Und seine Frau, Katrin, signalisierte Zustimmung.

Im August ist das Klima in den Rocky Mountains trocken und sommerlich. Der Shoshone-Stausee, der inzwischen auch nach Buffalo Bill heißt, liegt zwischen Cody und dem Yellowstone Park.

Wir waren um sechs Uhr früh im Hotel Irma aufgestanden und mit einem Pick-up abgeholt worden.

Gut fünf Meilen hinter dem Damm starteten wir am ersten Tag mit unserem Ritt durch die Rocky Mountains morgens um acht. Cowboy Terry hatte eine Gruppe von sechs Reitern, neben uns auch einige Amerikaner, zusammengestellt. Er schaute sich jeden genau an und teilte ihm ein passendes Pferd zu. Quarterhorses, ehemalige Wildpferde. Als Letzter kam ich dran und bekam das größte Pferd, es hieß Ray. Früher hatte es Rodeoreiter buckelnd abgeworfen, jetzt aber war es lammfromm und trug einen Westernsattel mit einem großen Knauf. Die Sättel wiegen vierzig Pfund, sind also schwer, damit ein um den Knauf gewickeltes Lasso auch hält, wenn ein gefangener Bulle daran rütteln sollte.

Terry ritt vorweg, hinter sich Packtiere, Pferde und Maultiere, danach Marcia, auch sie führte einige Packtiere. Und dann wir sechs. Innerhalb von sechs Stunden kletterten die Pferde von achthundert auf zweitausendzweihundert Meter Höhe, über Waldpfade oder – völlig trittsicher – über die rund gewaschenen Felssteine in Gebirgsbächen. Im Wasser ließen wir die Zügel fallen, die Pferde tranken.

Plötzlich tat sich ein weites, scheinbar völlig unberührtes Tal vor uns auf, eine große gelbe Fläche zwischen Bergrücken, die über dreitausendfünfhundert Meter steil anstiegen. Noch eine halbe Stunde, wieder durch einen kleinen Bach, dann sollten wir unseren Rastplatz erreichen.

Terry rief: »Halt«, verharrte einen Moment auf seinem Pferd, drehte um und sagte: »Hier geht es nicht.«

Später, als wir ein Stück weiter am Lagerfeuer saßen und die Zelte aufgebaut hatten, erzählte er, einen halb von Bären gefressenen Pferdekadaver gesehen zu haben. Die Bären würden sicherlich wiederkommen. Und dann kratzte er sich verwundert unter dem Hut, den er nie ablegte. Niemand lässt normalerweise einen Pferdekadaver liegen, der wird vergraben, damit die Bären nicht auf den Geschmack kommen.

Um sechs Uhr wurde es dunkel. Marcia kochte. Steak, dicke Bohnen.

Um neun Uhr hievten wir zu dritt die Vorratskiste über einen vier Meter hoch hängenden Ast, damit kein Bär sie erreichen konnte. Wir wurden davor gewarnt, Lebensmittel ins Zelt mitzunehmen, und für Notfälle erhielt jedes Zelt einen »bear mace«, ein Gerät, das aussah wie ein Revolver für Leuchtmunition. Das Rohr war gefüllt mit einer Chemikalie, die angeblich jeden Bären in die Flucht jagen würde. Gesehen haben wir auf dem ganzen Ritt nicht einen, allerdings viele Abdrücke von

Tatzen. Eine Truppe mit so vielen Pferden, erklärte Terry, vertreibt die scheuen Tiere.

Nachts fällt die Temperatur hier selbst im August fast auf null Grad. Am ersten Morgen wurden wir durch das Geheul von Kojoten geweckt, die wie ein großes Orchester im Halbkreis, nur hundert Meter entfernt von unserem Lager, in den Himmel jaulten – einige kurze Beller und dann ein lang gezogener Heuler. Das Echo hallte eindrucksvoll aus den Bergen zurück.

Hier draußen wirkt der Westen manchmal noch so unberührt und wild wie in den Zeiten von Buffalo Bill.

Terry stammte aus einer bürgerlichen Familie und hatte sogar das College besucht. Doch schon im Alter von sechzehn Jahren begann er, in den Sommerferien als Cowboy zu arbeiten. Und kaum hatte er seinen Bachelor in der Tasche, zog er in die Rocky Mountains. Terry wollte in Freiheit leben.

Im Sommer, der von Ende Mai bis Ende September dauert, führt er kleine Gruppen auf dem Pferderücken durch die Berge. Im Winter reitet er allein mit Lasttieren zu einsamen Berghütten, wohin wohlhabende Menschen mit Schneemobilen fahren, um Bären oder Elche zu schießen. Terry versorgt sie dann mit Proviant. Manchmal ist er zwei Wochen allein im hohen Schnee unterwegs.

Wir ritten etwa sechs bis sieben Stunden am Tag. Meist im Schritt – wegen der Packpferde. Abends sattelten wir ab. Die Rastplätze lagen stets an einem Bach. Die Pferde wurden entladen. Marcia zündete ein Lagerfeuer zum Kochen an. Zum Kühlen legten wir ein paar Dosen Bier in den Bach, zogen uns aus und badeten. Das Wasser war meist kälter als 14 Grad. Aber nach einem Tag im Sattel war es erfrischend. Und jeden Morgen holte ich vom Feuer eine Schale heißes Wasser, rief Stefan zu, das Rasierwasser sei zubereitet, und wir schabten unsere Bärte am Bach ab. Er stieg dann immer noch ins Wasser. Das war mir zu kalt.

Jeden Abend ließ Terry, der Cowboy, alle zwanzig Pferde und Maulesel frei und hängte einigen eine große Glocke um. Nur eines pflockte er an. Mit dem fing er am nächsten Morgen die Herde in wenigen Minuten wieder ein. Eines Abends aber hatte der Mond sein volles Gesicht gezeigt, da war es so hell, dass die Tiere wanderten. Und in dem zweitausend Meter hoch liegenden, breiten Tal in den Rocky Mountains im südlichen Teil des Yellowstone Parks, dort wo Adler und Habichte zwischen den Wolken und den Viertausendern ihre Kreise drehen, gibt es viele kleine Schluchten im Gebirge. Dort können sich Pferde leicht verstecken.

Wir warteten länger als üblich auf Terry und die Pferde. Nach einer Stunde kam er zurück. Ein wenig angestrengt. Nein, wir hatten die Pferde nicht gesehen. Er galoppierte wieder los.

Eine Stunde später kam ein fremder Cowboy in unser Camp geritten. Er fragte Marcia, die dickliche Köchin, deren Revolver stets neben dem Kochtopf lag: »Habt ihr fremde Pferde gesehen? Mir fehlen fünf.«

Wir saßen um das Feuer und tranken den Kaffee aus Emaillebechern. Seine Frage ließ uns lachen.

»Uns fehlen alle Pferde«, sagte Marcia, »Terry sucht sie schon seit zwei Stunden.«

Der Yellowstone Park ist eines der ältesten Schutzgebiete der Welt für wilde Tiere. Tausende Hirsche, Büffel, Bären, Biber und Elche, Antilopen und Bergschafe leben in diesem Gebirgsgarten Eden. Die Wölfe waren weggeschossen worden, doch Naturfreunde hatten aus Kanada neue Tiere eingeflogen und sie sesshaft gemacht, sehr zum Ärger der Einheimischen. Terry fluchte: »Diese Leute, die sich Naturliebhaber nennen, haben keine Ahnung von Natur. Der Wolf hat keinen natürlichen Gegner, und jetzt reißt er alles, vermehrt sich viel zu stark und darf trotzdem nicht geschossen werden.«

Vier Stunden suchte Terry, dann hörten wir ein sich aus der

Ferne näherndes Geläut. Für zehn Uhr war der Aufbruch geplant gewesen, aber allein das morgendliche Beladen der zwölf Packtiere dauerte meist eine Stunde. Mich hatte Terry zu seinem Gehilfen auserkoren, und ich kannte schon jeden Handgriff, wusste, wann er mir das Seil über den Rücken des Pferdes reichte, damit ich es unter dem Bauch durch eine Schlaufe zog und ihm zum Verknoten zuwarf. Jetzt war es schon weit nach Mittag, und der nächste Rastplatz in mehr als dreitausend Metern Höhe war noch sechs Stunden Ritt entfernt.

Schon sechs Tage lang war unsere kleine Truppe unterwegs, zwei davon zwischen schwarz verkohlten Baumstämmen, die immer noch von dem großen Feuer vor fünfzehn Jahren zeugten, als ein Drittel des Yellowstone Parks abgebrannt war. Wenn ein Wald alt und schwach wird, dann entflammt ihn ein trockener Blitz. Zwischen den Stümpfen wächst später helles Grün hervor. So ist die Natur, sagen die, die es ablehnen, solch ein natürliches Feuer zu löschen.

In der Ferne liegt der Grand Teton, einer der gewaltigsten Berge der Rocky Mountains, Vorbild für manch ein Gebirge in Walt Disneys Trickfilmen, ein Berg, der wie eine großartige Skulptur wirkt, weil die Felsen sich aufeinanderstapeln, übereinanderdrängen, als würde eine gewaltige Kraft sie aus der Erde herausdrücken.

Terry erzählte: »Vergangenen September hatte sich eines unserer Pferde einmal so weit von der Gruppe entfernt, dass wir es nicht wiedergefunden haben. Und ab Ende des Monats schneien die Pässe zu. Erst im Mai kommen wir wieder hierher. Tatsächlich haben wir es dann wiedergefunden. Es hatte sich einer Herde von Rotwild angeschlossen.«

»Kommt es nicht vor«, frage ich ihn, »dass Pferde gestohlen werden? Wenn jemand eins fängt, ist er doch schnell über alle Berge.«

»Niemand käme auf die Idee, ein Pferd zu stehlen!«

»Weshalb nicht?«

»Weil er das nicht überleben würde. Es gibt nur zwei, drei Pässe, die hier aus den Rocky Mountains hinausführen. Da weiß jeder Pferdedieb, dass ihm ein Unfall widerfahren würde. Und das würde jeder Sheriff absegnen.« Kurzer Prozess. Im Westen Amerikas denkt man noch biblisch, Auge um Auge, Zahn um Zahn, oder so ähnlich.

Die gewaltigen Weiten, die wilde Natur und die Mentalität der wenigen Menschen in ihr entsprechen sich. Nichts wird begradigt oder befestigt.

Da es kein künstliches Licht gab, gingen wir früh schlafen und standen mit der Sonne wieder auf. An einem Abend saß ich noch lange allein mit Terry am Feuer. Wir erzählten aus unseren völlig unterschiedlichen Leben. Ab und zu würde er mal für vierzehn Tage nach Florida in Urlaub fahren, sagte er, aber dann hätte er genug von den Menschen, von dem Massentrubel. Dann fragte er mich: »Wie bist du in Deutschland auf die Idee zu dem Ritt durch die Rocky Mountains gekommen?«

»Ich bin vor Jahren nach Cody gereist«, antwortete ich, »auf der Suche nach dem Western. Ich wollte wissen, wie viel davon heute noch lebt.«

Und dann fragte ich ihn, ob er etwa die Geschichte von Christopher John Boyce kenne?

»Ja«, lachte Terry, »wie kommst du denn auf den? Der hat ja einige Jahre in den Rockys gelebt.«

»Ich habe vor Jahren in dem New Yorker Kunstzentrum ›The Kitchen‹ eine abendfüllende Aufführung gesehen. Sie stand unter dem Motto: Amerika hat einen neuen Helden: Christopher John Boyce ist ein großartiger Amerikaner.«

»Über sein Leben wurde sogar ein Hollywoodfilm gedreht mit Timothy Hutton in der Hauptrolle«, sagte Terry.

Boyce war der Sohn eines FBI-Agenten, der als kleiner Wachmann einer großen Firma die Geheimcodes zu Amerikas

Spionagesatelliten verwahren sollte, sie aber an die Sowjets verkaufte, bis er dabei erwischt wurde. Er hatte nämlich festgestellt, dass der amerikanische Geheimdienst CIA sich in die Wahlen in Australien einmischte, um den Sieg des Labor-Kandidaten zu verhindern. Das hielt er für ungerecht. Boyce wurde zu vierzig Jahren Haft verurteilt. Doch im Gefängnis sah er einen Film, der hieß »Flucht aus Alcatraz«, und genau nach dem Vorbild dieses Films floh er aus der Haft.

»Er hat dann genau das Richtige getan«, sagte Terry. »Ich würde genauso handeln. Boyce wurde ja als Volksfeind Nummer eins auf Fahndungsplakaten bezeichnet und gesucht. Aber er hat sich einfach in die Rocky Mountains zurückgezogen. Er lebte in einer Blockhütte und keiner fragte nach seinem Vorleben. Er überfiel ab und zu eine Bank. Aber ließ sich nie auf Schießereien ein. Und er war sozial«, da lachte Terry kurz auf, »denn er überfiel nur Banken, die eine Versicherung für ihre Kunden hatten! Deshalb hat ihn nie jemand verraten.«

»Wussten die Menschen denn, wer er war?«

»Er hatte sogar eine Stammkneipe. Aber er war stets fair, hilfsbereit und höflich. Man mochte ihn. – Warum interessiert er dich?«

»Ich habe vor fünfzehn Jahren einen Filmbericht über ihn gemacht, als er wieder gefasst worden war. Mich hat fasziniert, warum ihn lange Zeit niemand verpfiffen hat.«

Boyce war es in den Bergen zu ruhig gewesen. Deshalb zog er an die Pazifikküste ganz oben an der Nordgrenze der USA im Staate Washington. Auf die Inseln vor Seattle. Er kaufte sich ein Fischerboot und fuhr mit Jerry Sullivan auf Lachsfischfang. Jerry und seine Frau Kay wussten nicht, wer Boyce wirklich war, wollten es aber auch nicht wissen.

Aber selbst wenn sie gewusst hätten, dass er als »Volksverräter Nummer eins« gesucht wurde, hätten sie ihn nie verraten.

Das sagten sie mir im Interview, als ich sie in ihrem Häuschen am Pazifik besuchte.

»Freundschaft ist sehr, sehr wichtig«, sagte Kay Sullivan. »Man muss sich doch zumindest auf einen Freund verlassen können.«

»Sie trauen der Justiz wohl nicht?«, fragte ich sie.

»Nein, der traue ich nicht.«

»Denken hier alle so?«

»Es gibt eine Menge Leute«, sagte Jerry Sullivan, »die hier leben, weil man sich hier weniger in unser Leben einmischt als anderswo. Und es gibt wohl auch eine Reihe von gesetzestreuen Bürgern, die bereit wären, nicht weiter in der Vergangenheit anderer zu stochern, weil sie nicht die Ersten sein würden, die hier untertauchen.«

Boyce nahm sogar – gegen Barzahlung – Flugstunden, denn er wollte einen Komplizen mit einem Hubschrauber aus dem Gefängnis holen. Flugunterricht nahm er bei einem pensionierten General, der bei der NATO und im amerikanischen Generalstab gedient hatte. Er schilderte Boyce als einen sympathischen jungen Mann, den er gern zum Freund hätte. Auch er, General William Georgi zog in den Westen, weil er sich hier so viel freier fühlt. Man hat im Westen, wie er sagte, eine andere Vorstellung vom Staat als im Osten.

»Ich glaube, die meisten der Leute, mit denen Sie gesprochen haben«, sagte mir der General im Interview, »haben beteuert, dass sie Boyce nicht ausgeliefert hätten. Sie werden sich nämlich gefragt haben, welchen Schaden Boyce eigentlich angerichtet hat. Viele Leute hier können sich nicht vorstellen, dass der Schaden wirklich groß war. Für sie ist es mehr eine persönliche Frage: Was hat er getan, um diese Gegend zu schädigen?«

Verraten wurde Christopher John Boyce von einem Komplizen bei einem Bankeinbruch, der sich als Kronzeuge damit freikaufte.

»Das tut man eigentlich nicht«, sagte Terry.

Drei Jahre nach unserem nächtlichen Gespräch am Lagerfeuer wurde Boyce im Jahr 2002 aus dem Gefängnis entlassen. Nach 24 Jahren Haft. Er heiratete eine junge Frau, die sich jahrelang um seine Freilassung bemüht hatte. Und Boyce verkündete reuevoll, er habe doch nur gehofft, er könne mit seiner Tat den Frieden zwischen der Sowjetunion und den Vereinigten Staaten fördern.

Zur Sehnsucht nach der unendlichen Freiheit gehört wohl auch eine riesige Portion naiver Glauben an das Gute im Menschen.

»Hättest du ihn je verraten?«, fragte ich Terry.

»Nie!«

Der Cowboy wusste so viele persönliche Kleinigkeiten von Christopher John Boyce, dass ich eine Vermutung hatte. Aber dann beantwortete er meine Frage, ob er Boyce vielleicht kennengelernt hatte, doch nicht. Er stand einfach auf und sagte nur: »Bis morgen.«

Acht Tage ritten wir, hoch über den einen oder anderen Pass, wo in manchen Ecken Schnee lag, hinauf auf Hochebenen, die den Blick freigaben auf weite Wälder und Täler, bis hin zu den dramatisch aufragenden Spitzen des Teton-Gebirges. In die Täler hinab führten wir die Pferde, die mit unendlicher Ausdauer die steilsten Wege zwischen den Bäumen hochgeklettert waren. Einen halben Tag lang dauerte der Ritt entlang eines Flusses, den die Biber immer wieder mit ihren Dämmen aus Baumstämmen aufgestaut hatten.

Die meisten Erzählungen über die Rocky Mountains stammen vom Anfang des 19. Jahrhunderts, denn der erste weiße Mann, der die Gegend des »Yellow Stone« entdeckte, war zweifelsohne John Colter, ein Mitglied der Lewis-und-Clark-Expedition, die 1806 von der Erkundung der Pazifikküste zurückkehrte. Als Colter später im Osten von den Wundern dieses Gebirges, den Seen, den Geysiren, dem Tierparadies erzählte, wollte ihm niemand glauben, und er wurde als Aufschneider abgetan. Die Größe, die Höhe, die Weite dieser Landschaft glaubhaft wiederzugeben, fällt in der Tat schwer, so als erzählte man einem Bauern, der nie sein kleines Dorf in Sizilien verlassen hat, von Häusern, die fünfhundert Meter hoch sind.

Einmal überkam uns alle Angst. Berechtigte Angst.

Terry und Marcia taten so, als bemerkten sie es nicht. Wir mussten eine zweistündige Strecke an einem Felsberg entlangreiten, der Weg war gerade so breit, dass ein Pferd dort schreiten konnte. Links stieg der Fels Hunderte Meter hoch, rechts fiel er steil fast tausend Meter tief ab. Nur ein falscher Tritt des Pferdes, und man wäre in den Tod gestürzt. Ich wagte nicht hinunterzuschauen, konzentrierte den Blick auf die Hufe des Pferdes vor mir und dachte an die Worte von Terry, der erklärt hatte, dass ein Pferd erst dann einem Reiter zugeteilt werde, wenn es zehn Jahre lang als Packpferd gedient habe.

Zu Terrys Aufgaben gehörte es auch, vor dem Abreiten die Hufeisen der Pferde zu untersuchen. Er schlug neue an, falls eines verloren gegangen war.

Als wir aufsaßen, fragte ich Terry, weshalb die alten Hufeisen, die er ausgewechselt hatte, liegenblieben. Sonst hatte er uns immer angehalten, alle Abfälle wieder einzusammeln oder – was sich verbrennen ließ – ins Lagerfeuer zu werfen. Sogar das, was jedes Wesen wieder ausscheidet, wurde mit einem kleinen Spaten vergraben. Keine noch so flüchtige Spur vom durchreitenden Menschen sollte in der Natur verbleiben.

Nur die Hufeisen, die blieben liegen.

Terry antwortete: »Überall in den Rocky Mountains findest du Pfeilspitzen der Indianer, wir lassen dafür unser eisernes Symbol zurück.«

Der Kampf zwischen den Ureinwohnern und den Siedlern hat noch kein Ende, Buffalo Bill reitet immer noch gegen die Shoshonen.

# Gewerkschaftsboss mit schusssicherer Weste

»Es gibt zwei Distrikte in New York, da bist du immer sicher«, sagte mir Sonny Grosso, der in seinem Gürtel unter dem Pullover immer einen geladenen Revolver trug, »in Little Italy und in Chinatown. In Little Italy sorgt die Mafia dafür, dass den Kunden nichts passiert. In Chinatown machen das die Tongs. Die Streitigkeiten werden untereinander ausgetragen.«

»Und warum trägst du immer eine Pistole mit dir?«, fragte ich ihn. Wir saßen in seinem Stammlokal in Little Italy, er immer mit dem Rücken zur Wand, mit Blick auf die Eingangstür.

»Weil ich kein normaler Kunde bin.«

Nein, das war Sonny Grosso wirklich nicht. Er, der Anfang der dreißiger Jahre in Düsseldorf zur Welt kam, war einer der beiden Detektive, die in dem legendären Film »French Connection« verewigt wurden, weil sie 1961 in einer abenteuerlichen Polizeiaktion einen Heroin-Ring der Mafia gesprengt und dabei eine große Menge Drogen beschlagnahmt hatten. Seine Rolle wurde von Roy Scheider gespielt, der dafür mit dem Oscar für die beste Nebenrolle nominiert wurde. Nach zwanzig Jahren Dienst können sich Detektive der New Yorker Polizei pensionieren lassen. Das tat Sonny Grosso und wurde Berater für Filme wie »Kojak« und der »Pate«. Im »Paten« hat er sogar eine kleine Rolle als Polizist gespielt.

Sonny Grosso war auch mein Informant. Ich lebte als Korrespondent Anfang der achtziger Jahre in New York. Im Winter 1984 suchte ich Matthew Eason, den Vorsitzenden von Local 20408, einer von Eason gegründeten Gewerkschaft, die Schwarze und Einwanderer vertrat, die im New Yorker Garment District, dem Textilviertel gleich um die Ecke vom Broadway südlich der Vierzigsten Straße, arbeiteten. Dort aber herrschte die Mafia. Sie herrschte über die Produktionsstätten, über die Zulieferer, bestimmte die Löhne und wer in die Gewerkschaft aufgenommen wurde. Da störte ein ehrlicher Mann wie Matthew Eason, über dessen gefährdetes Leben ich einen Film drehen wollte.

»Du kannst ihn übermorgen treffen«, sagte Sonny Grosso, dessen Codename bei der Polizei Cloudy gewesen war – als Gegensatz zu Sonny, sonnig – wolkig. »Ich habe mit ihm geredet und für dich gebürgt.«

»Und wo treffen wir uns?«

»In einem Hotel in Midtown. Morgens ruft dich jemand an und gibt dir eine Adresse durch.«

Der Anruf kam, aber die Verabredung blieb äußerst vage. Eason komme irgendwann am Nachmittag in einem kleinen Hotel in Midtown vorbei, ein Besprechungszimmer sei unter meinem Namen reserviert. Nein, in seinem Büro könne man ihn nicht treffen und bitte, dies seien keine Starallüren.

Um halb vier schaute dann ein kleiner grauer Mann mit klar erkennbarer Ausbuchtung in der Jacke zur Tür herein, zog sich wieder zurück; ein zweiter Mann erschien, öffnete die Tür ganz, ihm folgte, zwei Meter groß, drei Zentner schwer, der riesige Gewerkschafter Matthew Eason, der von Mafia und Teamster-Gewerkschaft in New York gefürchtete Rebell. Während Eason, 48 Jahre alt, sein Wohlgefühl durch Grunzen äußerte und sich in den einzigen ihn fassenden Sessel fallen ließ, postierten sich die beiden Leibwächter, übrigens Polizisten bei der Schwarzarbeit, an der Tür.

Leibwächter umgeben ihn Tag und Nacht, wenn er nicht gerade untergetaucht ist, denn Matthew Eason geht davon aus, dass die Mafia einen *contract* über sein Leben abgeschlossen hat, wie man hier sagt, und das heißt nichts anderes als: Ein Berufskiller ist auf ihn angesetzt.

Jahrelang war Eason, einst Schwerarbeiter und Lastwagenfahrer, überall aktiv in Gemeindepolitik und Gewerkschaftsarbeit. Ein Mann mit lauter Stimme, mit riesigem Appetit, der Tag und Nacht für das, was er als Gerechtigkeit empfindet, arbeitete. Seine kleine Wohnung im New Yorker Stadtteil Brooklyn quoll stets über von jungen Menschen, die Rat suchten oder an einem seiner vielen Hilfsprojekte mitarbeiteten.

Zum Helfen fühlte er sich erzogen, ist doch freiwilliger Einsatz für die Gemeinschaft in den Vereinigten Staaten eine größere Selbstverständlichkeit als etwa im bürokratischen Europa, wo man immer gleich um staatliche Hilfe jammert.

Von seinen Eltern habe er zwei Dinge gelernt: sich für das Gemeinwohl verpflichtet zu fühlen und zu arbeiten. Dass aber nicht alle, die es vorgeben, so denken, lernte Eason schon früh.

»Mein Vater war Hafenarbeiter«, sagte er. »Wenn er abends nach Hause kam, erzählte er manchmal, wie er den Gewerkschaftsbossen einen Teil seines Lohnes abgeben musste, nur damit er überhaupt Arbeit bekam. Geld, das nicht in die Gewerkschaftskasse, sondern in die eigene Tasche dieser Gangster floss. Manchmal brach er zusammen und weinte.«

Das sollte ihm nicht geschehen, schwor sich Matthew Eason, der wusste, dass ein aktiver Amerikaner in dem Fall nur einen Ausweg kennt: Er gründet seine eigene Gewerkschaftsorganisation – und ausnahmsweise eine gerechte. Das aber führte schnell zum Konflikt mit der Mafia; denn Matthew Eason begann, Arbeiter im New Yorker Garment-District zu organisieren, wo die großen Kämpfe ums Überleben stattfinden. Hier stellen Tausende von Unternehmen Kleider für die großen Warenhäuser Amerikas her. 250 000 miserabel bezahlte Arbeiter, zum großen Teil Einwanderer, die noch nicht· richtig Englisch sprechen, streiten sich hier um Jobs. Kein Unternehmen hat einen größeren Marktanteil als ein Prozent. Mit halsabschneiderischen Methoden versucht hier jeder jeden zu übertrumpfen.

Auch im 21. Jahrhundert werden hier noch Klamotten im Wert von jährlich 14 Milliarden Dollar hergestellt, Modemacher wie Carolina Herrera, Oscar de la Renta, Calvin Klein, Donna Karan, Liz Claiborne und Nicole Miller laden ihre Kunden in ihre großen Showrooms ein.

Mafia und die Teamsters, die Transportmitarbeiter-Gewerkschaft, deren Chefs häufig im Gefängnis landeten oder – wie Jimmy Hoffa – nach dem Gefängnis mit Zementfüßen im tiefen Wasser versanken, beherrschen diesen Distrikt. Als nun Eason den Antrag stellte, eine Gruppe nichtorganisierter schwarzer und hispanischer Arbeiter eines großen Transportunternehmens in seine Gewerkschaft aufzunehmen, erhielt er einen Anruf, der dazu führte, dass er ständig die Wohnung wechselte, nur mit Bargeld bezahlte, damit er über Geldgeschäfte mit Kreditkarten oder Schecks nicht verfolgt werden könnte.

Der besagte Anruf war von einem Mann gekommen, der sich als Vertreter der Teamster-Gewerkschaft ausgab und den das FBI der Luchese-Familie von der New Yorker Mafia zurechnete. Man solle sich mal treffen, sagte dieser Mann, der – um das Klischee zu vervollständigen – ausgerechnet auch noch über eine Grabesstimme verfügte. An »geheimem Ort« kam man wenige Tage später zusammen. Dem gutmütigen Eason wurde klargemacht, dass er das »Geldschiff zum Kentern bringe«, wenn er versuche, Arbeiter bei jenem Transportunternehmen zu organisieren. Denn: Unternehmensleitung und Gewerkschaftsbosse hatten ein Geheimabkommen getroffen. Dafür, dass die Gewerkschaft die billigen Arbeitskräfte nicht organisiert, erhalten die Gewerkschaftsbosse Bestechungsgelder. Ein Deal, der in den Vereinigten Staaten häufiger vorkommt; selbst der damalige US-Arbeitsminister Donovan, vorher Manager eines Unternehmens, wurde solcher Machenschaften beschuldigt. Matthew Eason wurde das Angebot gemacht, ein paar Tausend Dollar Bargeld einzustecken und das Unternehmen in Ruhe zu lassen.

»Lange brauchte ich nicht zu überlegen«, erinnerte sich Eason, »ich sah wieder meinen Vater vor mir, und damit war alles entschieden.«

Weil er es mit »Geschäftsleuten« zu tun hatte, denen er allein nicht gewachsen war, wandte er sich an das FBI, das allerdings noch keine Möglichkeit sah, selbst einzugreifen. Dafür fehlten die Beweise. So verabredete Eason erneut ein Treffen, das diesmal in einem Gewerkschaftsgebäude in Brooklyn stattfand; ein Haus mit falschen Wänden, versteckten Räumen, alten Gewölben. Eason war nicht wohl dabei, denn das FBI hatte ihm ein kleines Tonbandgerät und einen Sender um die Brust geschnallt.

Draußen auf der Straße würden, versteckt in einem Lieferwagen, FBI-Agenten zuhören. »Doch bevor die drinnen gewesen wären«, sagte Eason, »hätte man mich zerhacken und im Klosett runterspülen können.«

Das Gespräch verlief so, wie es sich für ein Geheimtreffen gehört. Der Raum wurde auf Mikrofone untersucht, der Telefonhörer abgeschraubt, Zahlen wurden nicht ausgesprochen, sondern nur auf Zettel geschrieben. Eason lehnte alle Summen ab.

Einige Tage später lud der Vizepräsident des Transportunternehmens den unbeugsamen Gewerkschaftsboss zum Mittagessen ein. Erst gegen Ende des Mahls schob der Manager seinem Gegenüber einen Umschlag über den Tisch, versprach, da sei noch mehr zu holen, sobald Eason seinen Antrag auf Organisierung der Arbeiter zurückgezogen hätte.

Zwei Stunden später lagen der Umschlag mit Bargeld und die Tonbänder beim FBI, und die Gerechtigkeit nahm ihren Lauf.

Das sah so aus: Matthew Eason wurde vom FBI im Rahmen des »Zeugenschutzprogramms« versteckt, in grässlichen kleinen Hotels untergebracht, dummerweise auch einmal in derselben Herberge, in der ein Teamsters-Kongress stattfand. Die Angeklagten nahmen sich erst einmal die teuersten und besten Anwälte – doch es nutzte ihnen wenig. Sie alle landeten für Jahre hinter Gittern. Den Zeugen half das wiederum wenig. Die Buchhalterin des Transportunternehmens, offensichtlich bereit, vor Gericht über die Schmiergelder auszusagen, kam eines Nachts von einer Urlaubsreise zurück, lud mit ihrem Mann gerade die Koffer aus, als ein weißer Lincoln langsam die Straße herunterfuhr und im Fenster des Beifahrers ein automatisches Schnellfeuergewehr erschien. Fünfzehn Schüsse später waren Buchhalterin und Ehemann erledigt. Tot. Eine Stunde später informierte das FBI Eason von der Schießerei, sofort packte der die Koffer, tauchte aus dem »Zeugenschutzprogramm« weg und nahm seine Sicherheit in die eigenen Hände. Die Gewerkschaftsarbeit ließ er derweil nicht ruhen.

Offensichtlich wirkte ich vertrauenswürdig, schließlich hatte ja auch Sonny Grosso für mich gebürgt. Also machten wir uns auf in sein Gewerkschaftsbüro. Die Türen waren mit Panzerplatten und unzähligen Schlössern geschützt. Doch bevor sich Eason an seinen Schreibtisch setzen konnte, überprüften die Leibwächter sein Arbeitszimmer. Als er die Jacke seines Dreiteilers auszog, sah ich das Pistolenhalfter, unter dem Hemd trug er eine kugelsichere Weste.

»Wenn ich schon sterben sollte«, lachte Eason mit Galgenhumor und zeigte auf seinen Revolver, »dann will ich den Killer als Begleiter mitnehmen.«

Als sein Arzt zu Besuch kam, mussten wir das Gespräch kurz

abbrechen. Einen Termin in einer Praxis wahrzunehmen, war Eason zu gefährlich. Seine Gesundheit war schon lange angeschlagen, nicht nur wegen der drei Zentner, die er wog – und die sein Herz mit Blut versorgen musste –, sondern auch wegen der psychischen Belastung. Im Herbst des vergangenen Jahres musste er sechs Wochen ins Krankenhaus. Unter falschem Namen. Mit zwei Leibwächtern.

»Ist der psychische Stress so enorm?«, fragte ich ihn.

»Zweifellos!«

»Sie können kein normales Leben führen?«

»Nein, es gibt viele Aktivitäten, an denen ich normalerweise teilnehmen würde – zum Beispiel Hochzeiten oder Beerdigungen von Menschen, die mir nahestanden. Mein Privatleben ist sehr eingeschränkt, weil ich glaube, dass ich eine bessere Überlebenschance habe, wenn ich mich zurückhalte.«

»Dann haben Sie auch keinen geregelten Tagesablauf, vermute ich.«

»Nur wenn es unbedingt erforderlich ist. Meine eigenen Sekretärinnen wissen nicht, wo ich bin. Nur wenige Treffen schreibe ich in meinen Terminkalender. Und ich habe Anweisung gegeben, über meinen Aufenthalt nie am Telefon zu reden, auch wenn die Sekretärinnen wissen, wo ich bin. Ich trage ein Signalgerät mit mir herum. Falls sie mich erreichen müssen, können sie mir ein Signal funken. Ich rufe dann zurück.«

Wenn irgend möglich nahm er den Bus oder die U-Bahn, wenn er in einen seiner geheimen Unterschlüpfe fuhr. Dann saß er den ganzen Abend vor dem Fernseher oder schaute mit dem Feldstecher auf die Straße. Er müsste doch wenigstens richtige Menschen sehen, sagte er, der über vierzig Jahre lang ein äußerst reges Privatleben gewöhnt war. Jetzt lebte er schon fünf Jahre auf der Flucht und gab trotzdem nicht auf. Seine Organisation überlebte, aber er erfuhr immer wieder, dass Gerechtigkeit bei vielen Arbeitern keine große Begeisterung hervorruft. Seine

Streikwachen wurden häufig mit Messern oder Bleirohren angegriffen. Und dass sich seine Ehrlichkeit auf die Mitgliederzahl ausgewirkt hätte, konnte er leider auch nicht sagen. Ein paar mehr sind es schon geworden, aber eben nur ein paar mehr.

Am Abend erlebte ich dann eine Versammlung von Gewerkschaftsmitgliedern in seinem Büro.

45 Arbeiter sind gekommen. Die Konkurrenzgewerkschaft verspricht, höhere Löhne in einem Betrieb durchzusetzen, von dem Matthew Eason weiß, dass dafür kein Geld vorhanden ist. Es kommt der Moment der Wahrheit, sagte der Gewerkschaftsboss, in dem sich die Arbeiter entscheiden müssen, einer Gewerkschaft zu folgen, die augenblicklich mehr Geld verspricht, aber damit ein Unternehmen ruiniert, sodass zum Schluss alle auf der Straße sitzen, oder einem Boss zu folgen, der nicht korrupt ist. Die Diskussion dauerte nicht lange. Es wurde schnell abgestimmt. Die schlecht bezahlten Arbeiter dachten eher an den höheren Lohn in der nächsten Woche als an die Arbeitslosigkeit in der übernächsten. So war auch das Ergebnis für Matthew Eason enttäuschend: Die Mehrheit stimmte gegen ihn und lief zur Konkurrenzgewerkschaft über.

Am Abend verschwand der Krieger für die Gerechtigkeit der kleinen Leute wieder mit seinen Leibwächtern in irgendeinem U-Bahnschacht in der Mitte von New York. Wohin er fährt, wissen nur seine Begleiter. Seine Verlobte hat sich längst abgeseilt. Eines ist wohl klar, dachte ich, als ich ihn in die Nacht verschwinden sah: Alt wird Matthew Eason nicht werden.

Einer wird ihn zur Strecke bringen, der Killer oder die Angst vor dem Killer.

# Tot oder lebendig – der Auftrag
## des Kopfgeldjägers

Als Dominique Strauss-Kahn, die Hände mit Handschellen auf dem Rücken gefesselt, die Arme rechts und links in der harten Schraubzwinge der Hände von Kriminalbeamten, durch die hohle Gasse der Blitzlichter und Kameras vors Jüngste Gericht in Manhattan geführt wurde, haben in Frankreich, aber auch in Deutschland, viele Kommentatoren beklagt, dass hier ein Mensch vorverurteilt werde. Der »Perp walk« sei ein Pranger. Perp ist die Abkürzung für »perpetrator«, was so viel wie Übeltäter heißt. Und wir alle kennen diese immer wiederkehrende Szene nicht nur aus Hollywood-Filmen, sondern auch aus der Wirklichkeit. Unvergessen ist für viele der Moment, als Lee Harvey Oswald, der Mörder von John F. Kennedy, auf dem Perp Walk von Jack Ruby erschossen wurde.

Heute wissen wir, dass DSK – so sein Spitzname in Frankreich – unschuldig war. Zumindest was das Strafrecht angeht. Er hat ja nicht lange im Gefängnis gesessen, sondern kam, gegen eine hohe Kaution und weitere Auflagen, wieder auf freien Fuß. Und auch das entspricht dem amerikanischen Justizsystem, das keine Untersuchungshaft kennt, wie sie in Europa üblich ist.

Ein Untersuchungshäftling wird in die Zelle eines normalen Gefängnisses gesteckt, wenn er Pech hat, gleich zu einem verurteilten Gewaltverbrecher. Und wie grässlich und brutal es in amerikanischen Gefängnissen zugeht, wissen wir nicht nur aus vielen Hollywood-Filmen, sondern auch aus dem Buch von Jack Henry Abbott.

Um Beschuldigten das Gefängnis zu ersparen, bietet ihnen das amerikanische Rechtssystem an, gegen Zahlung einer Kaution, deren Höhe ein Richter festlegt, in Freiheit auf die Verhandlung zu warten.

Diese Rechtspraxis ist uralt. Sie stammt aus den Zeiten des normannischen England. Weil damals in feuchte Kerker und dunkle Verliese gesperrte Angeklagte häufig schon elend starben, bevor ihr Gerichtsverfahren begonnen hatte, wurden sie ihrer Familie oder der Dorfgemeinschaft übergeben, die dann für deren Erscheinen bei Gericht hafteten. Doch weil so mancher vor Beginn seines Prozesses verschwand, entwickelte sich der Beruf des Kopfgeldjägers.

Die USA sind heute das einzige Land der Welt, in dem Kopfgeldjäger noch ihrer archaischen Arbeit nachgehen dürfen.

Eine Million Dollar für die Kautionszahlung hat selbst nicht jeder Chef eines Internationalen Währungsfonds zur Hand, doch zum Glück ist Strauss-Kahn mit einer sehr reichen Frau verheiratet, die das Geld bei Gericht hinterlegte.

Was jedoch macht ein Kleinkrimineller, der wegen Einbruchs oder Drogenhandels verhaftet wird und fünftausend Dollar Kaution nicht aufbringen kann? Auch er bekommt seine Chance. Schließlich darf er einige wenige Anrufe aus dem Gefängnis machen, etwa zu einem Verwandten, einem Anwalt oder zu sonst jemandem, der ihm die Kaution besorgen kann.

Für den Fall, dass er niemanden kennt, der genügend Geld aufbringen kann oder will, klebt schon neben dem Telefon im Gefängnis der Werbespruch eines Maklers, der Kautionen stellt. Auch das gehört zum amerikanischen System: Gegen zehn Prozent der Kautionssumme garantiert ein Versicherungsunternehmer dem Gericht die Kautionszahlung, genannt »bail bond« –

bail steht für Kaution, bond für Bürgschaft. Und so heißt der Makler der »bail bonds man«. Und dieser Bondsman kennt seine Pappenheimer, weshalb er sich Sicherheiten überschreiben lässt, einen Kfz-Brief, den Schuldschein eines Verwandten, eine Hypothek auf eine Immobilie. Trotzdem kommt es immer wieder vor, dass der Angeklagte untertaucht und zum Gerichtstermin nicht erscheint. Dann ist der Bondsman dran. Entweder die Kaution verfällt, oder aber er sorgt dafür, dass der Gesuchte bei Gericht antritt.

In der Regel sind die Richter geneigt, dem Bondsman entgegenzukommen. Sie geben ihm ein Jahr, um den Flüchtenden zurückzubringen. Dann beauftragt der einen »bounty-hunter«, einen Kopfgeldjäger, den Kerl aufzuspüren. Dead or alive – tot oder lebendig – stand früher auf den Steckbriefen, die an der Wand des Holzhauses vom Sheriff hingen. Auch das kennen wir zur Genüge aus Hollywood-Filmen, etwa wenn Clint Eastwood in »Für eine Handvoll Dollar« als Kopfgeldjäger Monco gleich eine ganze Karre voll toter Verbrecher abliefert.

Aber stimmt das immer noch in den inzwischen doch etwas zivilisierteren Zeiten?, fragte ich mich, als ich ARD-Fernsehkorrespondent war, in New York lebte und im Fernsehen den CBS-Film »Rivkin, bounty-hunter« sah. Die Geschichte spielte jetzt und auch noch in New York.

Verrückt, dachte ich, solche Räuberpistolen gibt's im Wilden Westen bei den Cowboys. Aber dann siegte meine Neugier, und ich dachte mir, recherchieren kannst du doch wenigstens einmal. Und es dauerte nicht lange, da saß ich dem wahren Stan Rivkin und seinem Partner Marvin Badler gegenüber. CBS hatte sich für den Fernsehfilm einen wirklichen Kopfgeldjäger zum Vorbild genommen und dessen Namen noch nicht einmal geändert. Seitdem gilt Rivkin als »Papa«, als der Urvater der Stadtjäger. Für seine Rolle in »Midnight Run« ist auch Robert de Niro tagelang mit Rivkin durch Manhattan gezogen.

Versteckt in seinem Keller hatte Marvin Badler, der intelligentere der beiden Kopfgeldjäger, sein Büro eingerichtet.

Jeden Tag, bevor er sein Heim verlässt, putzt er sein Arbeitsgerät: den Colt. Und natürlich ist er mit allen technischen Feinheiten ausgestattet. Über Funk ruft er seinen Kompagnon Stan Rivkin, der sich aus dem Auto meldet: »Ich bin gerade in Green Point hinter dem Kerl aus Nicaragua her.«

»Den wir heute Nachmittag hochnehmen wollen?«, fragt Marvin.

»Ja, ein Informant hat mir zwei mögliche Adressen in der Huron Street in Brooklyn gegeben. Ich hol dich ab, dann können wir mal nachschauen«, sagt Stan und fügt hinzu: »Nimm deine beiden Gewehre mit, der Kerl hat einen geheimen Drogenfahnder mit der Machete angegriffen. Der weiß, dass er jetzt für lange Zeit bye-bye sagen muss. Da will ich auf alles vorbereitet sein.«

Doch Pech, am Nachmittag ist der Kerl schon über alle Berge.

Stan und Marvin wohnten in New York, doch ihr Arbeitsplatz war ganz Amerika. »Dürfen Sie denn jemanden einfach so aus einem anderen Bundesstaat über die Grenze holen?«, fragte ich.

»Der gesetzliche Rahmen eines ›scip-tracers‹, wie man uns auch nennt, ist viel großzügiger als bei der Polizei«, sagte Marvin Badler. »Wir dürfen, anders als die Polizei, jemanden über die Staatsgrenzen hinweg jagen und zurückbringen ohne dafür besondere Papiere zu haben. Für uns reicht es, wenn wir notariell bestätigte Kopien des Bailbonds vorweisen können, damit dürfen wir im ganzen Land und auch in Puerto Rico all das tun, was notwendig ist, um einen Flüchtigen zurück vor Gericht zu bringen.«

Grundlage für diese Freiheiten ist im Bundesstaat New York ein Gesetz und im Rest des Landes ein obskures Urteil des Supreme Court, des höchsten US-Gerichts, aus dem Jahr 1872,

wonach der Kautions-Vertrag rechtlich eine private Verein-
barung zwischen Bondsman und Angeklagtem ist. Und um sein
Recht als Bondsman durchzusetzen, darf er *alle notwendigen
Mittel* anwenden, um den Flüchtigen zu fassen. Was *alle not-
wendigen Mittel* bedeutet, lässt das Gericht allerdings offen. Ein
Kopfgeldjäger braucht keinen Hausdurchsuchungsbefehl, keine
Auslieferungspapiere, was auch immer …

»Alle notwendigen Mittel?«, fragte ich und deutete auf Mar-
vins Colt, »heißt das zur Not auch: erschießen. Dead or alive?«

»Korrekt. Dead or alive – tot oder lebendig. Nach altem
amerikanischem Recht hat der Bondsman ein Anrecht auf den
Körper des Flüchtigen. Letztes Jahr haben wir nach einem Kerl
gesucht. Wir haben an dem Fall einige Monate gearbeitet, und
Stan fand ihn schließlich in Florida. Er war tot. Wir haben damit
den Auftrag erfüllt. Wir hatten seinen Körper gefunden.«

»Bekommen Sie auch dann Ihr Geld, wenn Sie nur den Toten
finden?«

»Ja, das macht keinen Unterschied. Denn sonst würde die
Polizei vielleicht ein Leben lang nach ihm suchen. Wir müssen
nur den Totenschein vorlegen. Dafür bekommen wir zwanzig
Prozent der festgelegten Kaution – und Spesen, versteht sich.«

Ihre Aufträge erhielten Marvin und Stan von Bondsman Irvin
Newman, der sein Büro gegenüber dem Brooklyn-House of Detention in der Atlantic Avenue hat.

Das Brooklyn-House of Detention ist ein modernes Hoch-
haus, aus dem immer wieder einmal Gefangene ausbrechen. Weil
ich über die Zustände in amerikanischen Gefängnissen berichten wollte, hatte ich bei der zuständigen Behörde um Genehmigung gebeten, in diesem Haus drehen zu dürfen, die ich prompt
erhielt. Der zuständige Dezernent der Stadt begleitete mich mit
meinem Kamerateam und zeigte uns erst einmal die angeklagten
Mörder in ihren Zellen. Sie sahen fast alle aus wie brave siziliani-
sche Bauern, nicht wie gemeingefährliche Irre. Die Zellen waren

zum Gang hin nur mit Gittern verschlossen und gerade einmal so breit, dass man seine Arme nach rechts und links ausstrecken kann. Ein Bett, eine Toilette, ein Tisch. Das war's. Und alle Mörder in der gleichen grünen Gefängniskleidung.

Als ich einen Wärter fragte, wie es immer wieder Gefangenen gelänge, auszubrechen, sagte er offen in die Kamera – vor dem Dezernenten: »Wärter verdienen wenig Geld. Da schmuggeln sie für die Gefangenen schon mal Drogen oder aber auch eine Waffe ein. Und dann passiert's halt.«

Gegenüber dem Gefängnis verspricht die Leuchtreklame am Haus von 302 Atlantic Avenue: »Bail Bonds«. Neben der Glastür lassen große Schaufenster Licht in den dunklen Schlauch, in dem vier Schreibtische stehen. Hinten sitzt Irving Newman. Seit mehr als vierzig Jahren betreibe er sein Geschäft, steht im Jahr 2011 auf seiner Website, wo er auch einen kostenlosen Anruf anbietet oder aber die Möglichkeit, sich per E-Mail an ihn zu wenden. Überall in den USA »haben wir Beziehungen zu den Gerichten«, verspricht er.

Marvin und Stan haben mich mitgenommen, als sie bei Irvin Newman Unterlagen zu neuen Fällen abholen. Der eine ist während seines Prozesses abgehauen und treibt sich nach Aussagen seiner Mutter in New York rum, ein anderer hält sich irgendwo versteckt. Irving Newman kennt einen Informanten, der einen Hinweis geben könnte. Fotos der Geflüchteten hat er allerdings nicht. Aber beim zweiten Fall handelt es sich um einen großen Fisch, die Kaution beträgt 100 000 Dollar. Ein Wirtschaftskrimineller, 35 Jahre alt, verheiratet, ein Kind.

»Ein Familienvater«, sagt Marvin, »der wird nicht allzu weit weg sein.«

Die beiden Kopfgeldjäger spielen den harten Mann.

Deshalb fragte ich auch Irving Newmann, wie es denn stehe mit dem »dead or alive«.

»Theoretisch ist es das Gleiche wie in alten Zeiten«, sagte er. »Es geht tatsächlich um den Körper. Aber natürlich suchen Marvin und Stan nicht danach. Wirklich nicht. Sie versuchen die Angelegenheiten so weit wie möglich ruhig durchzuführen. Meistens klappt es auch. Nur in seltenen Fällen müssen sie Gewalt anwenden.«

In den letzten Augusttagen des Jahres 1997 aber wurde die Welt der Kopfgeldjäger in den USA durchgerüttelt: von wegen dead or alive.

Am frühen Morgen drangen fünf Männer in ein Haus in einem Vorort von Phoenix, Arizona ein. Sie fesselten drei der Bewohner und versuchten, die verschlossene Tür zum Schlafzimmer aufzubrechen. Darin hielten sich Chris Foote und Spring Wright, ein junges Pärchen in den Zwanzigern, auf. Foote ergriff sein Gewehr und schoss durch die Tür. Als der Schusswechsel endete, waren Foote und Wright tot.

Die fünf Eindringlinge wurden verhaftet und gaben dann an, sie seien Kopfgeldjäger, die aber jemand anderen gesucht hätten. Und weil Foote angefangen habe, durch die Tür zu schießen, sie also nicht hatten sehen können, wer sich da wehrte, hätten sie zurückgeschossen.

Zwei Wochen später, nach weiteren Nachforschungen, erklärte die Polizei, sie glaube, die Geschichte mit der Kopfgeldjagd sei nur eine Ausrede, und dass die fünf Männer, die sich hinter Skimasken versteckt hatten, normale Räuber wären, deren Einbruch misslungen war. Aber diese Nachricht kam zu spät für die Gemeinde der Kopfgeldjäger, rund zweihundert im ganzen Land, die ihren Lebensunterhalt im Hauptberuf mit Menschenjagd verdienen. Gut zweitausend suchen die Bailbond-Ausreißer so nebenbei, aus Abenteuerlust und Nervenkitzel. Tagsüber Friscuse oder Buchhalter, abends und am Wochenende Kopfgeldjäger. Nach dem Mord des jungen Pärchens bei Phoenix fegte über die ganzen Vereinigten Staaten ein Sturm der Entrüstung gegen Kopfgeldjäger hinweg. Politiker und Kommentatoren jaulten nach strengen Regeln, um der Selbstjustiz ein Ende setzen zu können.

Bondsman Irving Newman übergibt den Kopfgeldjägern die Kopien der Bailbond-Verträge. Und nun beginnt der erste Teil der Arbeit. Sie müssen sich Fotos besorgen. Doch das fällt ihnen nicht schwer. Stan hat jahrelang im Gefängniswesen gearbeitet, Marvin war sogar nach seiner Zeit bei der Militärpolizei der Air Force als Chefuntersuchungsbeamter des New Yorker Gefängniswesens angestellt, so haben sie zahlreiche Kontakte zu Gerichten, zur Polizei und erhalten dort unter der Hand alle vorhandenen Informationen.

Bei Gericht in Brooklyn hat Stan die Fotos der beiden Gesuchten sofort erhalten. Häufig arbeiten Marvin und Stan an zehn, zwölf Fällen gleichzeitig, denn es kann Monate dauern, bis sie genügend über einen Flüchtigen erfahren haben, um ihn festnehmen zu können. Manche Reise nach Ohio, Kalifornien oder Florida ist vergeblich – sie verpassen den Gesuchten um wenige Stunden. Kriminalromane lesen die beiden nicht: Ihre Wirklichkeit sei spannender – sagen sie – und dazu auch noch echt.

Der zweite Teil der Arbeit ist mühselig, kann lange dauern, ist manchmal hoffnungslos. Täglich sind sie unterwegs, zusammen oder alleine. Manchmal übernimmt einer von ihnen Aufträge als Privatdetektiv. Unangenehme Scheidungsfälle sind darunter, Schnüffeleien, wie wir sie aus dem Kino kennen.

Fotos der Flüchtlinge kleben überall in ihrem Auto. Die Gesichter sollen gegenwärtig sein. Und manchmal läuft ihnen auch einer aus Versehen über den Weg. In New York ist alles möglich. Und sie haben ein Gespür dafür, wo sie suchen müssen.

Seit Monaten suchen sie zum Beispiel Jun. Einen Kerl, der

wegen Raubes und versuchten Mordes angeklagt ist. Die Kaution beträgt 15 000 Dollar. Wenn sie ihn fassen, haben sie 3000 Dollar verdient. Marvin und Stan kennen überall Leute, doch den meisten Informanten müssen sie Geld zahlen. Nicht viel, aber doch einen Zehner oder eine Flasche Whiskey. Und die Leute kennen auch sie und vertrauen ihnen. Denn wenn der Flüchtige nach ihrem Tipp gefasst wird, dann gibt es Geld, und daran möchte man teilhaben.

Marvin und Stan halten an einer Kneipe, in der Jun häufiger verkehren soll, erkundigen sich und erfahren die Adresse von Juns Mutter.

Es ist weit nach Mitternacht. Eine Informantin hat berichtet, Jun komme manchmal gegen fünf Uhr früh seine Mutter besuchen und verschwinde wieder bei Tagesanbruch. Sie warten fast schon zwei Wochen.

Es schüttet aus Eimern, und zwar so stark, dass die Amerikaner dazu sagen würden, es regne Katzen und Hunde. Für die Franzosen fallen Hellebarden vom Himmel. Kurz: Es gießt wie verrückt. Wir sitzen in Stans riesigem Schlitten, die Scheiben sind beschlagen und ich frage sie über ihre Arbeit aus.

»Haben Sie denn schon mal Leute aus dem Ausland geholt?«

»Wir sollten mal jemanden aus Kanada holen«, erzählt Marvin, »Aber auch für uns ist es illegal, in ein fremdes Land zu gehen und dort jemanden hops zu nehmen. Wir haben es dann so gemacht: Wir sind nach Kanada gefahren und haben uns mit Polizisten getroffen, mit denen wir uns über die Jahre angefreundet hatten. Mit denen haben wir ein Spielchen ausgekaspert. Das ging so: Sie haben unser Opfer zur Befragung bestellt und dann an die Grenze in ein Zollgebäude gebracht. Stan und ich standen auf der einen Seite eines langen Raumes, die schon US-Territorium war. Die andere Seite war Kanada. Die Polizei brachte ihn in den Raum und bat ihn, sich hinzusetzen und zu warten. Wir holten in der Zwischenzeit unsere Zigarren heraus und fingen an zu jammern, weil wir kein Feuer hätten. Also haben wir ihn gerufen. Hey, haben Sie Feuer? Wir brauchen Feuer für unsere Zigarren. Da kam er auf unsere Seite, und weg war er.«

»Vor Jahren, bevor Marvin und ich uns zusammentaten«, sagte Stan, »habe ich ab und zu Leute aus Mexiko geholt. Ich ließ mich fahren und lag mit dem Kerl, den ich geholt hatte, auf dem Boden hinten, hielt ihm eine 45er an den Kopf und sagte, wenn du schreist, bist du tot.«

Das klang wie eine Räuberpistole, vielleicht war es aber auch wirklich so. Mir kam das Leben der Kopfgeldjäger sowieso wie Kino vor. Manchmal ist es halt schwer, zwischen Wirklichkeit und Phantasie zu trennen.

Es war inzwischen vier Uhr nachts. Und goss immer noch. Marvin stieß einen leichten Pfiff aus.

»Da ist er«, sagte Stan, »aber verschreck ihn nicht.«

Sie ließen Jun erst einmal ins Haus gehen, warteten eine halbe Stunde, und rannten dann leichtfüßig und leise durch den Regen. Marvin zog den Revolver auf dem Weg zur Tür. Und dann ging es ganz schnell. Sie schleppten Jun in Handschellen zum Wagen.

Eine halbe Stunde später saß er in der Zelle des Brooklyn-House of Detention.

Doch das amerikanische Recht ist verrückt: Auf verdoppelte Kaution hin kann Jun in wenigen Wochen wieder frei sein. Und vielleicht taucht er wieder unter. Dann beginnt die Jagd von neuem.

Marvin und Stan haben sich irgendwann getrennt.

Marvin Badler wurde Chef der Sicherheit bei der israelischen Luftfahrtgesellschaft EL AL, heute betreibt er ein Geschäft namens »The Spy Mart« in New Jersey.

Stan Rivkin spielt immer noch den Kopfgeldjäger, obwohl er nach drei Herzinfarkten dazu körperlich längst nicht mehr in der Lage ist. Seine alte Riesenkutsche trägt das Nummernschild »Hunter 1«. Und wenn die jungen Drogendealer in Brooklyn ihn anrauschen sehen, dann lachen sie – und rennen weg. Da kommt der Kopfgeldjäger! So, als gäb's die nur im Kino.

## Der verzweifelte Erfinder
## der Neutronenbombe

Die Sonne schien, als ich zu Sam Cohen fuhr. Immer den Sunset Boulevard entlang. Es war ein Sommertag, an dem ich mir eines dieser großen amerikanischen Cabriolets gewünscht hätte. Den Arm links raushängen lassen, lässig, mit der rechten Hand auf dem Lenkrad, den dahingleitenden Wagen steuern.

In Beverly Hills scheint selbst in der Wirklichkeit ein Traum aufzuleben.

Das Kamerateam und ich hatten für einen vernünftigen Preis Zimmer im »Beverly Hills«-Hotel erhalten, dort wo wenige Jahre zuvor das berühmte Foto von Faye Dunaway im seidenen Morgenmantel am Schwimmbad aufgenommen worden war. Am Morgen nachdem sie den Oscar für ihre Rolle in dem medienkritischen Film »Network« von Sidney Lumet bekommen hatte. Grüblerisch schaut sie vor sich hin, als wäre sie verwirrt, nachdem sie all die Zeitungen gelesen hat, die zu ihren Füßen scheinbar wie hingeschmissen liegen. Ich vermute, es war ein gestelltes Bild. Sie hat den Fotografen später geheiratet.

Auch Samuel Cohen wohnte am Sunset Boulevard, doch die Adresse war das Einzige, was er mit Filmstars gemeinsam hatte. Auf den ersten Blick wirkte er langweilig. Aber er war der Mensch, der die Neutronenbombe erfunden hatte.

Wir befinden uns im Jahr 1983.

Zwei Jahre zuvor ist Ronald Reagan zum Präsidenten der Vereinigten Staaten gewählt worden, und nun wird endlich die Erfindung, die Samuel Cohen schon 1958 gemacht hat, seine Bombe, gebaut werden. In Europa gilt sie als »Symbol der Perversion des Denkens« – so der Bundesgeschäftsführer der SPD, Egon Bahr. Dabei hat sich Samuel Cohen bei seiner Erfindung nichts Böses gedacht. Die Bombe tötet Menschen mit Strahlen und lässt Häuser stehen.

Sein Tagesablauf ähnelte dem eines Buchhalters: Er stand früh auf, fuhr kurz vor acht ins Büro und kam abends gegen fünf nach Hause, wo ihn sein kleiner Pudel freudig begrüßte. Die Familie war meist ausgeflogen. Entweder mähte er dann den Rasen, schaute fern, während er sein tägliches Training mit den Hanteln absolvierte oder, was ihm besonderen Spaß machte, er goss sich einen Drink ein und las Comics.

Als ich an diesem Sonntagnachmittag bei ihm vorfuhr, stand der Rasenmäher nach getaner Arbeit noch vor dem Haus. Die abgeschnittenen Grashalme verströmten frischen Duft. Samuel Cohen saß auf der Terrasse, um ihn herum lagen fast so viele Zeitungen, wie bei Faye Dunaway auf dem Foto am Schwimmbad, denn am Wochenende waren darin seitenlang Comics abgedruckt.

Wir plauderten locker über das angenehme Wetter, über die Sonne, während das Kamerateam seine Gerätschaften aufbaute. Und er bat mich, ihn Sam zu nennen.

Am Vormittag hatte der große, schwere Mann Tennis gespielt. Am Abend zuvor war er mit seiner Frau und Freunden in einem Restaurant zum Essen gewesen.

Theaterbesuche langweilten ihn.

Er wirkte auf mich nicht wie ein Wissenschaftler, der er – streng genommen – ja auch nie war. Geistreiche Blitze eines Intellektuellen waren von ihm nicht zu erwarten. Und dass er die Neutronenbombe erfunden hatte, beschäftigte ihn nicht mehr, als wäre er der Erfinder von Ketchup. Denn dass er, Samuel Cohen, diese Waffe, die Lebewesen durch eine hohe Strahlendosis tötet, alles vom Menschen Erschaffene jedoch unangetastet lässt, als Erster konzipierte, hält er nur seiner Sturheit zugute.

Samuel Cohen verkörperte wie kaum ein anderer westamerikanisches, kalifornisches Denken, mit dem die Welt in Zukunft immer häufiger konfrontiert werden wird.

Aus dem Nordosten kam Sam, der 1921 auf einem Küchentisch in Brooklyn zur Welt gekommen war, im Alter von drei Jahren nach Los Angeles. Sein Vater, ein Zimmermann, bevorzugte das sonnige Kalifornien.

Sams Vater war als kleiner Junge mit seinem Vater im Londoner East End in die Synagoge gegangen. Er glaubte an Gott, weil sein Vater ihn dazu zwang. Aber dann war Sams Vater so überwältigt vom Glanz und Reichtum der Synagoge, dass er den Vater fragte, weshalb sie zu Hause zu zehnt in nur einem Zimmer schliefen. Hätten nicht alle Kinder Gottes die gleichen Rechte in »Seinem Haus«? Es gab keine Erklärung, die den Jungen befriedigte. So nahm er Abschied von Gott. Und sein Sohn Sam wuchs als Atheist auf und blieb es sein Leben lang.

Samuel Cohen beschrieb sich deshalb auch als einen unausstehlichen, sturen Kerl, der »nie irgendeinem besonderen politischen oder geistigen Dogma angehörte. Der einzige Glaube, den ich je hatte, war, dass ich mich völlig der militärischen Sicherheit meines Landes hingegeben habe, auch dann noch, als ich im heftig umstrittenen Geschäft mit Atomwaffen war.«

Vielleicht sah er sich selbst da nicht ganz richtig. Denn sein Dogma, das ihn nicht nur intellektuell bewegte, sondern sogar seine Gefühle überkochen ließ, hieß »Antikommunismus«.

»Ich hasste die Kommunisten«, so Samuel Cohen, »und wegen dieses Hasses war ich bereit, an der Bombe zu basteln. Ich hasste sie, seitdem ich ein Kind war und kann auch erklären, warum.«

1925 war die Familie Cohen in East Los Angeles angekommen, in einem jüdischen Viertel. Es war zwar kein Ghetto, aber die meisten Menschen stammten aus europäischen Ghettos oder empfanden sich, wie Sams Vater, einer Gemeinschaft zugehörig. Man lebte in bescheidenen Verhältnissen. Die meisten Männer waren entschieden links. Viele hielten die Russische Revolution für die größte »Erfindung seit dem geschnittenen Brot«, so Sam Cohen, und wurden Kommunisten. Nachdem sein Vater Gott aufgegeben hatte, wurde er als Heranwachsender Sozialist und blieb es, bis Franklin D. Roosevelt an die Macht kam. Dann wechselte er zu den Demokraten. Viele seiner besten Freunde waren Kommunisten, während er die Diktatur Stalins ablehnte.

Eines Tages stellte Sams Vater fest, dass die Kommunisten aus der Nachbarschaft versuchten, seine örtliche Gewerkschaftsgruppe zu übernehmen. Da platzte ihm der Kragen. Denn er war der Schatzmeister der Gewerkschaft und fing deshalb an, über die Aktivitäten der Kommunisten Buch zu führen. Bald hatte er genug zusammengetragen, um ihre Machenschaften auffliegen zu lassen. Er legte der Gewerkschaftsführung die Beweise vor. Daraufhin wurden die Kommunisten nicht nur aus der Gewerkschaft ausgeschlossen, sondern sie verloren auch ihre Jobs. Auch neue Anstellungen bekamen sie nicht, denn in Los Angeles herrschte ein starker Antisemitismus und ein noch heftigerer Antikommunismus.

Von da an war das Familienleben der Cohens gestört durch Drohbriefe und anonyme Anrufe, die Tag und Nacht über Jahre hinweg eingingen. Selbst die Freunde des jungen Sam wandten sich von ihm ab und schlugen ihn zusammen, wann immer sich die Gelegenheit ergab. So haben sie ihm seinen lebenslangen Hass auf den Kommunismus regelrecht eingebläut.

»Wegen dieser Kindheitserfahrung«, so Sam Cohen, »fühlte ich mich wohl beim Militär, das traditionsgemäß die Bolschewiken hasste.«

In der Schule glänzte er.

Besonders die Naturwissenschaften hatten es ihm angetan. Doch er sehnte sich nicht nach dem Studium. »Ich wollte eigentlich Totengräber werden«, sagte er, »was ich sogar eine Zeit lang war. Aber mein Boss hat mich rausgeschmissen, weil er nicht wollte, dass ich so enden würde wie er.« So promovierte Samuel Cohen in Physik an der University of California in Los Angeles. »Gott sei Dank kam der Krieg«, sagte er, »da habe ich mich schnell zur Armee gemeldet. Aber die wollte mich wegen meiner schlechten Augen nicht. Irgendwann brauchten sie dann auch Leute wie mich. Ich sollte zum Funker ausgebildet werden. Und damit ich was Technisches lerne, schickte das Militär mich nach kurzer Grundausbildung in Texas an das Massachusetts Institute of Technology.« Das MIT gilt als eine der bedeutendsten technischen Hochschulen der Welt.

Im Gegensatz zum warmen Kalifornien wird es an der Ostküste im Winter grässlich kalt. Darunter litt Sam fürchterlich, was wiederum mit seiner Mutter zu tun hatte. Schon mit wenigen Monaten, die Familie lebte noch in Brooklyn, hielt ihn seine Mutter während des bitterkalten Winters jeden Tag unter einen kalten Wasserhahn. Diese »Kälteschock-Therapie« musste er jahrelang ertragen. Als er älter wurde, stand er dann stundenlang unter der warmen Dusche. Aber zum Abschluss musste er immer noch einige Minuten lang kaltes Wasser ertragen. Als die Familie in Los Angeles wohnte, ging sie, wie einem Ritual folgend, zu jeder Jahreszeit an den Strand. Sam badete also auch mitten im Winter im kalten Pazifik. Trotzdem ging er stets davon aus, dass seine Mutter ihn nur aus Liebe misshandelte.

»Sie können sich vorstellen, dass ich im Lauf der Zeit eine außerordentliche Abneigung gegen Kälte entwickelte.«

Noch in hohem Alter sagte Sam: »Was meinem körperlichen Wohlbefinden dienen sollte, war in Wirklichkeit Folter.«

»Am kältesten Tag im Januar 1944 schwänzte ich den Unterricht beim MIT, weil ich nicht durch den Eiswind in den Unterricht gehen wollte«, erzählte er, »denn aus irgendeinem perversen Grund verboten die Regeln der Armee, dass wir im akademischen Umfeld Ohrenschützer anlegten und Schals vor dem Gesicht trugen. Da flog plötzlich die Tür zu meinem Zimmer auf, und der Sergeant schrie: ›Okay, Cohen, heb deinen Arsch, zieh dich an und melde dich.‹«

Ein paar Tage später war der dreiundzwanzigjährige Samuel Cohen in Los Alamos im warmen Texas und arbeitete unter Robert Oppenheimers Führung am Manhattan-Projekt, dessen Ergebnis die Bomben von Hiroshima und Nagasaki sein würden.

Cohen spezialisierte sich in Los Alamos auf den Bereich Strahlenforschung, und von da an war sein Berufsweg vorgezeichnet. Den Rest seines Lebens würde er darüber nachdenken, wie man Strahlen militärisch einsetzen kann.

»1951 wurde zum Wendepunkt meines Lebens«, sagte er, nahm einen Schluck und schaute über den frisch gemähten Rasen. »Das Pentagon schickte mich nach Korea auf eine geheime Mission. Ich sollte meine Meinung über einen möglichen Einsatz von Atombomben in diesem Krieg abgeben.«

Sam Cohen kam erschüttert aus Korea zurück, wo er in der Stadt Seoul das Leiden der Menschen nach unzähligen konventionellen Bombenangriffen gesehen hatte. Ziviles Leben war in den Ruinen nicht mehr möglich. Er sah Kinder, die Abwasser tranken, weil sie sonst verdurstet wären. Menschen streunten wie Zombies durch die Straßen. Seoul glich den Fotos von Dresden und Hiroshima so sehr, dass in Cohens Kopf die Vorstellung von einer kleinen Atombombe für das Gefechtsfeld entstand, die wenigstens die Häuser unbeschadet stehen lassen würde. Eine Bombe, die Soldaten durch die Strahlendosis sofort ausschalten und deshalb einen Krieg schnell beenden würde.

Weil Samuel Cohen ein hervorragender Mathematiker war, hatte er schon bald mit Hilfe eines Rechenschiebers, den ihm einst sein Vater zum 15. Geburtstag geschenkt hatte, alles Notwendige kalkuliert. »Den Rechenschieber benutze ich noch heute«, sagte er, ging kurz ins Haus und kam mit einem dieser weißen linealartigen Schieber zurück, wie wir sie noch beim Abitur benutzen durften. Mit elektronischen Rechnern ginge es doch viel schneller, warf ich ein. Nein, meinte Sam, »mit elektronischen Maschinen komme ich nicht zurecht«.

»Hatten Sie denn gar keine moralischen Bedenken, als Sie diese Atomwaffe entwickelten?«, fragte ich ihn.

»Keineswegs, denn die Neutronenbombe ist die moralischste Waffe, die je erfunden wurde«, antwortete er, die Bedenken hätten erst die Europäer ins Spiel gebracht.

Damit argumentierte er strikt kalifornisch. »Denn erstens wurde die Neutronenbombe nicht als Defensivwaffe für Europa, sondern als Angriffswaffe für Asien konzipiert. Allerdings haben wir seit Hiroshima einen Schuldkomplex, weshalb in Asien keine Atombombe mehr eingesetzt werden darf. Zweitens zerstört die N-Bombe weniger als konventionelle Bomben, siehe Dresden, auch weniger als Atom- oder Wasserstoffbomben, siehe Hiroshima. Oder finden Sie Napalm moralischer?«

Sam Cohen verstand seine Kritiker nicht – wirklich nicht –, und auch das konnte er erklären. Einerseits war er kein zwiegespaltener Mann wie Edward Teller, der zeit seines Lebens dagegen kämpfte, Vater der Wasserstoffbombe genannt zu werden, der aber mit jeder möglichen Waffe und fast krankhaftem Antikommunismus alles »Böse« (die Sowjets) bekämpfen wollte.

Auf der anderen Seite fühlte Sam sich nicht wie J. Robert Oppenheimer, der, später von Gewissensbissen geplagt, am liebsten seine Erfindung, die Atombombe, ungeschehen gemacht hätte.

Gegen Oppenheimers verspätete Reue führte Samuel Cohen an, in Los Alamos habe der hehre Geist noch anders gesprochen. Und er tat so, als vertraue er mir ein Geheimnis an: Am Tag der Explosion der Atombombe über Hiroshima habe Oppenheimer – anders als sonst – ganz bewusst einen großen Auftritt im Versammlungsraum von Los Alamos inszeniert. Er, der sonst immer auf die Sekunde pünktlich war und die Bühne von der Seite her betrat, kam diesmal mit Verspätung langsam den Mittelgang herunter, genoss den lang anhaltenden Beifall, den ihm die Wissenschaftler im Stehen darboten, und sprach abfällig von den »Japsen«, die nun besiegt seien.

Und dann sagte Oppenheimer, er bedaure nur eines zutiefst, nämlich dass die Bombe nicht rechtzeitig zum Einsatz in Deutschland fertig gewesen sei.

Es dauerte nicht lange, bis Oppenheimer, der nach dem Krieg wieder lehrte, nach Los Alamos zurückkam und vor den Folgen eines Atomkriegs warnte. Er hatte moralische Bedenken, weil nun er als der Vater der Atombombe galt.

»Ich habe ihm seinen moralischen Wandel nie geglaubt«, sagte dazu Sam Cohen völlig ohne Emotionen.

Oppenheimer riet nun heftig vom Bau der Wasserstoffbombe ab. Damit kam er wieder einmal in Konflikt mit Edward Teller, der unter Oppenheimers Führung schon am Manhattan-Projekt mitgearbeitet hatte. Teller hatte jedoch keine moralischen Bedenken. Er wurde, wie Samuel Cohen, von einem unbändigen Hass auf die Kommunisten getrieben.

Auch Edward Teller habe ich mehrfach interviewt, in Washington und bei ihm zu Hause in Stanford. Er war 1908 in Budapest geboren, dort aber war es Juden verboten, die Universität zu besuchen, weshalb er in Deutschland studierte, bei Heisenberg promovierte und wegen seiner jüdischen Abstammung 1934 vor den Nazis nach Dänemark floh. Als dann die Gefahr bestand, dass die Deutschen auch dort einmarschierten, ging er in die USA. Ich fragte ihn, ob dieses ständige Wechseln der Forschungsstätten ihn nicht behindert hätte, doch er antwortete zu meinem Erstaunen: »Ganz im Gegenteil. Ich habe Ungarn verlassen und meine von dort stammenden Vorurteile bald abgebaut. In Deutschland war ich lang genug, um Denkhemmungen zu übernehmen. Doch die verlor ich schnell wieder. Und in Dänemark war ich dann zu alt, um noch einmal geistige Beschränkungen zuzulassen.«

Teller war unglaublich von sich selbst eingenommen. Samuel Cohen war mit ihm befreundet, schließlich teilten beide den Hass auf die Sowjets. Und Teller setzte sich sehr für die Neutronenbombe von Cohen ein.

Ich schilderte Sam meinen letzten Besuch bei Edward Teller, bei dem er sich so hasserfüllt und aggressiv gegenüber der restlichen Welt äußerte, dass es mir großes Unbehagen bereitete. Ich hatte Tellers Haus damals so schnell wie möglich verlassen.

»Ja, so konnte er sein«, sagte Sam, »er war sicher, neben Herman Kahn, einer derjenigen, die Stanley Kubrick als Vorbild für ›Dr. Strangelove – Dr. Seltsam‹ in seinem satirischen Film über die Liebe zur Bombe (1964) gedient haben. Ich habe den Film zu Hause und mindestens schon ein Dutzend Mal gesehen und werde ihn den Rest meines Lebens immer wieder anschauen. Teller hatte ein unkontrolliert zorniges Auftreten.«

Am Manhattan-Projekt hatte auch der 1900 in der Ukraine geborene George Kistiakowsky mitgearbeitet. Der hat seine Mitarbeit an der Atombombe später stets bereut und stand inzwischen den Gedanken der deutschen Friedensbewegung näher als denen der Atomlobby. Ich bat ihn 1981 in Washington um ein Interview, und er erzählte mir von einem Vorfall, der seiner Meinung nach Edward Teller für den Rest seines Lebens psychisch geschädigt habe.

Ein tiefer Grund für den Streit zwischen Oppenheimer und

Teller lag in Oppenheimers Ablehnung der von Teller erfundenen Wasserstoffbombe.

1954 wurde J. Robert Oppenheimer vor den McCarthy-Ausschuss des Senats zitiert. Es sollte überprüft werden, ob er weiterhin die höchste Sicherheitsstufe erhalten sollte, oder ob er vielleicht zu viele kommunistische Freunde hätte. Auch Edward Teller wurde als Zeuge in dieser Anhörung befragt, und er bezweifelte offen, dass Oppenheimer in Rüstungsfragen wirklich zuverlässig sei. Aufgrund dieser Aussage wurde Oppenheimer der Zugang zu Staatsgeheimnissen entzogen.

Das, was Kistiakowsky mir dann schilderte, spielte sich beim jährlichen Festessen der Atomforscher ab. Dieses Ereignis war für die Wissenschaftler der gesellschaftliche Höhepunkt des Jahres. Die Männer trugen Smoking, die Frauen Abendkleider. Nachdem Teller gegen Oppenheimer vor dem McCarthy-Ausschuss ausgesagt hatte, fand dieses Festessen wieder statt, und als Edward Teller mit seiner Frau zu dem Tisch trat, an dem sie Platz nehmen sollten, standen plötzlich alle daran sitzenden Wissenschaftler auf und verließen schweigend den Saal. Teller war vor aller Augen blamiert.

Ich fragte Sam, ob er diese Geschichte kenne.

»Ja, das war das Peinlichste, was Teller je ertragen musste«, sagte er. »Er hat sich von dieser öffentlichen Bloßstellung nie wirklich erholt.« Dann schwieg Sam einen Moment, holte tief Luft und fragte mich, ob ich einen neuen Drink vertragen könne. Als ich nickte, ging er in die Küche und kam bald mit zwei kalten Gin Tonic zurück.

»Teller und ich haben gemeinsam für den Bau der Neutronenbombe gekämpft«, sagte er. Niemand im Pentagon wollte seine Erfindung umsetzen. Als wollte er Ketchup an Supermärkte verkaufen, so reiste Samuel Cohen durch die Lande und pries seine Erfindung an. Im Senat fand er schließlich einen Unterstützer. Doch im Pentagon: nur Ablehnung. Bei der Nato: nur

Stirnrunzeln. Wenn er an seine Diskussionen mit den Militärs dachte, fiel Sam nur Negatives ein: »Die wollen doch nur alles wegblasen.«

Die Air Force wollte die Strahlenbombe nicht. Aber die Navy wurde hellhörig: Damit könnte sie beim Senat vielleicht mehr Geld für ihre Flugzeugträger herausholen. Samuel Cohen stellte fest: Nicht im Pentagon lagen Macht und Vernunft, sondern beim Präsidenten. Und er hatte Glück. Präsident Eisenhowers Sohn, Adjutant seines Vaters, hörte Cohen begeistert zu.

»Er fragte mich bald, ob ich eine Minute warten könne. Ich antwortete: sicherlich«, erzählte Sam. Der Sohn wollte den Vater der Neutronenbombe dem Präsidenten vorstellen. Doch schon nach einigen Minuten kam er traurig zurück. »Ich wollte, dass mein Vater das gleich hört, aber er ist im Garten.« Der Präsident spielte im Garten des Weißen Hauses Golf und hatte die Order ausgegeben, er wolle sich entspannen und dürfe nur im Falle eines Krieges gestört werden. Vielleicht liegt darin der Grund, weshalb Samuel Cohen später, im hohen Alter, seiner Autobiographie den Titel »F*** you! Mr. President« gab und sich auch von Freunden nicht dazu überreden ließ, ihn zu ändern.

Kennedy hielt nichts von der Bombe – und empfing den Erfinder nicht. Nixon dagegen ließ sich die Vorzüge der Strahlenwaffe erklären. Sam schüttelte zwar immer noch den Kopf vor Verwunderung, als er sagte: »Seine Wortwahl war genauso obszön, wie wir sie von den Watergate-Tonbändern kennen.« Aber er meinte auch, dass Nixon 1968 die Neutronenbombe hätte bauen lassen, wenn Kissinger nicht dagegen gewesen wäre.

Nixons Nachfolger Gerald Ford stimmte der Entwicklung der Neutronenbombe zu, und Jimmy Carter erbte das Programm zu seinem Entsetzen. Er wollte eher abrüsten, konnte sich aber nie entscheiden, was nun geschehen sollte.

Der Zufall wollte es schließlich, dass Samuel Cohen gerade in Paris lebte, als Ronald Reagan dort auf seiner Tournee im Vorwahlkampf Station machte. Ein Freund von Sam Cohen rief ihn an und schlug vor, er möge doch Reagan treffen. Cohen sprang in die Metro, fuhr zu Reagans Hotel, und die beiden verstanden sich blendend. Nach mehreren Stunden wurde Cohen von Reagan in dessen Beraterstab aufgenommen. Als Präsident genehmigte der dann den Bau von siebenhundert Neutronenbomben, und damit waren die Verkaufsreisen von Samuel Cohen abgeschlossen.

Sam sagte nachdenklich: »Oppenheimers Denken kam aus Europa, seine komplizierte, ihn selbst schmerzende Moral wurde von christlicher Religion geprägt. Ich dagegen denke nur praktisch. Wenn man Kriege führen will, dann eben mit möglichst wenig Schaden, Sachschaden.«

Sein Hund bellte im Haus. Sam stand auf, holte den kleinen Pudel aus dem Wohnzimmer und setzte ihn auf seinen Schoß.

Ich stieß mich an dem Wort »Sachschaden«. Würden nicht auch viele Menschen an den Strahlen der Neutronenbombe jämmerlich zugrunde gehen? Sam verteidigte seine Bombe langatmig. Schließlich sagte er: »Was machen denn konventionelle Waffen? Nur eine Meile von hier, wo wir jetzt sind, steht ein Veteranen-Hospital der US-Regierung. Ich will Sie jetzt nicht einladen, mit mir dorthin zu fahren und sich mal anzuschauen, was konventionelle Waffen anrichten. Aber wir wissen es ja. Die Glieder werden abgerissen und so weiter und so fort. Wie kann man die Neutronenbombe ablehnen, wenn wir nor male Atomwaffen in Europa liegen haben, die Menschen verbrennen, verstümmeln und einem noch schrecklicheren Tod oder gar Leben aussetzen?«

Dann entschuldigte er sich für einen Moment, er müsse die Toilette aufsuchen.

Ich habe lange gezögert und überlegt, ob ich in diesem Zusammenhang nun eine äußerst peinliche, ja, wie ich finde, fürchterliche Geschichte aus Sams Jugend erzählen soll. Sie sagt einiges darüber aus, warum er so geworden ist, wie ich ihn kenne. Doch da er später in hohem Alter selber ausführlich in seiner von ihm selbst verfassten Biographie auf seine Mutter und diese spezielle Erziehungsmethode, die er wiederum Folter nennt, eingeht, will ich auch davon berichten.

Mutter Cohen war überzeugt, dass langsame Verdauung oder gar Verstopfung allmählich den Körper tödlich vergiften würden. »Ihre anale Überzeugung«, so Samuel Cohen, war für sie eine Glaubensfrage. Und die teilte sie mit ihrem Sohn, sobald der alt genug war zu verstehen, was sie sagte. Sam wurde erklärt, dass er sich in Todesgefahr befinde, wenn er nicht häufig und auch ausgiebig Stuhlgang habe, und er glaubte es. Würde er ihre Vorgaben, was die Ernährung betraf, nicht befolgen und an Fäkalvergiftung sterben, dann würde auch sie, seine geliebte Mutter, sterben, aus Trauer um ihren Sohn.

Also gehorchte er ihr aus Liebe.

Um sicherzugehen, dass er auch ständig auf die Toilette ging, wurde Sam peinlichen Verhören unterzogen. Er musste seiner Mutter dabei gerade in die Augen schauen, damit sie sehen könnte, ob er lüge. Wenn ein Spiel- oder Schulkamerad mit Sam sein Pastrami-Sandwich gegen etwas tauschte, dass er von zu Hause nicht mitbekam, und seine Mutter merkte es, dann musste er sofort ins Badezimmer, ein Brechmittel schlucken und alles ausspucken.

»Das ist ein klassisches Symptom für Strahlenkrankheit durch eine starke Dosis Neutronen«, erklärte Sam Cohen dazu ironisch. Auch starker Durchfall sei eine Folge der Vergiftung durch eine Neutronenbombe.

Den Durchfall verursachte seine Mutter immer wieder durch Medikamente, die Sam in den Hintern gepumpt wurden. Mit der Zeit wurden ihm täglich Gemüsesäfte eingeflößt, um den Stuhlgang zu beleben. Und wenn die Säfte nicht ausreichend wirkten, dann verabreichte sie ihm Abführmittel.

Wenn Sam mit Kindern spielte und ihn plötzlich »das Bedürfnis« überkam, schaffte er es nicht immer nach Hause. Wegen des Gestanks zogen sich immer mehr seiner Spielkameraden zurück, sodass er sich aussätzig wie ein Leprakranker fühlte. Als er dann eingeschult wurde, begann für ihn ein wahres Martyrium. Manche Lehrer ließen Sam während des Unterrichts nicht austreten. Und wenn er dann nicht an sich halten konnte, litten die Mitschüler unter dem Mief, bis er nach Hause geschickt wurde. Seine Mutter putzte ihn brav und wusch die Hosen. Aber sein Vater war nicht so tolerant, und wenn der Junge wieder mal mit vollgeschissenen Hosen nach Hause kam, konnte der, wie in einem Zornesausbruch, das Gesicht seines Sohnes in die Hose drücken. – Eine Kindheitserinnerung, die ihn nie mehr verließ.

In der High School begann Sam sich dann für Naturwissenschaften zu interessieren und war besonders gut in Chemie. Sein Chemielehrer schlug deshalb vor, er solle zusammen mit anderen aus seiner Schule an einer Prüfung teilnehmen, bei der die ersten vier oder fünf von mehreren Hundert ein Stipendium für ein Hochschulstudium erhielten. Er büffelte wie wahnsinnig für das Examen.

Am vorgesehenen Morgen holte ihn der Chemielehrer mit einigen anderen Klassenkameraden ab und fuhr ihn zur Prüfung. Wie üblich hatte seine Mutter ihn mit besonders viel Karottensaft vollgepumpt, um alles Gift aus seinem Körper zu entfernen und seine geistige Kraft zu stärken. Er wäre dann noch besser als sonst.

Bevor das Examen begann, wurde den Schülern erklärt, sie dürften den Raum für einen Gang zur Toilette erst nach der Hälfte der Zeit verlassen, um zu verhindern, dass sie abschrieben. Kaum hörte Sam diese Worte, begann er sich zu verkrampfen. Als zwei Drittel der Zeit vergangen waren, begannen die ersten Krämpfe ihn durchzuschütteln. Er versuchte, sich auf die Aufgabe zu konzentrieren, was ihm für eine kurze Zeit gelang. Schließlich machte er in die Hosen, bevor er den Raum verlassen durfte. Er rannte raus, hielt sich die Hose, sodass nichts herausfiel, und schoss in die nächste Toilette.

»Ich hoffte, ich könnte mich so weit reinigen«, schrieb Samuel Cohen in seiner Autobiographie, »um zurückzukehren und zu erklären, was geschehen war. Ich wollte um Entschuldigung bitten und weitermachen. Es war nicht möglich. Ich war durch und durch verschmutzt und stank.«

Sam zog seine Hose aus, und weil er für die Rückfahrt auf den Chemielehrer angewiesen war, wanderte er stundenlang über den Campus, jede Begegnung mit anderen vermeidend, bis die Prüfung zu Ende war und der Lehrer seine Schüler in großem Schweigen wieder zurückfuhr.

Sam ging nie mehr in den Chemieunterricht. Trotzdem gab ihm der Lehrer am Jahresende eine »Eins« im Zeugnis.

Nach diesem Erlebnis wurde aus der Liebe zur Mutter Hass. Später hat Sam seine Kinder nie mit seiner Mutter allein gelassen, aus Angst davor, was sie ihnen antun könnte.

Sam kam fröhlich aus dem Haus und brachte, neben frisch gefüllten Gläsern, eine flache Schatulle mit.

»Sie haben mich doch vorhin nach der moralischen Bedeutung meiner Erfindung gefragt. Schauen Sie hier«, er öffnete das Kästchen und holte eine flache Medaille heraus, »das ist die Friedensmedaille des Papstes. Die hat mir Johannes Paul II. 1979 im Vatikan persönlich überreicht!«

So führte er zu seinen Gunsten an, dass er von der katholischen Kirche, einer höchst moralischen Anstalt, reingewaschen worden war.

Ein Freund, ehemals Air-Force-General, jetzt Restaurantbesitzer in New York, lud Cohen zusammen mit dem Beobachter des Vatikan bei den Vereinten Nationen, Bischof Giovanni Cheli, und mit dem aus Rom zu Besuch weilenden Erzbischof Agostino Casaroli zum Abendessen ein. Cohen, von einem ebenfalls eingeladenen Jesuiten, einem Harvard-Absolventen, wegen seiner Waffe verurteilt, überzeugte die Bischöfe mit seiner praktischen Argumentation. Die Bischöfe und der Bombenbauer verstanden einander so gut, weil Sam einen völlig unaggressiven Charakter hat – auch hier ganz das Gegenteil von Edward Teller –, dass er im Juni 1979 eine unerwartete Einladung erhielt.

Casaroli sollte im Vatikan zum Kardinal ernannt werden, und Samuel Cohen wurde als besonderer Gast geladen – als Mitglied der amerikanischen Delegation.

Sam flog nach Rom.

Was er dort erlebte, hätte auch ein Drehbuchautor aus Beverly Hills nicht besser erfinden können. Die Zeremonien überschlugen sich, tagelang wurde Cohen, Gast von Kardinal Casaroli, der das Amt des Außenministers des Vatikan übernehmen sollte, bei Empfängen und Essen herumgereicht, und zu seinem Entsetzen stets als »Vater der Neutronenbombe« vorgestellt.

»Dem ersten armen Kerl, dem ich so vorgestellt wurde«, sagte mir Sam diebisch grinsend, »fuhr der Schock in die Glieder. Als dieser, ein Kardinal, sich erholt hatte, sagte er: ›Sie müssen ein fürchterlicher Mensch sein.‹ Aber schon antwortete Bischof Cheli an meiner Stelle, nein, er ist eine durch und durch moralische Person.«

Schließlich wurde Cohen auch Papst Johannes Paul II. vorgestellt – der gefasst sagte: »Ich nehme an, Sie arbeiten für den Frieden?«

So weit die Frage der Moral.

Und die Erfindung? »Ach Gott«, sagte Sam, »die kann man vergessen. Die wird zwar gebaut, aber passt nicht in die NATO-

Strategie. Wenn man uns nicht will, sollten wir Amerikaner uns aus Europa zurückziehen. Denn was dort passiert, ist nichts anderes als die Vorbereitung des Dritten Weltkrieges.«

Das sagte er so kühl, als wollte er mich zu einem weiteren Glas ermuntern.

Aber es kam anders.

Mit Gorbatschow setzte das Tauwetter ein. Der Kalte Krieg wurde beendet. Die Abrüstung begann, und Ronald Reagans Nachfolger George Bush ließ die siebenhundert Neutronenbomben vernichten.

Damit sah Sam seine Existenzberechtigung schwinden und behauptete schließlich, es gebe hundert Mikro-Atombomben in den Händen von Terroristen, fünfzig davon bei Saddam Hussein, der sie im Falle einer Invasion gegen US-Truppen einsetzen werde.

Solche verrückten Geschichten stehen ja noch nicht einmal in Comic Strips.

Als wir uns verabschiedeten, sagte Sam auf Französisch: »C'est la vie – so ist das Leben.«

»Merci beaucoup – vielen Dank«, antwortete ich.

»Thank you. So we finish in French!«

Sam begleitete uns zum Auto, den kleinen Pudel auf dem Arm. Als wir den Sunset Boulevard hinabfuhren, schob er den Rasenmäher in die Garage.

# Der Künstler von Los Alamos

Vor Urzeiten schon haben in dieser Gegend von New Mexico Indianer gelebt und Bilder in Steine geritzt. So etwa 3500 ante dominum – würden wir Weißen sagen. Dargestellt wird auf den Felsen etwa die gefiederte Schlange Quetzal, Hüterin des Wassers und der heiligsten Quelle des Tewa-Volks. Die Schlange Quetzal wacht über Wasser und Land. Wenn sich die Menschen aber nicht genügend um Wasser und Land kümmern, wird die Schlange das Wasser zu Feuer verwandeln.

Umgeben von den Ruinen alter Pueblos liegt hier auf einer Mesa, einer Hochebene, Santa Fe, im indianischen Pueblo-Stil gebaut, heute eine der schönsten Städte Amerikas. Ein Ort, der Ruhe ausstrahlt und Künstler aus dem ganzen Land anzieht.

Canyons haben sich tief in die Hochebene gegraben. In den Wäldern äsen Herden von Elchen, Rehen und Hirschen. Bären reiben sich an den Bäumen. Am Himmel bilden Wolken abends oder morgens wechselnde Kulissen für prachtvolle Szenerien vor der mal zarten, mal knalligen Morgen- oder Abendröte.

Knapp eine Dreiviertelstunde fährt man mit dem Auto nach Los Alamos. Und es war noch derselbe Sommer, in dem ich Sam Cohen, den Erfinder der Neutronenbombe, in Beverly Hills besucht hatte. Hier im Nationallabor von Los Alamos half Sam, »Fat Man« zu bauen, wie sie die Atombombe nannten, die über

Nagasaki abgeworfen wurde und mit einem Schlag 39 000 Menschenleben ausgelöscht hatte.

Während Sam Cohen sich freute, dass Präsident Ronald Reagan endlich seine Erfindung der Neutronenbombe in 700 Exemplaren bauen ließ, hatte der Künstler Tony Price in dem kleinen Ort El Rancho, von Santa Fe kommend, eine Viertelstunde vor Los Alamos, am Straßenrand riesige Skulpturen aus edlen Metallen aufgestellt, die wie neue Wesen wirkten zwischen den verwitterten roten Felsen. Nukleare Kachinas nannte er sie, indianische Göttergestalten des Atomzeitalters, hergestellt aus Material, das beim Verschrotten von Atom- und Wasserstoffbomben abfällt.

In New Mexico war der damals dreißigjährige Tony Price 1967 hängengeblieben, nachdem er als Künstler durch die Welt gezogen war.

In El Rancho besuchte er einen Freund und stieß auf einen legendären Ort. Hier steht heute noch das »El Rancho«-Hotel, in dem fast alle großen Schauspieler und Stars von Hollywood übernachtet haben, als in dieser Gegend noch Western gedreht wurden. Man kann in einem Ronald-Reagan-Zimmer übernachten mit zwei großen Holzrädern am Kopfende des riesigen Bettes und goldenen Wasserhähnen im Bad. Bilder von John Wayne, Burt Lancaster, Errol Flynn, Humphrey Bogart, Jane Fonda, Kirk Douglas, Katherine Hepburn, Rita Hayworth hängen neben Hunderten anderen Schauspielerporträts in der Eingangshalle. Alle haben sie im »El Rancho«-Hotel gewohnt, bis der alte Western Mitte der sechziger Jahre abgedankt hatte.

Tony Price baute sich ein eigenes Holzhaus. Und während er die Gegend erkundete, spürte er auf einem Schrottplatz ein paar Meilen hinter Los Alamos, wofür und wie er wirklich leben wollte: als »atomic artist« – Atom-Künstler.

Es war ein besonderer Schrottplatz, den er mir zeigte. Tony trug einen vergammelten Hut mit breiter Krempe, ein braunes

Hemd und Jeans. Die riesige Sonnenbrille im Pilotenlook war so verspiegelt, dass ich seine Augen nicht sehen konnte. Um Rohmaterial für seine Figuren einzukaufen, fuhr er einmal in der Woche zum Altwarenhändler. Auf seiner Einkaufsreise durchquerte er den Geburtsort des Atomzeitalters, Los Alamos, ein Ort, der heute Touristen damit umwirbt, dass hier ein Golfclub liegt – und die Bombe von Hiroshima gebaut wurde.

In den Atomlabors wurden die schönsten Röhren, Schalen, Kugeln, Metalle, allerlei Formen für Forschung und Bau von Waffen benutzt, die wegen ihrer unglaublichen Zerstörungskraft das Denken der Menschheit verändert haben. Formen für Millionen von Dollar aus teuerstem Material hergestellt.

Das Ziel von Tony Price war der riesige Schrottplatz, auf dem die teuren Abfälle aus der Atomfabrik für ein paar Dollar verkauft wurden. Eine Stunde täglich war das Gelände geöffnet, und die etwa zwei Dutzend Einkäufer stehen regelmäßig schon vor der Zeit an, um die Konkurrenten auszustechen.

Um seine Figuren bauen zu können, suchte Tony Price nach besonders schönen Formen. Für ihn spielten die Form eine Rolle und der Klang. Price klopfte auf die Metallstücke, mache klangen klar wie japanische Glocken am Kirschblütenbaum. In seinem Atelier stellte er Skulpturen her, Klangkörper oder Masken, die an Kachinas, die Holzfiguren der Hopi-Indianer, erinnerten oder an Picassos kubistische Bilder, die von afrikanischen Holzmasken beeinflusst waren. Die Augen können aus großen Schrauben geformt werden, die Nase aus Röhren, der Rest aus allerlei Metallstücken. Kachinas haben schon Künstler wie Marcel Duchamps oder Max Ernst gesammelt – und angeregt.

Bei unserem Besuch auf dem Platz hatte Tony Price nur wenige, in seine Vorstellung passende, Teile gefunden. Er wusste noch nicht, wie er sie zusammensetzen würde. Manchmal sammelte er monatelang, bis er genügend Material für eine neue Skulptur zusammengeklaubt hatte. Er zahlte für 64 Pfund Metall ganze 32 Dollar. Das schien nicht viel, doch bis er genügend Einzelteile für eine Skulptur gekauft hatte, kamen schon mehrere Tausend Dollar zusammen.

»Die Atombombe«, sagte er in unsere Kamera, »hat fast jedem Menschen die ständige Bedrohung durch einen unnatürlichen Tod bewusst gemacht. Ich fühle mich deshalb als Künstler verpflichtet, aus dem Abfall friedliche Objekte zu schaffen, um auf den von Menschen geschaffenen Wahnsinn hinzuweisen.«

Tony Price hatte sich bald neues Gelände gekauft. Er brauchte viel Platz für seine Arbeit. Und es war billig hier. Denn viel Geld verdiente er nicht mit seiner Atom-Kunst. Um die Familie zu ernähren, stellte er für Touristen kitschige Indianerskulpturen her, die er kenntnisreichen Besuchern am liebsten gar nicht zeigte.

In den ersten Jahren achtete er nicht darauf, ob die Abfälle, die er verarbeitete, radioaktiv waren, und erst als ein Museum drei Skulpturen untersuchen ließ, stellte sich heraus, dass sie strahlten – angeblich in ungefährlichen Bereichen.

»Sehen Sie, ich habe alles in dem Haus aus Atommüll gebaut«, sagte er, »die Tische, die Stühle, sogar Besteck und Teller. Das Material der Massenvernichtungsbombe ist besser für Dinge des täglichen Lebens zu gebrauchen. Die Teller sind aus Titanium, und – hören Sie mal – wie wunderbar die tönen, wenn man dagegen klopft.«

Meistens half ihm seine Frau, die auch Künstlerin war, beim Aufbau der Figuren. Zwar bezeichnet Tony Price seine Kunstwerke als Brücke zwischen dem Materiellen und dem Geistigen, zwar beklagt er den Schrecken, der von der atomaren Zerstörung ausgeht, doch die ständige Nähe zu dem Bombenmaterial und der tägliche Umgang damit haben ihn fast zu einem zynischen Menschen werden lassen.

Auf einem Ausstellungsgelände nicht weit von Los Alamos entfernt standen einige Jahre lang riesige von ihm geschaffene

Figuren aus »Atom-Müll«. Fabelwesen, an denen er fünf Jahre lang gearbeitet hatte. Ein reicher Unternehmer hat sie schließlich gekauft und wollte sie den Vereinten Nationen als Mahnmal schenken. Denn Tony Price nannte die Versammlung dieser Monster aus Röhren und anderem Metall seine »Vision der letzten Abrüstungsgespräche«.

»Dies alles gehört als ein Stück zusammen und stellt die letzten SALT-Gespräche dar«, sagte er. »Nachdem alle Menschen weggeblasen worden sind, setzen sich die Maschinen zusammen und besprechen, was sie mit dem Planeten machen sollen.« Er zeigte auf zwei besonders beeindruckende Figuren: »Das sind die zwei Großmächte. In der Mitte steht ein Engel als Schiedsrichter – mit gespaltener Zunge. Und daneben steht der Protokollführer der letzten SALT-Gespräche.«

Damals konnte Tony Price nicht ahnen, dass einer wie Gorbatschow kommen würde und die Atommächte wirklich abrüsten könnten, bevor sich alle Menschen weggeblasen haben.

Tony Price kalkulierte beim Bau seiner Skulpturen die Winde mit ein, die manch eines der Objekte zum Wackeln brachten. Und einige Röhren hatte er in Orgelpfeifen verwandelt, sodass die Luft die »Dinger« zum Sprechen brachte.

Die Stadt New York hat die Skulpturengruppe der letzten SALT-Gespräche lange Zeit im Battery-Park neben das monumentale Kriegerdenkmal des Zweiten Weltkriegs gestellt. Sie wurde dafür mit einem riesigen Sattelschlepper über mehrere Tage hinweg aus Texas in die Stadt gefahren. Und Millionen von Besuchern haben sie dann gesehen.

Bei dieser Gelegenheit trafen wir uns. Mein Bericht über seine Arbeiten aus den Metallen aus Atombomben für die Tagesthemen hatte ihm begeisterte Reaktionen aus den Reihen der Friedensbewegung in Deutschland beschert. Und er wünschte sich, seine Figuren sollten vor dem Gebäude der UNO aufgestellt werden.

Da stand schon die Bronzeskulptur »Schwerter zu Pflugscharen« des russischen Bildhauers Jewgeni Wutschetitsch, die Moskau 1959 den Vereinten Nationen geschenkt hatte. »Ziemlich verlogen«, sagte ich, »finden Sie nicht auch?« Tony Price stimmte mir zu. Und er erzählte mir seine Theorie einer vierten und fünften Dimension, wovon ich leider in meiner künstlerischen Ungebildetheit überhaupt nichts verstand.

Eines Tages schaute der Dalai Lama bei dem Atom-Künstler vorbei und bemerkte: »Tony Price ist sehr klug. Er hat etwas Sinnvolles gemacht aus etwas, das nicht sinnvoll ist.«

Aus mancher Figur spricht der Humor des Künstlers. Einer seiner Phantasiefiguren mit Drachenschwanz hat er eine Geschichte gegeben. Der wandernde Bettler, der das atomare Ende überlebt hat, heißt »Betteln für Plutonium«.

»Ich will nichts verharmlosen«, sagte Tony Price, »aber der Widerspruch zwischen Ästhetik und Vernichtung des Menschen soll dem Betrachter bewusst werden. Diese wunderbaren Klänge, geschaffen aus kostbaren Metallen des Erdreichs, läuten in Wirklichkeit als Todesglocken bei der Vernichtung des Menschengeschlechts.«

## Der Psychiater. CIA-Gelder und das Wahrheitsserum

Professor Ewen Cameron, eine Koryphäe seines Faches, war Präsident der American Psychiatric Association. Dann wurde er zum ersten Präsidenten der World Psychiatric Association gewählt. Und er war schon siebzehn Jahre tot, als ich seinen Namen zum ersten Mal hörte. Ich habe ihn also nie kennengelernt. Trotzdem will ich erzählen, was mir seine Patienten in Kanada über ihn berichtet haben. Denn ich habe nie vergessen können, was dieser hoch gerühmte Wissenschaftler kranken Menschen angetan hat. Aus ihren Zeugnissen habe ich, als Korrespondent in New York auch zuständig für die Berichterstattung aus Kanada, im März 1984 einen Film für die Sendung »Monitor« gedreht.

Der Schrecken, den diese Geschichte erzeugen sollte, ist zeitlos.

Was gut ist oder böse, wollen manche Menschen nicht unterscheiden.

Sie nehmen das Böse in Kauf, weil sie behaupten, für das Gute zu kämpfen. Zum Täter werden Menschen aus allerlei Motiven, aber die haben nichts mit ihrer Nationalität oder Herkunft, mit ihrer Religion oder Ideologie zu tun.

Gleich vorweg: Ewen Cameron war ein Psychiater, der im staatlichen Auftrag medizinische Versuche an Menschen machte und dabei deren Tod in Kauf nahm. Ich scheue nicht davor zurück, ihn mit dem KZ-Arzt Josef Mengele, genannt der Todesengel von Auschwitz, zu vergleichen. Mengele machte Menschenversuche im Namen der Nazis. Und Cameron wurde vom amerikanischen Geheimdienst CIA und der Kanadischen Regierung finanziell dafür unterstützt, Versuche an Menschen zu machen, mit grausamen Folgen. Beide – Mengele wie Cameron – waren Besessene. Menschenverachtende Wahnsinnige.

Mitten in Kanada liegt Winnipeg, die Hauptstadt von Manitoba. Von 1962 bis 1988 war David Orlikow dort Abgeordneter der New Democratic Party im nationalen Parlament in Ottawa. Er war verheiratet mit Vera Orlikow, die als junge Frau unter schweren Depressionen litt. Als geachteter Politiker suchte der Politiker nach der besten medizinischen Hilfe für sie und wurde auch schnell fündig.

Man empfahl ihm, seine Frau zum »Rabenfelsen« zu schicken, so hieß die Villa, in der die beste, berühmteste psychiatrische Anstalt von Kanada untergebracht war: Das »Allan Institute« der McGill Universität in Montreal.

Als ich das um 1900 gebaute Gebäude, in dem das Institut untergebracht war, zum ersten Mal sah, erinnerte es mich sofort an das Haus des psychopathischen Serienmörders Norman Bates in »Psycho«, dem berühmten Film von Alfred Hitchcock. Und das Wort »Rabe« lässt mich auch an Edgar Allan Poes Gedicht »The Raven« denken, das mit den Worten beginnt: »Once upon a midnight dreary … – Einst um Mitternacht furchterregend …«. Denn das passt zu dieser Geschichte.

Heilung von seelischen Störungen versprach sich im »Rabenfelsen«, wer das Geld dafür aufbringen konnte, von dem weltberühmten Chef des Instituts, Professor Ewen Cameron, behandelt zu werden.

Aber gibt Poes Rabe nicht stets die monotone Antwort: »Nevermore – Niemals.«?

Cameron wurde 1901 in Schottland geboren, hatte in Glasgow Medizin und Psychiatrie studiert, machte in den USA Karriere, wurde 1942 auch US-Staatsbürger und arbeitete während des Zweiten Weltkrieges mit dem OSS, Vorläufer des CIA, zusammen.

Sein Ruhm als Psychiater ging um die Welt, als er im Auftrag Washingtons beim Nürnberger Prozess den Geisteszustand von Rudolf Hess, dem nach England geflohenen Stellvertreter Adolf Hitlers, untersuchte und feststellte, Hess leide unter Hysterie und gebe vor, sein Gedächtnis verloren zu haben. Aber Hess übertreibe, um sich selbst vor Strafe zu schützen: »Rudolf Hess is not insane – ist nicht geisteskrank.«

Schon bevor er in Nürnberg angekommen war, hatte Cameron ein Thesenpapier über die soziale Reorganisation Deutschlands veröffentlicht. Seine Analyse lautete, in den 30 Jahren nach 1945 würden die deutsche Kultur und das deutsche Volk die größte Gefahr für den Weltfrieden sein. Denn die Deutschen beteten strenge Ordnung und Befehle an, sehnten sich nach autoritärer Führung und hätten Angst vor anderen Ländern, die in Feindschaft umschlagen könnte. Er diagnostizierte, es läge in der Natur der deutschen Rasse, Grausamkeiten zu begehen.

Und damit stand er sicher nicht allein. Zur Zeit des deutschen Einigungsprozesses 1989/1990 hat die britische Premierministerin Margaret Thatcher genauso argumentiert wie auch der israelische Premierminister Yitzak Shamir: »... wenn sie wieder die Gelegenheit erhalten ...« werden die Deutschen versuchen, es wieder zu tun. Und das war sogar 35 Jahre später!

In Nürnberg wurde als Folge der entsetzlichen Menschenversuche der Nazis festgelegt, dass in Zukunft solche Versuche nur mit Zustimmung von Patienten und keinesfalls zu ihrem Schaden vorgenommen werden dürften.

Professor Ewen Cameron war jedoch ein Besessener, ein

überaus ehrgeiziger, autoritärer Wissenschaftler, der erforschen wollte, wie man den menschlichen Geist künstlich verändern kann. Er ließ sich auf ein Forschungsprogramm für die CIA ein, das von der Kanadischen Regierung mitfinanziert wurde.

An einigen Hundert Patienten machte Cameron seine Versuche, ohne dass die es wussten. Mit entsetzlichen Folgen. Vera Orlikow wurde eines seiner Opfer. Sie war gekommen, um sich wegen ihrer Depressionen behandeln zu lassen. Aber als sie den »Rabenfelsen« wieder verließ, hatte sie den Verstand eines Kleinkindes, erinnerte sich nicht mehr an ihr Leben mit ihrem Mann oder an ihre Kinder. Und so ging es vielen von Camerons Patienten. Einer beging sogar Selbstmord.

»Ich machte einen Selbstmordversuch, weil ich meinen Zustand einfach nicht mehr ertragen konnte. Ich fühle mich ständig abhängig«, sagte auch Vera bei unserem Besuch in ihrem Haus in Winnipeg, »Ich brauche andere Leute. Und außerdem leide ich unter chronischen Depressionen, die sich manchmal verschlimmern.«

»Bei jedem meiner vielen Treffen mit Professor Cameron«, so erzählte sie, »hatte ich Angst. Jedes Mal, wenn ich ihn im Sprechzimmer aufsuchte, fing ich an zu zittern. Jedes Mal, wenn er im Flur auftauchte, zitterte ich. Aber ich habe ihn bewundert.«

Besessen von der Möglichkeit, den menschlichen Geist manipulieren zu können, fand Cameron im amerikanischen Geheimdienst Gleichgesinnte. Die CIA glaubte damals, im Koreakrieg seien amerikanische Soldaten einer wirksamen Gehirnwäsche unterzogen worden. Und Chinesen wie auch Sowjets besäßen Fertigkeiten, die den USA in kriegerischen Auseinandersetzungen nützen könnten.

Unter dem CIA-Projekt »MK-Ultra« wurden so in den USA und in Kanada etwa tausend Menschen ohne ihr Wissen medizinisch missbraucht. Die Unterlagen wurden vernichtet, als die Gefahr bestand, die Öffentlichkeit könnte davon erfahren. Nur durch Zufall kamen zwanzig Jahre später einige falsch archivierte Akten über das Unter-Projekt 68 in Montreal ans Licht.

So erfuhr der Abgeordnete David Orlikow von den Gehirnwäscheexperimenten der CIA, und es gelang ihm, die Hintergründe aufzudecken. Seine Frau Vera beschloss daraufhin, gemeinsam mit acht anderen Opfern die CIA zu verklagen. Und, um es kurz zu machen: Sie gewannen ihren Prozess, erhielten Entschädigungen vom CIA und der Kanadischen Regierung. Aber ich kann mir nicht vorstellen, dass Geld, so hoch die Summe auch sein mag, ein zerstörtes Leben reparieren kann.

John Gittinger war damals bei der CIA verantwortlich für das Projekt »MK-Ultra« und begründet es so: »In der CIA standen wir unter starkem Druck, einen Weg für die Gehirnwäsche zu finden, nämlich um das Verhalten von Menschen entweder durch chemische, psychologische oder andere Mittel beeinflussen zu können.«

Die Schwerpunkte der Versuche: massive und häufig wiederholte Elektroschocks und psychische Beeinflussung durch hypnotische Botschaften.

Während die Patienten am »Allan-Institut« glaubten, wegen ihrer Depressionen behandelt zu werden und dafür Tausende Dollar zahlten, machte Cameron in Wirklichkeit Versuche mit Gehirnwäsche.

Die erste Versuchsreihe galt der Frage: Welche Drogen kann man für Gehirnwäsche verwenden? Das damals weitverbreitete LSD wurde Patienten wie Vera Orlikow direkt in die Venen gespritzt, zeitweise jeden Tag.

»Wenn man eine Spritze direkt in die Vene bekommt, setzt die Wirkung sofort ein«, erzählte sie. »Ich hatte Albträume. Es war schrecklich. Ich glaubte, ich sei nicht mehr ich selbst und hatte keine Kontrolle über mich. Ich warf mich gegen die Wände, lag auf dem Bett und konnte nicht mehr aufstehen. Dann wiederum hatte ich das Gefühl, als würden meine Knochen schmelzen, oder ich wäre eine winzige Person, die eine besondere Pille braucht – wie Alice im Wunderland –, um wieder eine normale Größe zu erreichen. Ich weinte, schrie, glaubte, ein Eichhörnchen in einem Käfig zu sein. Es war entsetzlich, einfach grässlich.«

Diese Versuchsmethode mit Drogen und LSD brachte keinen Erfolg. Doch sie zerstörte Patienten und hinterließ bleibende Schäden.

Die zweite Versuchsreihe ging der Frage nach: Wie können Schlafkuren und Hypnose das menschliche Verhalten verändern?

Mit Medikamenten, wie dem lähmenden Gift Curare, wurden Patienten bis zu zwanzig Stunden am Tag in Schlaf versetzt und einer dauernden Berieselung durch Tonbänder ausgesetzt. Mal sprach eine Stimme, mal sprachen mehrere, um dem Einfluss von Gruppen auf die Spur zu kommen. Untersucht wurde dabei, wie stark der Geist sich unterbewusst gegen die Aufnahme von Botschaften wehrt. Dem Patienten Robert Logie wurde auf diese Art ständig eingeflüstert, seine Mutter sei tot, bis er davon überzeugt war. Als er schließlich nach Hause kam, traf er auf seine sehr lebendige Mutter.

Auch diese Versuchsmethode brachte keinen Erfolg, hinterließ aber entsetzliche Schäden. Nur sehr wenige Mitarbeiter von Professor Cameron wussten, dass diese Experimente vom amerikanischen Geheimdienst CIA finanziert wurden.

Die dritte Versuchsreihe hieß: Löschen des Gedächtnisses durch Elektroschocks.

Dabei ging Ewen Cameron bis ans Extrem: Vierzigmal länger als gewöhnlich waren die Stromstöße, die er in das Hirn seiner Patienten jagte. Auch die Stromspannung erhöhte Cameron um fast ein Drittel.

Patient Robert Logie war diesen Versuchen ausgesetzt: »Ich versuchte auszureißen, wurde aber erwischt und in Schlaf versetzt«, sagte er, »23 Tage lang hielt man mich im Schlaf, und in dieser Zeit wurde ich auf Teufel komm raus elektrisch geschockt und mit Tonbandanweisungen berieselt.«

Vera Orlikow erzählte uns später von ihrem traurigen Leben. Meistens saß sie stundenlang auf ihrem Sofa und starrte stumm vor sich hin wie eine lebende Tote. Nur eines gab ihrem Leben noch Sinn: Der Kampf gegen Menschenexperimente zum Nutzen von Geheimdiensten.

Ihr Mann, der Abgeordnete David Orlikow, stand während unseres Besuchs in seinem Haus in Winnipeg noch unter Schock. Er hatte erst wenige Tage zuvor von einem besonders schrecklichen Fall erfahren.

»Ein ehemaliger KZ-Häftling, der sich in Montreal eine neue Existenz aufgebaut hatte«, so Orlikow, »begab sich wegen schwerer Depressionen in die Behandlung von Professor Cameron. Er wurde für drei Wochen in Schlaf versetzt und mit Elektroschocks behandelt. Als ihn seine Familie einige Wochen später besuchte, hatte er einen Teil seines Gedächtnisses verloren, sodass er glaubte, wieder im Konzentrationslager zu sein.«

# Politiker und Dichter

# Roland Dumas – vom Gestapo-Häftling zum Freund der deutschen Einheit

Es war im November vor ein oder zwei Jahren. Roland Dumas hatte einen Tisch für 20 Uhr im »Chez Lipp« am Boulevard Saint-Germain gegenüber vom »Café de Flore« reserviert, aber ich sagte zu meiner Frau Julia, es wäre peinlich, wenn wir wirklich um acht in das Restaurant kämen. In Paris ist niemand auf die Minute pünktlich.

»Ich wette«, sagte ich, »Dumas kommt nicht vor halb neun.«

Der Maître d'Hotel führte uns an einen Tisch im vorderen Teil des Lokals und sagte: »Monsieur Dumas hat für drei Personen reserviert.«

Das »Lipp« ist beinahe 130 Jahre alt, nach 1900 wurden die Wände mit Spiegeln und farbigen Keramiken von einem mir nicht bekannten Künstler Léon Fargues im Stil des Art déco verkleidet, die Decke malte Charly Garrey mit afrikanischen Motiven aus. Es war wohl das bedeutendste Werk von Charly Garrey, denn heute kann man seine Bilder bei Versteigerungen schon für ein paar Hundert Euro erwerben.

Im »Lipp« ist es wichtig, wo man sitzt. Touristen werden die Treppe hoch nach oben, nach »Sibirien«, geschickt. Je weiter vorn man im unteren Saal platziert wird, desto höher die Anerkennung durch den Maître. Man kann sich seine Gunst aber auch mit regelmäßig unauffällig in die Hand gedrückten

Scheinen erkaufen. Ihr Wert sollte nur nicht zu klein ausfallen.

Vorn saßen immer François Mitterrand, Camus oder Sartre, Proust oder Saint-Exupéry, vorn haben Jack Nicholson und Sofia Coppola, Sandrine Kiberlain und Benjamin Biolay ihren Tisch.

Und um ehrlich zu sein: Man geht hier nicht wegen der besonders guten Küche hin, man isst vielmehr Sauerkraut mit Schweinsfuß oder Ähnliches, alte Elsässische Küche.

Roland Dumas kam zehn Minuten nach uns. Aber er kam nicht allein. Er stellte uns seine junge, vielleicht dreißig Jahre alte Begleiterin vor. Eine hübsche Russin, die sich auf Englisch mit uns unterhielt. Dumas war Ende achtzig, und doch verfallen Frauen jeden Alters immer noch seinem Charme.

Roland Dumas, der von Hans-Dietrich Genscher erfahren hatte, dass ich auch Kriminalromane schreibe, die in Paris spielen, hatte mich gebeten, ihm einen mitzubringen. Damit stand ich vor einem kleinen Dilemma. Denn in allen meinen Krimis geht es um Korruption bei Parteien oder Politikern. Sie sind der französischen Wirklichkeit entlehnt, und in einem meiner Romane erwähne ich auch ganz nebenbei den Fall, in den Dumas persönlich verwickelt war. Und ich nenne ihn bei seinem vollen Namen. Natürlich suchte ich ein anderes Buch für ihn aus.

Als ich Dumas nun meinen Kriminalroman überreichte und ihm erklärte, die Hauptfigur sei immer dieselbe: Jacques Ricou, ein unerbittlicher Untersuchungsrichter, da lachte er fast verzweifelt auf.

Wir wussten beide, dass die Macht der Untersuchungsrichter in Frankreich immens ist. Sie allein können entscheiden, ob sie jemanden verhaften oder zumindest seine Räume durchsuchen lassen.

»Mit denen habe ich meine eigenen Erfahrungen gemacht. Das sind Hyänen!« Er meinte besonders Eva Joly, einst eine Untersuchungsrichterin, die besonders streng gegen Politiker und Wirtschaftsbosse vorging und den Fall der Schmiergeldzahlungen der Ölfirma Elf-Aquitaine aufgerollt hatte. Eva Joly wurde 2012 für die Grünen als Kandidatin für das Amt des Präsidenten aufgestellt – und schnitt peinlich schlecht ab. Sie ist gebürtige Norwegerin und spricht französisch mit einem harten Akzent. Eva Joly hatte die Räume von Dumas wegen eines Korruptionsvorwurfs durchsuchen lassen. Jahre später wurde er in diesem Fall freigesprochen.

Dumas blätterte in dem Kriminalroman und sagte: »Komme ich wenigstens auch drin vor?«

»Nein, natürlich nicht!«

»Schade.«

Kennengelernt hatte ich Roland Dumas mehr als 25 Jahre zuvor. Ich erinnere mich genau an den Tag.

Es war der 8. Dezember 1984. Ein Samstag.

Damals war Roland Dumas als Testamentsvollstrecker von Picasso und Rechtsanwalt anderer Kulturgrößen Frankreichs bekannter denn als Politiker. François Mitterrand hatte Dumas, der auch sein Anwalt gewesen war, zum Europaminister ernannt, ein unbedeutender, dem Außenminister untergeordneter Job. Aber ein gewiefter alter Kollege, Ernst Weisenfeld, hatte mir ins Ohr geflüstert, Dumas werde sicher eines Tages Außenminister. Da wäre es klug, jetzt schon ein Fernsehporträt über ihn zu drehen.

Ernst Weisenfeld, ein journalistisches Urgestein, der schon über dreißig Jahre aus Paris berichtete, der für die ARD Anfang der sechziger Jahre das berühmte Studio Bonn gegründet hatte, der mit der Genauigkeit eines Historikers arbeitete, hatte mich dann bald mit einem Vertrauten von Dumas zusammengebracht. Bei einem Mittagessen. Wie es in Paris üblich ist. Dieser Vertraute hieß Robert Boulay und war jahrelang Korrespondent bei dem französischen Radiosender RTL gewesen. Jetzt beriet er Dumas. Manchmal wusste Boulay als Einziger, wo man den, gelegentlich nachmittags verschwundenen, Europaminister in dringenden Fällen finden konnte. Bei welcher Dame.

Im Laufe der Jahre würde Boulay mein »Agent« im Büro des Ministers werden.

Boulay schlug vor, dass ich mit meinem Kamerateam am Wochenende des 8. auf den 9. Dezember in den Wahlkreis von Dumas im Périgord kommen könne. Dumas werde in der schönen alten Stadt Périgueux auf den Markt gehen, wo es Foie gras, Gänsestopfleber, fette Gänse und Pilze, Köstlichkeiten aller Art zu kaufen gebe. Und Dumas werde im Laufe des Tages einige regionale Politiker treffen, Versammlungen besuchen, und am Ende des Tages könnte ich ein längeres Gespräch mit ihm führen. Für ein Fernsehporträt also reichlich Bilder.

Ernst Weisenfeld, der mir ein väterlicher Freund geworden war und mich bei regelmäßigen Sonntagsspaziergängen im Wald bei den Teichen von Ville d'Avray, die Corot gemalt hat, in die Details und Tiefen der französischen Politik einführte, saß am Freitagnachmittag neben mir im Auto auf der Fahrt nach Périgueux. Ganz unerwartet für uns, was den Zeitpunkt betraf, meldeten die Nachrichten im Autoradio, François Mitterrand habe Roland Dumas zum Außenminister ernannt. Da Mitterrand aber an diesem Freitag zu einer Reise nach Afrika aufbrechen sollte, meinte Weisenfeld, wir könnten genauso gut umdrehen. Denn Dumas werde Mitterrand sicher auf dem Staatsbesuch begleiten müssen und nicht am nächsten Morgen in Périgueux über den Gänsemarkt schlendern.

Das alles spielte in jener dumpfen Zeit, in der es noch keine Mobiltelefone gab, also hielten wir an der nächsten Raststätte, erreichten Robert Boulay, der uns aber beruhigte. Nein, Dumas habe seine Reisepläne nicht geändert.

Weisenfeld hatte mir einiges über Roland Dumas und dessen besondere Beziehung zu Mitterrand erzählt. Ich hatte seine

Biographie gelesen und versucht, mich bis ins kleinste Detail auf ihn vorzubereiten. Trotzdem war ich mir unsicher, wie Dumas uns Deutschen begegnen würde, und das im Périgord. Denn er musste ein gebrochenes Verhältnis zu uns haben.

Vater Dumas war gleich 1914 als französischer Reserveoffizier eingezogen worden und hatte den ganzen Krieg gegen die »boches« mitgemacht. Dieser Krieg hatte ihn gelehrt, für den Rest seines Lebens wachsam zu sein gegenüber dem deutschen Feind. Diese Einstellung gegenüber den Deutschen vermittelte er, sobald der alt genug war, auch seinem 1922 geborenen Sohn Roland. Gemeinsam saßen Vater und Sohn vor dem Radio, als sie zum ersten Mal eine Rede von Adolf Hitler im Rundfunk empfangen konnten, und wieder stieg im Vater die Angst hoch, die Deutschen könnten noch einmal die Waffen gegen Frankreich erheben. Als es so weit war, verstand es sich von selbst, dass Vater und Sohn in der Résistance, dem Widerstand gegen die Deutschen, waren. Roland wurde 1942 in Lyon verhaftet, weil er gegen ein Konzert der Berliner Philharmoniker demonstriert hatte. »Ich war im Fort Barraux in der Nähe von Grenoble eingesperrt«, erzählte er mir. »Nach drei Wochen bin ich ausgebrochen und habe dann bis zur Befreiung im Widerstand gekämpft.«

Seinen Vater erwischten die Deutschen im Périgord. Er hatte weniger Glück: Am 26. März 1944 wurde er als Geisel mit ein paar Dutzend anderen Zivilisten von deutschen Soldaten erschossen.

Als ich ihn, in einem Gespräch, das ich im Frühjahr 2011 für die *Süddeutsche Zeitung* mit ihm führte, darauf ansprach, dass die Deutschen seinen Vater erschossen hätten, warf er spontan ein: »Die Nazis.«

»Schön, dass Sie das unterscheiden«, antwortete ich ihm.

»Es waren übrigens ›Gelegenheitsnazis‹«, fuhr Dumas fort. »Die Typen sprachen noch nicht einmal deutsch. Das waren

Truppen, die irgendwo in Zentraleuropa rekrutiert worden waren.«

»Haben Sie damals schon zwischen Nazis und Deutschen unterschieden?«

Nein, das hatte er nicht. »Zwischen Nazis und Deutschen zu unterscheiden ist eine intellektuelle Anstrengung, die jedes Individuum machen sollte. Unterscheiden zwischen einer Bevölkerung und einer Doktrin, durch die eine Bevölkerung monströs wird. Es ist nicht die Bevölkerung selbst, die barbarisch ist. Die Doktrin etwa, die Hitler verkörperte, machte, dass man sich wie ein Barbar benahm. Es dauerte schon eine Weile, bis ich das unterscheiden konnte. Vor dem Krieg sprach mein Vater deutsch, das hatte er als Offizier gelernt. Ich habe Deutsch im Lycée gelernt. Es gab also zwischen beiden Zivilisationen eine gewisse Zuneigung. Ich wiederhole: Man kann nicht die deutsche Nation mit der deutschen Hypertrophie vergleichen, die es einen Moment lang gab.«

Im Keller des Hauses, in dem Dumas aufwuchs, lagen einige verstaubte Pickelhauben, die der Vater im Ersten Weltkrieg dem Feind abgenommen und als Souvenir mitgebracht hatte. »Für Gott und Vaterland« habe darauf gestanden, sagte mir Roland Dumas später einmal. Auf Gott haben sich auch die Franzosen und die Engländer im Großen Krieg berufen.

An jenem Samstag am 8. Dezember, als ich ihn zum ersten Mal traf, landete Dumas tatsächlich mit einer kleinen Regierungsmaschine auf einer winzigen Landepiste bei Périgueux und absolvierte sein Programm, als wäre er immer noch der unbedeutende Europaminister.

Auf dem Markt sprach ihn ein Mann im blauen Kittel an, der Gänse verkaufte. Aus Diskretion hielt ich mich etwas entfernt von den beiden. Ich sah, wie Dumas seinen dicken Füllfederhalter, wohlgemerkt, keinen billigen Kugelschreiber, hervorholte und einige Notizen in seinen Block schrieb. Hinterher fragte ich ihn, ob er mir sagen könne, worum es ginge.

»Der Mann hat mir erzählt, dass sich sein Sohn bei der Polizei beworben habe, aber nicht genommen wurde«, sagte Dumas. »Er fragte, ob ich etwas tun könne.«

»Und können Sie etwas tun?«

»Ja sicher!«

Dumas würde den Präfekten anrufen, der würde beim Polizeidirektor intervenieren und der würde daraufhin den Sohn des Händlers vom Markt anstellen, und von da an würden alle auf dem Markt sagen, was für einen großartigen Abgeordneten sie in Roland Dumas hätten. Eine kleine Lektion über das Leben in Frankreich für mich.


Bei untergehender Sonne führte ich schließlich mein Interview mit Roland Dumas im Vorgarten eines seiner Unterstützer. Wir waren fast am Ende, als sein Fahrer angerannt kam und das Gespräch unterbrach. Mitterrand sei am Autotelefon und rufe aus Afrika an.

Es gab ein politisches Problem mit Mobutu, und nun sollte Außenminister Dumas dem Präsidenten sofort zu Hilfe eilen.

Ende unseres ersten Gesprächs.

Noch heute bin ich Weisenfeld für seinen Rat dankbar, denn seitdem ist meine Beziehung zu Roland Dumas nicht mehr eingeschlafen. »Mon cher Ulrich«, nennt er mich inzwischen, wenn er mir einen Brief oder eine Mail schreibt.

Als ich ihn kürzlich an unser erstes Interview in Périgueux und den Anruf Mitterrands erinnerte, lachte er kurz.

»Mitterrand war wütend, weil ich nicht mitgeflogen war, obwohl er mich doch gerade zum Außenminister ernannt hatte.«

»Und was war das Problem?«

»Mobutu weigerte sich aus irgendeiner Eitelkeit heraus, zum

franco-afrikanischen Gipfel nach Bujumbura in Burundi zu kommen. Deshalb musste ich nach Kinshasa fliegen und ihm die Finanzierung einer neuen Brücke versprechen, damit er endlich kam.«

Mit Dumas' kleiner Maschine, die ihn von Paris nach Périgueux geflogen hatte, konnte man Afrika nicht erreichen. Also fuhr der frischgebackene Außenminister nach Bordeaux, aß am Flughafen zwei Spiegeleier und wartete auf ein größeres Regierungsflugzeug. Allerdings waren die Langstreckenmaschinen alle mit dem Tross von Mitterrand in Afrika unterwegs. Deshalb hat Dumas doch mit einem kleineren Flugzeug vorliebgenommen.

»Wir mussten fünfmal zwischenlanden und auftanken«, erinnerte er sich.

Nun saßen wir also »Chez Lipp« und gingen die französischen Politiker durch. Ich wollte von ihm wissen, wer denn 2012 wohl der Präsidentschaftskandidat der Sozialisten werden würde. Doch sicher Strauss-Kahn!

»Das glaube ich nicht«, lachte Dumas, »er hat mir selber gesagt, dass es drei Gründe gibt, weshalb er nicht kandidieren werde. Erstens seien da die Geschichten mit Geld. Nun gut, sagt er, diese Geschichten haben andere auch, und er habe die Unterlagen über seine Gegner noch aus der Zeit, in der er Finanzminister war …«

Solche »Geschichten mit Geld«, die Dumas meint, dienen mir in meinen Kriminalgeschichten, um Korruption zwischen Politik und Geschäft zu erklären. Auch das gehört zur französischen Politik. Meist stammen Millionen aus Waffengeschäften, in die der französische Staat verwickelt war, und wer auch immer gerade regierte, hat sich davon eine Scheibe Schwarzgeld für Wahlkämpfe abgeschnitten. Häufig reden sich Politiker, die mit zu viel Bargeld erwischt werden, damit raus, dass es doch aus den geheimen Fonds der Regierung stamme. Denn bis vor kurzem gab es eine Eigenheit in der französischen Politik, die dazu führte, dass der Premierminister jeden Monat riesige Summen Bargelds an die Minister verteilte.

»Das ist eine Angewohnheit aus der Dritten Republik«, erläuterte mir Dumas diese Zahlungen, »Das sind die geheimen Fonds. Die sind halt geheim. Die Verteilung erfolgte so: Jeden Monat schickte jeder Minister den Leiter seines Büros zum Büro des Premierministers. Dort erhielten sie eine erhebliche Summe Bargelds. Besonders groß waren die Summen für die drei Ministerien, Verteidigung, Inneres und Äußeres. Mein Büroleiter hat das Geld dann weiterverteilt. Etwa an die Sekretärinnen in meiner Umgebung, die Überstunden machten und schlecht bezahlt wurden. Sie hatten Anrecht auf einen Umschlag. Auch der Büroleiter hatte ein Anrecht auf einen Umschlag mit Inhalt, aber auf seinem Niveau. Dessen Vertreter erhielt auch einen Umschlag. Und mir, dem Minister, hat man auch Geld für meine Bedürfnisse gebracht. So ist das. Es war ein geheimes Ritual in der Republik. Jospin wurde Premierminister und hat gesagt, wir streichen die geheimen Zahlungen. Wir machen das jetzt offiziell. Wissen Sie, man nannte es ›das Geld, das den Tag nicht sehen darf‹. Jetzt ist es offiziell, das heißt aber nur, dass man das Geld nun versteuern muss.«

In der französischen Öffentlichkeit war Roland Dumas zur Zeit unseres Essens im »Lipp« gerade heftig angefeindet worden. Zusammen mit dem umstrittenen Anwalt Jacques Vergès, auch Advokat des Teufels genannt, hatte er die juristische Vertretung des abgewählten Präsidenten der Elfenbeinküste Laurent Gbagbo übernommen. Gbagbo wollte nicht aus dem Amt weichen. Vergès hatte Mitglieder der RAF in Paris verteidigt, den Terroristen Carlos und auch den SS-Mann Klaus Barbie. Er galt als höchst intelligent und skrupellos. In seiner Biographie klafft eine Lücke von acht Jahren. Keiner weiß, wohin er zwischen 1970 und 1978 verschwunden war. Selbst die französischen Geheimdienste konnten es nicht erklären.

»Warum haben Sie sich denn mit diesem schrecklichen Vergès zusammengetan?«, fragte ich Roland Dumas. Ich ahnte es zwar: Wahrscheinlich zahlte der afrikanische Präsident hohe Honorare bar.

»Ach, Vergès ist ein netter Kerl«, antwortete Dumas. »Ich kenne ihn aus der Zeit des Algerienkrieges. Als Abgeordneter habe ich für die Unabhängigkeit Algeriens gekämpft – lange vor de Gaulle. Ich habe täglich Leute verteidigt, die mit dem Freiheitskampf zu tun hatten. Und Vergès und ich befanden uns auf einer Linie.«

Vergès heiratete sogar eine als Bombenlegerin angeklagte Algerierin, die er zuvor verteidigt hatte.

Und dann erzählte Dumas, dass er wegen seiner Haltung zur Unabhängigkeit Algeriens schließlich auch der Anwalt von Picasso wurde.

»Eines Tages wurden der Maler André Masson und sein Sohn verhaftet. Sie hatten französische Deserteure in die Schweiz geschmuggelt. Massons Galerist war der legendäre Daniel-Henry Kahnweiler. Eines Tages ruft mich Kahnweiler an. Ich möge bei ihm vorbeikommen. Ich gehe zu ihm. Er war sehr liebenswürdig. Kahnweiler hatte einen Brief von Franco erhalten. Vom General persönlich! Franco schrieb, jetzt ist doch Frieden. Kann Picassos Bild ›Guernica‹ nicht vom MoMA in New York nach Spanien gebracht werden? Kahnweiler rief Picasso an, der bat um einen Anwalt. Kahnweiler sagte: Sie fahren morgen früh los, was ich tat. Picasso lebte damals in Mougins. Er war sehr sympathisch. Hat gesagt, kommen Sie, wir essen jetzt erst einmal einen guten Fisch. Picasso hatte damals Konflikte mit den Kindern, Probleme wegen Fälschungen, aber er sagte, das alles zähle nicht. Das Einzige, was mir im Leben wichtig ist: Das ist Guernica. Ich will nicht, dass Guernica in Spanien hängt, solange Franco lebt.

Daraufhin habe ich viele Schriftsätze entworfen. Aber Picasso wollte nur einen Satz: Guernica gehört der Republik Spanien. Ich aber sagte: Solange Sie leben, wird niemand etwas dagegen einwenden. Sie bestimmen, dass Guernica in New York bleibt, und Guernica bleibt in New York. Aber an dem Tag, an dem Sie sterben, ist das anders. Sie müssen ein Testament machen.«

»Und das haben Sie dann aufgesetzt?«

»Kein Testament! Picasso rief: Nie, nie, nie. Sobald ich ein Testament mache, sterbe ich am nächsten Tag. Er war sehr komisch, hatte sehr originelle Überzeugungen. Denn das war natürlich spanischer Aberglaube. Nein, ich will kein Testament.«

»Und wie kam es zu einer Lösung?«

»Ich sagte, Sie bestimmen einen – nein, keinen Testamentsvollstrecker, das Wort war verboten – also jemanden, der nach Ihrem Tod entscheidet. Ich sagte: Ihre Frau. Nein, nein! Picasso überlegte, dann sagte er: Sie machen das. Ich war geplättet. Ich war 27 oder 30 Jahre alt. Ich habe dann in dem Schriftsatz einen genialen …«

Als er dieses Wort »genial« aussprach, bemerkte ich in seiner Mimik einen besonderen Stolz, in seinen Augen ein Glänzen.

»… einen genialen Satz formuliert, das ist mir im Leben nicht häufig passiert: Erst wenn Spanien wieder frei ist, kann das Bild heimreisen. Nach dem Tod Picassos 1973 und dem von Franco 1975 hat mich der spanische König gebeten zu kommen. Ich wollte aber nicht, dass das Bild sofort nach Spanien gebracht werde, und habe ihm gesagt, Sie haben da ja noch Probleme mit der Armee.«

Noch 1981 versuchte die spanische Armee einen Putsch. Doch in jenem Jahr reiste schließlich auch Picassos Guernica nach Spanien.

In den privaten Räumen von Dumas, in seiner Wohnung auf der Île Saint Louis, hatte ich Bilder und Zeichnungen von Masson, von Giacometti und anderen berühmten Künstlern gesehen. Deshalb fragte ich ihn, ob er sich als Sammler fühlte.

»Ja, ich habe Bilder von Picasso, hauptsächlich eine Zeichnung von mir. Mein Porträt. Eines Tages sagt er mir: Sie sind schön. Lassen Sie sich einen Bart wachsen, ich male Ihr Porträt. Das lässt man sich nicht zweimal sagen. Ich habe mir den Bart wachsen lassen. Und er hat ein Bleistiftporträt von mir gezeichnet. Er nannte mich nach dem Schriftsteller Dumas scherzhaft: Alexandre. Und deshalb heißt die Widmung: ›Für Alexandre, der nicht Alexandre ist, meinem Freund Roland‹.«

»Ich erinnere mich an eine Bleistiftzeichnung eines Kopfes von Giacometti bei Ihnen im Arbeitszimmer. Wer ist das?«

»Jean Genet. Den habe ich auch vertreten.«

»Was war das für ein Mann?«

»Der rief mich eines Tages an. Jean Genet. Ja? Ich komme nächste Woche nach Paris, kann ich Sie sehen? Er kam abends um acht. Ich war ganz allein in meinem Büro. Hatte das Licht an. Es klingelte an der Tür. Ich machte auf. Ein kleiner Mann. Mit seiner gebrochenen Nase. Seine Gaunerfresse. Eine Lederjacke. Jean Genet. Kommen Sie rein. Ich war sehr beeindruckt. Ich möchte Sie zum Anwalt nehmen. Ich habe da Leute, die mich verarschen. Ich schaute ihn an. Er schaute mich an. Ich sagte: Kann ich Ihnen eine Frage stellen? Ja sicher. Ich sagte: Warum haben Sie mich ausgesucht? Er lächelte verschmitzt. Soll ich Ihnen das sagen? Sie hatten am Telefon einen angenehmen meridionalen Akzent. Das hat mir gefallen.

Ich war dann zehn Jahre sein Anwalt. Als er in einem kleinen Hotel in Paris im Sterben lag, hat mich morgens das Zimmermädchen angerufen. Als ich zum Hotel kam, hatten sie ihn schon abgeholt. Ins Leichenschauhaus. Da bin ich hin. Und habe die Nichtigkeit des menschlichen Lebens kennengelernt. Da ruft dann einer durch die Gänge:

›Hast du einen Genet bei dir?‹

›Nein, ich habe keinen Genet. Aber frag Charles!‹

›Charles, hast du einen Genet?‹

›Ja, Moment, ich schau mal nach. Ja, ich habe einen.‹

›Gut, dann schick ich dir einen Kunden.‹

Das bin ich, der Kunde. Dann warte ich eine Viertelstunde. In dem großen Raum sind nur Schubladen. Kühlschränke. Und dann zogen sie Genet raus. Er lag da, nackt.

›Was wollen Sie?‹

›Wissen, woran er gestorben ist.‹

Dann haben wir die Papiere gewälzt. Er war mir ein Freund geworden. Also nicht, dass Sie das jetzt falsch verstehen …«

Dumas wollte sichergehen, dass ich nicht vermutete, er sei ein Liebhaber des homosexuellen Genet gewesen.

»Ich mochte ihn. Er war ein unendlich mutiger Kerl. Mit einem eisernen Willen.

Und dann lag er da zwischen fünfzig anderen Leichen. Clochards, Leute, die sich in der Seine ertränkt hatten, die bei einer Schlägerei getötet worden waren. Mit seinem Tod trat Genet in die Welt ein, in der er hatte leben wollen. Die er vertreten hatte. Ich bin gegangen.«

Ich fragte ihn nach Robert Boulay, der einst sein engster Vertrauter im Ministerbüro gewesen war – und mein »Spion«. Boulay war inzwischen gestorben. Wenn ich früher als Korrespondent der ARD in Paris Zugang zu dem damaligen Außenminister Roland Dumas haben wollte, habe ich Boulay kontaktiert. Anders ging es nicht. Der Pressesprecher des Quai d'Orsay war zwar mein Freund Jacques Rummelhardt, später Botschafter in vielen Ländern der Welt, und sein Vertreter Maurice Gourdault-Montagne, heute herausragender Botschafter Frankreichs in Deutschland, ein Mann mit einer glänzenden Karriere, der außenpolitischer Berater im Palais de l'Elysée zu Zeiten von Präsident Jacques Chirac war, doch sie antworteten auf meine Anfragen nach einem Interview mit Dumas meist mit non, der Minister habe keine Zeit. Dann rief ich Robert Boulay an. Eine halbe Stunde später kam die Antwort. Reicht es morgen früh um halb neun? Und wenn ich dann abends bei Jacques zum Dîner eingeladen war, entschuldigte ich mich dafür, dass ich ihn umgangen hatte. Aber er zuckte nur mit den Schultern.

Ja, so war das in Paris. Der direkte Weg führt häufig nicht ans Ziel.

Als ich meinen Posten als ARD-Studioleiter in Frankreich antrat, wusste ich: Du musst zum Präsidenten François Mitterrand, zum Außenminister und zum Verteidigungsminister einen besonderen Zugang finden. Und das geht nur über deren Umfeld. Ich schaute mir das Organigramm des Elysée an und machte Termine, um mich vorzustellen: beim Generalsekretär Jean-Louis Bianco, der fließend deutsch spricht, dem außenpolitischen Berater Hubert Védrine, der später Außenminister werden würde, und bei dessen Mitarbeiter Jean-Michel Gaillard. Mit Gaillard befreundete ich mich während mehrerer Mittagessen in guten Restaurants. Später war Gaillard, der leider jung starb, eine kurze Zeit Intendant von Antenne 2, dem zweiten französischen Fernsehsender. Als ich nach seiner Wiederwahl zum Staatspräsidenten ein längeres Fernsehgespräch mit François Mitterrand führen wollte, mir aber wenig Hoffnung auf eine Zusage machte, denn der *Time*-Korrespondent Friedel Ungeheuer, den ich aus meiner Zeit in New York kannte, hatte mir erzählt, er habe gerade eine Absage erhalten, obwohl *Time* einen Titel über Mitterrand plane, besprach ich mich mit Jean-Michel.

»Das ist doch ganz einfach«, sagte der. »Du kennst den Generalsekretär Bianco, du kennst Védrine, du kennst die Pressereferentin. Also schreibst du einen Brief an Bianco, und gibst parallel dazu die Anfrage bei der Pressereferentin ab. Dann wird Bianco die Anfrage in der Morgenrunde mit Mitterrand vortragen. Da sitzt Védrine, da sitze ich auch, und wir werden es stark befürworten.«

So ging ich vor.

Zwei Tage später rief Jean-Michel Gaillard mich an. Mitterrand habe zugesagt, die Pressereferentin werde mich offiziell informieren. Aber die Pressereferentin informierte mich nicht. Nicht an dem Tag, nicht am folgenden Tag, noch am Tag darauf. Also rief ich sie an. Das sei noch nicht entschieden, sagte sie kurz angebunden.

»Was ist los?«, fragte ich Jean-Michel. »Die Pressereferentin sagt, nichts sei entschieden.«

»Doch, doch, du hast die Zusage«, antwortete er, »aber sie wird es dir erst sagen, wenn sie auch den genauen Termin im Kalender des Präsidenten festgemacht hat.«

So geschah es.

Ein halbes Jahr zuvor hatte ich mein letztes längeres Gespräch mit Mitterrand geführt. Er ist von den Politikern, die ich getroffen habe, derjenige, der mich am meisten faszinierte, mir am meisten Achtung einflößte – wegen seiner Bildung, wegen der Autorität, die er ausstrahlte, wegen seiner geheimnisvollen Aura, die ihm den Spitznamen »Sphinx« eingetragen hatte. Ich hatte ihn nach seiner Lektüre gefragt, und er hatte mir gesagt, ich solle es nicht weitersagen, aber er lese vermutlich mehr deutsche Literatur als französische. Es war zuerst vielleicht Höflichkeit, die ihn zu diesem Satz verleitete. Aber dann erzählte er: »Ich habe viel Hesse gelesen. In diesem Sommer aber habe ich zwei Bände der Tagebücher von Thomas Mann gelesen, wobei die nicht besonders interessant sind. Und ich finde zurück zu meinen klassischen Autoren wie Böll. Aber meiner Meinung nach wird zu wenig übersetzt.«

Als ich Mitterrand nun zu dem verabredeten Gespräch nach seiner Wiederwahl im Elysée traf, erinnerte er sich an unser

Gespräch über deutsche Literatur und knüpfte gleich daran an. Jetzt lese er die Tagebücher von Klaus Mann. Die seien spannend, nicht so langweilig wie die von Thomas Mann. Klaus Mann quäle sich. Das sei hoch interessant.

Nachdem François Mitterrand als Präsident wiedergewählt worden war, karikierte ihn die französische Presse als »Roi«, als König mit einer Allonge-Perücke wie einst Ludwig XIV. sie trug. Das war eigentlich nichts Neues. Schon De Gaulle und auch Valéry Giscard d'Estaing waren so gezeichnet worden. Nun überlegte ich mir, wie ich Mitterrand nach dem »Roi« – nach dem Königlichen im Staatspräsidenten – fragen könnte, ohne gleich eine scharfe Reaktion zu bekommen. Denn dafür war Mitterrand bekannt.

Ein glücklicher Zufall wollte es, dass ich in der Vorbereitung zu dem Gespräch einen Essay des französischen Politologen René Rémond las. Er verglich den Bonapartismus mit dem Gaullismus – und von da konnte man ohne weiteres die Linie weiterziehen zum Mitterrandismus. Rémond berichtet von einem französischen Bauern, der zu Zeiten der Revolution gefragt wurde: »Bist du für die Republik?«, und der dann antwortete: »Natürlich bin ich für die Republik. Hauptsache Napoleon ist König!«

Diesen Satz zitierte ich Mitterrand, und er reagierte so, wie ich es mir gewünscht hatte: »Ja, so sind sie, die Franzosen. Immer wollen sie einen König. Selbst mir wirft man ja vor, ich sei ein König, was ich natürlich nicht bin, aber so ist nun einmal Frankreich.«

Ja, immer noch sind die Franzosen so. Und wahrscheinlich liegt auch einer der Gründe für die Niederlage von Nicolas Sarkozy bei der Wahl 2012 darin, dass er überhaupt nichts »Königliches« ausstrahlt, sondern eher wie ein neureicher Parvenu wirkt.

Doch zurück zu Robert Boulay, meinem »Spion« im Büro des Außenministers Roland Dumas.

Boulay war überzeugt von der Notwendigkeit der deutsch-französischen Freundschaft. Sein Vater hatte in Verdun gekämpft und war von den Gräueln dieser Grabenschlacht so geprägt, dass er jeden Sonntag beim Familienessen davon erzählte, bis eines schönen Mittags sein Enkel, der siebenjährige Sohn von Robert Boulay, der ewigen Kriegserinnerungen überdrüssig, sagte: »Pourquoi t'es pas mort à Verdun? – Warum bist du denn in Verdun nicht gefallen?«

Kurzum, für Boulay war die deutsch-französische Aussöhnung ein absolutes Muss. Das galt sogar bis hin zu kleinen Symbolen: Boulay sorgte dafür, dass deutsche Diplomaten, wenn sie zum Abschied mit einem französischen Orden ausgestattet wurden, einen Rang höher geehrt wurden als die Diplomaten anderer Länder.

Auch Außenminister Hans-Dietrich Genscher bestimmte seine Kontaktperson zu Boulay und entsandte an die Botschaft in Paris Diplomaten, von deren Fähigkeiten er in besonderem Maße überzeugt war, schließlich hatten sie früher in seinem Ministerbüro gearbeitet. Ihnen oblag der direkte Kontakt zu Robert Boulay.

Eines Abends rief mich Boulay im Büro an.

Das war während der stürmischen Zeit des Zusammenbruchs der DDR. Sowohl im Ausland wie auch in der Bundesrepublik hatten viele Politiker unterschiedliche Auffassungen zu dem Thema. Einer der Stolpersteine für die Franzosen war die Tatsache, dass der deutsche Bundeskanzler Helmut Kohl die Oder-Neiße-Grenze nicht anerkennen wollte. Für die Franzosen war das heikel. Denn 1939 hatte Frankreich den Polen eine Garantie für die Westgrenze gegeben, dem Deutschen Reich nach dem Einmarsch der Wehrmacht den Krieg erklärt, aber keinen Krieg geführt. Das wiederum haben die Polen den Franzosen nie verziehen. Jetzt also galt es, bei der Westgrenze Polens hart zu bleiben. Auch die Bonner Regierung war in diesem Punkt gespalten. Kohl, mit Blick auf die Wahlen im Dezember 1990, wollte die Vertriebenen nicht vergraulen und weigerte sich, die Oder-Neiße-Linie als Grenze anzuerkennen. Dagegen hatte Bundesaußenminister Hans-Dietrich Genscher, wie auch Bundespräsident Richard von Weizsäcker, dies schon öffentlich getan. Aber Frankreich ging es um das Wort des Kanzlers, des Regierungschefs.

Es wird so gegen halb sieben gewesen sein, als mich Robert Boulay erreichte. Er sagte: »Dumas und Genscher haben eben eine Stunde lang telefoniert. Dann hat Genscher gesagt, ich steige eben mal ins Flugzeug und komme rüber.«

Ich rief sofort in der Deutschen Botschaft an. Nein, man wisse nichts von Genschers Flug nach Paris. Ich rief in der Presseabteilung des Quai d'Orsay an. Nein, es sei nichts bekannt. Ich überlegte und kam zu dem Schluss, dass Genscher schon in Paris sein müsse. Sofort fuhr ich mit Kameramann und Toningenieur zum Quai d'Orsay, wo ich im Hof meinem »Spion« begegnete, der dort mit einem Diplomaten der deutschen Botschaft stand. Um Boulay nicht zu verraten, sagte ich: »Ich habe eben aus Bonn erfahren, dass Genscher hier ist. Wir brauchen für einen Brennpunkt morgen Abend einige Bilder von dem Treffen.«

Man informierte Genscher, wir durften die beiden Außenminister im vertrauten Gespräch abfilmen. Sie sprachen ohne Dolmetscher, deutsch.

Als das Team abgedreht hatte, machte Genscher eine Handbewegung, deutete auf einen Stuhl und sagte zu mir: »Setzen Sie sich doch.« So wurde ich Zeuge des Gesprächs. Und es verlief hochinteressant für mich. Zum einen war ich erstaunt, mit was für hässlichen »Spitznamen« andere Politiker, wie etwa Kohl, bedacht wurden. Zum anderen stellte ich fest, dass Genscher und Dumas ihre Positionen in allen Einzelheiten absprachen, um eine gemeinsame Linie vertreten zu können und so Bundeskanzler Kohl unter Druck zu setzen.

Roland Dumas und ich haben häufig über seine auch heute noch andauernde freundschaftliche Beziehung zu Genscher gesprochen und über das gespannte Verhältnis zu Helmut Kohl.

»Dazu ein Beispiel«, sagte Dumas. »Wenn Kohl nach Paris kam oder Mitterrand nach Bonn flog, haben sich beide unter vier Augen zum Essen getroffen. Eines Tages habe ich zu Mitterrand gesagt, weshalb treffen Sie sich mit Kohl allein und erzählen mir hinterher alles. Das ist doch verlorene Zeit. Weshalb nehmen Sie mich nicht mit zum Essen? Gute Idee, sagte Mitterrand. Ich werde es mit Kohl besprechen. Er fragte Kohl, aber der antwortete: Nein, nein! Warum?, fragte Mitterrand. Dumas ist mein Außenminister. Ja, so Kohl, aber denken Sie doch mal nach. Dann muss ich ja auch Genscher dazu einladen. Also, das geht nicht.«

Aber auch Hans-Dietrich Genscher war gewitzt genug, um wachsam zu sein, wenn er Gefahr für seinen Freund Roland Dumas witterte.

1986 erhielt das konservative Lager in Frankreich die Mehrheit bei den Wahlen zur Nationalversammlung, und der sozialistische Staatspräsident François Mitterrand kürte notgedrungen seinen politischen Gegner Jacques Chirac, Chef der Gaullisten, zum Premierminister. Kurz nach seiner Ernennung zum französischen Regierungschef reiste Chirac zum Antrittsbesuch nach Bonn. Nachdem er mit dem Bundeskanzler gesprochen hatte, folgte ein Termin mit dem Außenminister. Da aber ein Premierminister protokollarisch über einem Außenminister steht, auch wenn der zusätzlich noch Vizekanzler sein sollte, fuhr Chirac nicht in das Auswärtige Amt, sondern Genscher zu ihm ins Palais Schaumburg.

Chirac bot seinen ganzen Charme auf, für den er bekannt

ist, um Genscher einzuwickeln und schlug ihm vor, gemeinsam mit dem Kanzler auf seine Einladung hin ein Wochenende in einem schönen Schloss an der Loire zu verbringen. Er werde seinen Außenminister mitbringen, und dann könnten sie zu viert die Weltlage besprechen und sich persönlich näherkommen.

Als das Gespräch beendet war, stellte der seinen Dienstherrn Genscher begleitende Diplomat und persönliche Referent Wolfgang Ischinger begeistert die Frage:

»Wann fahren wir denn?«

Genscher aber wiegelte ab: »Wissen Sie, darüber muss ich erst einmal mit Dumas telefonieren.«

Sie fuhren nie. Denn Dumas hatte sofort den Pferdefuß dieser Einladung entdeckt: Wenn Premierminister Chirac einlud, war Staatspräsident Mitterrand von diesem Wochenende ausgeschlossen. Und das galt es zu verhindern.

Die Beziehung zwischen Roland Dumas, der jetzt als Abgeordneter in der Nationalversammlung dem Auswärtigen Ausschuss vorsaß, und Hans-Dietrich Genscher riss auch in dieser Zeit nicht ab. Dumas flog häufig nach Bonn, wo er sich mit Genscher in dessen Privathaus zum Abendessen traf. Wenn Genscher jedoch nach Paris kam, verabredete er sich zum Frühstück oder Abendessen mit Dumas im Palais Beauharnais, der Residenz des deutschen Botschafters.

»Das war sehr nützlich«, erzählte mir Dumas, »weil Genscher nie sicher sein konnte, ob seine Botschaften bis zu Mitterrand gelangten. Durch mich war er sicher. Wichtig war das in der Ostpolitik, denn wir beide waren der Meinung, man müsse die Abrüstung in Europa vorantreiben. Immer wenn ich Genscher traf, sagte er mir, könntest du Mitterrand dies oder jenes sagen, damit er es Kohl steckt. Und Mitterrand hat mitgespielt und Kohl zu vielen Dingen bewegt.«

Mitterrand hat Genscher offenbar mehr vertraut als Bundeskanzler Kohl.

»Nach der Zehn-Punkte-Rede von Kohl vor dem Bundestag«, so Dumas, »war Mitterrand sauer und sagte mir: Das hätte dir dein Freund Genscher doch sagen können. Schließlich sind wir Alliierte, brüderlich verbündet. Wir reden doch über alles!«

Also rufe ich Genscher an, und der antwortet, du kannst Mitterrand sagen, auch ich wusste nichts. Auch ich habe die Rede erst gehört, als Kohl sie hielt. Kohl hatte nur kurz vorher die Amerikaner unterrichtet.«

»Hat Mitterrand Kohl misstraut?«

»Ja und nein. Mitterrand hielt Kohl für einen überzeugten Europäer. Aber Kohl richtete sich zu sehr nach den Wählern. Eines Tages hat Mitterrand mich sogar gebeten, Genscher kommen zu lassen, damit er die Lage Deutschlands nach der Einigung erkläre. Genscher kam und konnte Mitterrand beruhigen, Deutschland bleibe im Westen verankert. Mitterrand traute Genscher da mehr als Kohl. Mitterrand misstraute Kohl besonders deswegen, weil er sich weigerte, die Oder-Neiße-Grenze anzuerkennen.«

In einigen wesentlichen Bereichen haben die Grundsatzgespräche zwischen Dumas und Genscher zu Veränderungen in der französischen Haltung zu Deutschland geführt. Besonders was die Ostpolitik betrifft.

»Schon 1985/86 hat Hans-Dietrich Genscher mich auf das andere Europa aufmerksam gemacht – man müsse dem Osten helfen, sich zu emanzipieren. Er war dort viel mehr unterwegs als ich. Was mich erstaunt hat, waren seine häufigen Reisen nach Prag, nach Ungarn, usw. Eines Tages habe ich ihn darauf angesprochen, und da sagte er mir, ich müsse auch nach Prag fahren und dort den und jenen treffen, besonders aber den alten Kardinal František Tomášek! Er hat mich auf das östliche Europa hingewiesen und mich ständig darüber auf dem laufenden gehalten, was in den Ländern des Ostblocks vor sich ging. Und besonders kümmerte er sich natürlich um Ostdeutschland. Lange vor 1989 hat er mir gesagt: ›Weißt du, Ostdeutschland gibt es nicht mehr lange.‹«

Das Vertrauensverhältnis zwischen den beiden Außenministern hat dazu beigetragen, dass der Einheitsprozess leichter durchgeführt werden konnte, aber auch, dass es im Konflikt um das zerfallende Jugoslawien nicht zu einem großen Zerwürfnis zwischen Deutschland und Frankreich kam. Später gab es mit Hubert Védrine und Joschka Fischer noch einmal ein Paar, das sich der Bedeutung der deutsch-französischen Beziehungen und ihrer Auswirkungen auf Europa bewusst war.

Doch kurz bevor wir uns nach dem Essen im »Chez Lipp« voneinander verabschiedeten, sagte mir Dumas, er habe kürzlich bei einem Dîner neben dem neuen deutschen Außenminister Guido Westerwelle gesessen. Da habe er ihn gefragt:

»Wie häufig waren Sie denn schon in Paris?«

Und Westerwelle habe geantwortet: »Dreimal.«

Dumas verdrehte die Augen, umarmte meine Frau Julia und stieg mit seiner jungen russischen Freundin in das wartende Auto.

# Hans-Dietrich Genscher und
## der fehlende Fisch

Seine besondere Begabung als Erzähler hat ihm sicher geholfen, ein großer Außenminister zu werden. Als ich Hans-Dietrich Genscher nach seiner Herzklappenoperation im Mai 2012 wieder einmal traf, war er munter wie eh und je. Auf seine »minimal-invasive« Operation ging er nur mit wenigen Worten ein. Umso großartiger schilderte er aber den Operateur, der diese Art der Operation erfunden hatte. Den hatte das Krankenhaus in Siegburg im Alter von 65 in Pension geschickt. Jetzt operierte der Professor »zehn Tage in der Woche« an der Universitätsklinik in Bonn, in Brasilien, in den USA oder Japan. Vor fünf, sechs Jahren muss es gewesen sein, da wurde der Arzt zu einer 93-jährigen Milliardärin nach Los Angeles gerufen. Sie benötigte dringend eine neue Herzklappe. In ihrem Alter war nur die schonende Operationsmethode von Genschers Arzt denkbar.

Der Arzt fliegt also nach Los Angeles und besucht die alte Dame. Er betritt den Raum, in dem sich vier Personen befinden. Die alte Milliardärin, der Gouverneur von Kalifornien, Arnold Schwarzenegger, der demokratische Präsidentschaftsanwärter Barack Obama und Hillary Clinton.

»Wissen Sie, warum die Politiker bei der Milliardärin saßen?«, fragte mich Genscher mit seinem verschmitzten Gesichtsausdruck.

»Keine Ahnung!« Ich dachte, jetzt erzählt Genscher wieder einen seiner berühmten Witze. Von wegen!

»Ihr verstorbener Mann war der größte Spender für die Demokratische Partei. Und Schwarzenegger wird auch was abbekommen haben.«

Obama, Clinton, Schwarzenegger hatten also Interesse daran, dass die Milliardärin noch lange lebte. Sie flog dann mit ihrer eigenen Boeing nach Deutschland, bekam ihre neue Herzklappe »minimal-invasiv« eingepflanzt, und wenn sie nicht gestorben ist, wird sie heute noch spenden.

Dann kamen wir auf Roland Dumas zu sprechen. Ein Jahr zuvor hatte Genscher mich angerufen und sich nach einem kleinen, freundlichen Hotel in Paris erkundigt. Dumas hatte Genschers Enkelkind mitsamt den Großeltern nach Paris eingeladen. Ich erzählte von dem Abend im »Lipp« und der dreißigjährigen Russin. Genscher schmunzelte. So sei er eben, sein Freund Roland. Der war ja auch als Außenminister auf Genschers Einladung hin mit seiner Maîtresse nach Bayreuth zur Premiere auf dem grünen Hügel angereist.

Es ist Genschers Gespür zu verdanken, dass die beiden sich schnell angefreundet haben – sehr zum Nutzen der deutschen Außenpolitik.

Es muss Anfang des Jahres 1984 gewesen sein, als Genscher durch den Hof des Quai d'Orsay in eine dahinter liegende Villa geführt wurde, wo sich die wenigen Amtsräume des vom politischen und protokollarischen Rang her unbedeutenden Europaministeriums befanden. Doch der Rangunterschied störte den Außenminister und Vizekanzler aus Bonn nicht.

»Das war nur insofern ungewöhnlich«, so Genscher, »als Dumas der einzige beigeordnete Minister war, mit dem ich je ein selbstständiges Treffen vereinbart habe.«

Begleitet von seiner Dolmetscherin stieg der Deutsche die elegant geschwungene Treppe in den ersten Stock empor, wo das Arbeitszimmer des französischen Europaministers lag, und wurde dort freundlich, aber reserviert empfangen. Um das Eis zu brechen, zeigte Genscher auf eine Büste von Robert Schumann und sagte, es sei ja ein gutes Zeichen, wenn der Geist jenes Europäers in diesem Raum gewürdigt werde. Doch da Roland Dumas ein Mann ist, der seine Eitelkeit eher intellektuell befriedigt, denn äußerlich und schon gar nicht, indem er sich mit fremden Federn schmückt, wehrte er in der ihm eigenen leisen Art ab. Dass die Büste hier stehe, sei nicht sein Verdienst: »Ich kam bei Amtsantritt in das leere Büro und habe den Diener in den Keller geschickt, irgendetwas zur Dekoration zu holen. Er kam mit dieser Büste zurück.«

Kaum saßen sie, sah Genscher seinen Gesprächspartner an und begann zu erzählen: Er berichtete von seiner Herkunft aus dem anderen Teil Deutschlands und was die Teilung für ihn bedeute, erklärte, dass er die Franzosen liebe, soweit er sich zurückerinnern könne, und kam bald auf seine Familie zu sprechen. Sein Vater war früh gestorben, sodass der 1927 in Reideburg bei Halle geborene Knabe unter dem Einfluss seines Großvaters mütterlicherseits, des Bauern Otto Kreime, aufwuchs. Der hatte 1890 seinen Militärdienst in Lunéville abgeleistet, im damals zum Kaiserreich gehörenden Lothringen, und war mit großer Begeisterung für die Franzosen zurückgekommen.

Nach Sachsen-Anhalt ließ sich Otto Kreime von nun an die französische Zeitung aus Lunéville nachsenden und kaufte einen großen Radioapparat, Marke Saba, um französische Sendungen von Radio Straßburg empfangen zu können. Dumas hörte sich das alles interessiert an.

»Es hat sich sehr schnell gezeigt«, erzählte mir Genscher, »dass eine menschliche Sympathie da war. Viel Wärme, zu der Dumas ja sehr stark fähig ist.«

Als ich Roland Dumas nach diesem ersten Treffen mit Genscher befragte, sagte er mit viel Vorsicht, aber ohne falsche

Scheu: »Ich war getränkt von Germanophobie. Es war gut, unsere Beziehung, die zwischen Hans-Dietrich und mir, in aller Offenheit zu beginnen. Das hat uns beiden erlaubt, totales Vertrauen zueinander zu entwickeln. Wenn er später etwas sagte, vertraute ich ihm. Wenn er sagte, das kann ich nicht machen, denn da gibt's ein innenpolitisches Problem oder eines in der Koalition, dann wusste ich, es ist so. Und auch ich konnte voller Offenheit mit ihm über das reden, was in Frankreich passierte. Ich habe ihn nie überlistet, was ja in der Politik selten ist.« Roland Dumas lachte, während er das sagte.

Das Vertrauen zwischen dem französischen und dem deutschen Außenminister war so groß, dass es Genscher sogar in einem ganz konkreten Punkt gelang, einen Wandel in der französischen Politik herbeizuführen: in der Haltung zu chemischen Waffen.

Ende August 1988 hatte Roland Dumas den deutschen Freund in sein Landhaus in der Gironde eingeladen. Unter anderem kamen sie auf die blockierten Abrüstungsverhandlungen über Chemiewaffen in Genf zu sprechen.

Genscher sagte zu Dumas: »Ich verstehe die französische Haltung nicht. Sie sind für Abrüstung und ein Verbot der Herstellung chemischer Waffen, wollen aber gleichzeitig das Recht haben, welche zu besitzen.«

Roland Dumas erklärte, dass dies eine Formulierung sei, die wieder einmal auf das Konto der Beamten im Quai d'Orsay gehe; und da diese Diplomaten überzeugte kalte Krieger seien, hinkten sie in ihren Denkstrukturen der politischen Entwicklung hinterher.

Überzeugt von Genscher, sprach Dumas mit Frankreichs Staatspräsident François Mitterrand, der einen Monat später, am 29. September 1988, vor der UNO die veränderte französische Haltung verkündete: völliger Verzicht auf Produktion und Besitz von Chemiewaffen.

Roland Dumas, der die französische Politik vertrat, und Hans-Dietrich Genscher, der für Deutschland sprach, haben sich gegenseitig unzählige kleine und auch größere Gefälligkeiten erwiesen, zum Beispiel dann, wenn man selbst von einer Sache nicht betroffen war, aber ohne Mühe dem anderen mit einer Stellungnahme helfen konnte.

So hatte Hans-Dietrich Genscher in der Frage der Modernisierung der Kurzstreckenraketen Lance klar eine ablehnende Haltung bezogen: Er befürchtete, die Modernisierung werde den Abrüstungsprozess behindern.

Aus den Reihen seines Koalitionspartners CDU tönten Volker Rühe, damals Generalsekretär der Union, und Alfred Dregger, Vorsitzender der Unionsfraktion im Bundestag, jedoch ganz anders, und der Kanzler schien eher zu deren Position zu neigen.

Obwohl Frankreich von der NATO-Entscheidung nicht direkt betroffen war, da es militärisch nicht zum Bündnis gehörte, hätten die USA und Großbritannien gern eine positive Erklärung aus Paris gehört, zumal bekannt war, dass Frankreichs konservativer Verteidigungsminister Giraud und die französische Generalität um eine entsprechende Einstellung der Modernisierung ihrer eigenen Kurzstreckenwaffen fürchteten. Die konservative Regierung wurde zu der Zeit von Premierminister Jacques Chirac geführt und unterstützte den sozialistischen Staatspräsidenten nicht. Mitterrand bekannte sich jedoch zu der Haltung Genschers. Der Verteidigungsminister der konservativen Kohabitationsregierung in Paris hatte sich schon öffentlich für die Modernisierung ausgesprochen, doch als bei einer Pressekonferenz im Anschluss an einen deutsch-französischen Gipfel Mitterrand, neben Kohl sitzend, nach seiner Meinung gefragt wurde, lehnte der die Position des französischen Verteidigungsministers ab und erläuterte mit einem lakonischen Satz, weshalb nur seine Meinung maßgebend sei: »Frankreich spricht durch meinen Mund.«

Genscher, der im Saal anwesend gewesen war, sagte mir später fröhlich: »Das werde ich nie vergessen!« Schließlich war auch die Bonner Koalition in dieser Frage gespalten.

Vor dem Nato-Gipfel im Mai 1989 stattete der französische Präsident, begleitet von Roland Dumas, US-Präsident George Bush in dessen Ferienhaus in Kennebunkport in Maine eine Stippvisite ab. Dabei sagte Bush: »In Europa müssen wir jetzt nur noch Hans-Dietrich überzeugen.«

Als in dieser Nacht Hans-Dietrich Genscher gegen halb eins mit seiner Frau in sein Haus in Wachtberg bei Bonn kam, klingelte das Telefon in der Diele. Er hob ab. Am anderen Ende war Roland Dumas, der über den Großen Teich hinweg anrief und vom eben beendeten Gespräch mit Bush berichtete. Bush, so Dumas, habe gefragt, weshalb Genscher innenpolitisch so mächtig sei, dass es ihm gelinge, die deutsche Haltung in der Koalition zu blockieren. Da habe Mitterrand dem amerikanischen Präsidenten erklärt, wie die Koalition funktioniere und welche Macht Genscher besitze. So wurde auf westdeutsches Drängen hin beim Nato-Gipfel im Mai 1989 keine Entscheidung über die Modernisierung der nuklearen Kurzstreckensysteme gefällt.

Die Geschichte hat Genscher in dieser Frage recht gegeben, denn ohne seine Intervention hätte es ein falsches politisches Signal an die Reformer im Osten gegeben.

Die Reformer im Osten hat Genscher eher ernst genommen als viele andere Politiker auf der Welt.

Im Westen wurden Glasnost und Perestroika von vielen lange als übles Täuschungsmanöver der Sowjets interpretiert. Im Oktober 1986 hatte Bundeskanzler Helmut Kohl, vielleicht mit Blick auf die Bundestagswahl im Januar 1987, in einem Interview dem US-Magazin *Newsweek* gesagt: Gorbatschow »ist ein moderner kommunistischer Führer, der sich auf Public Relations versteht. Goebbels, einer von jenen, die für die Verbrechen der Hitler-Ära verantwortlich waren, war auch ein Experte in Public Relations.« Daraufhin verschlechterten sich die Beziehungen zwischen Bonn und Moskau dramatisch.

Ganz anders aber dachte Genscher. Er hat am 1. Februar 1987 in einer Rede in Davos gesagt: »Nehmen wir Gorbatschow beim Wort.«

Dieser Satz hat ihm viel Kritik in Deutschland, in den USA und in Großbritannien eingetragen. Damals entstand der negativ gemeinte Begriff des »Genscherismus«.

1999 unterhielt ich mich in einem dreistündigen Interview für den Dokumentarsender Phoenix mit Genscher auch über diesen Satz zu Gorbatschow, der wohl zusammen mit seinem abgerissenen Satz auf dem Balkon der deutschen Botschaft in Prag Ende September 1989 der wichtigste seiner Laufbahn war.

»Ich hätte eigentlich die Rede schon im Dezember 1986 halten können«, sagte er mir. »Nur hatten wir im Januar darauf eine Bundestagswahl. Ich wusste, wenn ich das in einem Vorwahlkampf sage, wird eine objektive Beurteilung dieser Rede nicht mehr möglich sein. Ich wartete also. Ende Januar war die Wahl, und am 1. Februar hielt ich diese Rede in Davos: Gorbatschow ernst nehmen, beim Wort nehmen, eine historische Chance nicht versäumen.«

»Haben Sie den Begriff ›Genscherismus‹ als negativ empfunden?«, fragte ich ihn.

»Er wurde ja sehr bald eher ein Gütesiegel. Den anfänglichen kritischen Unterton habe ich mit Gelassenheit ertragen. Natürlich war das Wort zunächst negativ gemeint, erst hinterher wurde es ein Qualitätsmerkmal.«

»Naja, Sie wurden in der *Washington Post* als KP-Agent bezeichnet.«

»So weit sind sie zwar nicht gegangen, aber als einen Illusionisten haben sie mich schon bezeichnet. Immerhin hat mir die Entwicklung recht gegeben.«

»Aber damals hatten Sie ja den Ruf, sich alles schönreden zu wollen.«

»Ich glaube an die Dynamik der Politik und nicht an die Statik. Und ich war davon überzeugt, dass es uns gelingen würde, unsere Werte zum Gegenstand der Ost-West-Politik zu machen und sie dort auch zur Geltung zu bringen. Das musste früher oder später zu einer Veränderung im Ostblock führen, es bedurfte nur noch des Mannes, der das tat – oder der Männer, denn man darf den gestaltenden Einfluss von Schewardnadse gerade hier nicht unterschätzen. Im übrigen – neue Entwicklungen muss man auch herbeireden, wenn man alte Feindbilder und Denkweisen überwinden will.«

So wie Genscher mit dem französischen Außenminister Roland Dumas ein persönliches Vertrauensverhältnis aufbauen konnte, so gelang es ihm auch mit dem sowjetischen Außenminister Eduard Schewardnadse, der – wie Genscher – zuvor Innenminister gewesen war. Bei dem legendären Besuch von »Gorbi« in Deutschland im Juni 1989 war Gorbatschow abends mit seiner Frau bei Helmut und Hannelore Kohl eingeladen. Schewardnadse war ohne Frau nach Bonn gereist und Hans-Dietrich Genscher und seine Frau hatten ihn zu sich nach Hause nach Wachtberg eingeladen. Da geschah eine entsetzliche Panne.

»Meine Frau und ich warteten im Garten auf ihn«, erzählte mir Genscher, »das Abendessen war im Casino des Auswärtigen Amtes vorbereitet worden. Der Koch hatte große Schüsseln bei sich und wartete ebenfalls auf Schewardnadse, der sich verspätete. Plötzlich kam er kreidebleich zu uns in den Garten und sagte: ›Der Fisch ist weg.‹

Ich sagte: ›Welcher Fisch?‹

Er antwortete: ›Den Sie essen wollten. Ich hatte ihn in dieser Terrine, aber nun ist er nicht mehr drin.‹

Wahrscheinlich hatte er die falsche gegriffen.

Jedenfalls sagte er: ›Ich fahre jetzt sofort zurück nach Bonn und hole den Fisch.‹

Er fuhr los, kam aber nach zwanzig Minuten zurück, konnte also gar nicht bis zum Auswärtigen Amt gefahren sein.

Ich fragte: ›Wo ist denn nun der Fisch?‹

Er erwiderte: ›Ich kam nicht durch, die Straßen sind gesperrt.‹

›Warum?‹, wollte ich wissen.

Er sagte: ›Weil Schewardnadse kommt.‹

Zu mir! Jetzt standen wir also ohne den Fisch da. Wir haben dann mit dem Abendessen begonnen, was blieb uns anderes übrig? Es gab eine Suppe und dann einen Spargelsalat. Danach stand ich auf und verriet die Wahrheit: ›Der Fisch ist weg, sagt der Koch. Also haben wir kein Hauptgericht.‹ Aber es war ein wunderschöner Sommerabend, weshalb ich Schewardnadse vorschlug: ›Es gibt hier ein sehr schönes Restaurant namens ›Maternus‹ mit einer legendären Wirtin, die einen schönen Garten hat, in dem man essen kann. Wir rufen jetzt dort an, ob für uns Plätze frei sind. Wenn Sie einverstanden sind, gehen wir in dieses Restaurant zum Essen.‹«

Mit der legendären Wirtin meinte Genscher Ria Maternus. Für alle, die sie kannten, aber nur Ria.

»Schewardnadse war einverstanden, und wir fuhren dorthin«, erzählte Genscher weiter. »Es war ein Tisch für uns in dem Garten vorbereitet. Es ist ein kleines Gärtchen mit höchstens zehn Tischen. In der Ecke sah ich eine Herrengesellschaft sitzen, darunter der frühere Staatssekretär Schreckenberger aus dem Kanzleramt, der auch die Aufsicht über die Geheimdienste gehabt hatte. Bei ihm saßen der Präsident des Bundesnachrichtendienstes, der Präsident des Bundesamtes für Verfassungsschutz, der Chef des Militärischen Abschirmdienstes, der Präsident des Bundeskriminalamtes und einige andere Herren. Sie winkten uns freundlich zu. Wir nahmen Platz. Dann kam der Staatssekretär a. D. Schreckenberger an unseren Tisch und bat: ›Würden Sie mich bitte dem Herrn Außenminister vorstellen?‹

Ich sagte: ›Das ist Herr Professor Schreckenberger.‹

Und er ergänzte zu meinem Missfallen: ›Ich bin hier zusammen mit …‹

Der sowjetische Dolmetscher, der das übersetzte, wurde immer bleicher und stellte die Herren mit ihren Amtsbezeichnungen alle vor. Ich wurde zwar nicht bleich, dachte aber, hoffentlich meint Schewardnadse jetzt nicht, dass ich ihm mit der Historie vom verschwundenen Fisch einen Bären aufgebunden und eine Falle gestellt habe.

Deshalb sagte ich: ›Sehen Sie, Herr Kollege, wenn Sie nach Moskau zurückkommen, dann können Sie dem KGB-Chef sagen, alle, die du da mit Fotos in deinen Akten hast, habe ich leibhaftig gesehen.‹

Da hat er sich ausgeschüttet vor Lachen. Dieser Abend, den wir mit einer gutschmeckenden Bowle, die Ria für uns zubereitet hatte, beendet haben, hat uns auch menschlich sehr viel näher gebracht. Und das haben wir ja dann bald auch gebraucht.«

Die Freundschaft blieb auch bestehen, nachdem Genscher aus dem Amt geschieden und Schewardnadse Präsident Georgiens geworden war. Als Genscher von der unsicheren Lage in Tiflis hörte, veranlasste er, dass Schewardnadse aus Deutschland eine gepanzerte Limousine geschenkt wurde. Sie rettete ihm bei einem Attentat das Leben.

Ria war eine Bonner Institution. Ich habe mit ihr an ihrem 60. Geburtstag auf dem Tisch im Maternus getanzt, nachdem Bundespräsident Scheel der Wirtin in ihrem Restaurant das Bundesverdienstkreuz unter dem Applaus der geladenen Gäste umgehängt hatte. Ria verkörperte die rheinische Frohnatur an sich. Und sie war äußerst großzügig. Wie ich selbst häufig erlebt habe.

Während meines Studiums verdiente ich mir ein Zubrot beim Besucherdienst von Inter Nationes, einem Verein, der dem Bundespresseamt angegliedert war. Für Journalisten, Abgeordnete, Wirtschaftsführer und Politiker aus allen Ländern der Welt, die von den deutschen Botschaften in die Bundesrepublik eingeladen wurden, stellte Inter Nationes ein jeweils individuell zugeschnittenes Besuchsprogramm zusammen. Zur Betreuung der Gäste wurden Studenten, die auch als Dolmetscher dienten, für einen ordentlichen Tagessatz beschäftigt. Und da die Gäste ja nicht mit der Straßenbahn fahren sollten, stand ihnen ein Mercedes mit Fahrer, meist auch ein Student, zur Verfügung. Es war ein interessanter Job, denn ich lernte nicht nur Menschen aus allen Ländern der Welt kennen, sondern durch die Gespräche, die sie in Ministerien, in der Wirtschaft, wo auch immer führten, vieles über Deutschland.

Besonders wichtig war mir, der ich als Student immer Hunger hatte, die Aufgabe, mit den Gästen auch mittags und abends in ein gutes Restaurant zu gehen. Da bestellte ich schon mal ein Chateaubriand für mich ganz allein, und wenn der Kellner sagte, das sei aber eine Portion für zwei, antwortete ich lakonisch, das wisse ich. Besonders gern führte ich die Gäste aber zu Ria, und das nicht nur, weil ich sie mochte. Bei ihr brauchte ich nie die Rechnung zu bezahlen, sondern es reichte, wenn ich sie unterzeichnete und mit dem Aktenzeichen des Besuchsprogramms versah. Das ersparte mir später Bürokratie bei der Abrechnung.

Auch wenn ich einer jungen Dame etwas Besonderes bieten wollte, fuhr ich mit ihr, so sie ein Auto hatte (ich besaß keines), nach Godesberg zu Ria. Im Sommer saß man gern hinten im Gärtchen, wo Genscher mit Schewardnadse auf die versammelten Chefs der deutschen Geheimdienste traf. Und wenn wir dann fein getafelt und eine ordentliche Flasche Wein geleert hatten, dann stand auf der Rechnung nur die Bemerkung: »Sie waren Gast des Hauses«, und Roland, ein Franzose, oder einer der anderen Kellner, stellte zum Abschied noch eine Flasche Cognac auf den Tisch und wünschte einen schönen Abend.

Als ich bei der Sendung Monitor kritische Berichte über den BND machte und von Gehlen und Strauß verklagt wurde, weil ich über die angebliche Bestechung von Franz-Joseph Strauß durch die amerikanische Flugzeugfirma Lockheed berichtet hatte – beide hatten nicht gewonnen –, da nahm mich Ria beiseite und sagte: »Oh Gott, wie die über dich reden. Ich habe alles mitbekommen. Aber wenn es ganz gefährlich wird, dann verstecke ich dich hier oben im Kämmerlein unterm Dach!« Wer »die« waren, das erzählte sie nicht, aber da ja fast jeder, der etwas auf sich hielt, bei Ria verkehrte, vom Bundespräsidenten über Kanzler, Minister hin bis zu Geheimdienstchefs, hat sie sicher viel aufgeschnappt. Zu Rias ehernen Gesetzen gehörte aber: Was bei mir geredet wird, wird nicht weitergetratscht.

Aber natürlich hat sie doch das eine oder andere gern erzählt. Etwa, dass sie schon 1945 mit dem amerikanischen General Patton auf dem Tisch getanzt habe, als Patton die damals von ihrem Vater geführte Weinstube beschlagnahmt und in eine Offiziersmesse verwandelt hatte. Oder dass Konrad Adenauer der rheinische Tonfall von Ria gefiel und er im Maternus heimisch war. So habe sie Adenauer spöttisch gefragt, weshalb er denn einen Grafen zum Protokollchef ernannt habe (Muss dat een Graf sein?). Da habe Adenauer ruhig geantwortet: »Ach, lassen Sie nur, der ordnet doch nur die Blumen.«

Weil Ria die Kanzler und Außenminister kannte, hat sie auch deren Gäste, die »Großen der Welt« bewirtet, Truman, Eisenhower, Kennedy, Nixon, Reagan, de Gaulle, Wilson, Heath, Kreisky und Gorbatschow.

Für Journalisten war ein Besuch bei Ria immer ein großer Gewinn. Denn hier waren auch die führenden Politiker von Regierung und Opposition Stammgäste, wie Willy und Rut

Brandt, Rainer Barzel, Kurt Biedenkopf, Hans-Dietrich Genscher, Franz-Joseph Strauß, Norbert Blüm (er nannte Ria in einem Nachruf in der *FAZ*: Beichtmutter der Bonner Republik), Walter und Mildred Scheel.

Meine Mutter, eine ähnliche rheinische Frohnatur wie Ria, traf sich mit ihrem »Damenkränzchen« regelmäßig bei Ria. Dazu gehörten Rut Brandt, Heilwig Ahlers, Gisela Nowottny und Frau Lueg und später auch die sehr viel jüngere Karin Clement. So wurde ich als Teil der großen Ria-Familie eingeordnet. Manches Mal kam ich abends und wurde von Ria gleich an einen Tisch zu einer fröhlichen Runde gesetzt. Und ich wundere mich heute noch, wer bloß unsere Zeche gezahlt hat. Ich nicht. Aber ich war ja auch der Jüngste und Ärmste und ich sah außerdem auch sonst niemanden eine Rechnung bestellen oder gar begleichen.

Eines Tages setzte mich Ria zu Mildred Scheel an den Tisch und zwinkerte mir zu. Wir hatten gleich ein Gesprächsthema, denn Mildred Scheel war Ärztin in München gewesen und gehörte damals zum Freundeskreis des Kabarettisten Werner Finck. Walter Scheel würde auch ihm das Bundesverdienstkreuz verleihen. Finck sinnierte mit mir darüber, ob er bei dieser Gelegenheit die elf Karnevalsorden anlegen sollte, die er erhalten hatte. Ich ermunterte ihn begeistert. Er hat es aber nicht getan. Mildred Scheel steckte mir dann ihre private Telefonnummer zu: Ich möge sie doch einmal zum Tee besuchen. Das habe ich nicht getan. Aber beim nächsten Bundespresseball haben wir heftig und wild getanzt.

Zum letzten Mal habe ich Ria bei der Beerdigung meiner Mutter in der Kirche in Oberwinter bei Bonn gesehen. Ein kleines Baby, eine Urenkelin der Verstorbenen, war auch dort und machte seine Geräusche. Da sagte Ria tröstlich am Ausgang der Kirche, es sei doch schön zu wissen: Während der eine geht, kommt der andere.

Doch zurück zu Hans-Dietrich Genscher. Als Außenminister wurde er lange Zeit, vielleicht auch heute noch unterschätzt. Während ich als Korrespondent in New York auch für die Vereinten Nationen zuständig war, lernte ich ihn ein wenig besser kennen. Jeden September wiederholte sich dort die gleiche Szene: Genscher kam zu Beginn der Hauptversammlung, hielt seine Rede, traf im Halbstundentakt die Außenminister kleinerer Staaten, gab einen großen Empfang im Waldorf-Astoria und mir ein Interview. Damals waren seine Antworten mir häufig zu weitläufig. Erst als ich von New York nach Paris gewechselt war, machte ich die Erfahrung, dass er im Gespräch ohne Kamera sehr viel offener sprach – und ich weitaus mehr erfuhr. Vielleicht genoss ich aber auch dann erst sein Vertrauen.

Genscher fand auch dann Wege, seine Politik voranzutreiben, wenn Bundeskanzler Helmut Kohl oder die CDU anderer Meinung waren. Kohl war zum Beispiel für Reagans Raketenabwehrschirm SDI, Genscher dagegen. Kohl war für die Modernisierung der Lance-Kurzstreckenraketen, Genscher dagegen, Kohl wollte die Oder-Neiße-Grenze nicht vor der Vereinigung garantieren, Genscher tat es.

Und Genscher war auch weitsichtig.

Schon im Jahr 1988 hatte er dem sowjetischen Außenminister Schewardnadse den Zusammenbruch der DDR vorausgesagt. Es war mehr als eine Ahnung, denn Genscher, der seine Verbindungen zu seiner Heimat nie hatte abbrechen lassen, konnte sich von der Lage ein passenderes Bild machen.

Und Genscher hielt auch dran fest, Gorbatschow »beim Wort« zu nehmen. Denn es würde, so vermutete Genscher, »zu einer immer stärkeren Ost-West-Annäherung kommen«.

Als wir uns im großen Arbeits- und Bibliothekszimmer in seinem Haus in Wachtberg darüber unterhielten, erinnerte er mich daran, dass er auch Konsequenzen ziehe: »Die Frage war nun, was bedeutet das für die West-Bindung der Bundesrepublik? Kommen wir in eine Lage, in der die Konturen unklar werden? Deshalb fand ich, dass weitere Schritte zur europäischen Vereinigung notwendig seien. Wir waren ohnehin entschlossen, einen gemeinsamen Binnenmarkt zu schaffen. Nach meiner Überzeugung wäre es absurd gewesen, sich einen gemeinsamen Binnenmarkt mit verschiedenen Währungen vorzustellen, mit so vielen Währungen wie es Staaten gab – mit Ausnahme von Luxemburg. Deshalb trat ich für die europäische Währungsunion ein. Je mehr sich Ost und West annäherten, desto dringlicher erschien mir ein solcher Schritt. Er war aber nicht ganz einfach und sehr umstritten, auch in Deutschland.«

Obwohl als Außenminister nicht zuständig, legte Genscher Anfang 1988 eine Denkschrift zur Währungsunion vor. Er stellte sich eine unabhängige Europäische Zentralbank nach dem Muster der Bundesbank in Frankfurt vor und eine Stabilitätspolitik, wie sie dem deutschen Stabilitäts- und Wachstumsgesetz entsprach. Beim Europäischen Gipfel in Hannover 1988, die Bundesrepublik hatte im ersten Halbjahr den EU-Vorsitz, wurde daraufhin ein Gremium einberufen, zu dem auch Bundesbank-Präsident Karl-Otto Pöhl gehörte, um die Frage der Währungsunion zu prüfen.

Auch deshalb machte Genscher mir gegenüber mit Nachdruck darauf aufmerksam, dass man der Legende entgegentreten müsse, »Die Währungsunion ist sozusagen erst auf die Tagesordnung gekommen, als die deutsche Wiedervereinigung bevorstand. Sie ist also der Preis für die deutsche Vereinigung.«

»Na ja«, wandte ich ein, »1988 ist zwar beschlossen worden, mal darüber zu reden, aber Deutschland hat doch gebremst; zum Beispiel hat der Bundeskanzler immer gesagt: ›Wir wollen darüber nicht vor Dezember 1990 entscheiden.‹«

»Sie gehen jetzt in der Entwicklung weiter«, antwortete Genscher. »1988 wurde ein erster Schritt getan, der Prozess in Gang gesetzt. Danach wurde ein Bericht vorgelegt, und für Dezember

1989 war ein Europäischer Rat in Straßburg vorgesehen. Man ist sich in den Gesprächen einig gewesen, dass ein Jahr später, also 1990, auf dem Europäischen Rat, der dann in Rom tagen würde, eine Ministerkonferenz eingesetzt werden sollte. Aber Mitterrand wollte natürlich, dass auch Frankreich seinen Anteil an der Herbeiführung der Währungsunion hat. Deshalb bestand er darauf, dass schon im Dezember 1989 beschlossen wird: 1990 setzen wir diese Ministervorlage um. Bei der CDU/CSU bestand freilich die Befürchtung, es könne die Bundestagswahl 1990 negativ beeinflussen, wenn man das ein Jahr vor der Bundestagswahl beschließt.«

So kam es zu einer erbitterten Auseinandersetzung zwischen Helmut Kohl und François Mitterrand. Der französische Staatspräsident beharrte auf einem Konferenzbeginn zur Währungsunion im Jahr 1990, der deutsche Bundeskanzler wollte dies partout erst 1991. Mitterrand setzte sich durch, denn Anfang 1990 entzweite der Streit um die Anerkennung der Oder-Neiße-Grenze durch den deutschen Bundeskanzler Kohl und Mitterrand. Erst als diese Frage in die Zwei-plus-Vier-Gespräche delegiert worden war, gab Mitterrand Frieden. Und auch Kohl lenkte ein und einigte sich mit Mitterrand darauf, dass der Europäische Gipfel zum Währungsvertrag erst nach der Bundestagswahl, aber noch im Jahr 1990, stattfinden solle. Wahltermin war der 2. Dezember. Und am 15. Dezember begann in Rom der EU-Sondergipfel zur Währungsunion.

Besonders in der Zeit der deutschen Wiedervereinigung war es für mich als ARD-Korrespondent in Paris wichtig, so viel wie möglich über die politische Entwicklung zu erfahren, schließlich war Frankreich eine der vier Siegermächte. Und in Paris hießen die Zwei-plus-Vier-Gespräche auch Vier-plus-Zwei-Gespräche, um deutlich zu machen, dass die vier Mächte ein größeres Gewicht haben. Genscher und Dumas stritten sich häufig darüber. Und so wie ich im Umfeld von Roland Dumas meinen »Agenten« hatte, der mich auf dem laufenden hielt, so hatte ich auch einen, der mich über Genscher informierte.

Am frühen Abend des 16. Juli 1990 erhielt ich einen Anruf, Genscher werde gegen Mitternacht ins Hotel Bristol kommen, und zwar direkt von den Gesprächen mit Kohl bei Gorbatschow im Kaukasus. Das Hotel liegt nur wenige Schritte vom Elysée-Palast entfernt, wo deutsche Regierungs-Delegationen schon seit Adenauers Zeiten absteigen.

In den französischen Abendnachrichten wurde berichtet, dass zwischen der Bundesregierung und Gorbatschow in den entscheidenden Fragen der NATO-Zugehörigkeit des zu vereinenden Deutschland, der Manöver in der bald ehemaligen DDR und der Höhe der Truppen in der Bundeswehr eine Einigung erzielt worden sei.

Das legendäre Bild von Kohl in seiner Strickjacke an einem Holztisch mit Gorbatschow und Genscher auf Baumstümpfen sitzend stammt von diesem Tag.

Dieses Treffen in Archiz im Kaukasus war der endgültige Durchbruch zur deutschen Wiedervereinigung.

Um Mitternacht saß ich in der Lobby des Hotel »Bristol«, und als Hans-Dietrich Genscher mit seinen Mannen das Hotel betrat, strahlten alle. Genscher, weil er wusste, dass wir jetzt noch ein Gläschen zusammen trinken würden, seine Begleiter, weil sie wussten, dass der Minister gut aufgehoben war und sie jetzt kein Gläschen mehr mit ihm trinken müssten, sondern gleich ins Bett gehen könnten. Dabei war auch Genschers Büroleiter Frank Elbe. Wir kannten uns vom Studium: Er hatte mich bei Inter Nationes eingeführt, wofür ich ihm heute noch dankbar bin.

Genscher bestellte ein Bier, sprang aber gleich wieder auf: »Ich muss eben Roland anrufen!« Er ging in eine Telefonzelle neben dem Hotelempfang und schilderte seinem Freund, dem französischen Außenminister, kurz die Ergebnisse aus den Gesprächen mit Gorbatschow.

Dann saßen wir noch eine gute Stunde zusammen bei zwei, drei Bier. Und Genscher war euphorisch. Ganz gerührt erzählte er mir, dass während eines Spaziergangs mit Gorbatschow, Kohl und Schewardnadse sich plötzlich eine Hand auf seinen Arm gelegt habe und ihn beiseite zog. Es war Raissa Gorbatschow. Offenbar machte sie sich Sorgen, fragte, ob sich ihr Mann nicht zu weit vorgewagt habe. Denn im Obersten Sowjet wuchsen die Gegenkräfte. Sie schilderte Genscher ihre Ängste und flehte ihn an, Deutschland müsse seine Zusagen aber auch einhalten. »Ich bin stehengeblieben, habe ihr in die Augen geschaut und die Hand gegeben«, erzählte Genscher. Er hoffte, sie beruhigt zu haben, dass er wohl wisse, welches Risiko Michail Gorbatschow eingehe. Sie könne Deutschland vertrauen.

Gegen eins fragte ich Genscher, auch weil ich müde wurde, ob er sich nicht zur Ruhe begeben wolle – ich wusste ja, dass er mit seinem Herzen Probleme hatte. Er stand fröhlich auf.

Am nächsten Morgen würde er im »Bristol« mit dem amerikanischen Außenminister James Baker frühstücken, anschließend würden Zwei-plus-Vier-Gespräche stattfinden, am Nachmittag auch mit dem polnischen Außenminister Skubiszewski über die Westgrenze Polens.

Die Zwei-plus-Vier-Verhandlungen liefen dann zügiger, wenn die Minister anwesend waren, und weniger einfach, wenn sich nur die Diplomaten trafen – die französischen, aber auch die britischen Beamten bremsten, wo sie nur konnten. Doch schließlich war alles früher geregelt als erwartet. Noch im letzten Moment wollten britische Beamte die Unterschrift in Moskau verzögern. Doch Genscher wandte sich beim Frühstück an seinen Freund Roland Dumas: »Roland, ich habe dich nie um einen Gefallen gebeten, aber jetzt musst du mir helfen: Mach dem Briten Hurd die Situation klar.« Dumas tat, wie gebeten, und wie geplant wurde unterschrieben – auch von den Briten.

Bevor Genscher im Mai 1992 zurücktrat, wurde die Beziehung zwischen deutschem und französischem Außenminister durch die Jugoslawienkrise auf eine schwere Probe gestellt. Roland Dumas sagte mir: »Ich habe nie verstanden, weshalb Genscher sich so verhalten hat.«

Während Genscher Kroatien und Slowenien schon im Juli 1991 anerkennen wollte, setzte Frankreich auf den Erhalt des Gesamtstaates, und das aus zwei Gründen. Zum ersten war Frankreich proserbisch eingestellt, zum zweiten fürchteten Dumas und Mitterrand, das Zerbrechen Jugoslawiens könne nur der Anfang einer Aufsplitterung ganz Osteuropas in kleine Nationalstaaten bedeuten und damit Dutzende von Bürgerkriegen heraufbeschwören.

»Er versteifte sich gegen Serbien«, erklärte mir Dumas. »Ich habe ihm gesagt: ›Wollen wir die Geschichte von 1914 wiederholen? Die Deutschen beziehen Position mit ihren Freunden, die Franzosen treten für die Serben ein, und dann schlagen wir uns auch noch?‹ Es war eine harte Prüfung für uns, aber wir blieben nah beieinander. Im August habe ich den Vorschlag mit dem internationalen Schiedsgericht unter Badinter gemacht. Genscher meinte, das reiche für ihn zu Hause nicht, es müsse noch eine politische Komponente dazu, die EG-Friedenskonferenz. Das haben wir dann auch erreicht. Diesmal hatte ich die Idee, und es war für Genscher sehr viel schwieriger als für mich.«

Als ich Genscher darauf ansprach, sagte er: »Es war für mich der komplizierteste Kasus überhaupt. Wir haben uns tief in die Augen gesehen, und jeder wusste, was der andere denkt. Daraus hat sich aber keine deutsch-französische Entfremdung ergeben.«

Dank des gegenseitigen Vertrauens ist Deutschland noch mal mit einem blauen Auge davongekommen.

Auch seine besondere Begabung als Menschenfänger hat Genscher in diesem Fall geholfen, als erfolgreicher Außenminister in die Geschichte einzugehen.

## Auch Kanzler haben Angst vor Macht

Die Stimmung war schon angespannt, als ich in das Büro von Bundeskanzler Helmut Schmidt geführt wurde. Er saß an seinem Schreibtisch, vor sich mehrere Unterschriftsmappen. Er setzte mit dem Füllfederhalter seinen Namen unter das eine und andere Papier, nachdem er es kritisch beäugt hatte und nahm mich nicht wahr.

Wer war ich auch, um etwas anderes zu erwarten?

Es war Anfang 1981, in Frankreich standen im Mai Präsidentschaftswahlen an, und Schmidts politischer Freund Valéry Giscard d'Estaing wollte wiedergewählt werden. Was, wie wir wissen, nicht geklappt hat.

Die ungewöhnlich enge Beziehung eines deutschen Bundeskanzlers zu einem französischen Präsidenten faszinierte mich als ARD-Korrespondent in Paris. Deshalb rief ich Regierungssprecher Kurt Becker in Bonn an. Ich sagte ihm, ich würde gern für die ARD einen längeren Bericht über das Paar Schmidt-Giscard drehen. Dazu müsste ich dann gern den Bundeskanzler interviewen. Allerdings, so sagte ich zu Becker, ein Interview habe nur dann Sinn, wenn Schmidt sich auch konkret dazu äußern wolle. Andernfalls sollten wir es lieber sein lassen.

Wenige Tage später erhielt ich die Zusage und einen Termin

im Kanzleramt. Ich war also guten Mutes, vom Bundeskanzler eine wenn auch nicht persönliche, aber doch gehaltvolle Aussage zu erhalten und fuhr zum verabredeten Zeitpunkt nach Bonn in das nüchterne Eisenglasgebilde namens Kanzleramt. Helmut Schmidt, der eigentlich Städtebauer werden wollte, meinte ironisch, der Bau habe »den Charme einer rheinischen Sparkasse«. Dann hatte er dafür gesorgt, dass auf dem Rasen vor der Einfahrt eine große Skulptur von Henry Moore aufgestellt wurde.

Im zweiten Stock lag ein Raum neben dem Amtszimmer des Kanzlers, in dem drei Kamerateams und einige Beleuchter zwei Sessel ins Visier genommen hatten. Darauf sollte ich das Interview mit Helmut Schmidt führen.

Nun saß er am Schreibtisch, schaute kaum von seiner Tätigkeit auf, und blaffte mich an: »Was wollen Sie?«

»Wir machen einen Film«, hob ich an, da wurde ich schon vom Bundeskanzler unterbrochen: »Wer ist ›wir‹?«

Ich hatte den Plural gewählt, weil ich zwar Autor des Berichts sein würde, aber doch ein großes Team an der Arbeit beteiligt war. Das interessierte den Kanzler nicht.

»*Ich* mache einen Film über die politische Freundschaft des deutschen Bundeskanzlers mit dem französischen Präsidenten.«

»Was wollen Sie da wissen?«

»Das fängt schon mit der Frage an, ob die unselige deutsch-französische Geschichte in Ihrer Beziehung je eine Rolle gespielt hat?«

»Was soll ich dazu schon sagen?«

Ich schwieg.

Schmidt unterschrieb weiter.

Ich schwieg weiter und fühlte mich äußerst unwohl.

Nach einer Weile stand der Bundeskanzler auf, trat neben seinen ebenfalls schweigenden Regierungssprecher an die große Fensterwand, die den Blick in den sonnendurchfluteten Park

freigab, und sagte: »Ich glaube, das Wetter wird am Wochenende schön.«

Dann ging der Kanzler, ohne ein Wort zu sagen, zur Tür,
machte sie auf, betrat den Raum, in dem das Interview stattfinden sollte, grüßte niemanden und setzte sich auf den Sessel, den
ich ihm mit einer Handbewegung zuwies. Keiner der Mitglieder
des großen Teams rührte sich. Man kannte Schmidt.

In dem Gespräch stellte ich auch eine Frage zum NATO-Doppelbeschluss. Das war nicht nur außenpolitisch eine heikle Sache, sondern auch innenpolitisch, denn anders als der Kanzler
unterstützte seine Partei unter dem Vorsitzenden Willy Brandt
eher die Friedensbewegung als den Einsatz neuer Raketen.

Als das Gespräch zu Ende war, wies der Regierungssprecher
den Kanzler darauf hin, dass seine Formulierung zur Frage der
Raketen nicht hundertprozentig dem NATO-Beschluss entspreche. Während Schmidt sich anhörte, was sein Sprecher sagte,
klopfte er aus einer kleinen Dose weißen Schnupftabak in die
Kuhle an der Wurzel seines linken Daumens.

Da ritt mich der Teufel.

Ich fragte den Bundeskanzler: »Schnupfen Sie nur oder sprit-
zen Sie auch?«

Noch heute wird mir schwummerig, wenn ich daran denke, wie der bis dahin so äußerst grantige Regierungschef hätte
reagieren können.

Helmut Schmidt lachte laut auf. Und dann sagte er einen ver-
räterischen Satz:

»Ich schnupfe nur. Und ich weiß, Sie sind einssechsundneunzig groß.«

Sigmund Freud würde wahrscheinlich sagen, das sei der er-
lösende Satz gewesen.


Ich hatte Helmut Schmidt schon häufig vor der Kamera befragt,
wenn er zu politischen Gesprächen nach Paris gekommen war.

Einige Monate zuvor hatten wir ein Interview für den Bericht aus Bonn in dem ehemaligen Arbeitszimmer des einstigen preußischen Gesandten Otto von Bismarck im Palais Beauharnais, der Residenz des Deutschen Botschafters aufgenommen. Die Kameras waren aufgebaut, das Licht gesetzt. Wir warteten auf den Bundeskanzler. Sein Gespräch mit Premierminister Barre unten im Salon dauerte länger als geplant. Es gab Schwierigkeiten. Wir warteten bestimmt zwei Stunden. Dann rauschte der Kanzler in den Raum. Schmidt hatte es eilig. Er wollte so schnell wie möglich nach Bonn zurückfliegen.

Der Kanzler fragte: »Wo machen wir das Interview?«

Ich sagte: »Am schnellsten geht's im Stehen.«

Ich gebe zu, dass ich das aus Bosheit sagte.

Nach dem kindischen Motto: Der mag zwar Kanzler sein. Aber ich bin einssechsundneunzig groß. Denn ich überragte Schmidt, dem man nachsagte, er trage besonders hohe Absätze, um mindestens einen Kopf. Der Kanzler stellte sich hin, ich nahm auf der Lehne eines Sessels Platz, damit wir auf Augenhöhe waren. Die Aufnahme war nach wenigen Minuten im Kasten. Der Kanzler rauschte ab.

Bei Helmut Kohl kam meine Länge ganz anders ins Spiel.

Im Juli 1991 fand der Weltwirtschaftsgipfel in London statt. In diesen Tagen sendeten wir die Tagesthemen live aus der britischen Hauptstadt, unsere Kameraposition befand sich direkt vor Westminster Palace. Kurz vor der Sendung wollte Bundeskanzler Kohl mir ein Interview über den Stand der Gespräche geben. Dazu war ich zu seinem Hotel gebeten worden, weil er sich dort für das Abendessen einen Smoking anziehen und seine Frau mitnehmen würde. Ich wartete also mit meinem Team. Frau Kohl stand bei uns. Wir machten Small Talk, und nebenbei frage ich sie: »Sie könnten mir helfen, eine Wissenslücke zu füllen. Ich bin einssechsundneunzig. Wie groß ist eigentlich Ihr Mann?«

Sie antwortete spontan: »Er ist zwar nur einszweiundneunzig. Aber er ist größer als Sie!«

Konrad Adenauer habe ich nicht mehr persönlich gekannt, aber mein Vater war zumindest in seiner Nähe gewesen.

Es muss 1955 gewesen sein. Ich war zwölf und ging in Heidelberg in das Kurfürst-Friedrich-Gymnasium. Bundeskanzler war Konrad Adenauer. Mein Vater war Hörspielautor, fuhr aber ab und zu nach Bonn, traf sich dort mit Leuten im Bundeskanzleramt, die wieder den Auswärtigen Dienst neu aufbauten. Und mein Vater wollte dazugehören. Einmal sagte er mir, er fahre zu einem wichtigen Mann, Herbert Blankenhorn, der arbeite beim Bundeskanzler Konrad Adenauer. Ich malte eine Karikatur von Adenauer und gab sie meinem Vater mit. Als er aus Bonn zurückkam, reichte er mir meine Zeichnung und sagte, Adenauer habe sie gesehen und abgezeichnet. Auf das Blatt hatte jemand mit einem roten Stift ein großes A geschrieben. Adenauer? Pustekuchen! Ich habe nichts davon geglaubt, es mir aber nicht anmerken lassen. Kinder durchschauen Erwachsene schneller, als die es vermuten. Diese Erfahrung habe ich selbst früh gemacht und respektiere seitdem selbst die kleinsten Geschöpfe wie Erwachsene.

Als am 19. April 1967 alle Kirchenglocken in Bonn lange läuteten, wusste ich, Adenauer ist gestorben. Ich saß in meiner Studentenbude und büffelte Jura. Dann bekam ich die Nachricht, ich möchte mich im Bundespresseamt für einen eiligen Einsatz melden. Das Staatsbegräbnis wurde vorbereitet. Und dazu würden aus aller Welt Journalisten anreisen. Die müssten betreut werden von Leuten, die Englisch oder Französisch sprechen. Und da griff das Presseamt auf freie Mitarbeiter von Inter Nationes wie mich zurück. So bekam ich einen großartigen Job.

Mein erster Einsatzort war Rhöndorf. Ich wurde zum Haus

des verstorbenen Kanzlers geschickt, und sollte früh morgens dort Stellung beziehen, wenn der Sarg mit dem Leichnam herausgetragen wurde, um im Kanzleramt in Bonn aufgebahrt zu werden. Mir hatte aber niemand so recht gesagt, was ich tun sollte. Ich zog also Anzug und Schlips an und stand um sieben Uhr morgens, eine entsetzlich frühe Zeit für mich, vor Adenauers Haus, das am Hang lag, die Straße führte bergab. Nun fühlte ich mich als Amtskraft und habe erst einmal einigen Fotografen gesagt, sie sollten hinter die Barriere zurücktreten. Das taten die zu meinem Erstaunen. Als dann der Sarg von acht Soldaten des Bundesgrenzschutzes würdevoll und langsamen Schritts aus dem Haus getragen wurde und dahinter die Familie lief, da dachte ich: Dann läufst du einfach auch hinterher, wenn auch in angemessenem Abstand.

Onkel Max, Tante Gisela und deren Kinder habe ich nicht gegrüßt. Vielleicht haben sie mich auch nicht wahrgenommen. Tante Gisela war eine Cousine ersten Grades meiner Mutter. Sie hatten dieselben Großeltern. Und Tante Gisela hat Max Adenauer geheiratet, Konrad Adenauers Sohn und späteren Stadtdirektor von Köln. Max wollte von jungen Leuten nicht Onkel genannt werden. Er war eine großartige Figur. Als ich während meiner Zeit bei Monitor eines Sonntags im Sommer zu einem »Weißwurschtessen« in den Garten nach Bad Godesberg einlud (auch Ria kam und sagt, Mildred sei ganz traurig, dass ich sie nicht eingeladen hätte), klingelte er mit seiner Frau um Punkt zehn an der Haustür und sagte:

»Du hast um 10 Uhr eingeladen, da können wir auch schon um zehn kommen. Wir müssen nämlich noch weiter zu einer Taufe.«

Max blieb aber bis zum Schluss am Nachmittag. Die Taufe wurde fallengelassen. Nach Tante Giselas Tod wurde Max stets von seiner Tochter Bettina begleitet. Wir sehen uns heute noch gern.

Konrad Adenauer wurde im Palais Schaumburg aufgebahrt, damit sich die Bevölkerung von ihm verabschieden konnte. Ich begleitete eine Gruppe von Journalisten dorthin und stellte fest, dass überall schon die Sicherheitsleute von ausländischen Staatschefs herumschlichen. Sie trugen in der Falte ihrer Jacken eine schwarze Perle als Erkennungszeichen. Das sah ich. Und zurück im Presseamt erklärte ich dem Beamten, der meinen Einsatz bestimmte, solch eine schwarze Perle sei auch für mich ganz nützlich, dann müsste ich nicht meine Beglaubigung des Presseamts vorzeigen. Aber da stieß ich auf taube Ohren.

Neben dem großen Eingang im Erdgeschoss des Bundespresseamtes war eine große Tafel angebracht, auf der die offiziellen Aufnahmen von Fotografen des Presseamts ausgehängt wurden. Ich schaute sie mir an und stellte fest: Sie waren mit Stecknadeln befestigt, die einen runden schwarzen Kopf trugen, ähnlich den Perlen der Sicherheitsleute. Also zog ich solch eine Stecknadel heraus und spießte sie in meinen Kragen. Nun verfügte ich über ein Sesam-öffne-dich.

Mit diesem Geheimzeichen nahm ich dann am Staatsakt im Kölner Dom teil. Könige, Präsidenten, Premierminister und Würdenträger der westlichen Welt waren in großer Zahl gekommen, um den ersten Kanzler der Bundesrepublik und sein Werk zu ehren. Und es war auch das erste große Medienereignis in der Bundesrepublik. Fast den ganzen Tag lang wurde die Zeremonie im Fernsehen übertragen. Denn der Sarg des Gründungskanzlers wurde vom Kölner Dom zum Rhein gebracht und dann auf einem Schnellboot nach Rhöndorf gefahren, um dort auf dem Friedhof zur Ruhe gebettet zu werden.

Unvergessen ist für viele der damaligen Beobachter die Szene, in der Bundespräsident Heinrich Lübke bei dem Gruppenfoto vor seinem Amtssitz, der Villa Hammerschmidt, versuchte, die Hände der rechts und links neben ihm stehenden, miteinander aber verfeindeten Präsidenten Lyndon B. Johnson und Charles de Gaulle zur Versöhnung ineinander zu legen. Es misslang.

Ich hatte einen Bus voller Journalisten von Bonn nach Köln begleitet und sie an dem ihnen zugewiesenen Platz abgeliefert. Dann wollte ich mal sehen, wie weit ich mit der Stecknadel und dem schwarzen Knopf käme. Mein Spieltrieb war wieder geweckt.

In der ersten Reihe saßen die Familie und die Staatspräsidenten. Also ging ich im Dom vorn ins Querschiff in die Nähe des Südeingangs, denn dort würde der Sarg hinausgetragen werden. Es war leer im Südquerhaus. Nur ab und zu stand ein Sicherheitsbeamter hinter einer Säule. Wenn ich vorbeikam, zeigte ich meine schwarze Sicherheitsnadel. Ein verständnisvoller Blick. Man war unter seinesgleichen.

Das Pontifikalrequiem dauerte etwas länger als eine Stunde. Ich habe davon nicht viel mitbekommen. Als dann der Sarg hinausgetragen wurde, folgte ihm wieder die Familie, dahinter Bundespräsident Heinrich Lübke, eingerahmt von Charles de Gaulle und Lyndon B. Johnson. Und kurz dahinter reihte ich mich ein. Die Journalisten, die ich im Bus nach Köln gebracht hatte, vergaß ich. Unter den dreihunderttausend Trauergästen würde ich sie sowieso nicht wiederfinden. Ich fuhr dann zurück nach Bonn im Dienstwagen eines Ministerialdirektors des Auswärtigen Amtes, den ich kannte. Wir fuhren schnell nach Bonn, denn die Autobahn war gesperrt und nur für offizielle Wagen freigegeben.


Als Adenauer starb, war Kurt Georg Kiesinger Bundeskanzler, der Mann, der von Beate Klarsfeld geohrfeigt wurde, worüber wir uns alle freuten, ohne es für eine systemverändernde revolutionäre Tat zu halten. Mein Vater kannte ihn ganz gut, weil er während des Krieges für die Rundfunkabteilung des Auswärtigen Amtes in Shanghai und in Tokio, wo ich dann geboren wurde, gearbeitet hatte. Chef dieser Abteilung war Kiesinger gewesen. Wie Kiesinger war mein Vater Mitglied der NSDAP. Ich hatte stets den Eindruck, beide waren aus opportunistischen Karrieregründen in die Partei eingetreten.

Als die SPD sich mit der CDU zur großen Koalition einigte und Kiesinger damit zum Kanzler machte, war ich abends vor die Baracke gezogen, wie man die Bundeszentrale der SPD nannte. Dort demonstrierten schon rund fünf Dutzend Jusos. Ich hatte ein Plakat dabei, das an einem Holzstock befestigt war. Darauf stand: »Schluss mit dem Unrecht«.

Bei einer großen Demonstration von Vertriebenen waren Hunderte solcher Plakate verteilt worden. Ein müder Vertriebener hatte seines wohl in einen Busch im Hofgarten von Bonn geworfen. Der Hofgarten, wo die meisten Großdemonstrationen in Bonn stattfanden, liegt vor der Universität, und ich wohnte nur einige Hundert Meter entfernt. Ich fand das Plakat und dachte mir, der Satz »Schluss mit dem Unrecht« passt zu jeder Demo. Und so hatte ich es bisher gehalten. An diesem Abend aber klebte ich über das Wort »Unrecht« ein Blatt Papier und schrieb »Scheiß« drauf: »Schluss mit dem Scheiß!« So ausgestattet stand ich also vor der SPD. Alle demonstrierenden Jusos wurden in die Baracke zu einer Diskussion eingeladen, mussten am Eingang aber ihr Parteibuch vorzeigen. Damit konnte ich nicht dienen. Deshalb blieb ich allein draußen. Dann warf ich das mir inzwischen lästig gewordene Plakat in einen Busch vor dem Haus und ging in die Kneipe.

Als ich ein Jahr später mit einem ausländischen Besucher, den ich für Inter Nationes begleitete, bei einem Referenten der SPD vorsprach, hing das Plakat an seiner Wand. Als ich ihn harmlos fragte, wo er es herhätte, sagte der Genosse: »Das hat jemand bei einer Protestdemo gegen die Große Koalition vor der Baracke in einen Busch geworfen.«

Willy Brandt wurde dann unser aller Kanzler, wenn wir auch die SPD immer noch abfällig als Establishment missachteten.

Willy war zum Anfassen. Wir konnten ihn auch mal mit der SPD-Wählerinitiative in Friedel Drautzburgs Wein- und Teehaus in der Lennéstraße treffen und heftig diskutieren. Mit Friedel Drautzburg hatte ich zusammen Jura studiert. Er hatte auch nach dem ersten Staatsexamen aufgehört, war der Fahrer des VW-Busses der SPD-Wählerinitiative geworden und hatte Günter Grass durch ganz Deutschland kutschiert. Dann wurde er Kneipier. Eine Zeit lang war ich an seiner Weinwirtschaft »Elsässer Weinstuben« in der Breitestraße beteiligt und spielte dort den »Dienstagswirt«. Willy Brandt kam dort auch schon einmal hin, um seinen Geburtstag zu feiern. Heute betreibt Friedel die StÄV in Berlin.

Mit Willy Brandt konnten wir über alles diskutieren, über den Radikalenerlass und die Versuche der Parteien, Einfluss auf die Sender zu nehmen, ebenso wie über das Anti-Terrorgesetz mit seinem § 131 StGB, der die Darstellung von Gewalt unter Strafe stellen sollte. Aber seine Antwort auf unsere Frage, was wir ändern könnten, lautete immer wieder: »Ich fürchte, daran wird sich nichts ändern.«

Weil ein persönlicher Referent von Willy Brandt zu unserem Kreis gehörte, saßen wir hin und wieder sogar in Brandts Domizil auf dem Venusberg. Häufig war er selbst gar nicht da, und seine liebenswerte Frau Rut bewirtete uns. Immer mehr Freunde begannen für Willy Brandt zu arbeiten. Von der *Süddeutschen Zeitung* wechselte Uwe-Karsten Heye in die Pressestelle der Partei. Und auch Martin Süskind, Bruder von Patrick, verließ die *SZ*, um für Brandt Reden zu schreiben. Eines Tages fragte mich Uwe-Karsten Heye, ob ich Lust hätte, für zwei Jahre in den »Schreiberpool« von Brandt ins Kanzleramt zu wechseln. Ich war begeistert. Zwei Jahre für Brandt zu arbeiten, sagte ich mir, wären für mich unbezahlbare Lehrjahre. Also sagte ich zu und kündigte dies beim WDR an. Höfer und Casdorff verstanden meine Entscheidung.

Dann erklärte mir Uwe-Karsten Heye, ich solle mich wegen der Modalitäten mit einem Mitarbeiter des Kanzleramts treffen. Ich hatte dessen Namen noch nie gehört. Günter Guillaume. Wir trafen uns zu einem ersten Gespräch im Bundestag. Er wirkte in seinem unscheinbaren grauen Anzug wie ein spießiger Amtmann auf mich. Guillaume bat um einige Unterlagen, um meinen Lebenslauf, etc. Die Papiere brachte ich ihm zum zweiten Treffen mit. Er sagte: »Ich fahre jetzt zwei Wochen in Urlaub nach Südfrankreich. Wenn ich zurück bin, machen wir die Sache perfekt.«

In diesen vierzehn Tagen in Südfrankreich wurde Guillaume als DDR-Agent festgenommen. Wenig später trat Brandt zurück.

Und ich blieb, wo ich war.

Wer für den Visionär Willy Brandt schwärmte, der hatte seine Schwierigkeiten mit Helmut Schmidt, dem manch einer auch noch nachsagte, er sei am Sturz von Willy Brandt beteiligt gewesen. So war es aber nicht. Helmut Schmidt, den ich inzwischen hoch achte, hat mir sehr viel später seine Sicht erzählt. Willy Brandt, Herbert Wehner und Helmut Schmidt hatten sich in Klausur nach Bad Münstereifel in das Tagungszentrum der Friedrich-Ebert-Stiftung zurückgezogen.

»Als mir Brandt gesagt hat, er wolle zurücktreten«, sagte Schmidt, »habe ich ihn angeschrien, er solle das nicht tun. Ich fand den Grund einfach nicht angemessen. Sicher hat da auch eine eigene Angst vor dem Amt mitgespielt, genauer gesagt: vor der Verantwortung, die das Amt mit sich bringt. Für mich kam das ziemlich überraschend. Ich habe mich dieser Herausforderung im ersten Moment nicht unbedingt gewachsen gefühlt.«

Helmut Schmidt hatte Angst? Das kann man sich eigentlich nicht vorstellen. Aber er hat das ernsthaft wiederholt.

»Was hat Ihnen der Mensch Willy Brandt bedeutet?«, fragte ich Schmidt.

»Willy Brandt war für mich seit dem Ende der fünfziger Jahre eine geliebte, hoch respektierte Führungsperson. Diese unbedingte Bereitschaft, sich seiner Führung anzuvertrauen, hat in den späten sechziger Jahren abgenommen. Dafür gab es mehrere Gründe. Ein wichtiger Grund war die von der Regierung Kiesinger-Brandt entworfene Notstandsgesetzgebung.«

Brandt kämpfte bei den eigenen Leuten nicht für das umstrittene Gesetz, sondern »es brauchte die Überzeugungsarbeit von Barzel und Schmidt, damit wir die Sache, zwar mit wesentlichen Änderungen, aber auf jeden Fall im Paket hinbekommen haben. Aber noch einmal zu Brandt: Dass er nicht zu dem stand, was er zuvor auf den Weg gebracht hatte, nur weil es Kritik in den eigenen Reihen gab, hat unser Verhältnis abkühlen lassen.«

Der größte Gegensatz zwischen den beiden wurde aber erst später deutlich.

Helmut Schmidt drängte den amerikanischen Präsidenten Jimmy Carter, auf die sowjetische Bedrohung durch die SS-20-Atomraketen mit der Stationierung der Pershing in Europa zu antworten. Willy Brandt als SPD-Parteichef sprach auf Veranstaltungen der Friedensbewegung dagegen. Auch dazu habe ich Helmut Schmidt befragt.

»Es hat tatsächlich ziemlich lange gedauert«, sagte er, »bis sich die Amerikaner von den hartnäckigen Reden und Einwürfen des Deutschen Schmidt beeindrucken ließen. Jetzt lud Carter zu einer Konferenz in das Weiße Haus ein, an der die Regierungschefs der beiden europäischen Nuklearmächte England und Frankreich sowie der deutsche Bundeskanzler teilnehmen sollten. Mein Freund Giscard hat einem solchen Vierertreffen sofort zugestimmt, wollte aber sich und die anderen beiden Europäer nicht zum Rapport nach Washington vorladen lassen. Er schlug als Gesprächsort die französische Karibikinsel Guadeloupe vor, wo das Treffen tatsächlich zustande kam. Giscard und

Callaghan ist zu danken, dass sie bei den Amerikanern massiv auf den NATO-Doppelbeschluss gedrängt haben.«

Der Gipfel mit Jimmy Carter auf Guadeloupe war auf Anfang Januar 1979 gelegt worden. Helmut Schmidt beschloss, dem kalten Winter in Deutschland zu entfliehen und vorher noch einen Abstecher nach Jamaika zu machen, wo er mit dem norwegischen Ministerpräsidenten und dem kanadischen Premier Trudeau als Vertreter des »Nordens« und mit vier Staats- und Regierungschefs des »Südens« noch einen spontanen Nord-Süd-Dialog einplante.

Guadeloupe gehört zu Frankreich. Und nach den Regeln der ARD berichtet dann auch ein Korrespondent des Pariser Büros über das Geschehen. Auf mich fiel das Los. Meine Skiferien sagte ich sofort ab. Und wenn ich schon nach Guadeloupe reiste, so die ARD, könnte ich vorher auch noch vom Nord-Süd-Gipfel in Jamaika berichten. Die Flüge wurden für mich und das Team gebucht. Allerdings gab es auf Jamaika keinerlei logistische Unterstützung durch die dortigen Behörden, wie es sonst bei Gipfeltreffen üblich ist. Und alle Leihwagenfirmen erklärten, auf Jamaika seien keine Fahrzeuge mehr zu mieten. Denn da es in dem sozialistisch regierten Land keine Ersatzteile gäbe, würde man einen Wagen mieten, bis das eigene Auto wieder fährt. Wir würden uns irgendwie durchschlagen müssen.

Im Flugzeug traf ich glücklicherweise Roshan Dhunjibhoy, eine in Kalkutta geborene Journalistin, die für den WDR gearbeitet hatte. Eine großartige, engagierte Frau. Jetzt baute sie im Auftrag der Friedrich-Ebert-Stiftung in Jamaika ein Zentrum für Massenkommunikation auf. Ich bat sie um Rat. Wie würden wir am nächsten Morgen zur Nord-Süd-Konferenz am Runaway Bay im Norden von Jamaika kommen?

»Kein Problem«, sagte Roshan, »du kommst jetzt mit mir nach Hause. Dein Team fährt mit dem Equipment ins Hotel.«

Um elf Uhr abends kam Roshans Fahrer, den sie uns für die

kommenden Tage auslieh. Er würde uns am nächsten Morgen um sechs Uhr im Hotel abholen. Um sechs Uhr früh? Es war schon Mitternacht, wir waren seit fast 24 Stunden unterwegs und erschöpft.

»Macht euch nichts draus«, sagte Roshan, »der kommt nie um sechs Uhr. Der ist immer eine Stunde zu spät.«

Am nächsten Morgen um sechs Uhr klingelte uns der Hotelportier aus den Betten. Der Fahrer stand mit einem alten Peugeot-Kombi vor der Tür. Er brachte uns in drei Stunden zu der Villa am Runaway Bay, wo die Nord-Süd-Konferenz stattfand. Kameramann Michael Giefer hatte gerade noch Zeit, eine Filmrolle in seine Eclair zu laden und sie zu schultern, da kam auch schon Bundeskanzler Helmut Schmidt angefahren. Das Team durfte ein paar Bilder vor Beginn der Sitzung drehen, und wir saßen wieder draußen auf der Wiese.

Regierungssprecher Klaus Bölling war mitgereist. Ich fragte ihn über die Ziele der Konferenz aus, schrieb einen Text für die Tagesschau, machte einen Aufsager vor der Kamera, in dem ich das Ergebnis der Konferenz vorwegnahm, und gab den Beutel mit Filmmaterial, Tonbändern und Text dem deutschen Botschafter, der mit einem Hubschrauber nach Kingston zurückfliegen sollte. Er wollte den Beutel abends auf eine Lufthansa-Maschine von Kingston über New York nach Frankfurt packen. Der Bericht würde dann zum Abschluss der Nord-Süd-Konferenz in der Tagesschau laufen.

Ich gab der Tagesschau in Hamburg die Flugdaten durch.

Die Maschine sollte am nächsten Morgen in Frankfurt landen. Aber wegen der heftigen Schneestürme wurde sie nach Hannover weitergeleitet. Dort holte ein Mitarbeiter des NDR-Landesstudios den Filmbeutel am Flugzeug ab und brachte ihn eilig ins Kopierwerk. Das konnte nur Agfa-Filme entwickeln. Wir drehten aber auf Kodak-Material, das in Frankreich üblich war. Also wurde der Beutel auf einen Zug nach Hamburg gegeben.

Dieser Zug blieb im Schnee stecken. Deshalb ist der Bericht nie gesendet worden. Denn als der Beutel nach Tagen endlich bei der Tagesschau in Hamburg ankam, war die Konferenz in Jamaika schon längst nicht mehr aktuell. Aber das erfuhr ich erst nach meiner Rückkehr in Paris.

Am Runaway Bay waren alle Hotels wegen der Weihnachtsferien ausgebucht. Zu viert bekamen wir gerade noch ein Zimmer in einem Hotel am Strand.

Wir blieben, da der Bundeskanzler uns noch ein Interview für den Tag vor Silvester zugesagt hatte. Es sollte während des Gipfels von Guadeloupe im Bericht aus Bonn gesendet werden. Inzwischen war Robert Held, der Außenpolitiker der *FAZ*, zu uns gestoßen. Er wusste: das Fernsehen hat meist den besten Zutritt, und fragte mich, ob er mit mir fahren könne. So würde er in unserem Gefolge auch Zugang zum Bundeskanzler finden. Wir bestellten noch ein Taxi und fuhren zu einer Villa in einem großen Park. Dort war der Bundeskanzler einquartiert worden.

Nachdem ich mein Interview mit dem Bundeskanzler geführt hatte, bat Helmut Schmidt uns zu einem Spaziergang im Garten. Unter einer Palme lagen herabgefallene Kokosnüsse. Schmidt war guter Laune. Er hob eine Kokosnuss auf und warf sie mir zu. Ich fing sie auf und warf sie zurück. Robert Held hatte flugs seine Leica in Anschlag gebracht und fotografierte den Bundeskanzler, der mit der Kokosnuss Ball spielte. Da warf Schmidt die Kokosnuss in hohem Bogen zu Held. Als Held die Nuss gefangen hatte, sagte Schmidt lachend: »Ich wollte nur mal sehen, ob Sie die Leica loslassen oder riskieren, von der Nuss getroffen zu werden.« Die Leica war weich auf den dicken Rasen gefallen.

Silvester verbrachten wir in Kingston mit Freunden von Roshans Fahrer in einer Garage bei Reggae-Musik und heißer Ziegensuppe.

Über Miami und von dort mit einem kleinen Inselhüpfer über Haiti und die Dominikanische Republik gelangten wir schließlich zum Gipfel nach Pointe-à-Pitre.

In Guadeloupe nahm die Bundesrepublik zum ersten Mal seit dem Zweiten Weltkrieg gleichberechtigt an einem Gipfeltreffen der drei Westalliierten teil.

Das war neu, sonst aber verlief alles wie bei jedem anderen Gipfel. Alle Journalisten waren in einem großen Hotel neben dem Tagungsort untergebracht. Die Infrastruktur stimmte, die Straßen vom Flughafen bis zum Konferenzzentrum waren neu geteert und die Markierungen auf der Fahrbahn mit frischer Farbe gestrichen worden. So ist das in Frankreich: Hausputz bevor der Präsident der Republik kommt und Gäste empfängt.

Die Kameraleute durften für einen kurzen Moment bei den verschiedenen Tagesordnungspunkten drehen. Die Regierungssprecher unterrichteten uns von den Ergebnissen. Die drei Europäer haben Jimmy Carter von der Notwendigkeit überzeugt, auf die sowjetische Bedrohung mit den SS-20-Raketen zu reagieren. Wir setzten unsere Berichte ab und flogen, am Ende erschöpft, aber voller unvergesslicher Erlebnisse, wieder nach Hause.

Die Folgen des Gipfels waren gewaltig. Und die Zeitläufte bewiesen es Jahre später: Die Sowjetunion ging am Wettrüsten pleite.

Helmut Schmidt hatte recht, Willy Brandt hat sich geirrt.

Einerseits hat Schmidt geholfen, die Sowjets im Wettrüsten zu besiegen.

Andererseits hatte Willy Brandt den Grundstein für ein Ende des Kalten Krieges und die deutsche Einheit mit seiner Entspannungspolitik gelegt.

Im Herbst 1990 gab ich ein Buch mit dem Titel »Angst vor Deutschland« heraus, in dem András Hajdu, Planungschef des ungarischen Außenministeriums schrieb: »Bei der Teilung der Welt mussten auch unsere Gefühle, unsere Seele hinsichtlich der Deutschen geteilt werden: wegen der ›guten‹ und der ›schlechten‹ Deutschen. Aber das ist eigentlich nie gelungen.

In allfälligen Diskussionen über ›gute‹ und ›schlechte‹ Deutsche gab es nur eine unverrückbare Größe: Willy Brandt. Er und seine Ostpolitik können gar nicht hoch genug eingeschätzt werden. Er schuf in Osteuropa das öffentliche – und ›offiziell‹ bestätigte – Bild des guten Westdeutschen. Wir *durften* uns also nicht nur für Ulbricht und Honecker begeistern – was kaum jemand tat –, sondern auch für einen westdeutschen Politiker. Im Grunde hat die Herstellung der deutschen Einheit also in den Köpfen und in den Gefühlen der Ungarn, möglicherweise in Osteuropa überhaupt, mit der Ostpolitik begonnen.«

Was richtig war, das weiß man erst hinterher. Obwohl das nicht ganz stimmt. Journalisten, und da will ich mich nicht ausnehmen, gehören zu der Spezies von Wesen, die häufig alles auch schon vorher besser wissen. Sie wissen es besser als die Politiker, sie wissen es aber auch besser als die Kollegen.

Als Helmut Kohl mit dem ersten konstruktiven Misstrauensvotum in der Geschichte der Bundesrepublik Helmut Schmidt 1982 ablöste, da hieß er schnell »Birne«. Und es wurden Witze verbreitet, die zeigen sollten, wie »doof« Kohl ist.

Ein Witz ging so:

»Jemand stellt Genscher die Frage: Es ist weder Ihr Bruder noch Ihre Schwester und doch Ihrer Eltern Kind. Wer ist es?«

Genscher antwortet: »Na klar, das bin ich.«

Kohl hat das Fragespiel mitbekommen und geht zu Hannelore.

»Hannelore, wer ist es: weder mein Bruder noch meine Schwester, aber doch meiner Eltern Kind.«

Hannelore schaut ihn fragend an. Kohl lachend: »Der Genscher!«

Die Geschichte wird zeigen: Kohl war nicht »doof«.

Er war der letzte große Bundeskanzler, der noch von der deutschen Geschichte aus der Zeit des Dritten Reichs geprägt worden ist.

Helmut Kohl hatte seine festen Überzeugungen und auch Abneigungen. Aus einem mir nicht bekannten Grund gab er der ARD kein Interview mehr, seit Ernst-Dieter Lueg Studioleiter in Bonn war. Vermutlich hatte Lueg ihn mit einer kritischen Frage geärgert.

Als ich aus Paris nach Hamburg zu den Tagesthemen wechselte, stellte ich eine Anfrage nach einem Interview mit Bundeskanzler Helmut Kohl. In Paris hatte ich ihn bei Gipfeltreffen mit François Mitterrand häufig befragt, und auch jetzt erhielt ich prompt eine Zusage für ein Gespräch in den Tagesthemen. Bedingung sei nur, dass dieses Gespräch im Kanzleramt und nicht im Studio Bonn stattfinde. Ich vermute, ich habe diese Gunst Andreas Fritzenkötter, den ich damals noch nicht kannte, zu verdanken. Der mehr als zwei Meter große Fritzenkötter regelte für den Bundeskanzler die Beziehungen zur Presse. Über die Jahre bekam ich ein gutes Dutzend Gespräche. Doch das längste und auch ausführlichste Interview fand erst einige Monate nach dem Ausscheiden Kohls aus dem Kanzleramt statt.

Schon bald nach unserem ersten Gespräch im Bundeskanzleramt hatte mir Helmut Kohl angeboten, doch einmal ein längeres Fernsehgespräch, vielleicht von einer Stunde Länge, zu führen. So ein Gespräch in der ARD zu platzieren, ist aber ein Ding der Unmöglichkeit. Denn darauf würde immer der Anspruch folgen, dann auch mit jemandem von der SPD ein genauso langes Gespräch zu senden. Kurz vor der Bundestagswahl

1994 wurde deshalb vereinbart, ich solle an zwei aufeinanderfolgenden Tagen je ein Gespräch von einer Viertelstunde, um die die Tagesthemen verlängert würden, mit dem SPD-Kanzlerkandidaten Rudolf Scharping und am Tag darauf mit Bundeskanzler Helmut Kohl führen. Das bedeutete für mich: morgens früh nach Bonn fliegen, das Interview aufnehmen, zurückfliegen, am Abend die Sendung moderieren und am nächsten Morgen wieder nach Bonn fliegen, das nächste Gespräch führen, wieder nach Hamburg zurückfliegen und wieder am Abend die Sendung moderieren.

Scharping war als Erster dran. Ich kannte ihn schon lange. Wir duzten uns noch aus den Zeiten, als wir gemeinsam am Institut für Politische Wissenschaften in Bonn studiert hatten. Ich nahm ihn im Interview hart ran. Tage zuvor war er öffentlich kritisiert worden, weil er brutto und netto verwechselt hatte. Und ich fragte ihn, ob er das jetzt auf die Reihe bringe.

Am Tag darauf, bei Helmut Kohl, war ich milder.

Friedrich Nowottny, inzwischen Intendant des WDR, sagte mir einige Tage später in freundschaftlichem Ton, er habe beide Sendungen mit ausländischen Freunden gesehen. Sie fanden, ich hätte Scharping im Vergleich zu Kohl fast zu kritisch befragt. Das mag sein. Aus Angst, die persönliche Beziehung zu Scharping könne mich zu mild werden lassen, bin ich in das andere Extrem verfallen. Falls das ein Fehler ist, habe ich ihn immer wieder auch bei anderen Gesprächspartnern begangen.

Als der 1997 von ARD und ZDF gegründete Dokumentationssender Phoenix mich bat, etwas zu dem Programm beizusteuern, schlug ich die Sendung *Zeitzeugen* vor. Darin wollte ich in langen Gesprächen mit führenden Politikern versuchen, ihr politisches Handeln mit ihrer Biographie zu verknüpfen.

Später hat die *Süddeutsche Zeitung* über die *Zeitzeugen*-Sendung geschrieben: »Das Erklären des eigenen Lebens lockert die Zunge. Das kann dazu führen, dass der, im wahren Sinn des

Wortes, sich Erklärende auch Sätze spricht, die nicht aus dem angesammelten Phrasenarsenal stammen.«

Und ich schlug als ersten Gesprächspartner den eben abgewählten Bundeskanzler Helmut Kohl vor.

Aus dem Büro von Helmut Kohl erhielt ich die Antwort, er wolle zunächst mit mir über diese Sendung sprechen (aber im Vertrauen, so der Büroleiter, das sei schon eine Zusage). Ich traf den ehemaligen Bundeskanzler in seinem Büro im Bundestag, erklärte ihm meine Vorstellung, und wir redeten zwei Stunden.

Kohl gefiel die Idee der Sendung *Zeitzeugen*. »Wissen Sie, wir machen das. Ich will sowieso keine Biographie schreiben. Dann haben wir das wenigstens. Wie lang wird das Gespräch denn dauern?«, fragte er mich.

»Wir haben jetzt zwei Stunden gesprochen und sind noch nicht am Ende«, antwortete ich. »Also brauchen wir mindestens drei Stunden für das Gespräch. Mit allem drum und dran sollten Sie sich dann vier Stunden Zeit für die Aufnahme nehmen.«

Kohl zückte seinen Kalender. Wir fanden einen Tag, an dem er vier Stunden Zeit hätte für die Aufnahme.

Die Phoenix-Redaktion war mit einem dreistündigen Gespräch einverstanden: Es würde in zwei Teilen à anderthalb Stunden an zwei aufeinanderfolgenden Tagen gesendet werden.

Wie aber führt man ein dreistündiges Interview? Ich hatte Angst. Ich hatte richtig Angst. Angst zu versagen. Denn ich wusste: So mancher Kollege würde darauf starren, ob das Gespräch gelingen würde. Andererseits motiviert mich Angst. Im Laufe der Jahre habe ich gelernt, dass ich dieses Gefühl bewältigen kann, indem ich es gründlich abarbeite. Deshalb habe ich mich gut zwei Wochen lang auf das Interview vorbereitet.

Als es so weit war, nahmen Helmut Kohl und ich auf zwei Stühlen mit Lehne an einem Tisch im Empfangssaal des Palais Schaumburg Platz, dort wo Konrad Adenauer regiert hatte.

»Von Adenauer«, so Kohl in unserem Gespräch, »habe ich den Satz gelernt, den viele ablehnen, der aber trotzdem gescheit ist. Der hat einmal gesagt, du musst die Tricolore dreimal grüßen und die Bundesflagge einmal. Viele, die den Satz hören, sagen: Spinnen die? Wieso habt ihr weniger Respekt vor der eigenen Flagge? Das hat damit überhaupt nichts zu tun. Aber Frankreich ist die Grande Nation. Sie können natürlich sagen: Wieso sind die die Grande Nation? Kann man alles vertreten. Aber wenn die Franzosen etwas machen vor der Geschichte, ist es immer in der Perspektive etwas anders gelaufen. Die Franzosen haben den Amerikanern beim Unabhängigkeitskrieg geholfen. Der Name La Fayette ist in jedem Schulbuch zu finden. Und wenn sie reinkommen nach New York steht da die Freiheitsstatue.

Der Mann, der George Washington die Armee reorganisiert hat, war ein preußischer Offizier namens Steuben… Als ich versuchte, das mal dem amerikanischen Präsidenten zu erläutern, war er ganz sprachlos, dass es auch Deutsche waren auf beiden Seiten der Palisaden.«

Kohl hatte ein gutes Gespür für geschichtliche Zusammenhänge.

In solch einem Dreistundengespräch musste ich auch die Themen ansprechen, die zur Kritik an Kohl beigetragen hatten. Wie zum Beispiel den Satz von der »Gnade der späten Geburt«, für den ihn die deutsche Öffentlichkeit, die Medien und die Intellektuellen hämisch kritisiert haben.

In dem Interview in einen biographischen Zusammenhang gestellt, ergab Kohls Ausspruch plötzlich ein anderes Bild. Auf die Frage, was ihn denn den Satz von der Gnade der späten Geburt habe prägen lassen, erzählte er ausführlich, was es damit auf sich hatte:

»Ich habe damals eine für mich wichtige Rede in der Knesset, im Parlament des Staates Israel gehalten mit dem Grundthema: Die Deutschen und die Juden. Das, was Schreckliches in deutschem Namen geschah, wie geht's weiter. Ich habe in diesem Zusammenhang den Satz gebraucht. Dann muss man aber den ganzen Satz sehen, der da lautet, dass es für mich und meine Generation wichtig ist, die die damalige Zeit erlebt hat, mit wachem Bewusstsein oder leidlich wachem Bewusstsein, aber ohne selbst in Gefahr, in Schuld zu geraten, aus der Gnade der späten Geburt, die Erfahrungen an die nächste Generation weiterzugeben. Dieser Satz hat in Israel enorm positive Reaktionen hervorgerufen. In Deutschland ist er, wie so häufig, verfälscht worden, verkürzt worden und in sein Gegenteil verkehrt worden.

Just bei dieser Reise hat mich auch mein eigenes Leben eingeholt. Das hat einen großen Eindruck auf mich gemacht, vor allem, weil ich völlig unvorbereitet war. Ich war in Tel Aviv in dem Museum über die jüdische Diaspora und bin geführt worden von einem früheren Offizier der Israelis. An der Tür sprich er mich plötzlich auf Deutsch an, da war nie vorher ein deutsches Wort, und sagt: ›Lebt Ihre Mutter noch?‹

Ich habe den völlig sprachlos angeguckt und sagte: ›Wie kommen Sie auf meine Mutter?‹

Dann sagte er: ›Ich habe Ihre Mutter gekannt. Ich habe Sie vermutlich auch gekannt als kleines Kind.‹

Lange Rede, kurzer Sinn. Bei uns in dem Stadtviertel, von dem ich herstamme und wo ich wohnte, gab es so kleine Bäckereien. Seine Eltern hatten dort eine Bäckerei, sind aber 1937 herausgekommen nach Israel. Es war damals die Zeit: Bei Juden kauft man nicht. Das war für meine Mutter ein Grund, bei diesem jüdischen Bäcker zu kaufen. Und da war ich sicherlich als Kind gelegentlich dabei. Er hat mich dann gefragt. Und dann habe ich so oft für mich, wenn ich darüber nachdachte, auch gesagt, meine Mutter hätte ja auch ganz anders reagieren können. Das ist ein weiterer Beweis für meine Lebenserfahrung, dass man sich im Leben zwei Mal sieht, und beim ersten Mal daran denken soll, wie man beim zweiten Mal aussieht. So hat mich meine Mutter, die damals nicht mehr lebte, die das sehr genossen hätte, wenn ich ihr die Geschichte hätte erzählen können, in Tel Aviv eingeholt.«

Solche Geschichten belegen, wie geschickt Kohl andere Politiker für sich persönlich und gleichzeitig auch für die deutsche Geschichte interessieren konnte.

Ihm gelang es auch, politische Patzer zu korrigieren. Im US-Wahlkampf 1992 nahm er für George Bush Stellung – gegen Bill Clinton. Bei seinem ersten Treffen mit Clinton im Weißen Haus hat Kohl dies im Zwei-Augen-Gespräch sofort angesprochen und gesagt: »Nun lassen Sie uns mal über uns reden. Sie wissen ja nur von mir aus den Akten und Berichten, und Sie wissen so gut wie ich, wie viel dummes Zeug da steht. Lassen Sie uns das filtern.«

Und dann tauschten Kohl und Clinton ihre Lebensgeschichten aus. Später waren die Delegationen erstaunt, dass es gar keine Spannungen zwischen Clinton und Kohl gab. Kohl sagte: »Und am Abend nach dem Essen sagte Clinton, und das war, wenn Sie so wollen, der Durchbruch, ob ich noch einen Moment Zeit hätte dazubleiben. Ich sagte, ja. Dann ist er herausgekommen mit einer älteren Dame und sagte, das ist meine Mutter. Sie haben vorhin von Ihrer Mutter erzählt. Dann saß sie bei uns und dann haben wir erzählt, wie es meiner Mutter gegangen ist im Alter, wie halt normale Leute miteinander reden. Es war die Stunde des Beginns einer Freundschaft bis zum heutigen Tag.«

Die Beziehung zu Michail Gorbatschow hat Kohl allerdings erst einmal mit einem saloppen Spruch schwer belastet. In einem Interview mit dem US-Magazin *Newsweek* im Herbst 1986 sagte er über Gorbatschow: »Das ist ein moderner kommunistischer Führer, der war nie in Kalifornien, nie in Hollywood, aber der versteht etwas von PR. Der Goebbels verstand auch etwas von PR. Man muss doch die Dinge auf den Punkt bringen!«

Außenminister Hans-Dietrich Genscher musste zunächst versuchen, über den sowjetischen Außenminister Schewardnadse die Wogen ein wenig zu glätten.

Also fragte ich Helmut Kohl: »Manch einer Ihrer Mitarbeiter sagte, mit der Sprache, da würde es manchmal bei Ihnen, sagen wir mal, ungenau werden. Insbesondere wurde das gesagt, als Sie einmal Gorbatschow als PR-Mann ...«

Ich hatte die Frage noch nicht fertig ausgesprochen, da fiel mir Kohl auch schon ins Wort:

»Das war eine Riesendummheit, um das einmal zu sagen. Das war ein gerotztes Interview, das trifft aber mich. Man hat es einfach nicht noch einmal nachdenklich überlesen. Das hat bloß keiner gemacht. So etwas passiert im Geschäft. Ich habe mich später dafür entschuldigt.«

Kohl wird in einer lauen Sommernacht lange mit Michail Gorbatschow auf der Mauer des Kanzleramts zum Rhein hin sitzen und stundenlang die Geschichten ihrer Familien in der Geschichte beider Länder austauschen, während unten am Rheinufer die Liebespaare vorbeiturteln und verwundert auf die beiden Staatsmänner im Gespräch schauen. Kohl wird genauso mit Boris Jelzin verfahren.

Nur einmal unterbrachen wir unser Gespräch nach mehr als anderthalb Stunden. Im Übertragungswagen mussten die Bänder getauscht werden.

Wir tranken eine Tasse Kaffee. Dann führten wir unsere Unterhaltung fort. Am Schluss hatten wir drei Stunden und zwanzig Minuten aufgezeichnet. Doch dann kam Kohls Büroleiter und sagte, es müsse im Interview geschnitten werden: »Herr Bundeskanzler, als Ehrenvorsitzender einer christlichen Partei können Sie nicht sagen, Sie hätten sich gefreut, als Sie hörten, die Ceauşescus sind hingerichtet worden.«

Kohl widersprach.

Der rumänische Diktator und seine Frau hätten vor ihm gesessen und darum gefeilscht, wie viel Geld sie bekommen wollten für jeden Menschen, den sie aus ihrer Diktatur nach Deutschland in die Freiheit reisen lassen würden. Geld, das in der Schweiz auf Nummernkonten eingezahlt werden sollte. Dieser Menschenhandel, bei dem, so Kohl, Frau Ceaușescu besonders hartherzig und geldgierig aufgetreten sei, habe ihn angeekelt.

»Nein,« widersprach Kohl seinem Büroleiter, »die waren so grässlich. Das bleibt drin!«

Einige der *Zeitzeugen*-Gespräche, die mit Hans-Dietrich Genscher (auch drei Stunden), mit Helmut Schmidt und Richard von Weizsäcker, mit Gerhard Schröder und Wolfgang Thierse, wurden von Ulrich Frank-Planitz im Hohenheim-Verlag veröffentlicht. Als Frank-Planitz jedoch daran ging, das Gespräch mit Kohl als Buch fertig zu machen, kam die Schwarzgeld-Affäre von Kohl hoch. Doch dazu wollte der ehemalige Bundeskanzler sich nicht mehr befragen lassen. So wurde auch dieses Kapitel für mich geschlossen.

Wann ich Gerhard Schröder das erste Mal begegnet bin, weiß ich nicht mehr. Ich vermute, dass es in einer Bonner Kneipe war, als er junger Abgeordneter im Bundestag war. Bekannt ist, dass er nach einem durchzechten Abend in Bonn an den Gittern des Kanzleramtes gerüttelt und gerufen hat: »Ich will da rein«, und obwohl es jeder ernst nahm, konnte es selbst der nicht verhindern, der es wollte. Nach sechzehn Jahren Kohl war Gerhard Schröder drin und hat sich darüber diebisch gefreut – so sehr und so ausgiebig, dass es ihm selbst manch einer von denen übel nahm, der ihn gewählt hatte. Denn in den ersten Monaten im Amt wirkte es so, als sei Gerhard Schröder mit seinem Latein am Ende. Drin war er, aber um was zu tun?

Als das Amt des Bundeskanzlers auf Helmut Schmidt zukam, befürchtete der, die Anforderungen, die er selbst an das höchste Regierungsamt stellte, nicht erfüllen zu können. Auch Helmut Kohl meinte in unserem Dreistundengespräch, nachträglich sei er froh, bei der Bundestagswahl 1976, in die er als Spitzenkandidat der Union gegangen war, nicht die absolute Mehrheit gewonnen zu haben, denn als Kanzler hätte er höchstens ein Jahr durchgehalten.

Wer nicht reif ist für ein Amt, der kann daran scheitern. Das hat selbst Gerhard Schröder einmal eingesehen. 1986 bewarb er sich um das Amt des Ministerpräsidenten von Niedersachsen, holte zwar eine Steigerung von fast fünf Prozentpunkten für seine Partei, aber es reichte erst eine Legislaturperiode später für die Machtübernahme. Er wurde zunächst Oppositionsführer in Hannover und sagte selbstkritisch: »1986 hätte ich das nicht gekonnt. Ich war nicht so weit, etwa Konflikte, die da kommen, durchzustehen, um zu entscheiden.« Aber solche Zweifel kannte er nach 1998 nicht mehr.

Weil Politiker in Bonn wenig Abwechslung fanden, konnte man sie, wenn man wollte, am Tresen von bestimmten Kneipen finden. Ich erinnere mich noch an einen Abend, an dem ich mit meinem Bruder im Mierscheid an einem Holztisch beim Kölsch stand, als Gerhard Schröder mit Ehefrau Hillu und einigen anderen zur Tür hereinkam. Er blieb bei uns stehen, wir unterhielten uns angeregt, als einer seiner Begleiter aus dem Nebenraum mit ernstem Gesicht kam und sagte: »Hillu sagt, du sollst jetzt sofort kommen!« Woraufhin Gerhard Schroder das Gespräch »jetzt sofort« abbrach und mit einem kurzen trockenen Lacher verschwand.

Das Mierscheid war an der Stelle Ecke Schumannstraße/ Weberstraße und ist benannt nach dem SPD-Abgeordneten Jakob Maria Mierscheid, eine erfundene Person, über den sich politische Insider genau so amüsierten wie über den fiktiven

Diplomaten Edmund F. Dräcker. Es ist ein proper bürgerlich wirkendes Lokal und liegt an dem Ort, wo einst die legendäre Schumannklause, eine linke Destille mit Postern von Klaus Staeck, junge Politiker und Journalisten anzog. Friedel Drautzburg war dort Stammgast, als die alten Wirtsleute erklärten, sie wollten aufgeben und Friedel fragten, ob er die Kneipe nicht übernehmen wolle. Er tat es. Allerdings war er im Hauptberuf bei einem SPD-Abgeordneten in der legendären 16. Etage des Langen Eugen angestellt. In der 16. Etage saßen die jungen »linken« SPD-Abgeordneten. »In der Schumannklause wurde der Vietnamkrieg entschieden!«, sagt Friedel heute noch. Und ich erinnere mich sogar noch, dass die Musikbox »bandiera rossa« spielte, wenn man A 1 drückte. Am Flipper, den meine damals dreijährige Tochter hervorragend beherrschte, wurden die Rheinischen Flippermeisterschaften ausgetragen.

Jede politische Couleur suchte sich ihr Lokal in Bonn. Im Kessenicher Hof tagten die »Kanalarbeiter«, die rechte Gruppe von SPD-Abgeordneten. Die »Gelbe Karte«, ein Zusammenschluss junger kritischer Journalisten, die sich von den alten ausgegrenzt fühlten, führte ihre Hintergrundgespräche in den Argelanderstuben. Ich war meist dabei.

Später zogen das Gambrinus, die Provinz und auch Grunert's Nachtcafé nachtschwärmende Politiker an. Das Nachtcafé war 365 Tage im Jahr bis morgens um fünf geöffnet.

Ich erinnere mich, dort eines Abends Joschka Fischer getroffen zu haben. Er war allein, so setzten wir uns an einen Tisch und diskutierten Politik. Ich war erstaunt, wie konservativ er das politische System der Bundesrepublik beurteilte, das meiner Meinung nach dringend einer Reform unterzogen werden sollte. Ich war und bin immer noch für die Änderung unseres Wahlrechts in Richtung Mehrheitswahl, ich war und bin immer noch für die Abschaffung oder zumindest erhebliche Absenkung der Parteienfinanzierung. Ich war und bin für die Reduzierung des Bundestags auf 400 Abgeordnete. Fischer dagegen wollte alles beim Alten lassen. Er meinte, mit diesem System sei die Bundesrepublik doch bisher gut gefahren.

Im Herbst 1994 traf ich Joschka Fischer bei einer abendlichen Veranstaltung in Bonn, wo gediegene Kleidung erbeten war. Fischer trug einen eleganten farbigen Schlips. Und da ich bei den Tagesthemen nicht jeden Abend denselben Schlips tragen konnte, aber auch nicht ständig neue Krawatten kaufen wollte, bat ich Fischer, mir seinen Schlips für meine nächste Moderation zu leihen.

»Ich will den aber wiederhaben«, sagte Fischer, zog die Krawatte aus und gab sie mir.

Zufällig fand am Tag meiner nächsten Moderation der Parteitag der Grünen statt, sodass ich Fischers Krawatte umband. Danach schickte ich ihm den Schlips mit einer Kassette zurück, auf der die Sendung aufgezeichnet worden war, legte zu der Post eine meiner Krawatten, sozusagen als Ausgleich, bat jedoch auch darum, sie zurückzubekommen. Einige Wochen später kam Post von Fischer. Er hatte meine Krawatte während der Vereidigung von Helmut Kohl zum Bundeskanzler im Bundestag getragen.

Von Gerhard Schröder habe ich mir nie einen Schlips geliehen. Vielleicht waren seine Krawatten mir nicht modisch genug, zumindest in der Zeit, bevor er Kanzler wurde.

Solang er Ministerpräsident von Niedersachsen war, hatten wir einen freundschaftlichen Kontakt, so kam er auch manchmal mit Lebensgefährtin Doris samt deren Tochter zu mir nach Hause zum Abendessen. Doris Tochter wurde dann mit einem Film auf DVD beschäftigt.

Auf seiner Hochzeit mit Doris in Hannover nahm mich Wolfgang Clement, damals Wirtschaftsminister in Nordrhein West falen, zur Seite und sagte: »Keiner hält eine Rede, keiner hat einen Auftritt geplant. Wir müssen etwas tun.« Clement hatte auch schon etwas getan. Er hatte einen Gast aus der Musikszene, Klaus Meine, Sänger der Scorpions, überredet, einen kleinen Chor einzuüben. So versammelten wir uns in der Küche, probten ein wenig und traten dann auf die Bühne, um mehr laut als richtig singend, zumindest was mich betrifft, dem Brautpaar zu huldigen.

Als Gerhard Schröder dann zum Kanzler gewählt worden war, ging ich auf »journalistische« Distanz. Ich wusste, in Zukunft würden wir uns in den Tagesthemen regelmäßig kritisch mit seiner Politik auseinandersetzen, er würde immer wieder Gesprächspartner in der Sendung sein, da wollte ich ihm persönlich nicht zu nahe stehen. Ich habe ihn während der ganzen Zeit seiner Kanzlerschaft nie im Kanzleramt besucht. Nur wenige Tage vor der von ihm verlorenen Wahl 1998 bat ich Regierungssprecher Thomas Steg, mir Zugang zum Kanzleramt zu ermöglichen. Ich setzte mich auf den leeren Amtssessel des Kanzlers, unterhielt mich mit Kanzleramtsminister Frank-Walter Steinmeier und traf Schröder nur zufällig zu einem kurzen Small Talk auf der Treppe.

Mir war die Distanz wichtig. Denn ich weiß aus eigener Erfahrung, dass es schwer ist, ein gutes journalistisches Produkt über jemanden abzuliefern, den man gut kennt. Ich lehne es deshalb auch ab, wenn ich gebeten werde, über einen Freund oder eine Freundin zu schreiben. Als Anne Will die Nachfolge von Sabine Christiansen in der Sonntagabendsendung antrat, bat mich der *stern* um einen Text. Ich habe gegen besseres Wissen zugesagt und mich entsetzlich gequält. Man weiß zu viel über Freunde, steht also vor der Entscheidung, wie viel man preisgeben soll. Freunde will man loben, aber man kennt ja auch ihre Schwächen. Soll man die verschweigen?

Als Gerhard Schröder Kanzler wurde, verlangte die öffentliche Meinung nach Veränderungen, nach Reformen, sodass sein Mangel an Charisma nicht hinderlich war, eher der an Visionen.

Seine ersten hundert Tage wurden zu einem Debakel, eben weil Schröder nicht dem Bild eines Politikers mit außergewöhnlicher Autorität entsprach, der nun den Augiasstall säubern würde, sondern mit kubanischen Zigarren und feinem italienischen Tuch nur *lifestyle* ausstrahlte. Das habe ich während des Weltwirtschaftsgipfels in Köln im Juni 1999 selbst erlebt.

Die Tagesthemen hatten äußerst kurzfristig entschieden, am Samstag des Gipfeltreffens live aus Köln zu senden. Denn genau zur Sendezeit würden die Staats- und Regierungschefs, die an dem Gipfel teilnahmen, begleitet von ihren Frauen vom Konzerthaus die wenigen hundert Meter weit in ein kölsches Lokal zum Dîner schreiten.

Ich hatte in diesen Tagen eigentlich keine Moderation und am Donnerstag in Ludwigsburg während eines Abendessens ein kleines Paket als Geschenk erhalten: zwei Knollen französische Trüffeln. Nun sollte ich schnell nach Köln. Am Flughafen nahm ich mir einen Leihwagen und machte mich auf den Weg. Da die Tagesthemen die Live-Sendung so kurzfristig entschieden hatten, waren alle Hotels ausgebucht. Ich hatte nach einigen Bedenken von den Sicherheitsbehörden doch noch im Domhotel ein Zimmer bekommen. Es war eigentlich für Publikumsverkehr gesperrt, weil der britische Premier Tony Blair mit seiner Delegation dort wohnte. Ein Portier nahm mir den Wagen ab, um ihn zu parken. Das Paket mit den Trüffeln ließ ich darin liegen.

Am frühen Samstagnachmittag bereiteten wir die Sendung für den Abend vor. Der Bundeskanzler hatte zugesagt, vor unserer Kamera stehen zu bleiben und mit mir ein Gespräch zu führen. Aus der Delegation von Bill Clinton kam die ultimative Antwort: An den US-Präsidenten darf keine Frage gerichtet werden.

Das Wetter war sommerlich heiß.

Die Sonne schien, als wir die Kamerapositionen bestimmten. Wir befanden uns gute hundert Meter in der abgesperrten Sicherheitszone. Da schlenderte Bundeskanzler Gerhard Schröder mit Regierungssprecher Bela Anda vorbei und sagte zu mir: »Was machst du denn da?«

»Ich denke du regierst die Welt«, antwortete ich ihm erstaunt.

»Nee«, sagte er, »ich habe denen erklärt, sie wollten doch sicherlich noch einige Vieraugengespräche untereinander führen und habe den Gipfel für beendet erklärt.«

Und dann fragte er: »Hast du Zeit?«

Ich hatte Zeit, und wir setzten uns an einen Holztisch vor einer leeren Kölschkneipe. Rundherum war der Zugang einige Hundert Meter entfernt abgesperrt. Schröder ließ sich ein Weißbier kommen. Und dann haben wir uns eine Stunde lang unterhalten. Für mich war es eine großartige Gelegenheit, ihn all das aus der Politik zu fragen, was mich beschäftigte. Zum Beispiel: Scharping. Der stichelte hinter dem Rücken von Schröder, und man hatte den Eindruck, er strebe selber das Amt des Regierungschefs an. Ich fragte Schröder: »Warum hältst du zu dem?«

»Ach Gott, der tut mir leid«, antwortete Schröder, »wir haben dem 1995 den Parteivorsitz weggenommen, und da habe ich immer noch ein schlechtes Gewissen.«

Am Ende des Gesprächs fragte mich Schröder: »Was machst du Sonntagabend?«

»Da fliege ich nach Berlin, ich habe da schon früh einen Termin.«

»Schade, ich hätte dich sonst mit den Clintons zu einem privaten Abendessen eingeladen.«

Er meinte das ernst. Und ich habe sofort umgebucht. Das Essen sollte im Restaurant Rolandsbogen hoch über dem Rhein und der Insel Nonnenwerth gegenüber dem Drachenfelsen stattfinden.

An jenem Samstagabend begann unsere Tagesthemen-Sendung wie das halt so manchmal kommt, ohne Ton, ich sah nur im

Bild, dass ich plötzlich auf Sendung war. Also fing ich einfach an zu sprechen. Dann kamen die Präsidenten und Regierungschefs aus dem Konzertsaal. Gerhard Schröder hielt mit Doris vor mir an, ich stellte ein paar Fragen, als hinter uns der französische Staatspräsident Jacques Chirac vorbeilief. Ich unterbrach ziemlich unhöflich das Gespräch mit Gerhard Schröder und rief: »Monsieur le Président, Monsieur le Président!« Aber Monsieur le Président lief ungerührt weiter, und Gerhard Schröder sagte feixend in die Kamera: »Sie müssen wohl noch besser Französisch lernen.« Dann kam Bill Clinton mit riesiger Entourage. Er musste direkt vor mir vorbei. Also dachte ich, von den Leuten vom Weißen Haus lasse ich mir doch das Fragen nicht verbieten und stellte eine – ich weiß nicht mehr welche – banale Frage. Clinton antwortete drei Worte, während mich zwei seiner Gorillas unsanft an den Ellenbogen packten, mit Kraft hochhoben und zur Seite stellten. Pech. Aber am nächsten Abend würde ich Clinton beim privaten Essen mit Schröder sehen. Da hätten seine Gorillas keine Macht mehr über mich.

Am Sonntagmorgen brachte mir der Portier des Domhotels meinen Leihwagen, in dem es nicht nur saunawarm war, sondern auch stark nach Trüffeln roch. Ich fuhr nach Oberwinter, um bei meinem Vater zu übernachten. Das Restaurant Rolandsbogen lag nur drei Kilometer entfernt.

Das Restaurant krönt einen bewaldeten Hügel. Die Zufahrten waren abgesperrt. Im Wald versteckten sich Hundertschaften, um den amerikanischen Präsidenten zu schützen.

Es würde ein ganz privates Essen sein, hatte mir Schröder versprochen. An einem Tisch würden die beiden Paare sitzen, am anderen Tisch jeweils ein Referent der »Chefs« und drei oder vier Journalisten. Kurt Kister von der *SZ*, Günter Bannas von der *FAZ* und Graf Nayhauß von *BILD* und ich.

Das Ehepaar Schröder kam gutgelaunt. Der Kanzler rauchte

eine Zigarette, wir flachsten rum, als ein amerikanischer Protokollbeamter erschien. Wer je in die USA eingereist ist, der weiß wie knallhart und humorlos amerikanische Zollbeamte sind. Zur eigenen Sicherheit verziehen sie keine Miene. So auch dieser Protokollbeamte. Er sagte laut: »The President and Miss Clinton are coming. No cigarettes!« Und brav machte der deutsche Bundeskanzler seine Zigarette aus. In Gegenwart von Hillary Clinton ist rauchen nicht erlaubt. Ich dachte an Helmut Schmidt. Der raucht sogar heute noch im Zug.

Und dann kam Bill Clinton.

Er beeindruckte mich mit seiner Präsenz. Ich zeigte ihm den Drachenfels und erklärte, dort drüben soll eine deutsche Sagenfigur namens Siegfried einen Drachen getötet und in seinem Blut gebadet haben, was ihn unverwundbar machte. Außer an einer Stelle, wo ein Eichenblatt hingefallen ist, sagte Clinton, das wisse er. Schon als kleiner Junge habe er die Opern von Wagner zu Hause auf Schallplatte gehört. Wir unterhielten uns über Musik. Und er, Clinton, der Saxophon spielt und ein Jahr in Großbritannien studiert hat, sagte, er hätte eigentlich lieber in Frankreich studiert. Dort hätte er auch klassische Musik, etwa den Bolero von Ravel, spielen können.

Und dann fragte er mich, ob ich den Film The Comedian Harmonists von Joseph Vilsmaier kenne? Er habe über den Film eine gute Besprechung in der *New York Times* gelesen und ihn dann im Kinoraum des Weißen Hauses angesehen. Dadurch habe er viel über Deutschland und das Dritte Reich gelernt.

Während des Essens fragte mich der persönliche Referent von Clinton, ob es im Kanzleramt auch Praktikantinnen gebe. Nein, antwortete ich. Aber Schröder sei schon zum vierten Mal verheiratet! Pssscchht machte der Referent und verdrehte die Augen.

Wir aßen Wachtelbrüstchen »an« Trüffeljus. Ich dachte an meine Trüffel im Auto. Ob die noch genießbar sein werden, wenn ich zurück in Hamburg bin? Dann gab es Hummersuppe, Störfilet mit Spargelspitzen und eine Mousse von Holunder und weißer Schokolade. Dazu tranken wir Weine aus dem Rheingau und von der Nahe.

Am Tisch von Schröder und Clinton wurde viel gelacht. Die Herren erzählten sich Witze.

Gegen halb elf gingen die Clintons dann.

Schröder lud uns an seinen Tisch, rief dem Wirt zu, er solle endlich mal Zigarren bringen und Kräftiges zum Trinken. Ich habe mich etwa um halb eins als Erster verabschiedet, denn mein Flug nach Berlin ging gegen sieben Uhr.

Ich hatte nur Handgepäck. Meine Reisetasche und das kleine Paket mit den Trüffeln.

Beim Einsteigen traf ich den ehemaligen FDP-Innenminister Gerhard Baum. Er fragte mich, was ich denn in dem Paket mit mir trage, das so nach Trüffeln rieche. Trüffel? Er lachte. Dann erzählte er, dass er früher, wenn er in den Urlaub gereist sei, in arabischen Ländern schon mal einen Teppich gekauft habe. Den habe er in seinen Koffer gesteckt. Dann habe er alle schmutzige Wäsche in ein Paket geschnürt. Wenn er zum Zoll kam, wurde nie gefragt, was im Koffer ist, sondern immer nach dem Inhalt des Pakets. Schmutzige Wäsche, sagte er wahrheitsgemäß, was die Zöllner nie glaubten. Sie forderten ihn immer auf, das Paket zu öffnen. Aber es war tatsächlich immer nur schmutzige Wäsche.

Als ich am Montagabend in meiner Küche das Paket öffnete, waren die beiden Trüffeln völlig mit weißem Schimmel überzogen, also ungenießbar.

Ein Jahr nach Amtsantritt war Gerhard Schröder bei allen unten durch. Rudolf Scharping kam nach Hamburg, und wir gingen abends bei Paolino an der Außenalster essen. Ein paar Tage vorher hatte er bei einer Reise mit Journalisten angedeutet, mit

Schröder gehe es bergab. Er, Scharping, stehe als Nachfolger bereit. Ich sagte zu Scharping, es sei gefährlich wenn er solche Dinge verbreite. Es wäre klüger, er hielte sich zurück.

Wir haben sehr viel Rotwein getrunken.

Seine Sicherheitsleute saßen am Nebentisch, und wir tagten immer noch, obwohl schon alle übrigen Gäste gegangen waren.

Scharping erläuterte mir schließlich, warum Schröder nur noch ein paar Monate als Kanzler habe. Im Frühjahr werde die SPD die Wahl in Schleswig Holstein verlieren, und dann würde die Fraktion in Berlin rebellieren. Denn die Abgeordneten hätten Angst vor dem Abstieg der SPD und bangten um ihre eigene Zukunft. Dann würde er, Rudolf Scharping, zum Kanzler gewählt. Und er erklärte mir zu meiner Verblüffung, er werde dann erst einmal eine Denkpause machen und eine Politikpause von sechs Wochen festlegen. Sechs Wochen lang würde gearbeitet, ohne alles gleich in die Öffentlichkeit zu tragen.

Wir hatten wirklich viel getrunken.

Ich fragte Scharping, ob er wirklich glaube, die Opposition würde sechs Wochen still halten. Scharping glaubte es.

Aber Schröder wurde gerettet.

Einerseits durch eigenes Handeln, anderseits aber durch Helmut Kohl.

Plötzlich ertönten begeisterte »Gerhard, Gerhard«-Rufe. Schröder hatte durch eigenes Eingreifen geholfen, die Pleite des Baukonzerns Philipp Holzmann aufzuschieben. Ich erinnere mich an ein Tagesthemeninterview, das ich in jenen Tagen mit ihm führte. Nach der Flucht von Oskar Lafontaine aus seinen Ämtern, war Schröder auch Parteivorsitzender. In der Partei brodelte es. Ich fragte ihn knapp: »Haben Sie als Parteivorsitzender versagt?« Er antwortete sachlich, versagt habe er vielleicht nicht, aber er gab zu, Fehler gemacht zu haben.

Zwei Jahre später habe ich die Frage in ähnlicher Form der

CDU-Vorsitzenden Angela Merkel gestellt. Damals kämpften noch Mitglieder des »Andenpakts«, zu dem auch Roland Koch gehörte, um die Macht in der Partei. Koch vertrat dabei mit seiner Kampagne gegen Immigranten in Hessen die Rechten. Nun hatte die CDU gerade 4,5 Prozentpunkte bei den Bürgerschaftswahlen in Hamburg verloren, während die Partei Rechtsstaatlicher Offensive des hart rechten Ronald Schill aus dem Stand 19,5 Prozent gewann und 25 Abgeordnetensitze errang. Zwar konnte jetzt die CDU mit Schill koalieren und nun seit Ewigkeiten mal wieder den Bürgermeister stellen, sie kam zwar an die Macht, aber die Zahlen sagten trotzdem: die CDU hatte kräftig an Stimmen eingebüßt. Also fragte ich die CDU-Vorsitzende Merkel, sicher ein wenig nassforsch, ob sie die richtige Parteivorsitzende sei, unter Roland Koch als Vorsitzendem hätte die CDU sicher nicht so viel an die Rechtspopulisten verloren.

Angela Merkel war über die Frage nicht erfreut, um es einmal milde zu sagen. Das konnte man sehen. Der ist ja die Kinnlade runtergefallen, sagte einer der Kollegen in der nächsten Redaktionskonferenz.

Aber Angela Merkel hat sich auch postwendend gerächt. Als ich zwei Wochen später in einem Kommentar für das Magazin *Max* schrieb, mich auf einen Artikel der indischen Autorin Arundhati Roy beziehend, George W. Bush, der von einem Kreuzzug gegen die Terroristen sprach, zeige damit die gleichen Denkstrukturen auf wie Osama Bin Laden, der einen Kreuzzug gegen den Westen führen wolle, forderte sie, was dann zu einer Schlagzeile in *BILD* gerann: »TV-Verbot« für Ulrich Wickert. Gut, ich hatte verstanden. Und ich bin ja nicht nachtragend. Sie aber auch nicht. Zu meinem nächsten runden Geburtstag hat Angela Merkel mir, als wäre nichts gewesen, einen Brief mit Glückwünschen geschickt.

Einerseits wurde Gerhard Schröder durch seinen Auftritt bei Philipp Holzmann gerettet, anderseits durch die Schwarzgeld-Affäre von Helmut Kohl, die im Dezember 1999 aufflog. In der Folge verloren viele CDU-Chefs ihre Positionen und Volker Rühe auch die Wahl in Schleswig-Holstein, wo er gute Chancen gehabt hatte, Ministerpräsident zu werden. Und Scharping wurde nicht Schröders Nachfolger als Kanzler, sondern war bald darauf nicht mehr im Amt. Er hatte sich in Kristina Gräfin Pilati verliebt und seine Beziehung öffentlich zur Schau getragen, was ihm eine schlechte Presse einbrachte. Eines Tages rief er mich an und bat um Rat. Ich sagte ihm: »Zieh die Pilati aus dem Verkehr!« Er tat so, als sähe er das ein. Aber er handelte nicht danach. Stattdessen ließ er sich und seine Freundin im Pool auf Mallorca fotografieren. Er musste schließlich sein Amt aufgeben.

Und ein Jahr nach seinem Rücktritt traf ich ihn wieder bei einer Einladung von Sabine Christiansen in Berlin. Er beschwerte sich sofort bei mir: »Du bist auch schuld an meinem Rücktritt.«

Er bezog sich damit auf eine Frage, die ich ihm in den Tagesthemen gestellt hatte. Für eine Sondersitzung des Bundestages war er mit einer Bundeswehrmaschine von seinem Urlaubsort Mallorca nach Berlin geflogen. Am nächsten Tag hatte er Termine bei der Bundeswehr auf dem Balkan. Wenige Minuten, bevor ich ein Tagesthemen-Gespräch mit ihm im Bundestag aufzeichnete, rief mich eine Journalistin des ARD-Hauptstadtstudios an und sagte mir, Scharping fliege jetzt mit der Bundeswehrmaschine nach Mallorca, um dann am frühen Morgen von dort in den Balkan zu fliegen. Eine unglaubliche Geldverschwendung. Und so begann ich mein Interview damals mit der Frage, ob er jetzt tatsächlich nach Mallorca zurückfliege … Die Frage hat sicher nicht zu seinem Sturz beigetragen, denn damit habe ich nichts enthüllt, was auch alle anderen wussten.

Also antwortete ich Scharping: »Du bist selber schuld. Hättest du auf meinen Rat, den du selber erbeten hast, gehört, wärst du noch im Amt.«

Zwischen Weihnachten und Silvester 1999 nahm ich ein *Zeitzeugen*-Gespräch mit Bundeskanzler Gerhard Schröder in Berlin auf. Und zwar in der Dienstvilla in Dahlem, die er damals bewohnte. Ein großes dunkles Haus, das ich sehr ungemütlich und altmodisch fand. Heute wohnt darin Bundespräsident Joachim Gauck. Der Termin für die Aufnahme war für den späten Vormittag vorgesehen, anschließend würde ich nach München fliegen, weil ich in den Tagen danach beim Bayerischen Rundfunk den ARD-Jahresrückblick vorbereiten und senden würde.

Das Gespräch fand in der Wohnhalle mit brennenden Holzscheiten im Kamin statt. Die Beleuchtung war eingerichtet, die Kameras standen, als Bundeskanzler Schröder kam und fragte: »Wie lang soll das Ganze denn werden?«

»Anderthalb Stunden mindestens«, antwortete ich ihm.

»Nie im Leben!«, antwortete er. »So viel habe ich nicht zu erzählen. Nicht mehr als 45 Minuten.«

»Fangen wir doch erst einmal an«, versuchte ich ihn abzulenken. Und als das Gespräch beendet war mit der üblichen Floskel »vielen Dank Herr Bundeskanzler«, fragte er: »Und wie lang war's jetzt?«

»Eine Stunde und vierzig Minuten.«

»Unglaublich«, sagte er. »Ich habe es nicht gemerkt. Länger als zwei Halbzeiten!«

Wir saßen dann noch einen Moment zusammen, und Schröder fragte mich: »Was machst du denn heute Abend?«

»Ich bin in München zum Essen verabredet.«

»Wenn du hiergeblieben wärst«, sagte er, »hätte ich dich zum Abendessen eingeladen. Hardy Rodenstock kommt mit einigen schönen Weinen. Petrus 1900 und so.«

Hundert Jahre alter Wein!

Hardy Rodenstock war der Name für gute, alte Weine. Nach Hongkong verkaufte er kistenweise französische Bordeauxweine aus der Zeit vor 1870. Denn ab 1870 waren die Weinstöcke auf den Weingütern von der Reblaus zerstört worden. Weil man schließlich herausfand, dass Weinstöcke aus den USA gegen die Reblaus resistent waren, wurden die französischen Stöcke ausgetauscht. Der Wein vor 1870 hatte also einen einmaligen Wert.

Ich hatte noch nie einen Petrus getrunken. Geschweige denn überhaupt einen Wein aus dem Jahr 1900. Hardy Rodenstocks Weine darfst du dir nicht entgehen lassen, sagte ich mir.

Ich habe umgebucht und ein Zimmer im Hotel genommen.

Wir waren vielleicht ein Dutzend Weinliebhaber, darunter Friede Springer und Hilmar Kopper mit Brigitte Seebacher, der Witwe von Willy Brandt. Die Weine waren hervorragend, Petrus 1900 war darunter, wie auch ein Lafite 1900, ein Haut Brion 1928 und ein Margaux 1947. Damals war Hardy Rodenstock noch nicht verleumdet worden. Das geschah erst später, als er aus dem Nachlass des amerikanischen Präsidenten Thomas Jefferson einige Flaschen Château Lafite 1787 für 156 000 Dollar versteigern ließ und der nie belegte Vorwurf aufkam, der Wein wäre gefälscht. Aus dem Konflikt um Jeffersons Wein entstand ein Hollywood-Film: »The Billionaire's Vinegar«. Brad Pitt hat darin den Weinspezialisten Hardy Rodenstock gespielt.

Essen und Trinken hielten uns bis ein Uhr nachts am Tisch, dann wechselte, wer blieb, in das mit dunklem Holz ausgeschlagene Kaminzimmer, wo wir am Vormittag das Gespräch für Phoenix aufgenommen hatten. Schröder bot mir eine Cohiba an. Und ich war heiter genug, eine zu nehmen, obwohl ich überhaupt nicht weiß, wie man eine Zigarre raucht. Geschweige denn, dass es mir Spaß machen würde. Ich habe den kubanischen Tabakstengel gleich nach dem Anzünden in einen Aschenbecher gelegt und dort vergessen, weil mir ein Schwenker mit uraltem Cognac gereicht wurde.

Ein paar Jahre später habe ich auch mit Gerhard Schröder ein Dreistundengespräch für Phoenix geführt, ein Jahr nachdem er abgewählt worden und seine Biographie erschienen war. Aber er wollte nach zwei Stunden Pause machen. Die dritte Stunde zeichneten wir einen Tag später auf. Schröder war von einem offensichtlich fröhlichen Mittagessen zur Aufzeichnung des ersten Teils unseres Gesprächs in das Studio von Phoenix am Pariser Platz gekommen. Zur Bewirtung waren in einem Nebenraum einige Getränke bereitgestellt worden, unter anderem auch eine gute Flasche gekühlten Weißweins. Die trank Gerhard Schröder nach der Aufzeichnung der ersten beiden Gesprächsstunden zu einem guten Teil aus und erzählte Dönekes, wie der Rheinländer heitere Geschichten nennt.

In seiner Biographie beklagt Schröder, dass der amerikanische Präsident George W. Bush sich stark von seinem Glauben habe lenken lassen. Das habe bei manchen zu Verwirrung geführt. Aber leider erzählte er das erst nach der Aufzeichnung der Sendung beim Wein.

Eines Tages sei der jordanische König Abdullah II., der Schröder sehr verehrte, nach Berlin gekommen und habe ihm erzählt, er sei in Washington bei Bush gewesen und der habe gesagt, Gott habe ihm im Gebet befohlen, den Krieg gegen den Irak zu führen. Das habe ihn verwirrt, und er wisse nicht, was er davon halten solle.

Schröder lachte und sagte: »Ich habe ihm einen guten Rat gegeben. Das nächste Mal, habe ich König Abdullah empfohlen, wenn Sie wieder nach Washington fahren, dann können Sie Bush berichten, Gott habe dem deutschen Bundeskanzler im Gebet etwas anderes gesagt.«

Schade, dachte ich, dass Schröder mir das nicht während der

Sendung erzählt hat. Aber vielleicht wollte er diskret sein oder aber das Ganze sind wirklich nur Dönekes.

Nebenbei, auch das sollten wir nicht vergessen: Vor dem Irak-Abenteuer hat uns Bundeskanzler Gerhard Schröder bewahrt. Angela Merkel wollte sich an die Seite von George Bush stellen.

Als Schröder ins Amt kam, waren die Zeiten vorbei, die Helmut Kohl noch mit Adenauers Lehrspruch beschrieben hat, vor der französischen Tricolore müsse ein deutscher Kanzler sich dreimal verneigen, vor der deutschen Fahne nur einmal. Schröder verneigte sich nur einmal, denn seit der Einheit ist die These hinfällig, wonach Deutschland ein politischer Zwerg ist.

Deutschland ist, so sagte es Jacques Chirac bei seinem Staatsbesuch im Sommer 2000 vor dem Bundestag etwas übertreibend, eine Großmacht. Schröder verhielt sich jedoch nicht als Regierungschef einer Großmacht. Wer ihn im Umgang mit Bill Clinton oder Jacques Chirac erlebt hat, der hat einen bescheidenen Mann gesehen, der zuhört, der um Rat fragt, sich zurückhält. Er hat nicht den starken Mann dargestellt, der ein Volk von achtzig Millionen Menschen führt. Bei jenem Staatsbesuch von Jacques Chirac im Sommer 2000, hatte Schröder mich zum Mittagessen eingeladen und direkt rechts von der neben ihm sitzenden Bernadette Chirac platziert. Ich könne schließlich Französisch und Madame Chirac gut unterhalten. Bernadette Chirac ist eine scharfzüngige Frau. Sie fragte mich im Lauf des Essens, wie viele Kinder Schröder habe.

»Keines«, antwortete ich ihr.

»Aber ich habe doch ganz viele Fotos von ihm mit Kindern gesehen!«, sagte Madame Chirac.

»Ja, das waren immer die Kinder, die seine Frauen jeweils von anderen Männern hatten, bevor er sie geheiratet hat.«

»Dann muss er kurz vor der nächsten Wahl ein Baby bekommen«, sagte Madame Chirac, »und er wird gewinnen.«

»Das müssen Sie ihm sagen«, schlug ich ihr vor.

»Nein, das kann ich nicht.«

Ich beugte mich nach vorn, sagte: »Herr Bundeskanzler, Madame Chirac hat einen politischen Vorschlag der Ihre Wiederwahl garantiert.«

Schröder neigte sich ihr freundlich zu. Sie machte den Vorschlag.

Da sagte Schröder: »Ach wissen Sie, Madame, ich komme nicht dazu. Ich bin so viel auf Reisen.«

»Dafür braucht man nicht viel Zeit«, antwortete Bernadette Chirac trocken.

»Ich werde Sie als Erste anrufen«, sagte Schröder lachend, »wenn es so weit ist.«

Gerhard Schröder hat als Kanzler viel geleistet.

Die deutsche Öffentlichkeit aber fällt lieber wegen Nebensächlichkeiten über ihn her, wegen seiner Freundschaft zu Putin, dem »lupenreinen Demokraten«, oder wegen seines von der deutschen Industrie gewollten Engagements bei der deutsch-sowjetischen Gaspipeline.

Dass es Deutschland im Jahr 2012 so gut geht, das ist der mutigen Politik Gerhard Schröders zu verdanken. Das ist Schröders Werk, der sich spät – aber nicht zu spät – zu Maßnahmen entschlossen hat, die Deutschland reformiert haben. Mutig war die Politik, denn er tat, was getan werden musste, obwohl es ihn das Amt kostete.

Dem Ausland ist das bewusst. Als der französische Staatspräsident Nicolas Sarkozy vor seiner Wiederwahl stand, lud er im Dezember 2011 Gerhard Schröder in den Elysée-Palast ein und bat ihn, ihm die Agenda 2010 zu erläutern. Im Wahlkampf sagte Sarkozy, werde er den Vorgaben Schröders folgen. Und Schröder unterstützte ihn darin.

François Hollande, Nachfolger von Sarkozy als Staatspräsident, machte eine ungewöhnliche Geste. Er lud im Juni 2012, noch nicht einmal vier Wochen im Amt, deutsche Industrievertreter zum Mittagessen ein. Sie sollten ihm erklären, warum es der deutschen Wirtschaft so gut gehe im Gegensatz zur französischen. Dabei waren die Chefs von E.ON, Siemens, Deutsche Bank, BDI-Chef Hans Peter Keitel und auch Thyssen-Krupp Aufsichtsratschef Gerhard Cromme.

Cromme erklärte dem französischen Präsidenten, dass Frankreich vor zehn Jahren in fast allen Bereichen weit besser dagestanden habe als Deutschland, in der Wettbewerbsfähigkeit, im Außenhandel, in der Staatsverschuldung.

Deutschland war der kranke Mann Europas.

Schröder hatte seine Reformen verabschiedet und nur zwei Jahre Zeit, die Folgen zu ernten. Zwei Jahre waren zu kurz, er wurde abgewählt. Dagegen habe er, Hollande, so die deutschen Industriebosse, jetzt einen Vorteil. Er habe fünf Jahre vor sich. Die Botschaft der deutschen Besucher an François Hollande lautete:

»Seien Sie der französische Gerhard Schröder, Monsieur le Président.«

Mit zeitlichem Abstand zu ihrem aktiven Wirken ändert sich das Bild von Politikern. Der einst von linken Intellektuellen in Deutschland als »Pragmatiker« geschmähte Helmut Schmidt gilt inzwischen bei fast allen als »Polit-Guru«. Er selbst hält das für übertrieben. Aber insgeheim? Freut es ihn da nicht doch?

Als ich auf Bitten von Günter Grass vor einigen Jahren an der Lübecker Universität ein Gespräch zwischen ihm und Joschka Fischer moderierte, hat Grass den ehemaligen grünen Außenminister aufgefordert, sich nicht zurückzuziehen, sondern sein ganzes politisches Gewicht in die öffentliche Diskussion zu werfen. Joschka Fischer hat das abgewehrt: »Nein, das ist bei mir jetzt alles vorbei.«

Daraufhin Grass: »Nehmen Sie sich ein Vorbild an Helmut Schmidt, der wird mir immer lieber, weil er immer wieder Stellung bezieht.«

Im Herbst letzten Jahres führte Helmut Schmidt ein ellenlanges Gespräch querbeet über alle Themen der Politik mit Peer Steinbrück. Daraus wurde ein dickes Buch. Weil beide Schachspieler sind, Steinbrück gewinnt meist gegen Schmidt, nannten sie es »Zug um Zug«. Das Buch wurde im Thalia-Theater in Hamburg vorgestellt, und auf Bitten des Verlags und der ZEIT, deren Herausgeber Helmut Schmidt immer noch ist, moderierte ich das Gespräch.

Auf der Bühne war natürlich auch ein Aschenbecher für Helmut Schmidt vorgesehen. Ich hatte mich allerdings beim Inspizienten des Theaters erkundigt, was denn geschehe, wenn ein Dramatiker in seinem Stück eine Person rauchen lasse. Dann dürfe der rauchen, sagte der Inspizient. Es sei sowieso immer ein Feuerwehrmann hinter der Bühne. Also darf Schmidt rauchen? Ja, er darf rauchen.

So moderierte ich das Gespräch mit der Bemerkung an, ein Schauspieler dürfe rauchen. Und wir hätten jetzt auf der Bühne ja den größten Staatsschauspieler Deutschlands. Schmidt bekam donnernden Applaus.

Während des Gesprächs hatte Schmidt wohl den Eindruck, ich ließe Peer Steinbrück ein wenig mehr als ihn zu Wort kommen. Da zupfte er mich am Ärmel, wollte noch etwas sagen, aber ich unterbrach ihn sofort. Er hatte sich die Zigarette falsch herum in den Mund gesteckt und versuchte gerade den Filter anzuzünden.

## Mit Günter Grass in Peking –
## Schnarchen in der Oper

Ute Grass war meine Retterin. Wir standen in Peking vor der Mauer der Demokratie. Und ich hatte ein Problem, das mich verzweifeln ließ.

Oktober 1979.

China befand sich im Umbruch. Drei Jahre nach dem Tod von Mao begann Deng Xiaoping langsam, Chinas Grenzen zu öffnen. Die Welt schaute mit Erstaunen auf das Riesenreich des Ostens. An der Mauer der Demokratie veröffentlichten, mitten in der chinesischen Hauptstadt, Künstler, Autoren und Dissidenten ihre Werke und kritisierten die Zustände.

Günter Grass hatte mir eben ein zehn Minuten langes Interview gegeben. Er war zu Vorträgen an der Universität von Peking, zu Gesprächen mit chinesischen Autoren und Lesungen in Peking und Shanghai nach China eingeladen worden. Und da ich mit Kameramann Michael Giefer gerade einige Wochen lang in Peking alles drehte, von dem ich meinte, es könnte die Fernsehzuschauer in Deutschland interessieren, begleiteten wir auch Günter und Ute Grass während ihrer Tage in Peking.

An der Mauer der Demokratie hatte sich Grass spontan mit einigen chinesischen Künstlern unterhalten und mit einem Maler ein Bild getauscht. Der Chinese übergab Grass eine Tuschezeichnung, der hatte eine Radierung seines Butts dabei. Der

Chinese kannte die Technik nicht und fand sie hochinteressant. Grass würde von Deutschland aus versuchen, ihm einige Kupferplatten zu schicken, nicht wissend, ob der Chinese in Peking überhaupt jemanden fände, der ihm beim Drucken helfen könnte.

Eine Menge wissbegieriger Chinesen, alle noch im Mao-Look, umgaben uns, als wir das Interview führten. Michael Giefer drehte. Ich war Reporter, Kameraassistent und Toningenieur in einem. Leider beherrschte ich die Stellafox, ein leichtes Tonbandgerät für professionelle Zwecke, nicht gut genug. Wenn man beim Bedienen dieses Geräts den Schalter einmal zu weit drehte, dann konnte das Tonband aus der Spule laufen. Und genau das war geschehen. Zehn Minuten Interview. Und aus der Stellafox quoll ein wirrer Tonbandsalat! Ich war verzweifelt, stellte aber fest, dass unser Gespräch auf dem Bandknäuel aufgezeichnet worden war.

Da sagte Ute Grass: »Ich stricke. Deswegen weiß ich auch, wie man so ein Knäuel aufdröselt.« Und tatsächlich, innerhalb weniger Minuten hatte sie mein Problem gelöst, während die Chinesen ihr mit großer Neugier zusahen.

Günter und Ute Grass waren von meinem Vater – zu jener Zeit auf Posten an der deutschen Botschaft in Peking – nach China eingeladen worden. Der Dichter und seine Frau wohnten in einem der beiden Gästezimmer, im anderen hauste ich. Und da schlug ich vor, das Ehepaar Grass zu den jeweiligen Veranstaltungen zu fahren, zumal wir sie ja sowieso mit der Kamera begleiteten. So waren wir einige Tage gemeinsam unterwegs.

Eines Abends lud mein Vater das Ehepaar Grass zu einer Vorstellung in der Peking Oper ein. Eine Peking Oper ist für Unwissende das langweiligste, was man sich vorstellen kann. Die Musik klingt äußerst monoton, ping ping peng tsching, den Text verstehen selbst Chinesen schlecht. Wie das halt bei Opern so ist.

Grass hielt am Nachmittag einen Vortrag an der Pekinger Universität und ich hatte vorgeschlagen, danach zuerst ein chinesisches Lokal zu besuchen und anschließend meine Eltern in der Oper zu treffen. So wurde es beschlossen.

Mir hatte jemand eine Tür in einer großen Straße gezeigt und zugeflüstert, dahinter verberge sich eines der besten chinesischen Restaurants von Peking. Ich fand die Tür wieder. Wir betraten das Lokal. Es bestand aus mehreren Räumen. Vorn stand man an hohen Holztischen. Im Raum dahinter saßen die Gäste an runden Tafeln. Doch vornehme Chinesen und erst recht Ausländer, so sie kamen, wurden in Separées geführt. Das wollten wir aber nicht. Wir wollten im großen Speiseraum unter normalen Chinesen sitzen und mit denen essen. Darum machten wir dem freundlich drängenden Personal mit Händen und Füßen verständlich, dass wir nicht in einem abgetrennten Raum sitzen wollten. Und das gelang uns nur, indem wir einfach an einem leeren Tisch Platz nahmen.

Dann kam eine Kellnerin und gab uns Speisekarten. Die waren nur in Chinesischer Schrift. Also redete die Kellnerin auf mich ein. Ich antwortete ihr, es ergab sich ein längeres Gespräch. Danach fragte Günter Grass, was ich denn bestellt hätte. Ich sagte: »Ich habe keine Ahnung. Denn ich spreche überhaupt nicht Chinesisch.«

»Aber Sie haben doch mit der Kellnerin geredet«, sagte Grass.

»Ja. Aber ich habe immer nur shi shi gesagt. Shi heißt Ja, und man sagt immer gleich zweimal shi, wie um die Bedeutung des Ja zu bestätigen. Ich gehe davon aus, dass Sie uns für dumme Langnasen hält und einfach ein normales Menu servieren wird. Ich habe nur zu trinken bestellt.«

»Und was?«

»Ich kann auf Chinesisch gerade mal bis zehn zählen. Also habe ich vier Bier – Tsingtao Pijiu – und vier Schnäpse – Mao tai – bestellt.«

Wir aßen gut und vergnügt, denn ich bestellte immer wieder vier Pijiu und vier Mao tai.

In Peking fuhren 1979 kaum Autos durch die Straßen. Das Fahrrad war immer noch das Hauptverkehrsmittel. Doch abends war kaum noch jemand unterwegs. Ich schaffte es irgendwie, den Privatwagen meines Vaters, den wir benutzen durften, ohne Schaden durch die leeren Straßen bis zur Oper zu lenken. Dort schliefen Günter Grass und ich sofort nach Beginn der Aufführung ein. Grass begann zu schnarchen. Mein Vater, den Grass in seinem Buch »Kopfgeburten« als einen straffen Herrn beschreibt, »der es verstünde, selbst seine Leidenschaften in Reih und Glied antreten zu lassen«, womit er nicht ganz unrecht hat, war nicht amüsiert. In der ersten Pause sagte er vergrätzt: »Wir gehen jetzt.«

Zu Hause war Günter Grass wieder so munter, dass mein Vater wie jeden Abend noch den Korken aus einer Flasche guten Bordeaux zog. Und er war schließlich wieder guter Laune, als er eine Schachtel mit Ampullen hervorholte und das begann, was er unsere abendliche »Ginseng-Orgie« nannte. Jeder erhielt eine oder zwei Ampullen, in denen Ginsengsaft war. Man brach die Spitze ab und trank den Saft aus dem Fläschchen. Angeblich verleiht Ginseng dem Menschen besondere Kräfte. Als Beweis für die Richtigkeit mag Helmut Schmidt dienen, der mit seinen 93 Jahren noch um die Welt fliegt und ein Buch nach dem anderen veröffentlicht. Vor vierzig Jahren hatte ein koreanischer Freund Schmidt auf die Vorzüge von Ginseng hingewiesen. Seitdem ließ sich Schmidt den Ginseng stets aus Korea schicken, bis seine Frau Loki entdeckte, dass koreanischer Ginseng auch in Deutschland angepflanzt wurde.

Grass spricht in »Kopfgeburten oder die Deutschen sterben aus« – sein Buch über die Reise nach Asien – nicht von diesen »Orgien«, aber er beschreibt, dass er und Ute auf Wunsch mei-

nes Vaters grobe Leberwurst bei ihrem Dorfmetzger in Wewels-
fleth, »dem Jungmeister Köller, zwei angeräucherte, darmpralle
Würste in Folie einschweißen« ließen und die holsteinischen
Produkte im Handgepäck verstauten. Und als das Paar Grass aus
Asien zurückkehrte, hing beim Metzgermeister Köller schon ein
Dankesschreiben aus Peking mit ordentlichem Briefkopf.

Als Ute und Günter Grass das Gästezimmer in Peking verlassen und nach Shanghai weitergereist waren, saß die Familie
abends ruhig bei der Ginseng-Orgie, und mein Vater kritisierte
den Dichter aus Deutschland. An einem der letzten Nachmit-
tage waren chinesische Dichter zu einem Treffen mit Grass in
die Botschaft gekommen. Sie haben ihm ihre Lage geschildert
und wohl auch betont, dass es nun mehr Freiheit gebe. Die chinesischen Autoren meinten wohl politische Freiheiten. Und das
war es auch, was meinen Vater interessierte. Aber Günter Grass
habe immer nur gefragt, ob sie denn auch über Sex schreiben
dürften. Das fand mein Vater völlig unangemessen.

Zwei Jahre später war ich Korrespondent in New York. Da rief
mich ein junger Mann an, der sich mit eloquenten Worten vorstellte. Ben Shiff vom Limited Edition Club. Der Club habe gerade eine besonders wertvolle Ausgabe des »Simplicissimus«
herausgegeben, neu übersetzt von John P. Spielman, illustriert
mit Holzschnitten von Fritz Eichenberg, die für dieses Buch entworfen worden waren.

»Je nun«, sagte ich zu Ben Shiff, »das ist interessant, aber für's
Fernsehen langweilig. Denn außer einem Buch kann man ja
nichts zeigen.«

»Doch, man kann viel zeigen«, antwortete Ben Shiff und
überredete mich, ihm einen Termin zu geben.

Sid Shiff, Bens Vater, war Börsenmakler gewesen und hatte im
Alter von fünfzig Jahren so viel Geld verdient, dass er beschloss,
sich den Künsten zu widmen. Er kaufte den Limited Edition

Club, der ein oder zwei bibliophile Sonderausgaben im Jahr verlegte. Der Preis für die Mitgliedschaft in dem besonderen Buchclub stieg ständig an und lag inzwischen bei fünftausend Dollar. Sein Sohn Ben war überall rausgeflogen. Aus den Schulen, aus dem College. Er fühlte sich als Künstler. Er malte, aber die Bilder überzeugten nicht. Ich weiß nicht, ob er Drogen genommen hat, aber mir schien es so. Nun hatte der Vater dem Sohn die Chance gegeben, im Verlag mitzuarbeiten. Und Ben entwickelte ein besonderes Gespür. Er brachte Kunst und Text zusammen.

Dann erschien er mit dem »Simplicissimus« bei mir im ARD-Studio. Ein großer, dicker Band. In Leinen gebunden, nummeriert und vom Künstler Fritz Eichenberg mit Bleistift signiert. Die Auflage lag bei zweitausend Exemplaren. Mir schenkte er die Nummer 1936. Das tat er allerdings erst bei seinem zweiten Besuch. Denn ich hatte ihm erklärt, dass das Deutsche Fernsehen wirklich kein Interesse an einem Bericht über das Buch hätte. Aber ich machte ihn aufmerksam auf Günter Grass, der zu seinem Roman »Der Butt« auch eine Reihe von Grafiken gezeichnet hätte. Eine davon hatte er dem Maler an der Mauer der Demokratie in Peking geschenkt, eine nicht nummerierte mit »e.a.«, also »épreuve d'artiste«, gezeichnete mir. Die zeigte ich Ben Shiff. Er war begeistert.

Einige Wochen zuvor waren Günter und Ute Grass in New York gewesen, wir hatten unsere Bekanntschaft vertieft, und sie hatten mich mitgenommen zu einer Einladung von Günters Verlegerin Helen Wolff, wo ich John Irving traf, der mir ausführlich erklärte, dass er von Günter Grass zum Schreiben angeregt worden sei. Er hatte in Wien zwei Semester studiert, war auf die »Blechtrommel« gestoßen, hatte sie fast auswendig gelernt, womit er – so sagte er – bei Mädchen großen Erfolg habe, und danach sein erstes Buch geschrieben.

Ich bot Ben Shiff an, Günter Grass zu fragen, ob er mit einer Sonderausgabe seines Buches »Der Butt«, versehen mit seinen Grafiken, im Limited Editions Club einverstanden sei. Ben brachte mir daraufhin zwei Exemplare des »Simplicissimus«. Eines für Grass, eines für mich. Wenige Wochen später war ich in Berlin zu einer Fernsehdiskussion und besuchte Grass in seinem Haus in Friedenau. Er war einverstanden. Und Ben Shiff machte sich an die Arbeit. Er ließ bei den Mohawk Mills, einer Papiermühle, ein besonders weiches gräuliches Papier schöpfen. Dann stellte er fest: Das Buch ist zu umfangreich, es müsse in drei Bänden erscheinen, in einem Schuber stehen. Schließlich fand er ein farblich passendes Leinen für den Einband, nachdem es ihm nicht gelungen war, das Buch in eine Fischhaut zu binden. Aber in Asien trieb er wenigstens gegerbte Aalhaut für den Buchrücken auf. Die Arbeit an dem Buch dauerte vier Jahre, dann erschien es in einer Auflage von tausend Exemplaren. Jedes war im dritten Band von Günter Grass mit Bleistift signiert. Ben brachte mir, der ich inzwischen wieder in Paris Korrespondent war, mein persönliches Exemplar mit. Inzwischen hatte ich ihn auf Eugène Ionesco aufmerksam gemacht, der auch malte. Als ich meine drei Bände von »The Flounder« aufschlug, entdeckte ich einen Fehler. Zwar war das Exemplar nicht nummeriert, es war also auch eine Art »épreuve d'artiste«, aber die letzten beiden Seiten des dritten Bandes waren doppelt, und so befand sich die Unterschrift von Grass gleich zweimal in dem Band. Ben Shiff wollte den Fehldruck sofort wieder einsammeln. Aber ich habe ihn nicht mehr aus den Händen gegeben.

Bald sahen das Ehepaar Grass und ich uns regelmäßig. Als ich wieder in Paris als Korrespondent arbeitete, hockten wir eines Abends so lang im »Café de Flore« im Quartier latin, dass die Kellner schon alle Stühle rings um uns herum auf die Tische gestellt hatten, aber keiner drängte uns zu gehen. Im Gegenteil. Als wir aufbrachen, fragte ein Garçon höflich, ob wir nicht noch etwas bestellen wollten.

Als ich dann nach Hamburg gezogen war, um die Tagesthemen zu moderieren, fuhr ich häufiger zum Abendessen nach Behlendorf in das, einsam am Waldrand gelegene, Haus, in dem Ute und Günter inzwischen wohnten. Beide kochen hervorragend. Ich konnte dagegen, wenn sie zu mir kamen, eher mit gutem Bordeaux-Wein imponieren.

Ute Grass, eine beeindruckende Persönlichkeit, stammt von der schönen Insel Hiddensee und hat sich in der DDR zur Organistin ausbilden lassen. Auf Hiddensee hat Gerhart Hauptmann seine letzten Lebensjahre verbracht. Als Kind hat sie ihn immer artig gegrüßt.

So ganz nebenbei, als sei es ein Spaziergang gewesen, erzählte sie mir von ihrer Flucht. Sie hatte mit Hilfe von Freunden geplant, im August 1961 Hiddensee zu verlassen, hatte sich Reisepapiere organisiert, darunter war auch der Pass einer blonden Schwedin, die in Westberlin lebte. Doch als Ute in Ostberlin ankam, war wenige Tage zuvor die Mauer gebaut worden. Dort stand sie gerade verzweifelt an einer Ampel, als ein Italiener mit seinem offenen Alfa-Romeo Sportwagen hielt. Sie winkte ihm zu, er ließ sich auf ein Gespräch ein. Sie erklärte ihre verzweifelte Lage, er nahm sie über den Ausländerübergang mit nach Westberlin. So kam Ute in den Westen, und als wäre das ganz einfach gewesen, hat sie anschließend auch noch auf die gleiche Art und Weise ihre beiden Schwestern nach West-Berlin geholt. Als ich fragte, ob sie noch Kontakt zu dem Italiener hätte, lachte Günter Grass. Ja, sie hätten ihn einmal in Italien besucht. In Rom! Er sei Zahnarzt und habe sehr grantig gewirkt. Ute widersprach zwar, aber Günter blieb dabei. Er sei grantig gewesen.

Eines Abends, als ich wieder einmal am Tisch in Behlendorf saß, fragte mich Günter Grass, ob er mir ein Kapitel aus dem Roman vorlesen dürfe, an dem er gerade arbeite. Er erklärte mir die Geschichte von Fonty und Fontane, die Parallelität der

Biographien. Fontane war während des deutsch-französischen Krieges 1870 als Beobachter nach Paris gereist und dort versehentlich als Spion verhaftet worden, Fonty dagegen als Soldat im Zweiten Weltkrieg in der Gegend von Lyon einer Französin namens Madeleine verfallen und hatte, wie sich später herausstellte, mit ihr eine Tochter gezeugt. Es ist das Kapitel »Allein im Boot« in dem Roman »Ein weites Feld«.

Grass hatte einen Hintergedanken, als er mir die Szene vorlas. Denn er hatte in meinem Buch »Frankreich, die wunderbare Illusion« die grässliche Geschichte der Geschorenen von Saint Flour gelesen.

Ein minderjähriges Mädchen aus Saint Flour verliebte sich im Krieg in einen deutschen Soldaten. Nach der Befreiung von Saint Flour von den Deutschen wurde dem Mädchen, wie vielen Frauen in Frankreich, die sich mit den Besatzern eingelassen hatten, der Kopf kahl geschoren. Die Scham über diese Tat veranlasste ihre Eltern, ihre Tochter einzusperren und nur noch nachts durch die Straße von Saint Flour zu führen. Als die Eltern starben, übernahmen die beiden Brüder des Mädchens die Wache über ihre Schwester, bald lebten die drei verbarrikadiert in ihrem Haus und hatten nur noch über den Postboten Kontakt zur Außenwelt. Dreißig Jahre nach Kriegsende stürmte schließlich ein Einsatzkommando das Haus, in dem inzwischen die vermoderte Leiche des einen Bruders lag, während die Schwester und ihr jüngerer Bruder in einem Bett hausten.

Auch Fontys Madeleine wird der Kopf kahl geschoren.

In der Szene, die Grass mir vorlas, rudert Fonty mit Madeleine in einem Boot auf der Rhône. Die Rhône ist aber ein breiter Fluss mit kräftiger Strömung, wo es sich schlecht rudern lässt. Ich schlug Grass vor, er möge Fonty auf den Seen der Bresse nordöstlich von Lyon rudern lassen, die Gegend ähnele – was die Seen angeht – ein wenig Fontanes Brandenburg. Außerdem sei die Bresse die Gegend Frankreichs mit köstlichen Fischen,

Hühnern und Obstbäumen. Ich versprach Günter, ihm Material über die Gegend zu schicken. Nun gut; ich will die Geschichte nicht ungebührlich aufblasen: Die endgültige Szene macht gerade zwanzig Zeilen aus in dem Roman von 780 Seiten.

Als »Ein weites Feld« 1995 erschienen war, haben Hansjürgen Rosenbauer, inzwischen Intendant vom Ostdeutschen Rundfunk Brandenburg (ORB), und ich ein dreiviertel Stunden langes Fernsehgespräch mit Grass für die ARD im Fontanehaus in Neuruppin aufgenommen. Grass hatte sich im Datum geirrt und war mit Ute einen Tag zu früh angereist. Doch dann hat er brav einen Tag lang auf uns in Neuruppin gewartet. Rosenbauer und ich hatten schon einige Jahre zuvor ein langes Gespräch mit Grass aufgenommen, damals lebte er noch in Wewelsfleth. Anlass war der 25. Geburtstag der »Blechtrommel«. Und 25 Jahre später, zu deren 50. Geburtstag, habe ich auf Bitten von Günter dann im Theater von Lübeck eine Diskussion unter Literaturkritikern über die »Blechtrommel« geleitet. Es kamen Ina Hartwig *(FR)* Joachim Kaiser *(SZ)*, Eckhard Fuhr *(WELT)* Jochen Hieber *(FAZ)*, Adam Scoboczynski *(ZEIT)*. Als Literaturkritiker kannten sie sich mit der Materie weitaus besser aus als ich.

Meine Naivität erlaubte mir aber eine mutige Aussage: Ich behauptete, Oskar sei in Wirklichkeit niemand anderes als Grass selbst, der mit Ute in der ersten Reihe des Theaters saß. Beim anschließenden Festgelage hat er es mir dann bestätigt. Aber vielleicht tat er dies nur aus Milde mir gegenüber.

Das für mich schwierigste Gespräch mit Günter Grass habe ich im August 2006 in Dänemark geführt. Und das hat eine lange Vorgeschichte. Seit langem stand fest, dass ich zu Ende August 2006 die Moderation der Tagesthemen an Tom Buhrow abgeben würde. Schon ein Jahr zuvor hatte mich Jobst Plog, Intendant des NDR, gefragt, ob ich mir vorstellen könne, in der ARD eine Buchsendung zu moderieren. Vielleicht sechs Mal im Jahr. Die Idee fand ich reizvoll. Eine Probesendung von der

Leipziger Buchmesse aus war in den Dritten Programmen von NDR und WDR gelaufen und für gut befunden worden. In dieser Sendung zeigten wir auch einen Beitrag über die Arbeit von Günter Grass an seiner Biographie. In diesem Stück war klar erkennbar, dass er über seine Jugend und seine damalige Nazi-Bewunderung schreiben würde. Da sagte ich mir, das könnte eine spannende Sache für die Sendung »Wickerts Bücher« sein.

Wenig später waren meine Frau Julia und ich im April zum Abendessen in Behlendorf, und beim Abschied hatte mir Günter Grass das Manuskript seines biographischen Buchs »Beim Häuten der Zwiebel« mit der Bitte um Anmerkungen mitgegeben. Ich kam nicht sofort dazu, es zu lesen. Aber Günter rief mich mehrmals an und fragte, wie denn das Buch auf mich wirke. Also nahm ich es zur Hand und las eine spannende, eine ehrliche und wichtige Biographie. Dass Grass als Pimpf begeisterter Nazi war, hatte er überall erzählt und geschrieben. Dass er aber zu Kriegsende in eine Einheit der Waffen-SS eingezogen wurde, war mir neu. Als wir telefonierten, sagte ich ihm, ich fände diese Tatsache hochinteressant. Denn sie könnte eine Diskussion darüber auslösen, wie sich junge Menschen in totalitären Systemen verführen lassen, nicht nur bei den Nazis, sondern auch in der DDR und sonstwo auf der Welt. Und dann müsste man sich vielleicht die Frage stellen, ob wir Westdeutschen mit allen ostdeutschen Biographien gerecht umgegangen seien.

»Beim Häuten der Zwiebel« sollte Anfang September 2006 erscheinen. So verabredeten wir, die erste Ausgabe meiner Büchersendung »Wickerts Bücher« einem Gespräch mit Günter Grass zu seiner Biographie zu widmen. Auch das Sendedatum wurde festgelegt: 17. August. Die Sendung sollte auf der dänischen Insel Møn vor oder im Ferienhaus, in dem das Ehepaar Grass seit mehr als dreißig Jahren seine Sommer verbringt, aufgenommen werden.

Die Diskussion über das Buch verlief jedoch völlig anders, als ich es vermutet hatte. Grass gab der *FAZ* schon vor meiner Sendung ein langes Interview. Darin wurde auch das Thema Waffen-SS ausgiebig diskutiert, und sofort fiel ein großer Teil der Öffentlichkeit über Grass her. Er habe seine Nazi-Vergangenheit verschwiegen, weil er sonst den Literaturnobelpreis wahrscheinlich nicht erhalten hätte – so der absurde Vorwurf. Da niemand das Buch lesen konnte und auch die *FAZ* erst eine Woche später einen Vorabdruck veröffentlichte, verselbstständigte sich die Medienkampagne im an Nachrichten armen Sommer. Plötzlich bekam das angekündigte Gespräch mit Grass in meiner Buchsendung eine ungewöhnliche Aufmerksamkeit.

Der NDR hatte einen großen Stab nach Møn geschickt, Übertragungswagen, Beleuchtungswagen, einen Wagen mit einem Generator. Denn das Haus von Grass liegt weit abseits, hatte jahrzehntelang sogar weder Wasser noch Elektrizität, war also für ein solches Fernsehprojekt nicht ausgerüstet. Am Nachmittag vor der Aufnahme des Gesprächs machte ich mit allen Beteiligten eine Vorbesichtigung.

Das Wetter war schön. Die Sonne schien, ab und zu zogen Schäfchenwolken über den blauen Himmel. Für den nächsten Tag war das gleiche Wetter vorhergesagt. Wir suchten uns für die Aufnahme eine ruhige Stelle hinter dem Haus.

Auf Møn gibt es kaum Hotels. Das Team und ich übernachteten in der alten Hotelvilla Liselund, die in einem weiten alten Park gut fünfzehn Kilometer von dem Haus der Grass' entfernt liegt.

Mein Zimmer lag unter dem Dach. Mitten in der Nacht wurde ich wach. Starker Regen prasselte an das Fenster. Es war kein Schauer. Es regnete stundenlang. Beim Frühstück regnete es immer noch. Wir baten die Hotelleitung um die Genehmigung, das Interview mit Günter Grass auf einer überdachten Terrasse von Liselund aufnehmen zu dürfen. Sie stimmten zu. Aber so etwas werden sie nie wieder tun. Denn plötzlich fiel ein Heuschreckenschwarm über das Hotel, fuhren Lastwagen vor, zog ein Team von mehr als zwanzig Mann Kabel für Beleuchtung und Kameras und Mikrofone durch die Räume.

Ich selber war aufgewühlt.

Dass ich die Gelegenheit hatte, den Nobelpreisträger in einem heiklen Moment zu befragen, in dem alle Interessierten auf ihn blickten, war die eine Sache, aber müsste ich den angegriffenen Freund nicht schützen? Mir war, als tanzte ich auf einem Drahtseil hoch oben über dem Eiffelturm.

In den ersten zehn Minuten des Gesprächs spürte ich die Anspannung durch leichtes Schwitzen. Hinzu kam, dass eine lästige Wespe dauernd vor meinem Gesicht herum flog, und ich hätte ziemlich blöd ausgesehen, hätte ich nach ihr geschlagen, um sie zu vertreiben. Mir wäre sicher nicht gelungen, wie Barack Obama, während eines Interviews, eine lästige Fliege mit einem Handschlag einzufangen.

Der Drahtseilakt scheint schließlich gelungen zu sein. Das Interview wurde, nachdem es in der ARD mit guter Einschaltquote gelaufen war, im *SPIEGEL* und vielen Tageszeitungen nachgedruckt.

Als Interviewer von Grass wurde ich nun zum Interviewten.

Michael Hanfeld veröffentlichte am Tag der Sendung meines Gesprächs mit Grass ein Gespräch mit mir im Feuilleton der *FAZ*.

»Sie haben Günter Grass am Dienstag gesprochen«, fragte Hanfeld. »Wie sieht er die Reaktionen auf seine Eröffnung, Mitglied der Waffen-SS gewesen zu sein?«

»Er ist erstaunt über das Ausmaß der Reaktion. Er ist sicherlich auch verletzt über die eine oder andere Äußerung. Ich glaube, er ist verwundert, dass gerade dieser Teil aus seinem Buch solch eine große Aufmerksamkeit bekommt, weil – das kommt in dem Interview auch vor – er andere Dinge wichtiger findet.«

»Welche anderen Dinge?«

»Er schildert in dem Buch zum Beispiel, wie ein Cousin seiner Mutter, Onkel Franz, der die polnische Post in Warschau mitverteidigt – diese Szene kommt auch in der »Blechtrommel« vor –, von den Deutschen standrechtlich erschossen wird und die Frau und die vier Kinder von Onkel Franz dann wieder zu den Kaschuben zurückziehen. Günter Grass darf mit den Kindern nicht mehr spielen, und er sagt, ›ich habe mir nie Fragen gestellt‹. Oder eine andere Geschichte: Im Arbeitsdienst gibt es einen Zeugen Jehovas, der lässt immer das Gewehr fallen, wenn Appell ist. Dann werden die anderen Mitglieder dieser Einheit aufgefordert, Druck auf ihn auszuüben, und dann verschwindet er irgendwann. Und Grass sagt: ›Ich habe mir nie Fragen gestellt, ich habe das mitgemacht, da habe ich eigentlich mehr persönliche Schuld auf mich geladen.‹«

»Sie sind seit langer Zeit mit Günter Grass befreundet. Was halten Sie von den Reaktionen auf seine Eröffnung?«

»Es stimmt, ich bin mit ihm befreundet. Aber ich war bei ihm als Journalist. Was die Reaktionen angeht, da muss man sortieren. Es gibt diejenigen, die, wie ich finde, sehr wohlfeil verurteilen. Es gibt diejenigen, die sich zu Recht Fragen stellen und prüfen: Was hat er denn selber gesagt? In dem Gespräch halte ich ihm manche Zitate vor, wie er zum Beispiel in der Rede, die er 1967 in Israel hält, alles aus seiner Nazi-Jugend erzählt, nur das Wort Waffen-SS auslässt. Ich habe ihn auf Bitburg angesprochen, wo Kohl davon spricht, dass diese jungen Waffen-SS-Leute verführt worden sind. Ich habe gesagt: Hätten Sie sich nicht dazu bekennen können, statt ihn zu kritisieren? Man muss wirklich das Buch genau lesen. Interessant ist, was zwischen den Zeilen steht. Grass ist im Krieg, er ist in Kriegsgefangenschaft. Die Eltern sind aus Danzig geflohen. Er denkt, sie seien auf der Gustloff umgekommen, und er erfährt durch Zufälle dann, wie das damals eben war, dass die Eltern im Rheinland sind. Er trifft die Eltern wieder. Und dann ist die Mutter da und die Schwester, und dann sagt er, es wurde verschwiegen, was passiert war, als die Russen nach Danzig kamen. Ob die Mutter vergewaltigt worden ist, ob die Schwester vergewaltigt worden ist. Dann sagte er, er hat sehr lange gebraucht, bis er das Thema der deutschen Vertreibung überhaupt als Hauptthema behandeln konnte. Und ich frage ihn, ob sein Buch ›Im Krebsgang‹ und die Behandlung der deutschen Vertreibung ein Schlüssel gewesen ist, jetzt auch das andere Tabu zu brechen. Er sieht die Möglichkeit, dass das so gewesen ist …«

»Es stellt sich auch die Frage, ob Grass für seine, für die ›Flakhelfer-Generation‹ nicht früher hätte sprechen können.«

»Da stimme ich Ihnen zu. Er hätte seine Mitgliedschaft in der Waffen-SS früher offenbaren können. Es ist falsch, jetzt zu spekulieren, ob es ihn belastet hätte, ob er deswegen den Nobelpreis nicht bekommen hätte. Ich verstehe auch nicht, warum er es nicht gesagt hat. Das Interessante ist, ich habe den Eindruck, dass er zumindest nach außen hin im Augenblick es auch noch nicht versteht.«

Ich kann tatsächlich verstehen, dass Grass fühlt, er habe in seinem Umgang mit dem Zeugen Jehovas persönliche Schuld auf sich geladen. Der Dienst in der Truppe der Waffen-SS war eben nur Dienst in der Truppe. Manchmal schätzt man Dinge aus dem eigenen Leben ganz anders ein als die Umwelt. Ein, weiß Gott, banales Beispiel: Ich hatte in meiner Jugend ein einziges Mal Hasch genommen. Nur um es zu probieren. Irgendwann kam ein Journalist des Magazins *MAX* und wollte eine »ungewöhnliche« Geschichte aus meinem Leben aufschreiben. Journalisten fragen immer nach der »ungewöhnlichen« Geschichte. Mir fiel nichts ein. Außer vielleicht diese eine Sache mit dem Hasch. Für mich nichts als eine Randnotiz. *MAX* druckte das, was zu meiner »Haschbeichte« deklariert wurde und mir öffentlich moralische Verurteilung und eine bitterböse Schlagzeile in *BILD* einbrachte.

Mit der öffentlichen Verurteilung ist die deutsche Presse schnell zur Hand. Als Kurt Beck SPD-Vorsitzender war, schlug er 2007 vor, die gemäßigten Taliban an Friedensgesprächen in Afghanistan zu beteiligen. Dafür würde er als tumb gescholten. In der *WELT* hieß es dazu: »Wir begrüßen mit dem Narhalla-marsch den großen Karnevalisten Kurt Beck.« Zwei Jahre später würde der amerikanische Präsident Barack Obama genau das Gleiche fordern und umsetzen. Da war Beck schon unser aller außenpolitischer Narr.

In diesem April habe ich wieder einmal die Telefonnummer in Behlendorf gewählt. Günter Grass erzählte mir, am nächsten Tag erscheine in der *Süddeutschen Zeitung* ein Gedicht von ihm, in dem er vor einem israelischen Erstschlag gegen den Iran warne. Die *ZEIT* habe abgelehnt, es zu drucken.

Noch bevor das Gedicht »Was gesagt werden muss« von Grass veröffentlicht worden war, stand schon in der *WELT*: »Grass ist der Prototyp des gebildeten Antisemiten, der es mit den Juden gut meint.« Ein Sturm der Entrüstung brach los. Das Gedicht schaffte es sogar in die Tagesschau um 20 Uhr und in die Tagesthemen!

Ich bin heute noch sprachlos, wenn ich daran denke, mit welchem Hass und welcher Häme auch angesehene Journalisten über Grass herfielen. Das ging bis zu einem bösartigen Kommentar in den Tagesthemen. Selbst der *Stern* traute sich keine eigenständige kritische Meinung zu. Allerdings haben viele Zeitungen, wie die *FAZ*, oder Magazine, wie der *SPIEGEL*, sich dann doch in ihrem politischen Teil der von Grass erwähnten Thematik der deutschen U-Boot-Lieferungen an Israel bemächtigt. Sein Gedicht hatte schließlich eine große Wirkung.

Als politischer Journalist würde ich die Situation nicht so formulieren, wie Grass es in seinem Gedicht tut. Aber ich hal te die Lieferung von U-Booten als »Wiedergutmachung« schon für seltsam. Und so manches an der Politik der israelischen Regierung ist kritikwürdig. In Hebron etwa habe ich gesehen, wie israelische Siedlungspolitik reine Provokation ist. Kritik an israelischer Politik muss erlaubt sein. Da stimme ich mit Stéphane Hessel und Alfred Grosser überein, die sagen und schreiben, dass die Menschenrechte für alle gelten. Auch für Palästinenser. Für diese Aussage »Menschrechte gelten auch für Palästinenser« sind die vor den Nazis geflohenen Juden Hessel, der das Konzentrationslager Buchenwald nur mit Glück überlebte, und Grosser auch als »Antisemiten« gescholten worden. Grosser wiederum sagte, in einem Interview der *SZ* zu Grass befragt, der Dichter habe vollkommen recht.

Nachdem der Sturm über das Gedicht von Grass verklungen war, waren nachdenkliche Journalisten plötzlich darüber erstaunt, dass die Leserschaft ganz anders reagierte als die Journalisten, die offenbar mehr unter dem Druck von Tabus leiden.

Mit der Frage von Tabus, die in Deutschland aufgrund der Geschichte des Dritten Reichs und der Vernichtung der Juden in deutschen Konzentrationslagern entstanden sind, habe ich mich besonders deswegen beschäftigt, weil ich in Frankreich erlebt habe, dass man mit seiner Geschichte auch anders umgehen kann. Staatspräsident François Mitterrand sagte mir einmal in einem Gespräch, in dem es auch um die deutsche Vergangenheit ging: »Jede Nation hat ihre guten und ihre schlechten Zeiten in der Geschichte. Das muss man hinnehmen.«

Hinnehmen darf allerdings nicht Vergessen heißen. Denn Verdrängen ist falsch. Erinnern heißt wissen.

Das Denken wird auch in Deutschland von vielen Tabus eingeschränkt.

Tabus sind Denkhemmungen, die dann besonders gut wirken, wenn der Gehemmte sie nicht bemerkt.

In meinem Buch »Deutschland auf Bewährung« befasse ich mich in dem Kapitel »Wider die Tabus« mit der Frage von

Berührungsverboten. Dort schildere ich einige Beispiele von Denkhemmungen.

1992 erschien der Roman »Vaterland« von Robert Harris und wurde in England zum meistverkauften Roman des Jahres und in der Kritik hochgelobt. Harris hatte sich eine wilde Geschichte ausgedacht: Die Deutschen hätten den Zweiten Weltkrieg gewonnen und Hitler, immer noch an der Macht, feiere 1964 seinen fünfundsiebzigsten Geburtstag. Und das Großdeutsche Reich hätte die eroberten Länder in einer »Europäischen Gemeinschaft« vereint. In Deutschland lehnten fünfundzwanzig Verlage ab, das Buch zu übersetzen. Es kam schließlich in dem Züricher Haffmans Verlag heraus. Die *ZEIT* freute sich, dass »kein deutscher Verleger sich für solch frivole Geschmacklosigkeit hergegeben« habe. Das *Deutsche Allgemeine Sonntagsblatt* erklärte, der Völkermord an den Juden sei »kein Stoff für Kolportage und historische Spekulationen«, und die in Hannover erscheinende *Neue Presse* fürchtete, hier werde »das wohl grauenvollste Ereignis der Weltgeschichte« skrupellos als Auflagenmacher missbraucht.

Dort, wo das Tabu das freie Denken nicht einschränkt, wurde das Buch gelobt. Die *Jerusalem Post* schrieb, die Vorstellung von dem siegreichen Reich sei nur allzu glaubwürdig. Die Züricher *Weltwoche* hielt es für ein ernsthaftes und sehr verdienstvolles Buch – trotz aller Verkäuflichkeit.

Das Tabu hat allerdings auf viele deutsche Leser nicht gewirkt. »Vaterland« wurde auch in Deutschland ein Bestseller. Darin liegt kein Widerspruch. Das Tabu wird von einer aktiven Minderheit in der Gesellschaft aufrechterhalten. Darüber setzt sich die passive Mehrheit hinweg: wie eben auch bei der öffentlichen Schelte gegen Grass wegen seiner Kritik an der israelischen Politik.

Das Tabu »Auschwitz« gilt aber natürlich nicht für alle Menschen. Anfang der achtziger Jahre erschien das Buch über die

Geschichte des Nazis Schindler, der Juden vor dem Tod im KZ rettete. Der Berliner Filmproduzent Artur Brauner, der 49 Verwandte im Holocaust verlor, wollte das Buch verfilmen und beantragte – wie das in Deutschland üblich ist – einen finanziellen Zuschuss von der Filmförderanstalt in Berlin. Doch die Subvention wurde als völlig unvorstellbar abgelehnt. Staatliches Geld gebe es nicht für eine vermeintlich mit Emotionen aufgeladene Kolportage, in der auch noch ein Nazi Juden rettet, statt sie zu vernichten.

Als dann Spielbergs Verfilmung von »Schindlers Liste« in Deutschland uraufgeführt wurde, nahmen Bundespräsident Richard von Weizsäcker, der Vorsitzende des Zentralrats der Juden in Deutschland, Ignatz Bubis, und sein Stellvertreter Michel Friedman, Sohn von »Schindler-Juden«, an dem Ereignis teil. Denn jetzt lag die Verfilmung in Händen einer amerikanischen Produktionsgesellschaft, und Steven Spielberg ist amerikanischer Jude. Das gilt als Alibi für seine Ernsthaftigkeit, dass er nicht versucht, den Holocaust zu verniedlichen und die Nazis zu entschuldigen.

Das Tabu Auschwitz wirkt in alle gesellschaftlichen Bereiche hinein, nicht nur in Politik und Kultur. Kritische Historiker wie Heinrich August Winkler beklagen, dass selbst die historische Aufarbeitung der Nazi-Zeit Tabus unterliegt.

Es gibt noch viele Beispiele, die ich hier anführen könnte – wie etwa die Aufregung um die Rede des damaligen Bundestagspräsidenten Philipp Jenninger zum fünfzigsten Jahrestag der Reichskristallnacht (ich benutze diesen Begriff ganz bewusst statt das vermeintlich politisch korrekte Reichspogromnacht). Jenninger musste zurücktreten, weil er – so das Missverständnis – die Deutschen entschuldigen wollte. Die *New York Times* verteidigte Jenninger und schrieb, diejenigen, die Jenninger kritisierten, zögen Ruhe und äußerliche Korrektheit wirklichem Bemühen um Gerechtigkeit und Toleranz vor. Und als Ignatz

Bubis einige Zeit später Jenningers Rede vor einem Publikum hielt, das nicht wusste, um welchen Text es sich handelte, erhielt er Beifall, wofür Jenninger das Amt des zweiten Mannes im Staate aufgeben musste.

Im Oktober wird Günter Grass 85 Jahre alt.

Und ich werde Ende des Sommers wieder einmal zu ihm nach Dänemark fahren, um für meine Sendung »Wickerts Bücher« bei NDR-Kultur ein Gespräch mit ihm aufzunehmen, das auch im NDR-Fernsehen übertragen werden soll. Vielleicht sollte ich die Gelegenheit nutzen, um mit ihm über sein Gedicht »Was gesagt werden muss« und über Tabus zu sprechen.

Ich freue mich schon auf die Fahrt und hoffe, dass Günter und Ute mit mir wieder in das gemütliche Lokal gehen, das wie die Wohnstube eines dänischen Fischers aussieht, und wo wir köstlichen gebratenen Aal essen, wie letztes Mal, als ich sie mit meiner Frau Julia besuchte. Da war das Wetter klar und sonnig. Den blauen Himmel schmückten leichte Schäfchenwolken. Günter hatte auf dem langen Holztisch vor dem Haus riesige Steinpilze ausgebreitet, die er vormittags gesammelt hatte. Einige lagen auch auf dem Tisch in seiner kleinen Arbeitsstube, wo er sie malte.

Günter Grass weiß aus eigener Erfahrung, unter welchem Baum Pilze stehen. Doch so langsam führt er jetzt seine Enkel an die geheimen Stellen, wo die größten Steinpilze stehen. Familiengeheimnisse müssen schließlich weitergegeben werden.

## Neugier und Übermut

Neugier versiegt nie. Unerschöpflich spendet sie mir Energie.

Als Journalist bin ich neugierig, weil ich Entdeckungen, die ich aufregend finde, weitervermitteln will.

Die Neugier im Sinn von Wissbegierde treibt mich weiter an. Ich hoffe, dass sie mir ein Perpetuum mobile sein möge. Ein wenig bin ich dem schon nahegekommen, als eine Gruppe von zwanzig Freunden Frankreichs im Jahr 2006 die Académie de Berlin gründete und mich zu ihrem – wie wir es scherzhaft nennen – »Secrétaire perpétuel« bestimmte, also zu dem, der die Arbeit macht. Präsident der Académie ist Richard von Weizsäcker, der Schirmherr der jeweilige Französische Botschafter, derzeit Maurice Gourdault-Montagne (den wir bei Dumas trafen), Mitglieder unter anderen auch Lothar Menne (den wir schon bei Marcuse trafen). Und Maurice Gourdault-Montagne führte die französische Diktion ein, von »le Perpétuel« zu sprechen, perpétuel könne auch ewig heißen.

Die Neugier hat Menschen immer wieder zu großen Leistungen angetrieben. Aus Neugier wurde Herodot zum Geschichtsschreiber. Und für Platon war das Staunen der Anfang aller Philosophie. Mit ihnen will ich mich nicht auf eine Stufe stellen. Aber gilt die Kraft der Neugier nicht für alle? Von Neugier getrieben habe ich vieles für mich entdeckt, das mich nachdenken ließ, und aus den Reflexionen sind Bücher entstanden. Einige über Frankreich, andere über deutsche Themen. Und schließlich auch Kriminalromane. In den Büchern über Frankreich wollte ich nicht nur darstellen, dass die Franzosen anders sind, sondern warum sie anders sind.

In den Büchern über deutsche Themen untersuche ich Tabus oder frage nach den Gründen für gesellschaftliche Regelbrüche. Zu einem Buch wurde ich angeregt, als Bundespräsident Roman Herzog in seiner Festrede zum 3. Oktober 1994 sagte, es gebe zwar die Identität eines einzelnen Menschen, aber keine kollektive Identität. Das hat mich verwirrt, denn der französische Historiker Fernand Braudel hatte sein dreibändiges Alterswerk »L'Identité de la France« genannt, und ich hatte viel daraus gelernt. Aus dem Nachdenken über diesen deutsch-französischen Widerspruch entstand das Buch »Deutschland auf Bewährung« – Überlegungen zur deutschen Identität, die es sehr wohl gibt.

Einige meiner Bücher haben auch andere angeregt, am meisten wohl »Der Ehrliche ist der Dumme – Vom Verlust der Werte«. Zwei Jahre nach Erscheinen dieses Buches bat mich Helmut Schmidt zu einem Gespräch. Ich fühlte mich geehrt. Er hatte das Buch gelesen, den Titel als etwas reißerisch kritisiert, mich dann aber zwei Stunden lang präzise befragt, weil er sich überlegte, ein Buch über Politik und Moral zu schreiben. Und Helmut Schmidt ist mir mit seinen über neunzig Jahren Beweis für die ewige Wirkung von Neugier.

Vom Übermut spüre ich inzwischen weniger. Vielleicht weil ich erfahren habe, dass man gar nicht übermütig sein muss, selten sogar mutig, wenn man auf Entdeckungsreise geht. Es reicht schon, keine Angst zu haben. Und mit Übermut meine ich auch nicht Leichtfertigkeit oder gar Tollkühnheit, die ja einst von den griechischen Göttern bestraft wurden, etwa wenn man wie Ikarus mit Flügeln versehen der Sonne zu nahe kommt. Was Übermut sein kann, habe ich wahrscheinlich von meinem Vater gelernt, der als junger Student in den USA den Kontinent als Hobo auf Eisenbahnzügen trampend bis nach San Francisco bereiste. Und von dort auf einem Schiff nach Japan und China.

Übermut ist mir Antrieb das zu tun, was ich für mich wichtig finde und sei es auch nur ein Spaß. Dabei geht es nicht um aufregende Sprünge mit dem Fallschirm von einem hohen Gletscher, sondern um vielleicht so banale Dinge, wie sich auf den Presseball einzumogeln und Werner Finck anzusprechen, oder etwa einen Film über Marcuse zu drehen, obwohl der Sender das Geld dazu nicht genehmigt hat.

Wie wichtig es ist, Kindern zu helfen, Mut zu zeigen, dafür steht bei mir immer noch die im ersten Kapitel geschilderte Szene, in der mein Vater den Beschwerdebrief des Pfarrers, der mich wegen einer Clownerie des Konfirmationsunterrichts verwies, vor meinen Augen zerriss. Und als Student hat mir der Dekan Wolfgang Schmidt den Glauben an Mut gefestigt.

Manches Mal wurde mir Übermut oder gar Hybris vorgeworfen, etwa, als ich in einem Kommentar kurz nach dem 11. September 2001 die Denkstrukturen von Osama Bin Laden und George W. Bush verglich. Beide sprachen von Kreuzzügen. Inzwischen haben mir viele Menschen bestätigt, dass sie diesen Vergleich auch sähen. Damals bin ich in den Medien dafür fast einhellig »fertiggemacht« worden.

Mehr als vierzig Jahre arbeite ich nun für die ARD. Dort habe ich mir zwar mit manchem klaren Wort nicht immer Freunde gemacht. Aber geschadet hat es mir, zumindest glaube ich das, langfristig nie.

Und wenn ich für die Zukunft einen Wunsch frei hätte, dann würde ich um eine nie versiegende Quelle von Neugier und Übermut bitten.

# Personenregister

»Zufall ist im Grunde die Ohrfeige, die dir sagt: Du meinst, du hättest die Kontrolle in deinem Leben? Nein, hast du nicht.« Ranga Yogeshwar

Wie entscheidend sind die Zufälle des Lebens? Reinhold Beckmann befragte dazu herausragende Menschen aus Kultur, Politik, Wirtschaft und Sport. Sie erzählen ihre sehr persönliche Geschichte und geben Auskunft, wie der Zufall ihr Leben prägte – oder eben auch nicht. Ihre Erfahrungen sind nicht nur sehr unterschiedlich, sondern die Protagonisten beurteilen auch sehr verschieden, was Zufall eigentlich ist. Flankiert werden die Texte von hochwertigen Fotos von Paul Ripke.

304 Seiten, gebunden

Reinhold Beckmann
und Sabine Paul

*Zufall!?*

Eine Spurensuche in
außergewöhnlichen Biographien

| Hoffmann und Campe |

| Hoffmann und Campe |

Um die ganze Welt des
GOLDMANN-*Sachbuch*-Programms
kennenzulernen, besuchen Sie uns doch
im Internet unter:

# www.goldmann-verlag.de

*Dort können Sie*
nach weiteren interessanten Büchern *stöbern*,
Näheres über unsere *Autoren* erfahren,
in *Leseproben* blättern, alle *Termine* zu Lesungen und
Events finden und den *Newsletter* mit interessanten
Neuigkeiten, Gewinnspielen etc. abonnieren.

Ein *Gesamtverzeichnis* aller Goldmann Bücher finden
Sie dort ebenfalls.

Sehen Sie sich auch unsere *Videos* auf YouTube an und
werden Sie ein *Facebook*-Fan des Goldmann Verlags!

www.goldmann-verlag.de
www.facebook.com/goldmannverlag